사회과교육론

- 시민교육의 이상과 현실 -

이 책은 2019년 대한민국 교육부와 한국연구재단의 지원을 받아 수행된 연구임(NRF-2019S1A5C2A02083314)

시민교육의 이상과 현실

사회과교육론

강대현 저

동문사

머리말

사실 기존의 사회과교육 개론서들이 여러 권 있는 상황에서 새로운 교재를 내는 것에 대해서 회의적인 생각이 들기도 하였다. 그러나 우리 대학을 포함해서 대개의 교과교육학 전공 강의들이 교과교육론, 교재연구 및 지도법, 논리 및 논술 등 세 과목으로 구성되어 있는데, 모든 과목을 기존의 개론서들을 참고해서 강의하기에는 뭔가 아쉬움이 있었다.

특히 교과교육론 강의는 기존의 개론서를 활용해서 운영해도 무방했지만, 교재 연구 및 지도법이나 논리 및 논술 강의를 할 때는 적어도 저자의 생각이나 아이디어가 담긴 이야기들을 학생들과 공유하고 싶었다. 그래서 매 학기 몇 편의 단독 및 공동 논문들을 소개하고 나눠주기도 하였으나 매번 개별 논문들로 다루다 보니 이 역시 만족스럽지 못했다.

그래서 마침 연구년을 준비하면서 강의를 다른 분께 맡기려고 하던 차에 기존의 논문들을 재구성하고 몇 개의 장을 새로 써서 교과교육론 책을 내기로 마음먹었다. 연구년 기간에 저자를 대신해서 강의를 해주실 분에게 강의안이나 자료를 넘겨주는 것보다 책 한 권을 드리는 것이 낫겠다는 판단에 따른 것이었다. 그런데 게으름으로 인해 연구년에 접어들고 나서야 책을 마무리하게 되었다.

이 책의 대부분은 그동안 저자가 사회과교육을 공부하면서 고민했던 바를 정리한 논문들을 재구성한 것이다. 그리고 그 중 몇 편의 논문들은 저자가 다른 공동 연구자와 함께 고민했던 바를 정리한 것들이다. 그럼에도 불구하고 저자가 해당 논문을 자유롭게 고쳐서 책을 내는 것에 대해서 흔쾌히 허락해 주신 서울대 모경환 교수님(7장), 춘천교대 은지용 교수님(9장), 경인교대 설규주 교수님(10장), 전북대 오현철 교수님(11장), 순천대 이정우 교수님(13장) 등 공동 연구자들에게 감사의 말씀을 드린다.

그동안 저자는 사회과교육의 기본적인 문제에 집중해 왔다. 그래서 이 책은 사회과교육의 정의, 역사, 전통(성격 혹은 정체성), 목표, 내용(교육과정), 교수학습방법, 평가, 교사 전문성 등에 대해서 다루고 있다. 물론 이는 기존의 개론서에서도 다루는 내용이기도 하다. 대신에 저자는 해당 내용에 대해서 일반적으로 합의할 수 있는 내용뿐만 아니라 저자의 생각이나 아이디어를 담고자 노력하였다. 사실 이런 부분이 기존 개론서와 차별화되는 부분이다.

따라서 이러한 저자의 특정한 생각이나 아이디어들은 누구나 합의하고 인정하는 바가 아니다. 이런 점에서 독자들은 이 책을 읽을 때, 이런 내용에 대해서 무비판적으로 수용하기보다는 비판적으로 성찰해 보기를 바란다.

또한 각 장의 첫머리에 해당 내용의 기초가 되거나 관련이 되는 질문을 제시하여 독자들이 이를 생각하면서 책을 읽도록 기획하였다. 따라서 기존의 교과교육론 개론서(특히, 모경환 · 차경수의 사회과교육)의 관련 내용을 읽고 질문에 대해서 고민하고 나서 저자의 생각을 살펴봐주기를 바란다.

그리고 부록에는 중등임용시험 기출문제풀이를 정리해서 제시하였다. 이 내용은 교과교육론 전반을 이해하고 임용시험을 준비하는 데 있어서 도움이 될 것이다. 물론 기출문제의 서술 및 논술형 답안들은 정확한 답안이 아니며 단지 저자가 생각하는 추정 답안에 불과하다.

이 책은 전북대 사회과학 연구소의 한국연구재단 인문사회연구소 지원 사업 '파편사회의 정체성 경합과 시티즌십의 재구성'팀의 총서로 기획되어 집필되었다. 이 책의 집필을 지원해주신 설동훈 교수님과 동료 연구원들께 감사드린다. 그리고 평온한 분위기 속에서 강의와 연구에 전념할 수 있도록 도와주신 전북대 일반사회교육과 동료 교수님들께도 감사드린다.

누구보다도 그동안 많은 시간을 같이 했고, 앞으로 많은 시간을 같이할 가족에게 감사의 인사를 전한다. 그리고 이 책의 출판을 격려해주신 동문사 이중수 사장님과 임직원 여러분께 감사드린다. 끝으로 항상 보이지 않게 동행하시는 하나님께 감사드린다. 그래서 저자는 그냥 제자리를 지키며 걸어가고 있다.

2021년 겨울 건지산에서

저자

차례

차 례

01
PART

사회과, 왜 그리고 무엇을 가르칠 것인가?

1부는 기본적으로 사회과 목표와 내용에 초점을 맞추고 있다. 그러나 사회과 목표와 내용에 대해서 본격적으로 논의하기에 앞서 사회과의 정의, 역사, 전통(교과 모형) 등에 대한 논의를 먼저 살펴보려고 한다.

우선 사회과에 대한 정의는 학자들마다 다양하게 진술하는 경향이 있다. 여기서는 시민교육과 사회과학의 관계 측면에서 사회과를 정의하려고 한다. 그동안 사회과교육의 정의들은 크게 사회과학에 기반해서 사회 현상의 이해를 강조하는 측면에 비중을 두는 방식과 시민교육에 좀 더 초점을 두고 사회 문제 및 공공 쟁점 중심의 교육을 강조하는 방식으로 나눌 수 있다. 저자는 사회과학을 중시해 온 우리나라 사회과의 현실에 좀 더 초점을 두어 전자의 방식으로 사회과를 정의하면서, 동시에 사회과의 이상이라고 할 수 있는 쟁점 중심 교육의 의의를 언급하려고 한다.

사회과 역사는 미국과 우리나라를 중심으로 살펴보려고 한다. 일본 사회과 역시 일제 강점기 등으로 인해 우리나라에 직·간접적으로 영향을 주었지만, 우리나라 사회과는 공식적으로 미국의 영향하에 도입되어 발전해 왔기 때문이다. 우선 미국 사회과의 역사는 기존의 개론서들의 내용을 참고하여 이를 정리하는 선에서 살펴보려고 한다. 이는 저자가 국내에서만 공부해온 관계로 미국 사회과 역사에 대해서 체계적이고 심도 깊은 이해가 부족하기 때문이다. 반면에 우리나라 사회과 역사는 저자가 직·간접적으로 교육과정 개정에 참여해 왔기 때문에 비교적 상세히 다루려고 한다.

다음으로 사회과 전통을 다루려고 한다. 여기서 주목할 점은 사회과 역사 속에는 여러 전통이 혼재해 왔다는 사실이다. 그리고 이러한 사회과의 다양한 흐름에 기초해서 바아, 바스, 셔미스(Barr, Barth & Shermis)와 넬슨, 마이클리스(Nelson & Michaelis) 등 사회과교육 학자들이 사회과의 성격(the nature of social studies)에 대한 유형화를 시도하였다는 것이다. 일반적으로 사회과 성격에 대한 모형에는 시민성 전달, 사회과학, 반성적 탐구가 있다. 이밖에도 학자에 따라 사회비판, 개인발달 등을 추가하기도 한다. 이러한 사회과의 전통 혹은 모형은 이론(이념)적으로 유형화한 것으로 이론적으로는 서로 다르다고 말할 수 있으나 실제(현실)적으로는 어느 시기를 막론하고 여러 전통이 혼재되어 나타난다고 볼 수 있다.

참고로 우리나라 사회과교육에서는 마치 이러한 교과모형이 역사나 실제에 우선하는 것처럼 여겨져서 학교 현장에서 사회과 수업을 실천하는 데 있어 여러 모형 사이에서 하나를 선택해야 하는 것처럼 여겨지는 경우가 종종 있어 왔다. 그러나 적어도 저자의 견해로는 사회과교육 현장에서는 여러 모형의 장단점을 고려하여 절충·보완하고 종합하는 것이 필요하다고 생각한다. 물론 이에 대해 다른 견해를 지닌 분들도 있다.

한편 사회과 목표에 대해서는 일반적으로 시민교육 혹은 시민성 함양을 언급하는데, 구체적으로 들어가 사회과 역사 속에서 보면 시민성 함양, 반성적 탐구, 사회과학 탐구, 문제해결력, 의사결정력, 고차사고력, 가치 태도, 시민 행동 등 다양한 목표 논의가 있어 왔다. 그래서 일반적으로 사회과 목표를 논할 때 시민성 함양을 기본 목표로 하되, 지식, 기능 및 사고, 가치 태도 및 행동 등의 목표 영역으로 분류하는 경향이 있다. 그러나 이러한 목표 영역의 분류가 실제 교육 현장에서 왜곡될 소지도 있다. 왜냐하면 지식, 기능 및 사고, 가치 태도 및 행동 교육이 목표 진술 및 수업 현실 속에서 배타적으로 이루어지기보다는 종합적으로 이루어지는데, 이러한 목표 영역의 분류가 이를 저해할 수도 있기 때문이다.

통합적 성격의 사회과 내용은 크게 역사, 지리, 일반사회 등의 영역에 걸쳐 있지만, 일반사회 영역에 국한할 경우 정치학, 법학, 경제학, 사회학, 문화인류학 등의 사회과학과 현대 사회의 제 문제를 중심으로 구성할 수 있다. 여기서 중요하게 짚고 넘어가야 할 부분은 사회과 내용을 어떻게 선정·조직할 것인가의 문제인데, 사회과교육 내용의 대표적인 구성 원리는 통합 및 분과, 환경확대법, 나선형교육과정 등이 있다. 다음으로 사회과 내용 구성이 결과적으로 어떤 형태를 띠게 될 것인가의 문제가 대두되는데, 교과 중심, 학문 중심, 경험 중심 교육과정 등으로 구분할 수 있다. 이러한 교육과정 유형은 교육과정 구성 원리뿐만 아니라 사회과 성격에 관한 모형과도 관련된다.

저자는 이와 관련해서 우리 교육과정 개정 과정에서 가장 많이 제기되어 온 통합 및 분과 논의에 대한 경험을 반성적으로 성찰하려고 한다. 교육과정 개정 과정에서 통합 및 분과 논의가 어떻게 진행되는지 이해하는 것이야말로 교육과정의 구성 원리에 대한 맥락적 이해를 가능하게 할 것이기 때문이다. 다음으로 교육과정 문서가 현실적으로 어떻게 진술되는지에 대해서 살펴보려고 한다. 특히 7차 교육과정 이래 사용되어 온 성취기준 진술 방식을 검토하면서, 어떻게 교육과정을 제시하는 것이 교과서와 수업의 지침을 제공하는 데 적합한 방식인지를 살펴보려고 한다. 그리고 그 가운데서 어떤 성취기준 진술 방식이 적절하고 실천가능한지에 대해서 논의하려고 한다.

CHAPTER 01

사회과교육이란 무엇인가?[1)]

- 시민교육과 사회과학, 그리고 쟁점 중심 교육 -

〈반 고흐-까마귀가 있는 밀밭〉 반 고흐 미술장 소장

1. 시민교육과 사회과교육은 어떤 관계인가?
2. 학교교육과 사회과교육은 어떤 관계인가?
3. 사회과의 대표적인 정의를 찾아보고, 스스로 사회과를 정의한다면?
4. 사회과교육은 다른 교과(국어, 영어, 수학, 과학 등) 교육과 어떻게 다른가?
5. 사회과교육, 사회교육, 공민교육, 일반사회교육의 차이점은 무엇인가?
6. 사회과교육은 어떤 내용으로 구성되는가?
7. 사회과교육의 특징은 무엇인가?
8. 사회생활과, 사회과, 사회, 공민, 일반사회(일사), 공통사회, 통합사회 등 교과목명의 의미는 어떻게 다른가?
9. 왜 사회생활과에서 사회과로, 공민에서 일반사회로 바뀌었을까?
10. 현재(2015 개정 교육과정 기준) 우리나라의 사회과 관련 교과목 체제는 어떻게 구성되어 있는가?
11. 통합적인 사회과(Social Studies) 체제와 공민(Civics), 지리(Geography), 역사(History) 분과 체제 중 어느 것이 더 좋다고 생각하는가?
12. '사회과는 사회과학이 끝나는 곳에서 시작된다.'의 의미는 무엇이며, 이에 대한 여러분의 입장은 무엇인가?

---

1) 이 장은 시민교육연구 제49권 3호(2017년 9월)에 실린 '시민교육 관점에서 본 사회과학 교육의 역할'을 수정한 것이다.

이 장은 '사회과교육의 개념(정의)'에 대한 내용이다. 일단 사회과교육은 학교에서 어린이와 청소년을 대상으로 한 시민교육의 한 형태이다. 달리 말하자면 사회과는 시민교육을 위해 초·중등학교에서 가르치는 교과목이고 사회과교육은 이를 학교 현장에서 가르치는 교과교육이다.

물론 시민교육은 학교에서 어린이와 청소년을 대상으로 이루어지고 학교 밖에서 어른들을 대상으로도 이루어진다. 그리고 학교에서 이루어지는 교육에는 시민교육 이외에도 다양한 부분들이 있다. 학교의 시민교육은 교과목이 아니라 교과 외 활동이나 생활지도를 통해서도 이루어질 수 있다. 즉, 학급회의나 방과 후 활동 혹은 또래집단의 상호작용에서도 이루어진다. 사회과교육은 학교에서 이루어지는 시민교육의 형태 중에서 가장 공식적인 것으로, 사회과교육과정과 교과서를 근간으로 해서 교사가 교실에서 수업의 형태로 가르치는 방식이다.

이때 사회과교육의 내용은 다양할 수 있다. 통합적 성격의 사회과(Social Studies)라는 교과목이 생기기 전부터 역사, 지리, 공민 등의 영역 및 과목을 통해 시민교육이 이루어져 왔다. 그러나 미국에서 사회과가 생기면서 전통적인 역사, 지리, 공민뿐만 아니라 현대 사회과학의 학문적 성과와 사회생활의 중요한 경험(문제나 쟁점)이 사회과교육의 주요한 내용으로 자리 잡기(경쟁하기) 시작했다. 공적인 문제에 대해서 좋은(옳은) 혹은 합리적인(합당한) 선택(의사결정)을 할 수 있는 시민을 양성하기 위해서 전통적인 교과목뿐만 아니라 현대적인 사회과학의 성과와 우리 사회의 현실 문제들을 다루어야 한다고 생각했기 때문이다.

여러분은 시민교육을 위해서 학교에서 어떤 형태의 사회과교육이 이루어져야 한다고 생각하는가? 시민교육과 학교교육, 그리고 사회과교육은 어떤 관계일까? 그동안의 사회과교육에 대한 정의를 참고해서, 여러분이 사회과교육을 정의한다면 어떻게 할 수 있을까? 이 장은 그동안 저자가 사회과교육의 개념과 관련해서 고민했던 바를 정리한 것이다. 여러분도 이 장의 내용을 참고하여 시민교육, 학교교육, 사회과교육의 관계와 사회과교육에 대한 자신의 생각을 정리하고 동료들과 토론해 보기 바란다.

1. 서론

'사회과'와 더불어 사회과 정체성 논의에서 빠지지 않는 것이 '시민교육'과 '사회과학'이라는 용어이다. 저자가 사회과 정체성과 관련해서 시민교육과 사회과학의 관계에 관심을 갖게 된 출발점은 학부에서 처음 듣게 된 교과교육론 강의에서였다. 특히 ○○○ 교수님 강의에서 듣게 된 '사회과는 사회과학이 끝나는 곳에서 시작된다.'는 문구는 당시나 지금이나 저자에게 꽤나 중요한 기준이 되는 표현이다. 어찌 보면 그동안의 교과교육학 공부가 다 그 문장 사이에서 균형점을 찾아온 것이라 할 수 있다.

사실 저자는 오랫동안 바람직한 시민교육은 사회과학을 가르치는 것이 아니라고 생각하였다. 특히 실증주의와 계량적 접근 등으로 대표되는 주류 사회과학은 현대 사회에서 요구하는, 반성적이고 비판적인 시민을 양성하는 데 장애물이 될 수 있다고 생각하였다. 그래서 사회과의 여러 전통 중에서 반성적 탐구나 사회 비판 모형이 사회과의 정체성에 부합하는 형태이고, 그 연장선에서 사회 문제나 공공 쟁점을 가르치는 것이 사회과의 정수(精髓)라고 생각하였다.

즉, 사회과는 사회문제나 공공 쟁점에 대해서 합리적인 의사결정을 할 수 있는 시민 양성을 목표로 하기 때문에, 가치중립을 내세워 사회현상을 설명하는 것에 주력하면서 암묵적으로 사회 질서 유지에 기여하는 주류 사회과학은 핵심적인 교육 내용이 아니라 극복의 대상이라고 보았다. 그래서 사회과는 사회과학이 끝나는 곳에서 사회과학을 넘어서서 반성적이고 비판적인 시민을 양성해야 한다는 인식을 갖게 되었다.

이런 생각은 저자뿐만 아니라 당시 함께 공부하던 동료들 사이에서는 일반적으로 퍼져 있었다. 그래서 시민교육, 시민성, 시민사회 등이 당시 우리의 주요한 관심사였다. 그리고 비판적 사고에 기초한 자율성과 사회 활동 및 참여를 통해 길러지는 공동체 의식을 가진 시민을 양성하기 위해서는 주류 사회과학뿐만 아니라, 반성적 탐구와 사회 비판을 지향하는 교과

교육만으로도 충분치 않다고 생각하였다.

즉, 시민교육은 교과교육을 통해 사회 문제나 공공 쟁점을 다루고, 나아가 학급, 학교생활을 포함한 일상의 삶 속에서 개인의 반성적 성찰이나 공동체 생활 등의 잠재적 교육과정을 통해서 가능한 일이라고 생각하였다. 또한 지역사회나 국가와 연계한 사회 참여 활동이 주요한 교육적 수단이 되어야 한다고 생각하였다.[2] 그 결과 적어도 한동안 저자에게 시민교육은 사회과학과 대척점에 있었다.

그러나 정작 저자가 현장 교사가 돼서 경험한 학교 현실은 사뭇 달랐다. 저자는 중학교 교사로 3년가량 근무했는데, 당시 중학교 사회 교과서를 채우고 있었던 것은 사회과학 개념과 원리(일반화)들로, 교과서의 토대가 되는 사회과교육과정 문서도 사회과학 개념과 원리를 중심으로 구성되어 있었다.[3] 그래서 그런 교육과정과 교과서를 활용할 수밖에 없는 저자의 수업도 다른 교사들의 수업과 별반 다르지 않았다. 그나마 단원 중간이나 말미에 학생들이 스스로 탐구하거나 협동하여 수행할 수 있는 활동 과제를 구성하는 것이 사회과학으로부터의 유일한 탈출구였다.

소위 사회과학 중심의 교육과정과 교과서를 근간으로 하여 교실에서 진행하는 교과 수업에서 개별 교사가 사회과학 이외의 것을 가르치는 것은 무척이나 어렵고 힘든 일이었다. 간혹 사회 문제나 공공 쟁점을 수업에서 이야기했지만, 어디까지나 당시 사회 문제나 정치 현실에 대한 저자의 견해를 학생들에게 일방적으로 설명하는 '계몽'의 차원이었고, 단원 중간이나 말미에 하는 개인 혹은 모둠 활동도 몇 주째 이어진 강의에 대한 피로감으로부터 벗어나기 위한 드문 '일탈'이었다.

그러면서 점차 사회과학 개념과 원리라도 제대로 가르쳐야겠다고 생각하기 시작하였다. 그나마 교과서가 잘 구성된 단원에서는 사회과학 개념과

---

2) 일반적으로 시민교육의 내용과 방법은 정규 사회과교육과정 이상의 것이다. 그래서 현실적으로 시민교육은 1) 잠재적 교육과정, 즉 학교에서의 비정규적인 잠재적 학습 경험(hidden curriculum), 2) 사회적 교육과정, 즉 학교 밖의 학습 경험(societal curriculum), 3) 정규 교육과정, 즉 학교 교과목으로 배우는 공식적인 학습 경험(formal curriculum) 등으로 구분할 수 있다(Hepburn, 1983; 이광성 역, 2005: 22).

3) 사회과 도입 이래 사회과학 개념과 원리는 사회과교육과정과 교과서의 가장 주요한 내용으로 다루어지고 있다(강대현, 2008).

원리를 설명하고 우리 사회 현실에 적용하기도 하면서 '살아 있는 사회과학'을 가르치려고 노력하였다. 그러나 그것마저도 만족스럽게 한 경우가 많지 않았다. 왜냐하면 교과서에 있는 사회과학은 꽤나 철이 지난 것으로 현대 사회의 현상과 흐름을 설명·분석하는 데 적절치 못한 경우가 많았다. 또 교과서가 실제 사회과학과 달리 교사가 학생들에게 가르치기 편하도록 단편적·도식적으로 구성된 경우도 많았다.[4)]

이 와중에 점차 대학원에서 시민교육을 공부하고, 중학교에서 사회과학을 가르치는 일이 익숙하게 되었고, 점차 갈등도 없어졌다. 왜냐하면 그냥 모드를 전환하면 되었기 때문이다. 낮에는 사회과학을 가르치는 선생, 밤에는 시민교육을 공부하는 학생이면 되었기 때문이다. 방학이면 더 편해져서 그냥 시민교육을 공부하기만 하면 되었다.

그렇지만 시민교육이라는 사회과교육의 이상(목적)과 사회과학이라는 사회과교육의 현실(토대) 사이의 긴장과 갈등은 언제나 저자에게 내재되어 이후 논문들의 기초가 되어 왔다. 그래서 저자는 시민교육, 사회과, 사회과학의 관계에 대해서 여러 방식으로 논의를 전개해왔다(강대현, 2007, 2008, 2014). 그리고 이 장은 사회과교육, 시민교육, 사회과학의 관계에 대한 저자의 생각을 종합·정리하는 차원에 이루어졌다.

그동안 사회과교육은 시민교육을 위해 사회과학을 활용해 왔다. 그래서 그동안 사회과교육의 이론과 실제에서 시민교육은 사회과교육의 이상(목적 혹은 목표)으로 추구되었고, 사회과학은 사회과교육의 현실(내용)로 받아들여졌다. 이 장은 이러한 전제하에 시민교육, 사회과교육, 사회과학의 적절한 관계 설정을 탐색하고, 특히 사회과학이 시민교육 측면에서 어떤 의의와 역할을 갖는지를 밝히는 데 초점을 맞출 것이다.

사실 그동안 사회과학은 실제 학교 현장에서 다루어지는 비중에서 비해서 교육적 의의가 상당히 저평가되어 온 것이 사실이다. 이는 아마도 그동안 학교 현장에서 이루어지고 있는 사회과학 중심의 교육이 암기 위주의 주입식 교육으로 이루어진 데 따른 것으로 보인다. 물론 저자도 현재 학교

4) 차조일·박선웅(2012, 2015)은 '1차 집단'과 '역할' 등 사회·문화 영역의 개념들을 중심으로 원래의 사회과학 내용과 다르게 단편적·도식적으로 구성된 교과서 내용을 비판하였다.

에서 사회과학을 가르치고 있는 방식에 대해서는 상당히 비판적이다. 그러나 현실적으로 사회과학을 대신하여 우리가 교과교육에서 가르칠 수 있는 대안(내용)은 많지 않다.

이 장은 먼저 민주주의와 자본주의를 근간으로 하고 있는 현대 사회에서 시민교육의 의미를 탐색하고, 이를 토대로 사회과교육이라는 교과교육이 시민교육 측면에서 어떤 의의와 한계가 있는지를 논하려고 한다. 그리고 이를 토대로 교과교육 측면에서 사회과학을 가르치는 것이 어떤 의의를 가질 수 있으며, 현재 어떤 문제점을 노출하고 있는지를 살펴보려고 한다. 또한 사회과학을 제대로 가르칠 경우, 사회과학 교육이 시민교육과 사회과교육 차원에서 어떤 역할을 할 수 있는지를 제시하려고 한다. 더불어 시민교육을 위해 사회과교육 차원에서 사회과학 이외에 어떤 것을 가르치는 것이 필요한지를 검토해 보려고 한다.

2. 시민교육과 사회과교육

1) 시민교육의 의미

시민교육은 참 익숙한 용어지만 그 의미는 그리 단순하지는 않다. 일단 시민교육은 형식적으로 시민을 기르는 교육이라고 볼 수 있다. 그러나 시민의 지위(citizenship)는 일종의 권리와 자격이므로 정치적·법적으로 획득하는 것이지 교육으로 만들어지는 것은 아니다. 예를 들어 한국 시민이 되려면 한국인 부모 밑에 태어나면 되고, 미국 시민이 되려면 미국에서 태어나면 되는 일이다. 물론 시민으로서의 권리 내용도 가르쳐야 하고 권리 의식도 길러야 해당 권리를 잘 향유할 수 있다. 그러나 권리의 획득은 어디까지나 정치적·법적으로 이루어진다. 따라서 시민교육에서 시민은 그러한 지위라기보다는 그러한 지위에 적합한 자질(능력 혹은 성향)을 의미한다.

어쨌든 시민교육에 대해서 고민하기에 앞서 시민에 대해서 생각해 볼 필요가 있다. 우선 시민은 상당히 이율배반적인 개념이다. 일반적으로 시민은 자유롭고 평등한 개인들이 결성한 민주적인 공동체의 구성원인데, 언뜻 보기에 자유로운 개인과 결속을 추구하는 공동체는 상반되기 때문이다. 게다가 현대 사회는 민주주의와 더불어 자본주의에 일정 정도 기반하고 있다. 현대 자본주의 체제는 고대 그리스나 중세 도시의 시민들이 지녔던 공적 관심을 현격하게 떨어뜨리고 있고, 이로 인해 오늘날의 공동체들은 공동체보다 결사체에 가까운 성격을 지니고 있다.

그런데 왜 자유롭고 합리적인 개인들이 민주적인 공동체를 구성하려고 할까? 이에 대해서는 다양한 정치사상과 사회계약론의 견해들이 있다. 여기서는 이에 대해서 충분히 설명하기 어렵고, 전문가도 아닌 저자가 설명할 일도 아니다. 어쨌든 시민은 자유롭고 합리적인 개인인 동시에 민주적인 공동체의 구성원이다. 그리고 현대 민주주의는 불가피하게도 자본주의에 일정 정도 기반하고 있다. 특히 자본주의 체제는 다수의 중산층을 길러내서 대중이 공적인 활동에 참여할 수 있는 기회와 시간을 제공하였다.

그렇다고 민주주의와 자본주의가 충돌하지 않는 것은 아니다. 민주주의는 자유롭고 평등한 개인들이 공동의 의사결정을 하는 체제이다. 그러나 자본주의에서는 소유한 지분에 따라 의사결정의 영향력이 달라진다. 현대 자본주의가 많은 사람들에게 물질적 풍요를 가져와서 그들로 하여금 생계 활동을 넘어서서 공적 활동에 참여할 수 있는 시간과 여유를 주지만, 또한 양극화로 대표되는 빈부격차로 공적 활동에 있어서 현격한 힘의 차이를 초래한다. 그래서 대부분의 경우 대의민주주의 왜곡의 배후에는 자본주의 체제가 도사리고 있다(나종석, 2005).

그렇다고 민주주의를 위해 시장 경제 체제를 포기할 것인가? 우리는 아직까지 자본주의의 분명한 대안을 갖고 있지 않다. 또한 그동안의 역사적 경험을 통해 볼 때 물질적 풍요를 추구하는 다수의 대중도 이를 원하지 않는다. 그래서 대부분의 경우 독재 혹은 권위주의 국가들의 지도자들이 다수 국민의 지지를 받는 경우는 경제 상황이 괜찮은 경우이다. 그러나 동시에 경제적으로 풍요하더라도 오랜 기간 자유로운 의사 표현이 어려워지고 억압과 감시가 광범위하게 행해지면 민주주의를 위해 투쟁하는 사람들이 생겨나고 대중도 이에 호응하게 된다(마인섭, 1995: 163-164).

어쨌든 자유롭고 평등한 개인들이 공적 관심을 가지고 동등하게 의사결정하는 이념이자 체제인 민주주의는 자본주의로 인해 확대된 중산층에 의해 대중 민주주의로 발전할 수 있게 되었다. 반면에 대중 민주주의는 대의제라는 형식 속에서 보다 많은 자본을 가진 사람들이 보다 영향력을 행사할 수 있는 결과로 이어지고 있다. 민주주의와 자본주의는 그런 면에서 매우 복합적인 관계를 지니고 있다.[5)]

이러한 가운데 현대 사회의 시민은 기본적으로 이기심에 따라 행동하는 자유로운 개인들이다. 그러나 동시에 그들이 어떤 이유에서건 적자생존이 아니라 공존 혹은 공동체를 유지하고자 하는 마음도 가지고 있다. 물론 이러한 공적 관심은 자기 이익이나 자기 방어를 위한 고도의 전략적 기제일 수도 있다. 그러나 동시에 인간성의 또 다른 이면인 사회성이나 공공성을 드러내는 부분으로 이해할 수도 있다.[6)]

결과적으로 시민은 자유로운 개인이자 공동체의 구성원이라는 이중적인 성격을 지닌 지위이자 이러한 지위에 상응하여 요구되는 자질과 성향이다. 그래서 시민에게는 자유로운 개인에게 요구되는 합리성과 자율성[7)], 그리고 공동체 구성원으로 지녀야 할 공동체 의식과 책임감 등이 필요한 것이다.

개인의 합리성은 기본적으로 자유의사를 가지고 자신의 이익을 추구하는 것이다. 자기가 좋아하는 것, 자기에게 유익한 일을 찾아서 할 줄 아는

---

5) 로버트 달은 시장 경제와 민주주의의 관계가 지닌 복잡함을 다음과 같이 설명하였다. “민주주의와 시장 자본주의는 갈등을 겪긴 하지만, 서로 결별을 원하지 않기 때문에, 난폭한 결혼생활에 묶여 참고 지내는 두 사람과 같다. 이 비유를 식물세계로 옮겨본다면, 이 두 가지는 일종의 적대적 공생관계로 존재하고 있는 셈이다”(Dahl, 1998; 김왕식 외 역, 1999: 217).

6) 어떤 교수님이 스웨덴에서 안식년을 보낼 때 주변 맥줏집(?)에 들러서 스웨덴 사람들과 세금 문제에 대해 이야기하다가 “그렇게 세금을 많이 내면 억울하지 않느냐?”는 질문에 “당신은 옆에 있는 사람이 불행하면 행복하냐?”는 반문을 들었다고 한다. 덧붙여서 적어도 스웨덴에서는 생계형 범죄가 없다면서 자신들이 쓰는 복지 비용은 복지 지출을 없앴을 때 발생하게 될 범죄에 대한 치안 비용보다 덜 들 거라는 대답을 들었다고 한다. 첫 번째 반문과 두 번째 설명은 인간의 공공성을 설명하는 두 가지 근거를 보여주는 흥미 있는 포인트이다.

7) 합리성과 자율성은 서로 동일한 개념은 아니다. 합리성은 다분히 인지적인 성격을 내포하고 있다면 자율성은 스스로 판단하고 행동한다는 측면에서 의지적인 결단과 책임지는 태도를 내포하기 때문이다. 그러나 적어도 자율적인 인간이 되기 위해서 합리성은 반드시 길러져야 한다. 그렇지 않으면 자신과 타인에게 속을 수 있기 때문에 자유를 누리는 것 같지만 실제로는 착각하고 살아가는 것이기 때문이다.

능력이다. 그런데 불행히도 오늘날에도 이러한 개인들이 많지 않다. 누구나 본능적으로 욕심과 이기심을 가지고 있지만 그러한 욕심과 이기심만으로 자신이 진정으로 좋아하고, 자기에게 실제로 유익한 일을 찾을 수 있는 것은 아니다. 그래서 인간이 진정으로 자유롭게 되기 위해서는 일종의 계몽과 교육, 자기 성찰이 필요하다.[8)]

따라서 합리성은 교육을 통해 실현될 수 있는 자율성의 요체로서 시민교육에서 길러내야 할 중요한 부분이다. 이러한 합리성은 어떻게 생길까? 무지야말로 합리성의 가장 큰 적이므로, 일단 기본 지식을 갖추어야 할 것이다. 그러나 무지와 더불어 '생각 없음'도 문제이다. 둘은 서로 연관되는 것이지만 생각하는 힘, 즉 사고력이 결여된 지식도 있을 수 있다. 물론 대체로 둘은 동전의 양면이다. 어쨌든 체계적인 지식과 사고야말로 합리성의 또 다른 이름이라 할 수 있다. 다른 한편으로 광의의 지식은 내용지와 방법지로 구성되기 때문에 무엇에 대한 지식으로서의 내용지와 무엇을 어떻게 할 수 있는 지식 혹은 능력으로서의 방법지는 지식과 사고의 또 다른 표현이라 할 수 있다.

공동체 의식은 무엇일까? 공동체 의식은 크게 두 가지 성격을 가지고 있다. 하나는 정치적 성격이다. 즉 공동체 의식은 공적 규범을 지키고 공적 활동에 관심을 가지고 참여하는 능력이다. 여기에서 주로 관련되는 기능은 사회(정치) 참여 기능이고, 핵심 가치는 정의라 할 수 있다. 공동체의 규범과 질서를 지키고 공동체의 운명에 대한 정치적 의사결정에 참여하고, 공정한 판단을 내리는 것이다. 그것이 비록 나에게 손해가 되더라도 말이다. 왜냐하면 이는 내 개인의 일이 아니라 공동체 전체의 운명과 관련된 일이기 때문이고, 정의로운 공동체야말로 모든 개인의 생존을 보장할 수 있는 지속적인 생명력을 지니고 있기 때문이다.

---

8) 여기서의 합리성은 개인의 자율성과 관련해서 도구적 합리성의 의미로 사용하고 있다. 이는 윤리학적 입장에서는 합리적 이기주의의 관점으로도 볼 수 있다. 우리나라에 도입된 통합적 성격의 사회과(social studies)는 20세기 초반 급격한 사회 변동을 경험하고 있던 미국 사회에서 사회 문제해결을 목적으로 만들어진 교과이다. 이러한 사회 문제 중심 사회과는 사회 문제해결을 위한 이론적 토대를 근대 이후 급속하게 발전한 합리성 이론, 특히 현대 사회의 지배적인 합리성 이론으로서 자리매김한 도구적 합리성에서 찾았다(차조일, 2003).

이와 동시에 공동체 의식은 다른 사람과 더불어 살아가는 데 필요한 인간관계 혹은 집단 능력을 의미하기도 한다. 여기에 관련되는 주요 기능은 의사소통 능력이고 주된 가치 태도는 타인에 대한 관심과 배려 등 공감 능력이라 할 수 있다. 다른 사람들과 소통하고 공감할 수 있는 능력이야말로 시민의 중요한 자질이라 할 수 있다. 이러한 것에는 동등한 타자와 원만한 관계를 유지하면서 소통하는 것과 사회적 소수자에 관심을 가지고 배려하는 것 등이 있다.[9)]

시민교육은 자유로운 개인이 될 수 있도록 체계적인 지식과 사고로 대표되는 합리성을 고양시키고, 민주적인 공동체의 구성원이 될 수 있도록 정치에 적극적으로 참여하고 타인과 소통하고 공감할 수 있는 공동체 의식을 함양하는 것이라 할 수 있다. 물론 이 말은 모호하게 들릴 수도 있다. 그렇다면 어떻게 구체적으로 교과교육에서 시민교육을 할 수 있을까? 즉, 교사가 교육과정과 교과서를 기반으로 주로 교실에서 가르치는 교과 수업에서 어떻게 시민의 자질을 기를 수 있을까?

2) 사회과교육의 의의와 한계

교과교육인 사회과교육은 소위 어느 정도의 지식과 지적 기능을 갖추고 있고 사고력을 지닌 시민, 더 나아가 바람직한 가치 태도를 내면화하고 일상생활의 문제 상황에서 스스로 의사결정하고 행동할 수 있는 시민 양성을 목표로 한다.[10)] 물론 교과교육을 통해서 지식, 기능 및 사고, 가치 태도

---

9) 한국교육과정평가원에서는 공동체 역량과 관련해서 몇 가지 요소를 추출하는 연구를 수행하였다. 해당 연구에서도 공동체 역량을 1) 공동체의 구성원으로서 요구되는 가치와 태도를 수용하고 실천하는 능력, 2) 공동체의 문제해결에 책임감을 가지고 적극적으로 참여하는 능력, 3) 공동체 내 사람들과 원만한 관계를 가지고 협업하고 상호작용하는 능력, 4) 공동체의 다른 사람들을 배려하며 함께 살아갈 수 있는 능력 등 네 가지 정도로 보았다(이정우 외, 2016). 이에 대해 저자도 동의하는 바이다.

10) 엥글과 오초아(Engle & Ochoa)는 민주 시민이 갖추어야 할 것으로 기본적인 지식, 기본적인 지적 기능(사고력 포함), 가치 태도(민주주의 이상에 대한 서약 등), 정치적 기능과 시민 행동(투표, 사회 참여 등) 등을 들고 있다(Engle & Ochoa, 1988). 뱅크스와 글레그(Banks & Glegg, Jr.)는 사회과 목표로서의 시민 자질을 지식, 기능, 태도와 가치, 시민 행동 등으로 분류한다(Banks & Glegg, Jr., 1999). 마토렐라(Martorella)는 이를 반성적이고 유능하고 관심 있는 시민으로 기술하고, 머리, 손, 가슴을 가진 시민으로 은유적으로 표현한다(Martorella, 2001).

및 행동에 이르는 종합적이고 자기주도적이며 일상 경험과 결부되어 판단하고 행동하는 시민을 양성하기는 어렵다.

소위 교실에서 교육과정과 교과서에 근거하여 이루어지는 교과교육은 시민교육과 관련해서 지식과 기능 및 사고를 가르칠 수 있어도, 가치 및 태도와 행동을 변화시키기에는 한계가 있다. 실제로 가치 및 태도와 행동 변화를 위해 교사가 교육과정과 교과서에 기초해서 교실에서 학생들을 대상으로 할 수 있는 활동들은 많지 않다.

그래도 합리성을 기르는 일에서는 교과교육이 기여할 수 있는 부분이 있다. 적어도 교사가 지식을 전달하면 학생들이 무지에서 벗어날 개연성이 있다. 그러나 교과교육이 사고력을 기를 수 있을까? 지식과 달리 사고는 교사가 가르치려 드는 순간 학생들이 생각을 멈출 수도 있다. 학원을 비롯한 사교육이 가장 위험한 이유는 학생들이 스스로 생각하는 능력을 잠식하기 때문인데, 공교육과 학교도 예외는 아니다.

그래서 그동안 사회과에서 사회과학 지식 및 사고와 더불어 일상의 문제 및 쟁점을 강조해 왔던 것이다. 그러나 문제와 쟁점을 가르치더라도 학생들이 그것을 자신의 문제나 쟁점이라고 여기지 않는 한 사고를 유도할 수 없다. 따라서 합리성 교육과 관련해서 우리가 교과교육에서 할 수 있는 것은 사회 현상 이해에 도구가 되는 개념과 일반화를 가르치고, 사회 문제나 공공 쟁점을 학생들이 스스로 자신의 문제로 인식하여 사고할 수 있도록 안내하는 것이다.

이 일은 생각보다 복잡한 일이다. 학생들이 공공문제를 다루면서 그 결과로 자신의 삶이 변화되는 것을 경험해야 하기 때문이다. 여기에도 일종의 효능감이 있어야 지속적인 동기 유발이 가능하다. 아이들이 교실에서 토론하고 결정한다고 해도 학교와 자신이 살고 있는 사회가 이런 결정에 따라 변화되는 경험을 하지 못한다면 학생들은 무의미한 주입식 교육처럼 공공 쟁점을 다루는 것에 대해서도 싫증을 느낄 수 있다.

반면에 공동체 의식과 관련해서 교과교육 차원에서 할 수 있는 일은 많지 않다. 여기서도 부분적으로 사회 문제와 공공 쟁점을 다루는 것이 하나의 방책일 수 있다. 그런데 어떻게 학생들이 동료 학생들과 함께 소통하면서 그들을 대등한 권리를 지닌 타자로 인식하도록 할 수 있을까? 어떻게 논쟁을 하면서 상대방의 의견을 경청하면서 존중할 수 있을까?

사회 문제 및 공공 쟁점 교수가 공동체 의식 함양에 부분적으로 기여할 수 있지만, 공동체 의식은 결국 공동체 생활과 경험에서 나올 수밖에 없을 것이다. 그래서 시민교육이 제대로 이루어지기 위해서는 교과교육은 넘어서서 학급과 학교뿐만 아니라 가정과 더불어 지역사회와 국가 활동에 적극적으로 참여하는 경험을 쌓는 것이 필요하다. 교실에서는 그러한 생활과 경험을 기획·반성하는 활동 정도가 가능할 뿐이다.

물론 학교 안 혹은 학교 밖에서 이루어지는 활동 역시 교과교육의 연장선상에 있다고 볼 수 있다. 그러나 그것은 교과교육의 전형적인 장면은 아니며, 특정 교과 활동으로 보기도 어렵다. 물론 시민교육을 목표로 하는 사회과교육이, 혹은 사회과 교사가 이를 주도할 수는 있다. 그러나 이것은 어디까지나 생활 지도나 학생 자치 활동 차원에서 이루어지는 교육이다. 또 어떤 경우에는 교사의 경솔한 개입으로 원만한 인간관계나 소통의 기회와 경험이 '연기력 향상의 기회와 경험'으로 왜곡될 수도 있다.

3. 사회과학 교육의 의의와 문제점

1) 사회과학 교육의 의의

사회과학은 사회현상을 대상으로 하는 학문이다. 학문은 일반적으로 고유한 관점, 방법론, 지식 체계를 갖추고 있다. 정치학, 경제학, 사회학, 문화인류학, 법학 등 사회과학도 마찬가지이다. 물론 사회과학은 사회 현상의 이해를 목적으로 한다. 그러나 사회 현상의 이해가 일차적인 목적이기는 하지만 궁극적인 목적이 아닌 경우도 있다. 그래서 어떤 유형의 실천을 전혀 지향하지 않는 사회과학은 찾아보기 힘들다. 그리고 사회과학에서도 실증주의적 색채만 있는 것은 아니라 연구 목적 자체가 비판적인 관점을 지니고 현실 개선을 적극적으로 지향하는 형태도 있다.

그러나 전반적으로 교과교육에서 가르치는 사회과학은 주류의, 통설의, 검증된, 그래서 비교적 논란이 적은 지식 체계들이다. 이를 교과교육학에서는 일반적으로 '사회과학 지식의 구조' 혹은 '사회과학의 개념과 원리'(일반화)라 부른다. 우리가 흔히 사회 현상을 설명할 때 사용하는 용어나 진술들은 대부분 이러한 개념과 일반화들이거나 이를 적용한 것들이다.

사실 교과교육에서 배경 학문이 있다는 것은 매우 든든한 일이다. 그것도 한두 가지가 아니라 여러 학문을 배경으로 한다는 점에서 사회과는 교과로서 좋은 조건을 갖추고 있는 셈이다. 여러 학문의 지식들을 선택하여 학생들을 가르칠 수 있기 때문에 어찌 보면 사회과 전공자의 고민은 가진 자의 행복한 고민일 수 있다.

물론 사회과학만 가르치는 것이 사회과교육의 일은 아니다. 특히 현재 역동적으로 변화하는 사회과학이 아니라 수십 년 전에 머물러 있는 사회과학을 가르치는 것이 능사는 아니다. 그래서 사회과에서는 역사로 대표되는 교과 중심보다, 사회과학으로 대표되는 학문 중심보다, 사회 문제나 공공 쟁점으로 대표되는 경험 중심 교육과정이 가장 이상적인 형태로 인식되어 왔다.

그러나 사회과학이 사회과교육에 기여할 수 있는 부분은 분명히 있다. 무엇보다도 사회과학이 시민교육을 지향하는 사회과교육에 기여할 수 있는 부분은 시민의 주요 자질 중 하나인 합리성의 제고에 도움이 된다는 점이다. 사실 현대 사회과학이 생긴 연원 자체도 사람들의 합리성을 제고하기 위한 것이었다. 자연과학이 자연 현상을 설명하여 인간이 자연을 활용하게 된 것처럼, 사회과학이 사회 현상을 설명하면 인간이 사회 문제를 해결할 수 있다고 생각한 것이다. 사회과학의 지식 체계와 탐구 방법은 사회 현상을 이해하고 분석하는 데 유용한 토대와 도구가 될 뿐만 아니라 우리가 직면한 사회 문제를 해결하는 데도 유용한 정보와 사고 체계와 방법을 제공할 수 있다.

또한 선입견과 달리 사회과학은 가치문제에 대해서도 어느 정도 도움을 줄 수 있다. 베버에 따르면 사회과학에서도 다음과 같은 차원에서 가치문제에 도움을 줄 수 있다. 베버는 사회과학이 가치 원칙들을 내부적으로 모순이 없도록 분명히 하는 데 기여할 수 있고, 그 원칙들을 구체적인 상황에 적용하는 것을 도울 수 있고, 그 결과를 평가하는 수단이 될 수 있으며, 결과적으로 우리의 선택(가치 판단)에 대해서 보다 날카롭게 인식할 수 있도록 해 준다고 보았다(Bernstein, 1976: 45-48 재인용).

2) 현행 사회과학 교육의 문제점

그러나 실제로 학교 현장에서 사회과학 교육은 학생들의 지식과 사고력 함양 등 합리성 제고에 기여하지 못하는 경우가 많다. 우선 학생들이 어려운 사회과학을 그대로 배우는 것이 불가능하기 때문에 학생들의 흥미와 수준에 맞게 사회과학을 단순화해서 가르치게 되는데, 여기서 문제들이 발생한다. 즉, 사회과학 자체의 문제라기보다는 사회과학을 교과 내용으로 번안하면서 다양한 문제들이 생겨나는 것이다.

일단 교사들은 쉽게 그리고 때로는 편하게 사회과학을 가르치려고 한다. 그래서 결국 사회과학을 도식화·단편화시켜서, 이분법적인 구도로 사회과학 내용을 가르친다. 예컨대 정치 교육의 경우, 정치인 것과 정치가 아닌 것, 좁은 의미의 정치와 넓은 의미의 정치, 소극적 자유와 적극적 자유 등의 구분 등을 들 수 있다. 사회문화 교육을 예로 든다면 문화인 것과 아닌 것, 귀속지위와 성취지위, 공동사회(공동체)와 이익사회(결사체) 등의 구분이 그렇다.

그래서 혹자는 정치학이 아니라 정치 교과 내용학, 사회학과 문화인류학이 아니라 사회·문화 교과 내용학을 따로 만들어 가르친다고 비판하기도 한다. 해당 사회과학자들의 사회 현실에 대한 이해와 분석의 맥락이 빠진 교과 내용학은 교사들이 가르치기에 편하고 학생들이 외우기에 좋을 뿐 사회 현상을 이해하거나 분석하는 데 그다지 도움을 주지 못한다.

요점은 사회과학자들이 그러한 개념과 원리를 만든 맥락 속에서 혹은 우리 사회 현상을 분석하는 맥락 속에서 개념과 원리를 활용해야 하는데 현실은 그렇지 못한 경우가 많다.[11] 이는 사회과학 자체가 지닌 어려움도 문제이지만 전공 서적보다는 과거 교과서를 참고하여 새 교과서를 집필하는 관행, 다양한 배경 학문을 제대로 배우기 어려운 사회과(일반사회) 전공의 교사 교육과정, 맥락을 제외하여 단편적·도식적으로 지식을 가르쳐야 학생들이 더 쉽게 이해한다는 교사들의 선입견이 작용하고 있기 때문이다. 또한 학생들 역시 구체적인 맥락 속에서 개념을 배우기보다 핵심 요점만 배우는 방식에 길들여지고, 지식을 스스로 발견하기보다는 교사가 쉽게 전달해 주는 것에 익숙해진 나머지 실제로 그러한 방식의 교육을 원하게 되는 결과로 이어진다.

4. 시민교육을 위한 사회과교육 방안

1) 방안 1: 시민교육을 위한 사회과학 교육

지식은 맥락 속에서 가르쳐야 한다. 여기서 맥락은 크게 두 가지 차원이 있다. 하나는 지식의 구조와 체계라는 맥락이다. 따라서 지식은 다른 지식과의 관계 속에서 가르쳐야 한다. 다음으로 사회 현실과 경험의 맥락이다. 그래서 지식은 사회의 구체적인 현실이나 대상과 함께 가르쳐야 한다. 학생들이 직접 경험하는 일상이라면 더욱 좋다. 학생들이 사회과학을 체계적으로 그리고 현실과 관련되어 배운다면 사회 현상을 이해하고 분석하는 능력은 충분히 제고될 수 있다.

다음으로 학생들이 스스로 사고하고 분석할 수 있는 기회가 제공되어야 한다. 강의로 전달되는 지식은 생명력이 길지 못하다. 그러나 학생들이 직접 발견하고 활용해 본 지식은 다르다. 학생들이 스스로 탐구하여 얻은 지식, 그리고 그것보다 더 중요한 탐구의 과정과 경험은 학생들의 사고 능력을 길러서 합리성을 제고하고, 결과적으로 합리적이고 자율적인 시민으로

11) 이미 언급했지만, 차조일·박선웅(2012; 2015)은 1차 집단과 역할 개념 등에 대한 연구를 통해 학문적 내용 타당성이 결여된 개념 제시에 대해서 구체적인 문제제기를 하였다.

살아가는 데 유용한 도움이 될 것이다.

요점은 사회과학을 가르치는 것 자체가 문제가 아니라 살아 있는 사회과학을 가르치지 못하고 죽은 사회과학을 가르치는 것이 문제이다. 맥락과 분리된, 다른 지식 체계나 사회 현실과 분리되어 배우는 개념과 원리는 그야말로 죽은 사회과학을 배우는 것이다. 그런 점에서 제대로 된 사회과학 교육을 통해 꼬마 사회과학자를 길러 내는 것은 시민교육의 주요한 방편이며, 교과교육 형태로 이루어지는 사회과교육에서는 현실적으로 가장 효과적인 시민교육 방안이라 할 수 있다.

물론 성인들도 이해하기 어려운 사회과학을 있는 그대로 가르치기는 어렵다. 그러나 사회과학자가 왜 그런 개념을 제시했는지, 그리고 그러한 개념을 가지고 어떻게 당시 혹은 현대 사회의 현실과 문제에 대해서 설명했는지를 이해하는 것은 무척 중요한 일이다. 예컨대 귀속지위와 성취지위, 공동체와 결사체 개념은 어떤 지위나 집단이 어떤 형태인가를 구분하기 위한 것이라기보다는 현대 사회가 점차 귀속지위에서 성취지위로, 공동체에서 결사체로 바뀌고 있다는 사회 변동에 대한 통찰에 따른 것이다.

이러한 맥락을 알아야 현대 자본주의 사회가 양극화로 인해 다시 성취지위에서 귀속지위로 퇴행하고 있는 통찰을 이끌어 낼 수 있다. 그래서 내 꿈은 '재벌 2세'인데, 아버지가 노력을 하지 않는다는 푸념이 섞인 농담이 유행하는 이유를 알게 된다. 또한 부모 세대에서는 성취지위였던 것이 자녀 세대에서 귀속지위로 퇴행하고 있다는 것은 '흙수저와 금수저' 논쟁을 통해서도 알 수 있다. 이처럼 귀속지위와 성취지위를 사회변동과 관련시키면 우리 현실에 대한 다양한 통찰로 이어질 수 있다.[12)]

맥락 속에서 배운 지식, 발견의 과정을 통해서 터득한 지식은 살아서 움직이면서, 우리 현실에 적용될 수 있다. 또한 발견의 과정을 통해서 체득한 사고력은 다른 지식의 발견에서도 전이될 수 있다. 이러한 맥락과 발견의 과정에 대한 강조는 듀이(Dewey, J.)가 반성적 사고(탐구)를, 브루너(Bruner, J. S.)가 지식의 구조와 탐구 기능을 강조할 때 이미 언급한 것들이다. 사실

---

12) 그래야 수업이나 시험 문제에서 아버지 혹은 군인이 귀속지위인가, 성취지위인가하며 따지는 어리석은 상황에서 벗어날 수 있다.

듀이에게 있어 미분화되어 있었던 학문 및 탐구의 논리와 일상생활의 경험에 대한 반성 및 성찰이 브루너에 와서 학문에 초점을 두는 형태로 변화된 것뿐이다.[13)]

적어도 사회과학 교육 내용과 방법에 국한할 경우 듀이가 학문 중심 교육과정을 배척한다는 근거는 없다. 다만 사회과학 교육이 듀이와 브루너의 주장대로 학교 현장에서 실천되어 오지 못한 것이 문제라 할 수 있다. 요컨대 우리가 학생들에게 합리성을 포함해서 시민교육을 제대로 하지 못하는 이유는 사회과학을 가르쳐서가 아니라 사회과학을 제대로 가르치지 못해서이다. 저자는 학문 중심 교육과정과 사회과학 모형의 실패는 지식을 맥락 속에서, 발견의 과정을 통해서 가르치지 않았기 때문에 생긴 문제라 생각한다.

따라서 저자는 적어도 사회과학 교육의 내용과 방법 측면에서는 브루너를 계승해야 한다고 생각한다. 그러나 시민교육을 위한 중핵 교과로서의 사회과교육을 학문 중심으로만 구성하는 것에는 반대한다. 사회과학 교육이 교과교육 차원에서 이루어지는 시민교육의 전부라 할 수는 없기 때문이다. 그리고 그동안의 충분한 경험을 통해 시민교육을 위해 교과교육이 할 수 있는, 또 하나의 중요한 교육 내용과 방법, 소위 사회 문제와 공공 쟁점 중심 교육이 이미 제시되어 있다.

2) 방안 2: 시민교육을 위한 쟁점 중심 교육

만약 우리가 교과교육에서 사회과학의 개념과 원리를 맥락 속에서 혹은 발견의 과정에서 잘 가르쳤다면 시민교육을 위해서 우리가 할 수 있는 또 다른 일은 무엇일까? 시민교육을 위해 사회 문제와 공공 쟁점을 가르치는 것은 여러 측면에서 유용하다고 할 수 있다. 여기서는 이에 대해서 본격적으로 논하기에 앞서 사회과학과 사회 문제 및 공공 쟁점을 하나의 교과서

13) 듀이의 반성적 사고의 가장 두드러진 특징은 듀이가 생활 속에서의 반성적 사고와 과학자의 과학적 사고를 구분하지 않는다는 것이다. 듀이에 의하면 양자의 사고는 언제나 애매한 문제 상황에 직면하여, 동일하게 신념에서 출발하여, 신념을 검증하는 과정으로 본다(김병길 역, 1990: 73-74).

혹은 1차시의 수업에서 함께 다룰 수 있을 것인가에 대해서 잠시 언급하려고 한다.

저자는 소위 학문 중심과 쟁점 중심 교육의 종합이 적어도 현실적으로 어렵지 않다고 생각한다. 사실 이 부분이 저자의 가장 기본적인 아이디어이고, 저자와 다른 사람들의 생각이 갈리는 중요한 지점이다. 이러한 사회과학과 사회 문제 및 공공 쟁점 사이의 관계 설정은 학문 중심과 쟁점 중심의 종합을 시도하는 교육과정을 개발하고 교과서 집필 혹은 수업 기획 및 실행을 할 때 지속적으로 제기될 수 있는 사안이다.

이에 대한 저자의 의견은 적어도 현실적으로 충분히 가능하다는 것이다. 왜냐하면 사회과학 개념이 기본적으로 사회 현상의 설명뿐만 아니라 사회 문제의 해결을 위해서 활용될 여지가 있기 때문이다. 이에 대해서는 논리적 근거보다는 구체적 사례를 들어서 설명하려고 한다. 예를 들어 계층을 다루다 보면 하층의 빈곤 문제를 다루게 될 것이고, 우리 사회의 현실이 되어버린 양극화를 다룰 수 있다. 그래서 '흙수저와 금수저' 논쟁, 더 구체적으로는 직업의 대물림이라 볼 수 있는 로스쿨 등의 입시 문제나 로스쿨 출신의 검사와 판사 임용 문제를 다룰 수 있다. 그리고 이러한 사례들은 사회과학의 개념을 우리 사회의 현실에 적용할 때 쉽게 찾을 수 있다.

그러면 이제부터 본격적으로 사회 문제와 공공 쟁점을 가르치는 것이 시민교육에서 유용한 부분이 무엇인지에 대해서 논의하려고 한다. 사회 문제와 공공 쟁점을 배우는 것은 우리 사회의 다양한 이견들과 이견들이 있다는 사실을 배우는 것이다. 그래서 학생들 사이의 이견들을 확인하는 것이고, 그러한 이견들을 지닌 사람들 사이에 토론을 경험하는 것이다. 비록 글이나 말로 이루어지는 토론의 과정이지만 이러한 경험은 시민교육 차원에서 매우 유용하다.

이러한 경험은 우선 우리 자신을 반성적으로 성찰하게 한다. 단순히 토론의 승리 전략 차원에서라도 자신이 알고 있는 지식이나 정보를 확인하고, 자신의 사고를 반성적으로 성찰할 필요성이 생긴다. 자연스럽게 합리성이 제고될 것이다. 물론 이러한 합리성은 사회과학을 맥락 속에서 혹은 발견의 과정을 통해서 배우는 것으로도 습득할 수 있는 것이다.

그러나 공동체 의식과 관련해서는 쟁점 중심 교육의 독자적인 의의가 있다. 타인과 원만한 관계를 맺으며 소통하고, 소수자에게 관심을 가지고 배려하는 것은 학급 및 학교와 가정 및 지역사회 생활 가운데서 주로 배울 수 있는 것이지만, 사회 문제 및 공공 쟁점에 대한 토론이 이루어지는 교실 수업에서도 부분적으로 가능하다. 논쟁과 토론이 이루어지는 교실에서도 상호성의 원칙에 따라 자신과 다르지만 나름의 합리적인 의견을 제시하는 동료의 의견을 경청하고 다수와 다른 소수의 의견을 존중하는 경험을 할 수 있기 때문이다.

그런데 중요한 부분이 있다. 적어도 성급한 논쟁의 종결, 토론 승패의 중시, 다수결 혹은 만장일치의 강요 등이 이루어져서는 안 된다는 것이다(오현철 외, 2016: 138-139). 우리 공동체가 직면하고 있는 사회 문제나 공공 쟁점과 관련해서 토론의 규칙을 지키고, 적극적으로 의사를 표현하고, 동료들과 원만하게 소통하고, 소수자를 배려하는 것은 우리가 길러내야 할 공동체 의식이기 때문이다.

이에 대해서 혹자는 사회 문제와 공공 쟁점의 교수만으로도 합리성과 자율성, 공동체 의식 함양에 기여할 수 있는데 사회과학을 왜 배워야 하는가라고 반문할 수 있다. 이에 대한 저자의 답변은 사회 문제와 공공 쟁점이 사회과학 용어로 표현되고, 사회 문제와 공공 쟁점이 사회과학 개념과 원리를 통해서 더 명확히 드러날 수 있다는 것이다. 그리고 보다 현실적인 문제로 교과서의 모든 내용을 사회 문제 및 공공 쟁점으로 만들기는 어려울 뿐만 아니라, 그렇게 하는 것은 정치적·교육적으로 논란의 소지가 되어서 결과적으로 상당수의 문제나 쟁점을 교과서에 담기 어려울 수도 있다.

5. 결론

이 장에서 저자가 이야기하고자 하는 바는 분명하다. 사회과교육은 제대로 된 사회과학을 가르치는 것에서 출발해야 한다는 것이다. 지식의 구조와 탐구의 기능을 강조하는 사회과학 교육은 여전히 유효하다. 맥락 속에서, 발견의 과정 속에서 배우는 사회과학 개념과 원리는 우리 현실을 설명하는 데 충분히 유효하며, 우리가 당면한 문제와 쟁점을 이해하는 데도 효과적이다. 그리고 우리가 제대로 학습한다면 해당 사회과학, 혹은 해당 사회과학자의 높은 식견을 빌려 우리의 현실과 미래를 더 잘 조망할 수 있다.[14)]

물론 시민교육을 지향하는 사회과는 사회과학 교육에 머물러서는 안 된다. 그리고 사회 문제와 공공 쟁점을 가르치는 것은 합리성 제고뿐만 아니라 공동체 의식 함양에도 기여할 수 있다. 그러나 사회과학 없이 바로 사회 문제와 공공 쟁점을 다루기는 현실적으로 쉽지 않다. 사회과학의 개념과 원리를 알아야, 탐구로 대표되는 사회과학적 사고력을 길러야, 사회 문제와 공공 쟁점의 실상을 제대로 파악할 수 있다.

그리고 사회 문제와 공공 쟁점의 교수는 정의적인 측면에서도 우리에게 유용한 교육적 경험이 될 수 있다. 자존심이 상하지만 때로는 자신의 의견을 접고 타인의 의견을 수용하는 훈련, 소수의 견해를 무시하지 않고 존중하는 훈련이 토론의 과정을 통해서 습득될 수 있다. 이를 위해서는 인지적인 측면에만 집착한 나머지 논쟁의 인위적인 종결을 추구해서는 안 될 것이다. 그런 점에서 오히려 논쟁을 종결하지 않는 것이 더 교육적일 수도 있다.

결론적으로 합리성 제고를 위한 사회과학 교육과 공동체 의식 함양을 위한 사회 문제 및 공공 쟁점 교수는 시민교육을 위한 사회과교육의 두 가지 주요한 방안이자 전략이다. 그리고 그 출발점은 제대로 된 사회과학 교

---

14) 구글 학술검색의 창에 괜히 '거인의 어깨에 올라서서 더 넓은 세상을 바라보라 - 아이작 뉴턴'이라는 글귀가 있는 것은 아니다.

육을 실천하는 것이다.

요컨대 시민교육을 위한 사회과교육은 사회과학이 끝나는 곳에서 시작된다. 그러나 시민교육을 위한 사회과교육을 하려면 사회과학이 끝나는 곳까지 걸어가야 한다. 사회과학을 제대로 가르쳐야 하는 것이다. 그리고 비로소 사회 문제 및 공공 쟁점을 가르치면서 합리성 제고뿐만 아니라 공동체 의식까지 길러낼 수 있다. 그것은 초, 중, 고 전체 교육과정에서도, 일 년의 교육과정에서도, 한 달의 교육과정에서도, 일주일 수업 시간에서도, 1차시 수업에서도 유효한 원칙이라 생각한다.

제대로 배운 사회과학 개념과 원리 위에서, 발견과 탐구의 과정을 거쳐 사회과학을 배운 후에 우리는 비로소 사회 문제나 공공 쟁점에 대해 제대로 토론할 수 있다. 그래서 사회과교육은 사회과학이 끝나는 곳에서 시작하는 것이 효과적이다. 그러므로 사회과학은 사회과교육의 출발점이요, 시민교육은 사회과교육의 종착점이다.[15]

15) 물론 사회 문제 및 공공 쟁점으로 사회과 내용을 구성하고, 그 안에서 사회과학 개념과 원리를 가르칠 수 있을 것이지만, 우리나라의 현실에 비추어 봤을 때 보다 실천 가능한 형태는 사회과학의 개념과 원리에서 출발해서 사회 문제와 쟁점을 가르치는 것이라고 생각한다.

참고문헌

강대현(2007). 사회과교육 내용 구성 원리와 실제에 대한 탐색: 사회과와 사회과학의 관계 설정을 중심으로. **시민교육연구**, 29(3), 1-20.

______(2008). 시민교육과 사회과교육과정: 시민교육을 위한 사회과교육 내용 구성 방안 연구. **사회과교육**, 47(3), 165-188.

______(2014). 사회과의 성격과 모형에 대한 분석과 종합: 시민성 전달의 재구성에 기초한 사회과학과 반성적 탐구의 종합. **시민교육연구**, 46(2), 1-31.

나종석(2005). 시장과 민주주의: 적대적 공생관계?. **헤겔연구**, 17, 289-350.

노경주(2014). 사회과교육을 받은 인간: 사회과교육의 관점에 관한 재고찰. **시민교육연구**, 46(3), 37-71.

마인섭(1995). 자본주의적 발전과 민주화. 임현진·송호근(편), **전환의 정치, 전환의 한국사회**, 149-194. 서울: 사회비평사.

오현철·강대현(2016). 사회과 논쟁문제수업 개선을 위한 제언: 토의민주주의 경험을 중심으로. **시민사회와 NGO**, 14(2), 125-164.

이정우·구남욱·이인화(2016). **핵심역량 신장을 위한 교실수업에서의 학생평가 방안: 의사소통 역량과 공동체 역량을 중심으로**. 한국교육과정평가원 연구보고 RRE 2016-10.

차경수·모경환(2008). **사회과교육**. 서울: 동문사.

차조일(2003). **'사회 문제 중심 사회과'의 합리성에 대한 연구: 도구적 합리성을 넘어 의사소통 합리성으로**. 서울대학교 대학원 박사학위논문.

차조일·박선웅(2012). 사회과 주요 개념에 대한 역사적 고찰: 쿨리의 1차 집단을 중심으로. **시민교육연구**, 44(4), 217-239.

차조일·박선웅(2015). 사회·문화 교과서의 '역할' 관련 내용에 대한 비판적 고찰. **사회과교육연구**, 22(3), 71-83.

Banks, J. A. & Glegg, Jr. A. A.(1999). *Teaching strategies for the social studies.* New York: Longman.

Bernstein, R. J.(1976). *The restructuring of social and political theory.* Oxford: Basil Blackwell.

Dahl, R. A.(1998). *On democracy*. New Haven: Yale University Press. 김왕식·장동진·정상화·이기호(공역)(1999). **민주주의**. 서울: 동명사.

Engle, S. H. & Ochoa, A. S.(1988). *Education for democratic citizenship.* New York: Teacher's College Press, Columbia University. 정세구(역)(1989). **민주시민교육**.

서울: 교육과학사.

Hepburn, M. A.(1983). *Democratic education in school and classroom.* 이광성(역)(2005). 학교와 교실에서의 시민교육. 서울: 원미사.

Matorella, P. H.(2001). *Teaching social studies in middle and secondary schools.* New Jersey: Prentice-Hall.

Worton, S. N.(1964). *Review notes and study guide to the major works of John Dewey.* New York: Monarch Press. 김병길(역)(1990). 존 듀이의 철학과 그의 주저. 서울: 양서원.

02 CHAPTER

사회과교육은 어떻게 시작해서 변화해 왔는가?

– 미국 사회과의 역사를 중심으로 –

〈고갱–우리는 어디서 와서 어디로 가는가?〉 보스턴미술관 소장

1. 사회과(Social Studies)가 생겨난 정치적・경제적・사회적・교육적 배경은 무엇인가?
2. 1892년 전미교육협회(National Education Association, NEA)의 10인 위원회(Committee of Ten)가 제시한 교육과정의 특징은 무엇인가?
3. NEA의 7인 위원회(Committee of Seven)가 제안한 교육과정의 특징은 무엇인가?
4. NEA 중등교육개혁위원회(The Commission on the Reorganization of Secondary Education, CRSE)의 사회과위원회(The Committee on Social Studies) 최종보고서에 나타난 교육과정의 특징은 무엇인가?
5. 1920~30년대의 사회과교육은 어떻게 전개되었으며 특징은 무엇인가?
6. 1940~50년대의 사회과교육은 어떻게 전개되었으며 특징은 무엇인가?
7. 1960~70년대 초반의 신사회과는 어떻게 전개되었으며 특징은 무엇인가?
8. 1970년대 중반~90년대의 사회과교육은 어떻게 전개되었으며 특징은 무엇인가?
9. 2000년대 이후 사회과교육의 최근 동향은 어떠한가?
10. 미국 사회과교육의 전반적인 흐름과 변화를 그림으로 그려 보시오.

이 장은 '미국 사회과교육의 역사'에 대한 내용이다. 저자의 생각으로는 미국 사회과교육의 역사는 대략 한 세대(약 30년)를 주기로 반복되는 듯하다.

미국 사회에서 시민교육의 필요성이 제기되면서 이전의 역사 중심 전통에 대응하여 1916년에 사회과가 출범하였고, 1921년에 NCSS(The National Council for the Social Studies)가 설립되어 1920~30년대 진보주의와 사회재건주의 입장에서 문제 및 쟁점 중심 사회과의 기틀이 마련되었다. 그 결과 역사 중심과 쟁점 중심의 사회과가 경쟁(갈등)하는 구도가 형성되었다. 그리고 세계대전과 전시 체제로 1940~50년대에 역사 교육이 강조되면서 통합적인 혹은 쟁점 중심의 사회과는 도전에 직면하였다.

그리고 1960년대에 스푸트닉 충격으로 학문 중심 교육과정이 강조되면서 학문의(지식의) 구조와 탐구기능(사고력)을 강조하는 신사회과 운동이 전개되었다. 신사회과는 사회과학의 체계적인 지식과 연구 방법을 사회과의 내용으로 강조하는 동시에 발견학습, 탐구학습, 학제적 접근법을 주된 수업 방법으로 강조했다. 역사 중심, 문제 중심에 더해, 학문 중심의 사회과가 경쟁(갈등)하는 상황이 된 것이다. 그리고 1980년대가 되면서 전통적인 역사 교육과 사회과학 교육이 강조되면서 쟁점 중심 사회과는 다시 도전에 직면하였다.

1990년대에 세계화로 국가 간의 경쟁이 강화되면서 표준화 운동이 전개되었다. 사회과에서도 표준화 운동과 NCLB(No Child Left Behind)의 영향으로 연방 수준의 사회과 교육과정 권고안(NCSS, 1994)이 마련되었고, 고부담시험이 시행되면서 주(State) 수준 교육과정의 개발과 평가 시행 경향이 강화되었다. 그리고 이러한 흐름의 연장선에서 NCSS 주도로 C3 Framework가 마련되었다. 사회과는 이제 역사, 쟁점, 학문 중심 교육과정의 경쟁 및 갈등과 더불어 표준화를 통한 '학업성취도 향상(국가 경쟁력 강화) VS 교육의 다양성 확보'라는 딜레마 상황에 놓여 있다. 물론 30년 주기설에 따라 역사 교육 강조 및 기초복귀(Back to Basics) 운동의 움직임도 있다.

이상은 미국 사회과에 대한 간단한 스케치이다. 자세한 내용은 이후의 내용을 참고하기 바란다. 이 장을 읽고 나서 자신만의 미국 사회과교육 연표를 그려보는 것도 좋을 것이다.

1. 서론

우리나라의 사회과교육은 미군정 시기에 미국의 영향하에서 도입되었다. 따라서 미국 사회과교육의 역사를 이해하는 것은 우리나라 사회과교육의 과거와 현재를 이해하고 미래를 조망하는 데 중요한 토대가 된다. 그런데 불행히도 저자는 미국 사회과교육에 대한 충분한 이해를 갖고 있지 못해서, 이 장에서는 국내 개론서와 논문에 소개된 미국 사회과 역사 논의와 일부 외국 문헌을 토대로 미국 사회과교육의 역사에 대해서 개괄적으로 소개하려고 한다.

우선 미국 사회과교육을 이해하는 데 있어서 가장 중요한 부분은 사회과의 출범이 특정 시기에 갑작스럽게 이루어진 일이 아니라는 점이다. 소위 통합적 성격의 사회과(Social Studies)는 미국 사회의 변화와 공교육 체제의 구축 과정에서 점차 태동한 것이다. 1916년 사회과가 공식적으로 출범하기에 앞서, 1900년대 이전부터 학교에서는 역사, 지리, 공민 등 사회과 계열의 과목들을 가르치고 있었고, 일부 학교에서는 사회과라는 용어를 이미 사용하고 있었다.

특히 1900년대에 접어들어 산업화・도시화가 진행되고, 세계 각국으로부터 이민이 늘어나면서 미국 사회의 시민을 기르는 교육과 교과에 대한 요구가 생겨났다. 이처럼 시민교육에 대한 새로운 사회적 요구는 전통적인 교육에 대한 개혁으로 이어졌다. 그 결과, 사회과위원회(The Committee on Social Studies)의 최종 보고서인 '중등 사회과교육(The Social Studies in Secondary Education)'이 발간된 1916년과 미국사회과교육협회(The National Council for the Social Studies, 이하 NCSS)가 출범한 1921년을 기점으로 사회과가 공식적으로 등장하였다.

그리고 이렇게 등장한 사회과는 이후 1980년대까지 미국의 모든 주에서 보편적인 교과로 인정되었다. 그리고 제2차 세계대전 이후 전체주의에 대한 대응의 성격으로 미국의 영향하에 있었던 독일, 일본, 우리나라 등에 시민교육을 위한 중핵 교과로 전파되었다. 그러나 1980년대 이후 미국에서는 사회과에 대한 비판과 더불어 역사, 지리, 공민 중심의 분과 교육이 다시 등장하는 주들도 나타났다. 그 결과 미국의 일부 주에서 '역사와 사회과학(History and Social Science)'으로 교육과정과 교사자격증의 명칭을 바꾸는 경우도 나타났다.

따라서 현재 미국은 시민교육을 위해 통합적 성격의 사회과를 유지할 것인가 혹은 역사, 지리, 공민 등의 분과 형태로 회귀할 것인가 하는 갈림길에 서 있다. 그리고 이러한 도전은 미국에만 국한된 것이 아니라 미국의 영향을 받아 사회과를 도입한 여타 국가에서도 나타나고 있다. 이러한 시기에 미국의 사회과교육의 역사를 돌아보면서, 각 시기의 특징과 문제점을 분석해 보는 것은 한편으로 과거에 대한 반성과 성찰일 뿐만 아니라 미래 사회과의 모습을 예측해 볼 수 있는 단초가 될 수 있다.

사실 사회과의 존폐와 상관없이 사회 현상을 이해하고 사회생활에서 요구되는 시민 자질을 기르는 교육은 어떤 형태로든 필요할 수밖에 없다. 다만 어떤 형태의 교과교육이 우리 사회의 시민교육을 위해 당위적으로 바람직한 것인지, 혹은 현실적으로 실천가능한지를 가늠해 보는 것이 중요하다. 이 장에서 저자는 사회과의 원조라 할 수 있는 미국 사회과교육의 시기별 특징과 문제점을 분석하고, 향후 사회과교육의 바람직한 방향과 형태에 대해서 고민해 보려고 한다.

2. 미국 사회과의 형성과 초기 변화

1) 미국 사회과의 형성: 1916년과 1921년 전후

사회과가 출범하기 이전에 미국에서도 유럽처럼 역사, 지리, 공민의 형태로 시민교육이 이루어졌다. 초·중등학교에서 역사와 지리가 주요한 교육 내용이었고, 주로 역사학자들과 지리학자들이 이에 관여했다. 물론 그

중에서도 역사가 보다 주된 내용이라 역사학자들의 영향력이 컸다. 이러한 모습은 미국을 건국한 사람들의 뿌리가 유럽에서 연유하여 유럽의 교육 전통에 영향을 받은 것으로 보인다.

그러나 다양한 대륙으로부터 새로운 이민자들이 들어오고, 산업화 및 도시화로 사회 문제가 발생하면서 과연 전통적인 역사와 지리 중심(특히 역사 중심)의 교육이 미국 사회의 교육적 필요를 충족하는 것인가에 대한 의문이 생겨났다. 또한 듀이(Dewey, J.)로 대표되는 진보주의 교육 사상가들이 사회생활과 사회 문제에 주목하면서 아동 중심 혹은 경험 중심의 교육을 강조한 것도 전통적인 교육과정에 대한 개혁이 필요하다는 인식으로 이어졌다.

이처럼 시민교육에 대한 새로운 사회적 요구는 전통적 교육과정에 대한 개혁으로 이어졌다. 우선 미국교육협회(National Education Association, NEA)의 10인 위원회(Committee of Ten)와 7인 위원회(Committee of Seven) 등을 통해 전통적인 역사 중심 교육과정에 대한 개혁 작업이 진행되었다. 그러나 이러한 노력은 당시 사회·교육적 요구에 부응하지 못했고, 이로 인해 미국교육협회(NEA)에서는 중등교육개혁위원회(The Commission on the Reorganization of Secondary Education, CRSE)를 만들어 시민 양성을 위한 새로운 교과를 모색하게 되었다(김영석, 2015: 25-29; 차경수·모경환, 2017: 20-21).

그 결과로 사회과위원회(The Committee on Social Studies)가 만들어지고 이 위원회의 권고에 따라 사회과(Social Studies)가 공식적으로 출범하게 되었다. 사회과는 1916년의 사회과위원회 최종 보고서인 '중등 사회과교육(The Social Studies in Secondary Education)'을 통해 미국 사회에 광범위하게 받아들여졌다. 이 보고서는 사회과의 목표를 사회적 효율성의 증진이라는 학교의 역할 속에서 '좋은 시민'(good citizen)을 양성하는 데 있는 것으로 규정하였고, 교육과정에서는 역사와 지리와 함께 '공민(Civics)'과 '민주주의의 제 문제(Problems of Democracy)'를 포함하였다(김영석, 2015: 31; 차경수·모경환, 2017: 22).

오늘날 사회과에서도 해당 영역들이 주요 과목들로 남아 있고, 시민성 함양이 사회과의 기본 목표로 여전히 강조되고 있다는 점에서 볼 때 1916년 보고서의 사회과교육과정안은 현재까지 영향력을 끼치고 있다. 그러나 1916년의 보고서에서 사회과에 대한 정의를 '교수 목적에 적합하도록 사회과학을 축소한 것'으로 규정하기도 했고, 통합적인 성격의 사회과를 추구하였지만 당시 학교 현장에서는 주로 역사 과목을 중심으로 한 수업이 이루어졌다(Stanley, 2001; 사회과연구모임 역, 2005: 51-52).

한편 사회과 역사가 1916년보다 30년 이상 앞선다는 주장도 있다. 사회과라는 용어는 1884년경 영국에서 이미 사용되었으며, 같은 해에 미국사회과학협회(American Social Science Association, 이하 ASSA) 연례 모임에서 미국역사협회(American Historical Association, 이하 AHA)가 창설되었는데, AHA와 관련된 일부 모임은 이미 1865년에 사회 문제를 다루기 위한 목적으로 결성된 것으로 밝혀졌다. 주목을 끄는 것은 이러한 일련의 움직임이 사회 문제에 기초하고 있었다는 점이다. 이러한 관점은 사회과를 사회과학 및 사회 문제의 한 영역으로 창설된 것으로 간주하며 사회적 가치 전달이라는 역사적 교수 관점을 탈피하고 있다(Stanley, 2001; 사회과연구모임 역, 2005: 52-53).

그러나 이러한 일부의 움직임을 사회과의 공식적인 출발로 보기는 어렵다. 소위 통합적 사회과는 중등교육개혁위원회의 사회과위원회의 최종보고서인 '중등 사회과교육'에서 공식적으로 시작되었다고 보는 것이 적절하다. 이때 미국 사회과교육과정의 네 가지 특징적 요소인 ① 7, 8학년의 직업 공민과 공동체 공민 과정, ② 고등학교 과정의 '미국 민주주의의 제 문제', ③ 고등학교 과정의 유럽사와 미국사, ④ 경제학, 역사학, 정치학, 사회학, 공민 등을 집합적으로 언급한 '사회과(social studies)'라는 용어의 사용 등은 이 위원회의 권고에서 시작되었다(Lybarger, 1991: 5).

그리고 '중등 사회과교육'이 발행된 직후부터 사회학자, 정치학자, 경제학자들의 모임에서는 사회과교육과정을 만들기 위한 노력이 진행되어 자신들의 학문을 중심에 두고, 다른 사회과학의 요구를 부분적으로 다루고자 하였다. 그래서 새롭게 등장한 사회과는 누구나 관여할 수 있는 것으로 보였다(Hertzberg, 1981: 34-35). 이러한 혼란 속에서 1921년 NCSS가 조직되었다. 협회의 목적은 '사회과를 통해 시민교육에서 최대한의 결과를 얻는 데 관심이 있는 전문가들과 교사들의 조직과 협력을 도모하기 위한 것'이었다(Lybarger, 1991: 5-6).

협회의 조직은 교사나 교육과정 개발자들이 '역사' 과목만으로는 점차 도시화·산업화되는 사회에서 시민성 함양을 위한 적절한 준비를 할 수 없다는 자각을 반영하였다. 그러나 NCSS는 미국역사협회(AHA)의 도움을 받아 창설되었고, 초기에 NCSS와 AHA는 합동 모임을 유지하면서 역사학자들이 NCSS를 주도하였다. 역사는 사회과에서 주요 과목으로 자리 잡았고, 주 수준에서 사회과 교사 자격을 부여할 때도 대학에서의 뛰어난 역사 관련 과목의 학점을 요구하였다. 결과적으로 역사는 사회과에서 주요한 위치를 점하였으며, 사회과는 자연스럽게 청소년들에게 역사적 전통을 전달하는 것으로 여겨졌다(Stanley, 2001; 사회과연구모임 역, 2005: 53).

이와 같은 사회과 기원에 대한 이중적인 인식은 사회과의 정체성에 대한 대립을 제공하는 동시에 정치 및 교육 철학과 관련된 논쟁을 야기한다. 사회과에 대한 정의와 실행에 대하여 지속적으로 제기되는 논쟁에는 이렇게 대립되는 두 관점의 차이가 반영되어 있다. 먼저, 사회과를 사회 진보에 대한 관심의 산물로 보는 입장은, 사회과가 광범위한 사회적 관심들과 사회적 쟁점에 대한 능동적이고 비판적인 연구들을 포함하는 것으로 본다. 한편, 사회과를 역사학자의 산물로 보는 입장은, 사회과를 문화유산 전달을 목적으로 서술된 역사 정보로 구성된 중등학교 과목으로 본다(Stanley, 2001; 사회과연구모임 역, 2005: 54-55).

이러한 점에서 1916년 사회과 모형은 시민 양성을 목표로 하는 진보적인 사회과교육과 역사를 중심으로 한 전통적인 교육과정의 근대적 절충안의 형태로 제시되었다고 볼 수 있다(차경수·모경환, 2017: 22).

2) 미국 사회과의 초기 변화: 1920~30년대

미국에서 사회과가 학교에 본격적으로 보급된 것은 1920년대였다. 1920년대 미국 교육은 진보주의가 중심 사상이었고, 사회과는 그 핵심 교과였다. 그래서 이 시기에 사회과의 변화는 진보주의 교육가들의 개혁 운동으로 특징지어진다.

듀이(Dewey, J.)에 의해서 체계화된 진보주의 교육은 아동의 외부에 존재하는 지식을 아동에게 암기시키는 것에 반대하고, 교육은 아동의 필요와 흥미에 맞춰서 실시되고 아동의 성장을 도와줘야 한다고 주장했다(차경수 · 모경환, 2017: 23). 또한 진보주의는 교육을 사회 변화와 진보의 핵심 수단으로 보았다. 일부에서는 진보주의 교육을 아동 중심 교육으로 해석하는 경향도 있지만, 진보주의 교육의 핵심은 교육을 받은 지성적 시민이 세상을 바꿀 수 있다는 믿음에 있다(김영석, 2015: 33).

이런 점에서 볼 때 '중등 사회과교육' 보고서와 NCSS의 설립 등을 통해 이루어진 사회과의 공식적인 출발은 큰 틀에서 진보주의 교육 운동의 산물이었다. 그래서 진보주의 교육 사상이 실생활을 강조하는 사회과교육의 발전을 촉진한 것은 자연스러운 일이었다. 이 기간에 사회과는 융합형, 통합형, 중핵형 교육과정 등과 같은 교육적 실험들을 통해 기존 교과목과는 차별되는 교과목으로 자리매김해 나갔고, 사회과 내용도 학문 내용으로부터 실제 생활 또는 경험을 중시하는 경향으로 변해갔다(차경수 · 모경환, 2017: 23-24).

이러한 기조는 1930년대에도 유지되었다. 1929년에 미국은 대공황을 겪었고, 루스벨트 대통령은 뉴딜정책을 추진했다. 이 과정에서 미국은 경제적으로 성장했지만 거대 재벌의 시장 독점, 제국주의적 팽창에 따른 부작용, 정치인의 부정과 부패, 여성선거권 논쟁, 노조문제 등 여러 사회 문제들에 직면하였다. 대공황을 거치면서 이러한 문제들이 심각해졌고, 이를 해결하기 위해 교육을 통한 사회 재건 운동이 강조되었다. 교육에서도 융합적, 통합적 접근에 대한 관심이 증대되었다(차경수 · 모경환, 2017: 24).

따라서 1920~30년대의 사회과교육과정은 교육과정 구성에 있어서 진보주의와 혁신, 사회 문제, 통합교육과정을 지향하는 움직임이 나타난 시기였다. 대표적으로 당시 사회과의 발전을 주도했던 러그(Rugg, H. O.)는 교육을 통한 사회 재건을 주장하면서 사회 문제 중심의 사회과 교과서를 개발하였고, 이는 초기 사회과교육의 발전에 큰 영향을 주었다(차경수 · 모경환, 2017: 24).

러그는 현실 사회의 문제, 각 문제에 관련된 역사적 배경 등을 중심으로 교과서 내용을 구성했으며, 각 단원을 문제해결의 과정에 따라 설계하였다.

반성적 탐구와 쟁점 중심 사회과의 원조라 할 수 있는 러그의 교과서 시리즈는 현장에서 폭발적 반응을 이끌어 냈다(김영석, 2015: 34; Evans, 2004: 38-41). 이러한 러그의 교과서는 1916년 사회과위원회가 만든 '민주주의의 제 문제' 과목에 대한 관심을 확산시켰으며, 쟁점 중심 사회과의 성장에 기여하였다(김영석, 2015: 35).

이처럼 러그의 교과서는 학습자의 흥미를 반영하는 실제적 사회 문제를 핵심 내용으로 구성한 점, 연대기적 구성을 탈피하여 사회 문제 및 쟁점을 중심으로 통합적 구성을 시도한 점에서 초기 사회과에서 지향한 바를 실현하고자 한 노력으로 볼 수 있다(오연주, 2006; 차경수 · 모경환, 2017: 24).

3. 미국 사회과의 퇴행과 전환: 1940~70년대

1) 미국 사회과의 퇴행: 1940~50년대

제2차 세계대전의 발발과 전시 체제의 영향으로 애국주의 단체와 보수주의의 움직임이 강화되면서, 사회과의 진보주의 실험은 1940년대에 이르러 주춤해졌다(차경수 · 모경환, 2017: 24-25). 일단 1940년대는 제2차 세계대전에 의해 규정되는데, 최근까지의 논의에 따르면, 사회과교육과정에 끼친 전쟁의 영향은 그리 크지 않은 것으로 보인다. 넬슨(Nelson, M. R.)은 전쟁의 영향에 대한 조사를 통해 사회과 전문가들의 전쟁에 대한 반응은 '고요하고 분별 있는' 것으로 결론을 내렸다(Lybarger, 1991: 7).

당시 전쟁은 민주주의를 위한 싸움으로 여겨졌고, 진보주의 교육 진영도 이에 가세하였다. NCSS도 극적인 사례를 동원해 학생들에게 민주주의에 대한 신념을 심어주려고 하였다. 또 전쟁은 국제기구, 평화, 전후 세계 질서 등의 주제에 대한 교육적 관심을 높였으며, 전쟁을 틈타 다른 인종과 민족에 대한 반감이 표출되자 이에 대응하여 다양한 문화 집단 간의 편견 해소 및 상호 이해 증진을 위한 교육이 강조되었다(김영석, 2015: 43; Hertzberg, 1981: 74-77).

물론 전쟁 분위기를 틈타 진보적인 색채의 사회과에 대한 이념 공세도 있었으나 그다지 성공하지 못했다. 다만 일부 보수적 역사학자들을 중심으로 사회과 때문에 역사 교육이 위축되었으며 학생들이 기초적인 역사 지식조차 갖추지 못하게 되었다는 문제제기가 있었다. 그러나 전쟁 직후 냉전이 도래하면서, 이러한 분위기는 급변하여 소련과의 경쟁 체제하에서 반공주의가 강조되었고, 진보주의 교육에 대한 전방위적 공격이 시작되었다(김영석, 2015: 43-44).

그 결과 1950년대는 사회과의 발전이 순조롭지 못했다. 소위 1950년대의 지배적인 역사 조감도는 '합의의' 역사로 불려졌다. 역사에 대한 이러한 견해는 '과거를 미국인들이 당면한 어려움을 갈등 없이 해결하는 데 성공한 것'으로 보도록 했다. 이러한 기조에 따라 베스터(Bestor, A.)는 '교육적 황무지: 공립학교에서의 학습의 후퇴(Educational Wasteland: The Retreat from Learning in our Public Schools)'에서 교사들을 위한 교육사와 교육철학 과정을 "위대한 지적 학문을 왜곡시키면서 이를 교화와 직업 교육 중심주의라는 협소한 목적에 기여하도록 하는 특징을 갖는다."라고 공격하였다(Lybarger, 1991: 8).

그는 현대 교육이 학문을 소홀히 여겨 반지성화되었다고 비판하면서 과거의 인문교양교육으로 돌아가야 한다고 주장했다. 나아가 학문 내용을 중심으로 교육과정을 구성하고 역사를 사회과의 핵심 내용으로 삼아야 한다고 주장했다. 비록 베스터는 과거 교육으로의 회귀를 주장한 것에 불과했지만, 학교교육에 문제가 있다는 인식은 대중에게도 널리 퍼졌다. 게다가 '매카시즘(McCarthyism)'의 광풍이 불면서 진보주의 사회과가 모든 학생들에게 문제해결 과정에 참여하게 함으로써 '작은 사회주의자들'을 양성하려고 한다는 색깔론이 퍼졌다. 그래서 각종 우익 단체들이 미국 교육을 정화한다는 미명하에 문제시되는 교재와 교사들을 색출하는 데 앞장섰다(김영석, 2015: 44).

그런데 아이러니하게도 이 시기에 쟁점 중심 사회과에 대한 이론적 토대도 마련되었다. 엥글(Engle, S. H.)은 가치 중심의 사회 문제 학습을 주장했고, 헌트와 메트칼프(Hunt, M. P. & Metcalf, R.)는 사회적 쟁점을 중심으로 학문 내용을 가르쳐야 한다고 주장했다. 이를 위해 그들은 반성적 사고의 특징 및 기법과 교실 상황에의 적용 방법을 소개하고 반성적 사고를 촉진하기 위해 이른바 금기시된 영역에 대한 학습을 제안하였다. 또 올리버(Oliver, D.)는 사회과에서는 인간 사회의 핵심적 갈등 문제를 가르쳐야 하며, 전통적 역사보다는 역사적 에피소드를 활용해 사회과학 내용을 중심으로 갈등 문제를 가르쳐야 한다고 주장했다(김영석, 2015: 45).

2) 미국 사회과의 전환: 1960년대와 70년대 초반

1957년 10월 4일 소련은 최초의 인공위성 스푸트니크(Sputnik) 발사에 성공했는데, 우주 개발에서 소련에 뒤진 미국은 이 사건을 '스푸트니크 충격(Sputnik shock)'이라고 불렀다. 이후 이 사건은 미국이 소련과의 과학기술 경쟁에 뒤처진 것이 교육 때문이라는 해석을 촉발하면서 광범위한 교육개혁을 불러일으켰다(차경수·모경환, 2017: 25). 우선 수학 및 과학을 중심으로 교과 내용, 학습 교재, 수업 방법, 영재 교육에 대한 논의가 활발히 이루어졌다. 이러한 논의의 핵심은 학문의 '구조'를 '발견' 또는 '탐구'의 방법으로 학습한다는 것이다. 이러한 학문 중심 교육과정 운동에 가장 큰 영향을 끼친 책이 미국 교육에 대한 비판에 대응하기 위해 전문가들이 모여 새로운 교육과정 운동의 원칙과 방향을 제시한 우즈홀 회의의 발표 원고들을 정리한 브루너(Bruner, J.)의 '교육의 과정(The Process of Education)'이다(김영석, 2015: 47).

이 책은 당시 교육개혁을 주도한 핵심 아이디어를 담고 있다. 모든 학문에는 구조가 있으며, 학교에서는 학생들이 학문의 구조를 발견하도록 가르쳐야 하고, 이를 위해 저학년에서 고학년으로 올라갈수록 교육 내용의 범위와 수준이 확장·심화되는 나선형 교육과정을 구성해야 한다는 것이다. 이로 인해 사회과에서도 정치학, 법학, 경제학, 사회학, 인류학, 심리학 등 사회과학의 내용과 연구 방법이 강조되었다. 이처럼 새롭게 등장한 사회과학 중심의 사회과를 '신사회과(New Social Studies)', 이러한 운동을 '신사회과 운동(New Social Studies Movement)'이라 불렀다(차경수·모경환, 2017: 26).

소위 스푸트닉 충격 이후에 미국 교육의 전반적인 수준과 측면들은 정밀한 조사와 비판을 받게 되었다. 그리고 연방과 민간 재단의 지원 자금이 일차적으로 수학과 과학, 다음으로 인문학과 사회과에 사용되었다. 대학에서 사회과교육 전공 교수들, 일부 중등학교 행정가들과 교사들은 베스터가 비판한 사회과의 교육학적·방법론적 결점을 사회과학의 최신·최고의 경향으로 보완하여 사회과를 발전시키려고 하였다(Lybarger, 1991: 8). 1960년대에 들어서면서 신사회과 프로그램들에 대한 정부 및 민간 재단의 재정 지원이 본격화되었는데, 가장 대표적인 사례는 브루너가 책임을 맡은 하버드 교육개발센터의 'Man: A Course of Study(MACOS)'였다. 이러한 신사회과 운동은 1960년대 후반에 절정에 이르러 그동안 개발된 다양한 형태의 수업 자료들이 일선에 보급되었다(김영석, 2015: 49-50).

그러나 신사회과가 시민교육이라는 사회과의 전통적 목표를 소홀히 한다는 지적도 제기되었다. 사회과학 중심의 개혁은 교육계 내부에 사회과학도 사회과의 목적에 맞게 재구성해서 가르쳐야 한다는 신중론을 등장시켰다. 이에 따라 시민교육의 입장에서 개발된 가장 대표적인 사례가 올리버, 쉐이버, 뉴만이 참여한 하버드 사회과 프로젝트(the Harvard Social Studies Project)였다. 그들은 미국 사회에는 인간 존엄, 언론의 자유, 사적 재산의 보호, 소수자의 권리 등 기본 가치에 대한 합의가 이루어져 있다는 가정에서 출발하였다. 그리고 이들 기본 가치와 특수 가치의 충돌, 또 기본 가치들 간에 어느 것을 우위에 둘 것인지에 대한 갈등을 담은 다양한 사례를 제시하였다. 그리고 이러한 갈등 상황에 내재된 쟁점의 명료화와 그 과정에서 이루어지는 학생과 교사 간의 합리적 대화를 교육과정의 핵심 목표로 설정하였다. 이러한 일련의 대화적 사고 과정을 연구자들은 '법리모형'이라고 명명하였다(김영석, 2015: 51-53).

어쨌든 1960년대 신사회과 운동을 통해 학문의 구조와 방법을 강조하는 다양한 교육과정과 수업모형, 교재들을 개발하는 데 막대한 정부와 민간 재정이 투입되었으며, 이론적 차원에서나마 교육의 현대화가 촉진되었다. 탐구수업을 실현하기 위해 학급당 인원수가 축소되었고, 학생 중심의 탐구

수업이 유행하였다. 그러나 신사회과 시기에 제시된 다양한 이론적 논의들은 교실 현장을 바꾸는 데는 성공하지 못했다. 1970년대 중반에 이루어진 조사 결과에 따르면, 사회과는 여전히 전통적인 영역들의 느슨한 결합 형태에서 벗어나지 못했고, 일선 교사들은 전통적인 지식 전달 수업에 의존하고 있었다(김영석, 2015: 55-57).

1976년에 쉐이버(Shaver, J. P.)는 NCSS의 의장 취임 연설에서 1960년대 사회과교육과정의 개발 계획을 지배했던 '학문 구조의 접근'은 생각 없이 학문 분야의 교수들을 추종한 일시적 유행에 불과했다고 주장했다. 1982년에 쉐이버는 "만약 학술지에 보고된 연구들이 수행되지 않았다면 교육 실천에 끼치는 효과도 미미했을 것이다."라고 주장하였다(Lybarger, 1991: 8).

4. 미국 사회과의 위기와 최근 경향: 1970년대 중반 이후

1) 미국 사회과의 위기: 1970년대 중반~1990년대

1970년대 중반부터 1990년대는 미국의 학교 문화와 사회 전반에 신자유주의와 보수주의가 팽배한 시기였다. 특히 1980년대부터 미국의 사회와 교육은 전반적으로 보수화되기 시작하였다. 이때 교육의 보수화란 '기초 복귀 운동'이라는 이름하에 교육의 시계를 진보주의 교육의 이전으로 되돌리려는 시도를 말한다. 1950년대처럼 1980년대의 기초 복귀 운동도 진보주의에 대한 공격으로 시작되었다. 미국 경제가 일본, 독일 등과의 국제 경쟁에서 밀리게 된 것이 진보주의에 사로잡힌 공교육 체제, 교사 단체, 실험적 교육 방법들 때문이라는 것이다. 이러한 논리를 제공한 것은 레이건 대통령이 지명한 '교육의 수월성을 위한 전국위원회(The National Commission on Excellence in Education)'가 내놓은 '위기에 처한 국가: 교육 개혁의 시급성(A Nation at Risk: The Imperative of Educational Reform)'이라는 보고서였다(김영석, 2015: 59).

이러한 흐름 속에서 보수주의 역사학자들은 신사회과 운동이 사회과학을 중심으로 이루어지고 사회적 쟁점의 통합적 접근이 역사교육을 위협한다고 인식하고, 사회과를 집중적으로 비판했다(차경수 · 모경환, 2017: 29). 전통적인 역사의 부활을 위해 사회과를 공격하는 데 앞장 선, 보수적 역사학자인 래비치(Ravitch, D.)는 사회과를 대체하는 역사, 지리 중심의 사회 인식 교육의 방안으로 '캘리포니아 역사/사회과학 틀'을 제시하였고, 이는 전통적인 역사의 부활에 중요한 계기를 제공하였다(김영석, 2015: 60).

신보수주의자들이 이전의 기초 복귀 운동과 다른 점이 있다면 교육을 비즈니스의 관점에서 본다는 것이다. 이들은 교육이란 인간 자본을 개발하는 수단이며, 교육의 효율성은 시험 성적에 의해 평가되며, 교육의 공급자들 간에 경쟁을 통해 교육의 효율성이 제고될 수 있다고 보았다. 그런데 시험을 통해 교육의 효율성을 평가하기 위해서는 먼저 교육 내용을 표준화할 필요가 있었다. 이에 따라 아버지 부시와 클린턴 정부에서 America 2000과 Goals 2000 정책을 추진하면서 연방정부가 교과별로 표준(standards)을 개발하는 데 자금을 지원하였다. 그런데 이 과정에서 '역사, 지리, 공민/정부론' 표준이 개발되었고, 각 주에서 선택할 수 있는 과목의 표준도 역사, 지리, 공민으로 특정되었다(김영석, 2015: 61-62).

이에 대해 NCSS는 정책 입안자들에게 사회과는 여전히 유용하며, 역사, 지리, 사회과학 분야들이 사회과 틀에서 공존하더라도 서로 영향을 주지 않는다는 점을 설득했지만 어려움을 겪었다(Evans, 2004: 164-165). 이에 NCSS는 표준 중심 개혁과 고부담 시험으로 미래 교육의 조류가 흘러갈 것이라 판단하고, '수월성의 기대(Expectations of Excellence)'라는 사회과 표준을 개발하였다. 그리고 지리, 역사, 공민 등의 계통적인 범주 대신 10가지 주제(스트랜드)를 사회과의 내용 요소를 분류하는 범주로 사용하였다(NCSS, 1994).

당초 개발자들은 이 표준이 역사, 지리, 공민 등 분과형 표준의 대안이 될 수 있다고 생각했지만, 일부에서는 개별 학문 분야로 명확히 구분될 수 있는 주제를 제시하는 일종의 타협으로 쟁점 중심이나 간학문적 접근을 제대로 구현하지 못했다는 비판도 제기되었다. 그러나 이러한 일부의 비판에도 불구하고 NCSS 사회과 표준의 영향력은 정부 지원으로 개발된 역사, 지리,

공민 표준을 능가하여 많은 주들이 이를 사용하였다(김영석, 2015: 63-64).

이처럼 신보수주의자들을 중심으로 역사, 지리, 공민의 부활과 함께 사회과 해체가 시도되었음에도 불구하고 1980년대 후반과 1990년대는 사회과에서 쟁점 중심 교육을 재개하기 위한 노력도 이루어졌다. 엥글과 오초아(Engle, S. H. & Ochoa, A. S.)는 '민주시민교육: 사회과에서의 의사결정(Education for Democratic Citizenship: Decision Making in the Social Studies)'을 통해 반성적 사고 및 의사결정을 중심으로 한 교수와 주제 중심의 교육과정 구성을 제안하였다. 이후 쟁점 중심 교육과 관련 주제에 대한 학회 발표, 논문 게재, 저서 출간이 지속되었다. 이러한 일련의 움직임의 정점은 NCSS 특집 '사회적 쟁점의 교수에 대한 핸드북(Handbook on Teaching Social Issues)'이었다. 그러나 이러한 노력에도 불구하고 쟁점 중심 사회과의 전통은 점차 위상이 약화되었다(김영석, 2015: 64).

2) 미국 사회과의 최근 경향: 2000년대 이후

클린턴 정부의 'Goals 2000'은 아들 부시 정부가 들어서면서 '아동낙오방지법(No Child Left Behind, 이하 NCLB)'이라는 정책으로 대체되었다. NCLB가 공포되면서 시험 성적에 따라 학교와 교사의 성과를 평가하고 그 결과로 예산을 차등 지원하는 신자유주의적 교육 정책이 본격화되었다(김영석, 2009). 그런데 NCLB에서 제시한 시험 과목에는 수학, 읽기/언어, 과학만 포함되어, 학교 현장에서 역사, 지리, 공민을 포함한 사회과 과목들의 시수 축소가 나타났다.

애초에 사회과가 NCLB 정책에 따른 표준화 시험에 포함되지 않은 것은 사회과교육계의 반대가 있었기 때문이다. 그 이유는 표준화 시험을 치를 경우 학생들이 단순 암기 등 낮은 수준의 지적 기능 학습에 치우칠 것이라는 우려 때문이었다. 그러나 사회과가 점차 사라질지도 모른다는 압박 때문에 시험 과목에 사회과 포함 여부를 놓고 많은 사회과교육 관계자들이 고민하는 상황이 벌어지게 되었다(김영석, 2015: 65-66).

오바마 정부는 2009년 '정상까지의 경쟁(Race to the Top)'이라는 정책을 통해 시험 성적이 우수한 주에 추가 예산 지원을 내걸었다. 2010년 오바마 정부는 NCLB을 재검토하겠다면서 시험 성적 이외에도 출석률, 졸업률, 학습 환경 등을 평가해서 인센티브를 주겠다고 약속했다. NCLB가 시험 성적으로 학교와 학생을 벌준다고 비판하면서도 여전히 시험 성적을 통해 학교를 평가하는 체제를 유지한 셈이었다.

한편 교육부 장관인 던컨(Duncan, A.)은 2009년 새로운 학업성취의 기준을 제시했는데 이 기준에 따라 각 주의 표준을 정비하여 이른바 '공통 핵심 표준'(Common Core State Standards, 이하 CCSS)이 탄생하였다. CCSS가 이전 표준과 다른 결정적 차이는 그 구체성에 있다. 과거에는 자율적으로 해석·적용할 수 있는 일반 표준을 제시하고 학교에서 그에 따라 자체 범위와 계열을 만들어 교육과정을 운영했는데 이제는 각 학년별 내용을 구체적으로 지정하게 된 것이다(김영석, 2015: 67).

CCSS는 크게 영어와 수학으로 구성되었고, 과학이나 사회과 표준은 제시되지 않았다. 사회과가 소외되는 상황을 염려하여 NCSS는 사회과 관련 학회와 연합하여 공민/정부, 경제, 지리, 역사 분야의 새로운 표준을 개발하였고 대중에 'C3 Framework'이라는 이름으로 공개하였다.

C3 Framework에서 C3는 대학(college), 진로(career), 시민성(citizenship)을 지칭하는 것으로, 이 세 종류의 미래를 준비하는 교육과정이라는 뜻이다. C3 Framework는 종래의 NCSS의 사회과 표준과는 달리 내용 요소뿐만 아니라 관련 수업 자료 및 평가방법까지 제시하고 있다. 현재 NCSS는 CCSS와 연계하여 C3 Framework를 현장에 보급하는 운동을 전개하고 있다(김영석, 2015: 67-68).

5. 결론

지금까지 미국 사회과 역사를 개괄적으로 살펴보았다. 저자는 미국에서 공부한 경험이 없어서 1차 자료에 대한 이해나 접근에 있어 한계를 느꼈다. 다행히 미국에서 공부한 경험을 가진 전문가들의 미국 사회과 역사에 대한 충분한 논의가 있어서 이를 참고하였다.

이 장에서 저자가 미국 사회교육사를 정리하면서 유의한 점은 특정 시기의 주된 특징이 있음에도 불구하고, 항상 다른 특징이나 경향도 병존했음을 기술하려고 노력한 것이다. 왜냐하면 그동안 우리나라에서는 미국 사회과 역사의 특정 시기를 특정한 방향으로 단순화하여 이해하는 방식이 일반화되어 있었기 때문이다.

어쨌든 이 장은 저자의 전문성, 준비성 등으로 인해 여러 측면에서 미흡한 점이 많다. 그리고 출처를 밝히기는 했지만, 여러 전문가들의 견해들을 그대로 인용한 부분이 많다. 향후 기회가 된다면 좀 더 진전된 논의를 통해서 미국 사회과의 역사와 흐름을 체계적으로 분석하려고 한다.

참고문헌

김영석(2009). 신보수주의 교육개혁 이후 사회 교과 위상의 변화와 도전: 영국과 미국의 사례를 중심으로. **시민교육연구**, 41(2), 25-46.

______(2015). **사회과교육**. 서울: 교육과학사.

오연주(2006). 미국 초기 사회과 전통에서 Harold Rugg의 교육이념 및 실천 노력의 위상 탐색. **시민교육연구**, 38(3), 63-96.

차경수・모경환(2008). **사회과교육**. 서울: 동문사.

차경수・모경환(2017). **사회과교육**. 서울: 동문사.

차조일(2003). '사회 문제 중심 사회과'의 합리성에 대한 연구: 도구적 합리성을 넘어 의사소통 합리성으로. 서울대학교 대학원 박사학위논문.

______(2016). 미국 사회과 성립 과정에 대한 역사적 고찰: 존스(Thomas J. Jones)의 햄프턴 학교 사회과를 중심으로. **시민교육연구**, 48(1), 167-188.

______(2017). 미국 사회과 성립 과정에 대한 역사적 고찰: 던(Arthur W. Dunn)의 공동체 공민(Community Civics)을 중심으로. **시민교육연구**, 49(1), 113-134.

Barr, R. D., Barth, J. L. & Shermiss, S. S.(1977). *Defining the social studies*. Washington, D. C.: National Council for the Social Studies.

Banks, J. A. & Glegg, Jr. A. A.(1999). *Teaching strategies for the social studies*. New York: Longman.

Engle, S. H. & Ochoa, A. S.(1988). *Education for democratic citizenship*. New York: Teacher's College Press, Columbia University. 정세구(역)(1989). **민주시민교육**. 서울: 교육과학사.

Evans, R. W.(2004). *The social studies wars*. New York: Teachers College, Columbia University.

Hertzberg, H. W.(1981). Social studies reform 1880-1980. ED211429.

Lybarger, M. B.(1991). The historiography of social studies: Retrospective, circumspect, and prospect. In J. P. Shaver(Ed.). *Handbook of research on social studies teaching and learning*. Macmillan.

Matorella, P. H. (2001). *Teaching social studies in middle and secondary schools*. New Jersey: Prentice-Hall.

Stanley, W. B.(Eds.)(2001). *Critical issues in social studies research for the 21st century*. Information Age Pub Inc. 사회과연구모임 역(2005). **21세기 사회과교육 연구의 핵심 쟁점들**. 서울: 교육과학사.

03
CHAPTER

우리나라 사회과교육은 어떤 변화를 겪어 왔는가?[1)]

– 한국 사회과교육과정의 변천과 양상 –

〈박수근–시장의 사람들〉 갤러리현대 소장

1. 교수요목기 사회과(당시 사회생활과)의 제정 배경과 특징은 무엇인가?
2. 1차 교육과정기 사회과(당시 사회생활과/사회과)의 제정 배경과 특징은 무엇인가?
3. 2차 교육과정기 사회과의 개정 배경과 특징은 무엇인가?
4. 3차 교육과정기 사회과의 개정 배경과 특징은 무엇인가?
5. 4차 교육과정기 사회과의 개정 배경과 특징은 무엇인가?
6. 5차 교육과정기 사회과의 개정 배경과 특징은 무엇인가?
7. 6차 교육과정기 사회과의 개정 배경과 특징은 무엇인가?
8. 7차 교육과정기 사회과의 개정 배경과 특징은 무엇인가?
9. 2007 개정 교육과정기 사회과의 개정 배경과 특징은 무엇인가?
10. 2009 개정 교육과정기 사회과의 개정 배경과 특징은 무엇인가?
11. 2015 개정 교육과정기 사회과의 개정 배경과 특징은 무엇인가?
12. 우리나라 사회과교육과정의 전반적인 흐름과 변화를 요약해 보시오.

1) 이 장은 사회과교육 제54권 1호(2015년 3월)에 실린 '한국 사회과교육과정의 변천과 양상: 교수요목기에서 2009 개정 교육과정까지'를 2015 개정 교육과정을 추가하여 수정한 것이다.

이 장은 '우리나라 사회과교육의 역사'에 대한 내용이다. 우리나라는 국가 수준 교육과정 체제를 띠고 있어 사회과교육의 역사는 교육과정의 전반적인 배경 및 주요한 특징과 더불어 세세한 과목 편제 및 대표적인 과목들의 내용체계(단원구성)까지 파악하는 것이 필요하다.

우리나라 사회과교육의 역사는 크게 네 시기로 구분할 수 있다. 교수요목기에서 1, 2차 교육과정기까지는 미국 사회과의 영향으로 통합적 접근과 생활 및 경험 중심 교육과정이 강조되다가, 점차 한국적인 사회과가 강조되면서 국가주의(국가 이데올로기) 요소가 강화되고 전통적인 교과 중심 교육과정의 색채를 띠게 되었다. 특히 고등학교를 중심으로 분과 경향이 점점 강화되었다.

3, 4, 5차 교육과정기에는 군사 정권하에서 국가주의 요소가 더 강화되어, 국사와 도덕의 교과 독립이 이루어지는 등 국가이데올로기 교육에 초점을 두게 되었다. 3차의 경우, 신사회과 운동의 영향으로 학문 중심의 색채가 일부 가미되었다. 4차와 5차에서 특기할 만한 것은 중학교에서 1개 학년에 2개 영역을 배치하는 상관형 통합을 시도한 점이다. 4차는 인간 중심 교육과정을 표방했고, 5차는 교육의 본질을 추구한다고 하였다.

6, 7차 교육과정은 민주화 시대의 교육과정으로 6차에서는 사회과 목표를 국민 양성에서 시민 양성으로 바꾸고, 공통사회 과목을 신설하고 국사를 다시 사회과에 편입하는 등 통합적 접근이 시도되었다. 도덕과의 일이지만 국민윤리 과목이 윤리로 명칭이 바뀐 점도 시사하는 바가 크다. 7차에서는 학습자 중심의 교육과정을 구성한다는 취지에서 수준별과 선택 교육과정이 강조되었다. 일반사회의 경우 선택과목이 4개로 늘어 '법과 사회' 과목이 별도로 개발되었다.

2007, 2009, 2015 개정 교육과정 시기에는 수시 개정 체제하에서 잦은 개정이 이루어졌다. 특히 2007과 2009 개정은 여러 차례 수정 고시되었다. 전반적으로 역사교육이 강화되면서 중학교에서 국사와 세계사를 포함한 역사 과목이 독립하였다. 일반사회에서는 2007 개정 원안에서 분리되었던 '법과 사회'와 '정치' 과목이 2009에서는 '법과 정치'로 통합되었다. 2015 개정은 창의 융합형 인재 양성, 문·이과 통합, 역량 중심 교육과정 등을 표방했다. 특히 고등학교에서 일반사회, 지리, 세계사, 윤리를 통합한 통합사회 과목이 신설되었고, '법과 정치'는 '정치와 법'으로 명칭이 바뀌었고 '사회문제 탐구' 등의 진로선택과목이 신설되었다.

이 장은 우리나라 사회과교육의 역사와 현재를 살펴보는 것을 목적으로 한다. 우리나라 역사의 경우, 제시된 표를 참고하면 각 시기 교육과정을 이해하는 데 도움을 받을 수 있다. 현행 교육과정을 이해하기 위해서는 2015 개정 사회과교육과정 문서도 참고해야 한다. 현행 교육과정의 경우 과목 편제와 과목별 내용 체계(단원 구성)를 파악하는 것이 필요한데, 이를 위해 2015 개정 교육과정 문서를 분석하는 시간을 갖는 것이 좋다.

1. 서론

정권이 교체될 때마다 교육과정이 개정되는 우리나라 상황에서 학교 현장의 혼란을 확인하는 것 못지않게 그동안에 이루어진 사회과교육과정의 변천을 돌아보는 것이 필요하다. 특히 해방 이후 사회과가 교육과정 시기별로 어떤 변화를 겪었는지를 확인하고, 사회과교육과정 개정의 전반적인 흐름과 양상을 파악하는 것은 중요하다. 왜냐하면 현재 우리나라에서는 기존의 사회과 역사에 대한 성찰을 통해 향후 교육과정 개정에서는 불필요하거나 무분별한 변화를 최소화하는 노력이 필요하기 때문이다.

해방 직후 사회과가 도입된 이래 그동안 사회과교육과정은 교수요목기를 거쳐 7차에 이르기까지 주기적·전면적으로 개정되었고, 이후 수시·부분 개정 체제로 바뀌면서 2007, 2009 개정 시기에는 어느 교과보다도 더 빈번한 개정이 이루어졌다.[2] 물론 7차까지의 주기적·전면적 개정은 국가 수준에서 모든 교과의 교육과정을 바꾸는 과정이었고, 수시·부분 개정 체제로 바뀐 2007, 2009, 2015 개정도 대부분의 경우 국가 수준에서 전 교과의 교육과정을 바꾸는 과정이었다.

그런데 사회과교육과정에 대한 선행 연구들을 보면 사회과교육과정 변천에 대한 종합적 연구가 부족한 실정이다. 기존 연구들은 교수요목부터 2015 개정까지 각 시기별 변화를 다루었지만,[3] 이를 종합해서 우리나라 사회과교육이 전반적으로 어떻게 변화되어 왔는지를 고찰하는 논의는 많지 않았다. 그래서 사회과교육과정의 변천 논의는 최용규(2005)의 연구와 몇몇 교과교육 개론서들의 내용을 제외하고는 드문 편이다.

따라서 선행 연구들과 개별 시기의 교육과정 문서들을 토대로 우리나라 사회과교육과정의 변천 과정과 전반적인 양상을 종합적으로 검토하는 논의가 필요하다. 이 장에서는 해방 이후 현재까지 사회과교육과정이 어떻게

---

2) 수시 개정 체제에서는 사회과, 특히 역사나 일반사회 영역에 국한해서 이루어진 개정도 있었다.
3) 이에 대해서는 2절의 우리나라 사회과교육과정의 연구 동향 중 '교육과정 변천 및 개발' 주제의 선행 연구들을 참조하기 바란다.

개정되었고, 어떤 변화를 겪었는지를 분석하려고 한다. 이를 통해서 지금까지 사회과교육과정의 전반적인 흐름과 양상을 파악하여 향후 사회과교육과정의 개정 방향이나 내용 구성을 조율하는 데 기초 논의를 제공하려고 한다.

구체적으로 이 장에서는 해방 이후 사회과 도입기부터 현재까지 시기별로 교육과정의 변천을 다루면서 각 시기에 이루어진 주요 개정 내용을 검토하려고 한다. 즉 교육과정 시기별로 사회과교육과정의 학교급별 교과목 체제와 시수, 내용 구성과 조직 방식 등의 변화를 살펴보려고 한다. 특히 최근 들어 2007, 2009, 2015 개정 등 잦은 개정으로 인해 교과 전문가들도 혼란을 겪고 있는데, 최근의 교육과정 변화에 대해서도 적절한 분석을 통해 그 과정과 결과를 정리하려고 한다.

이를 통해 우리나라 사회과교육과정 개정의 전반적인 흐름을 살펴보고, 이러한 교육과정의 변천 과정에서 두드러지게 나타나는 변화와 특징들을 검토하여 교육과정 개정의 전반적인 양상[4]을 제시하려고 한다. 이는 향후 교육과정 개정 작업을 위해서 개별 시기의 변화를 다루는 연구도 필요하지만 교육과정의 변천과 양상을 종합적으로 검토하는 논의도 필요하기 때문이다. 즉, 마치 나무를 관찰하듯이 교육과정 변화에 대한 정밀한 연구도 필요하지만 숲을 조망하는 것처럼 교육과정 변천에 대한 종합적인 성찰을 하는 연구도 기여하는 바가 있기 때문이다.

이 장에서는 주로 그동안 사회과교육과정 개정 관련 문서 등 문헌 및 자료를 중심으로 교육과정 개정 과정과 내용을 분석하였다. 물론 교수요목부터 2015 개정이라는 긴 기간을 대상으로 하는 연구이기 때문에 기존의 논의들을 많이 활용하였다. 특히, 저자가 직접 경험하지 못한 사회과 도입기부터 7차 교육과정까지는 기존의 논의들을 많이 참고하였다.

구체적으로 이 장에서는 우선 교육과정 시기별로 <표 3-1>과 같은 분석 대상, 항목, 요소를 가지고 교육과정 개정의 특징과 내용을 파악하고 이

4) 전반적인 양상이라 함은 크게 두 가지 형태로, 대부분의 시기에 걸쳐 나타나는 공통된 특징이 될 수도 있고, 어느 정도 잠재되어 있다가 최근 들어 더 두드러지게 나타나는 주요한 특징이 될 수도 있다.

를 종합하여 우리나라 사회과교육과정 변천의 전반적인 흐름과 양상을 추출하였다.

표 3-1 교육과정 분석틀

분석대상	분석 항목	분석 요소
선행 연구, 교육과정 문서	배경	시대적/정치적 배경, 교육적 배경, 현실적 상황 등
	특징	이론적 기초, 교과명과 성격, 초·중등의 전체 특징 등
	초등학교	교과명과 체제, 교과목 구성, 시수 등
	중학교	교과명과 체제, 교과목 구성, 시수 등
	고등학교	교과명과 체제, 교과목 구성, 시수 등

이 장의 논의 순서는 다음과 같다. 먼저 우리나라 사회과교육과정의 변화를 간략히 살펴보고, 사회과교육과정 관련 연구 동향을 검토하려고 한다. 이어서 사회과교육과정의 시기별 변화와 특징을 분석하고, 이를 토대로 사회과교육과정의 전반적인 양상을 제시하려고 한다.

2. 사회과교육과정의 변화와 연구 동향

1) 사회과교육과정의 변화

우리나라 사회과는 미군정에서 일제강점기의 수신(修身)과를 폐지하고 공민과를 만들어 초등학교(당시 국민학교)에서 가르친 것에서 기인한다(이혁규, 2009). 그러나 교육과정상으로는 미군정에서 콜로라도(덴버)의 교육과정을 참고하여 사회생활과 교수요목을 만든 것이 공식적인 출발이었다(이진석, 1992; 이진석, 2003). 이후 1차 교육과정은 정부 수립 직후 문교부의 주도하에 추진되었고, 6·25(한국전쟁)로 중단되었다가 휴전 이후 재개되어 초등학교부터 제정·공포되었다. 1차 교육과정에서 사회과는 당시 시대 상황을 반영하여 '한국적으로'5) 구성되었고, 이러한 흐름은 2차 교육과정에서도 유지되었다(최용규, 2005: 237).

3차 교육과정은 군사 정권의 의도에 따라 문교부의 주도하에 국민정신교육과 국사교육을 강화하는 방향으로 개정되어, 사회과 체제와 내용에도 큰 변화가 있었다(최용규, 2005: 241). 4차 교육과정에서도 국가의 영향력은 컸지만, 교육과정 개발이 문교부에서 한국교육개발원으로 이관되는 등 변화도 나타났다. 5차 교육과정은 4차의 기본 정신과 구조를 유지하면서 교육과정의 적정화, 내실화, 지역화를 기본 방향으로 개정이 이루어졌다(권오정 외, 2006: 187; 최용규, 2005: 245-246).

6차 교육과정은 권위주의에서 민주주의 체제로 이행하는 시기에 이루어졌으며, 이로 인해 사회과에도 큰 변화가 있었다. 사회과 목표는 '국민적 자질'에서 '시민적 자질'로 바뀌었다(권오정 외, 1992a: 99). 교과목 체제에서도 '공통사회' 과목 신설 등을 통해 시민교육에 중점을 두고 교육과정을 통합적으로 구성하려고 하였다. 이러한 흐름은 7차 교육과정에서도 유지되어, 사회과 목표를 정보화·세계화 시대의 시민적 자질 육성에 두었다(김일기 외, 1997: 3-4). 또 수준별 교육과정과 다양한 선택과목 개설을 통해서 학습자 중심의 교육과정을 운영하려고 하였다.

2007 개정 교육과정은 주5일 수업제의 도입에서 기인하였지만(허경철, 2005), 사회과교육과정 개정 과정에서는 교과 체제 및 시수 배분과 관련된 영역 간 갈등이 증폭되면서 분과 형태의 교육과정이 만들어졌다(김정호 외, 2005). 이후 2007 개정 원안은 정권 교체로 인해 학교 현장에 적용되지도 못하고 1차 수정이 이루어졌는데, 특히 고1 사회의 주제 중심 내용을 없애고 교과 및 학문 중심 내용으로 수정하였다(김진영, 2009). 2차 수정6)에서는 '학습 부담 경감'이라는 교육정책 기조에 따라 사회탐구의 수능 선택과목

5) 우리나라의 오랜 역사에서 기인한 민족주의와 국사 교육에 대한 강조와 더불어, 남북분단의 상황에서 체제 경쟁이 벌어지면서 국가주의와 반공주의 등을 강조하는 방식을 의미한다.

6) 관점에 따라 2007 개정의 2차 수정부터 2009 개정으로 볼 수도 있다. 왜냐하면 2차 수정안이 2009 개정 총론과 함께 고시되었기 때문이다. 그러나 교과 측면에서는 선택과목 축소만 이루어졌을 뿐 학년군제, 교과군제, 공통교육과정 축소 등 2009 총론의 핵심 내용이 제대로 반영되지 않아서, 이를 2007 개정의 2차 수정으로 분류하였다.

수를 축소하였다(교육과학기술부, 2009b; 한국교육과정평가원, 2009). 그리고 2차 수정 과정에서 나타난 역사 영역의 내용체계 문제를 해소하기 위해 3차 수정이 이루어졌다(교육과학기술부, 2010).

2009 개정 교육과정이 공론화된 것은 2007 개정 교육과정 1차 수정과 2차 수정이 나온 2009년이었다. 2009년 당시 총론 차원에서 공통교육과정 기간을 축소하는 등의 의사결정이 이루어졌다(교육과학기술부, 2009c). 이러한 2009 개정 교육과정 총론에 따라 2011년 8월에 공통과목 '사회'가 중3에서 종결되어, 고1 '사회'가 폐지되었고, 교양 선택과목인 '생활경제'도 폐지되었다(교육과학기술부, 2011). 이후 이러한 원안에 대한 반발로 1차 수정이 이루어져, 고등학교에서 '사회'가 일반선택과목으로 다시 개설되었고, '생활경제'도 '실용경제'로 명칭을 바꿔서 개설되었다(교육과학기술부, 2012a). 이어서 학교 폭력 문제가 대두되면서 인성교육 강화를 위해 2차 수정이 이루어졌다(교육과학기술부, 2012b).

2015 개정 사회과교육과정은 창의·융합형 인재 양성을 위해 문·이과 통합형, 역량 중심 교육과정 개발을 목표로 하였다. 총론에서는 새로운 문서 체제를 도입하였고, 사회과에서는 공통과정 단축의 문제점 해소, 학습량 적정화 등 산적한 과제들을 해결하려고 노력하였다. 이 과정에서 총론과 각론 간에 공조가 이루어져, 2015 개정 사회과교육과정은 대주제와 성취기준 수를 축소하는 등 학습량 적정화에서 일부 진전을 이루었다. 그러나 다른 한편으로는 각론에 대한 총론의 이해 부족, 교과 및 영역 간 통합과 연계 미흡 등의 문제점과 더불어, 교육과정과 대입제도의 연계성 확보, 교사 양성 체제 개편 및 연수, 교사 역할 재정립 등의 과제도 남겼다(모경환 외, 2016: 1-2).

2) 사회과교육과정 연구의 동향

그동안 사회과교육과정 관련 연구들은 몇 가지 경향을 보여 왔다. 송성민(2013)은 기존의 연구 동향을 1) 교육과정 이론, 2) 교육과정·교과서 분석, 3) 교육과정 운영과 교사 전문성, 4) 교육과정 변천·개발 등으로 구

분하였다. 여기서도 이를 참조하여, 각 주제별로 연구 동향을 검토하려고 한다.[7)]

첫째, 사회과 목표 및 내용을 체계적으로 제시하는 등 교육과정의 이론적·당위적 기초를 마련하는 연구들이 있다. 이러한 연구들은 교과교육 이론과 전통에 기초하여 사회과의 타당한 목표 및 내용을 제시하고 이를 효과적으로 조직하는 방법 등에 대해 논의한다. 이러한 연구들은 사회과교육의 방향에 대한 일종의 청사진으로 교과교육의 기본 토대를 제공하는 성격을 띤다. 이러한 연구들은 사회과 전반을 다루는 연구들도 있고 정치, 경제, 법, 사회·문화 등 세부 영역에 대한 연구들도 있다. 예컨대 차조일(1998)은 사회과 통합교육과정 유형을 분석하고 통합교육과정 개발의 시사점을 제시하였다. 배영민(2014)은 법리적 교육과정의 토대를 고찰하고 문·이과 통합형 교육과정 개정의 방향을 제시하였다. 김경모(2000)는 사회적 역할 모형에 기초하여 경제 교육과정의 내용 선정 관점과 기준을 제시하였다.

둘째, 최근에 가장 큰 비중을 차지하는 교육과정·교과서 분석 연구들이 있다. 교육과정·교과서 분석 연구들은 사회과 전체를 대상으로 하는 연구들도 있지만 세부 영역에 대한 연구들이 더 많은 비중을 차지한다. 이는 교육과정 및 교과서 분석이 대체로 미시적으로 이루어지기 때문이다. 그리고 이러한 연구들은 자료 수집 문제로 인해 비교적 최근의 교육과정·교과서를 분석한 연구들이 많다. 예컨대, 김왕근(2000)은 6, 7차 교육과정의 적정성을 양적으로 비교하고 우리나라와 미국 교과서의 적정성을 질적으로 검토하였다. 은지용·모경환(2006)은 7차 교육과정 '사회·문화' 과목의 성격과 목표, 내용, 교수학습방법, 평가를 분석하고 교육과정의 개선 방향을 제시하였다. 옥일남(2007)은 7차 및 2007 개정 교육과정의 '정치' 과목의 목표 적합성, 학문적 타당성, 사회적 타당성, 학습 적정성을 분석하였다.

셋째, 교육과정 운영과 교사 전문성 연구들이 있다. 이는 사회과 교육과

7) 해당 연구자가 직접 교육과정 논문들을 분류한 1차 목록을 제공해줘서, 사회과교육과정 연구의 동향을 정리하는 데 많은 도움이 되었다.

정 실행에 대한 연구들로 교육과정과 교과서가 학교 현장에서 적용되는 과정과 결과에 대한 논의이다. 이러한 연구들은 교육과정이 학교 현장에서 실제로 어떻게 운영되고, 교사들이 이를 어떻게 받아들이는지를 분석한다. 이러한 연구에는 개정의 주요 쟁점이나 내용과 관련된 연구도 있고 특정 학교급이나 학년과 관련된 연구도 있다. 예컨대, 박윤경(2003)은 7차 교육과정의 핵심 과제였던 수준별 교육과정이 사회과 교실에서 어떻게 구현되고 있는지를 기술하고, 개정 의도와 실제 사이의 차이와 그 원인을 분석하였다. 서재천(2003)은 7차 초등 사회과에 대하여 학교 교사들이 알고 싶어 하는 것과 문제점으로 생각하는 것을 정리하였다. 이동원(2011)은 2007 개정 교육과정에서 초등 사회과교육과정 재구성 논의의 전개 과정과 교사들의 교육과정 재구성 및 수업 실천을 살펴보았다.

넷째, 교육과정의 변화를 기술·분석하는 연구들이 있다. 이러한 연구들 중에는 사회과교육과정 변천에 대한 연구도 있지만 특정 시기의 교육과정 변화를 다룬 연구들이 주를 이룬다. 시기별로는 미군정하의 교수요목기와 1차 교육과정 시기 등 사회과 도입기를 다룬 연구들이 많고, 교육과정 개정에 대한 참여가 활성화된 6, 7차와 2007, 2009, 2015 개정 시기의 사회과교육과정에 대한 연구들도 많다. 물론 사회과 전체를 다루는 연구도 있지만 세부 영역을 다루는 연구들도 있다. 예를 들어, 이진석(2003)은 해방 직후 우리나라와 일본의 역사적 유사성을 기초로 미군정 초기 우리나라와 일본의 사회과 도입 과정과 내용을 분석하였다. 진시원·이종미(2008)는 2007 개정 사회과교육과정의 개정 과정에서 나타난 영역 간의 갈등과 관련 집단들의 이해관계를 분석하였다. 김영석(2013)은 6차 사회과교육과정을 주도했던 사람들의 동기, 시대적 맥락과 사회적 조건에 대한 인식과 개정 전략을 분석하였다.

이러한 선행 연구 검토를 통해서 볼 때, 지금까지 우리나라 사회과교육과정의 변천을 종합적으로 고찰한 연구들은 많지 않다. 7차 교육과정까지를 다룬 연구물로는 최용규(2005)의 연구가 눈에 띄며, 2007, 2009 개정 시기를 다룬 연구물로는 강대현 외(2013)의 연구가 있다. 또 2015 개정 시기를 다룬 연구로는 모경환 외(2016)의 연구가 있다. 그나마 교과교육 개론서

(한면희, 2001; 강환국, 2002; 권오정 외, 2006: 차경수 외, 2008, 2017; 박상준, 2011; 최용규 외, 2014)에서 다소나마 사회과교육과정 변천 과정과 결과가 정리되어 있다. 여기서는 이러한 논의들을 토대로 사회과교육과정 변천을 종합적으로 성찰하여, 전반적인 흐름과 양상을 제시하려고 한다.8)

3. 사회과교육과정의 변천

1) 사회과의 도입과 초기 변화

(1) 교수요목기의 사회과(당시 사회생활과)

우리나라 사회과는 1945년 미군정의 주도로 공민과가 설치・운영되고, 1946년에 콜로라도(덴버)의 교육과정에 기초하여 사회과(당시 사회생활과) 교수요목이 제정되는 과정을 통해 도입되었다. 당시 사회과 출범의 주된 배경은 해방 직후 미군정하에서 민주주의의 정착과 시민교육의 필요성에 따른 것이다. 미군정은 학교 현장에서 공민 수업을 실시하면서 사회과의 공식적인 도입에 대한 논의를 시작하였고, 이 과정에서 관련 학자들이 찬성과 반대로 나뉘어서 논쟁을 벌였다(강환국, 2002: 56; 이진석, 2003: 101-102).

이러한 논쟁을 거쳐 1946~1948년에 교수요목을 통해 사회과 체제를 전반적으로 도입하여 초등은 통합, 중등은 분과 형태를 띠게 되었다. 실제 교수요목을 살펴봐도, 사회과의 실질적 도입은 초등에 국한되고 중등은 지리, 역사, 공민의 전통이 유지되었다(권오정 외, 2006: 168-170). 따라서 교수요목기 사회과의 주요 특징은 초등에서는 통합 사회과 체제를 도입하고, 중등에서는 지리, 역사, 공민을 분과 형태를 띤 것이다.9)

8) 최용규(2005), 강대현 외(2013) 등의 연구는 모든 시기를 다루고 있지는 않지만, 우리나라 사회과 교육과정의 전반적인 흐름과 변화를 정리하는 데 좋은 참고가 되었다. 개론서에서는 권오정 외(2006), 최용규 외(2014) 등의 논의가 교육과정의 시기별 특징을 비교적 상세하게 분석하고 있어서 많은 도움이 되었다.

9) 이러한 학교급의 차별화 속에 내재된 '통합 대 분과'의 대립은 교육과정 개정기마다 주요 쟁점

교과 목표는 '사회생활에 성실 유능한 국민' 양성이었고(문교부, 1986: 2), 이를 위해 초등은 생활 중심으로, 중등은 학문의 계통을 따라 내용이 구성되었다(최용규 외, 2014: 74). 초등 교수요목은 미국 콜로라도(덴버)의 교육과정을 기초로 만들어졌고, 중등 교수요목은 지리, 역사, 공민으로 구분되어 목표와 내용이 제시되었다(교육과정·교과서연구회, 1990a: 118; 권오정 외, 2006: 168-170). <표 3-2>는 교수요목기 사회과의 배경과 특징을 정리한 것이다.

표 3-2 교수요목기 사회과의 배경과 특징

구분	교수요목기(1946~1954)
배경	• 1945년 광복, 미군정의 신탁통치 • 일본 제국주의 교육 청산과 민주주의 교육의 필요성 • 사회과 도입 찬성파와 반대파의 대립과 논쟁
특징	• 미국 콜로라도(덴버)의 사회과교육과정에 기초 • 교과명은 사회생활과(지리, 역사, 공민의 통합 추구) • 초: 미국 교육과정 참고, 통합적 성격, 환경확대법 적용 • 중·고: 분과 형태, 각 학년마다 지리, 역사, 공민으로 구성(川자형 조직)

학교급별 구성을 보면, 초등은 '사회생활' 과목을 도입하여 환경확대법에 따라 구성하였고, 중등은 지리, 역사, 공민의 분과 형태로 구성하되 모두 필수과목이었다(교육과정·교과서연구회, 1990a: 119-120; 1990b: 118-120; 1990c: 120-122). 시수는 학교 형태, 학교급, 학년에 따라 달랐지만 대체로 지리, 역사, 공민을 포함한 사회생활과에 배당된 시수는 는 학년별 주당 5시간 내외였다(박은종, 2008: 126-127; 함종규, 2003: 185, 190-191; 국가교육과정정보센터 사이트). <표 3-3>은 교수요목기 사회과의 학교급별 구성을 정리한 것이다.

이 되었다(강대현 외, 2013: 9).

표 3-3 교수요목기 사회과의 학교급별 구성

<table>
<tr><th>구분</th><th colspan="6">교수요목기(1946~1954)</th></tr>
<tr><td rowspan="7">초등학교</td><td></td><td colspan="2">사회생활(과)</td><td colspan="2">시수</td><td>비고</td></tr>
<tr><td>1</td><td colspan="2">가정과 학교</td><td colspan="2">160(4)</td><td rowspan="6">시수는 주당 분으로 표시</td></tr>
<tr><td>2</td><td colspan="2">고장 생활</td><td colspan="2">160(4)</td></tr>
<tr><td>3</td><td colspan="2">여러 곳의 사회생활</td><td colspan="2">200(5)</td></tr>
<tr><td>4</td><td colspan="2">우리나라의 생활</td><td colspan="2">200(5)</td></tr>
<tr><td>5</td><td colspan="2">다른 나라의 생활</td><td colspan="2">남: 240(6), 여: 200(5)</td></tr>
<tr><td>6</td><td colspan="2">우리나라의 발달</td><td colspan="2">남: 240(6), 여: 200(5)</td></tr>
<tr><td rowspan="2">중학교</td><td rowspan="2"></td><td colspan="3">사회생활과</td><td rowspan="2">시수</td><td rowspan="2">비고</td></tr>
<tr><td>공민</td><td>지리</td><td>역사</td></tr>
<tr><td rowspan="6">고등학교</td><td>1</td><td>공민생활Ⅰ(공동생활)</td><td>이웃나라생활</td><td>이웃나라생활(동양사)</td><td>5</td><td rowspan="6">시수는 주당 시간으로 표시</td></tr>
<tr><td>2</td><td>공민생활Ⅱ(정치생활)</td><td>이웃나라생활</td><td>먼나라생활(서양사)</td><td>5</td></tr>
<tr><td>3</td><td>공민생활Ⅲ(경제생활)</td><td>먼나라생활</td><td>우리나라생활(국사)</td><td>5</td></tr>
<tr><td>4</td><td>정치론</td><td>지리통론</td><td>인류문화사</td><td>5</td></tr>
<tr><td>5</td><td>경제론</td><td>인문지리</td><td>우리문화사</td><td>6</td></tr>
<tr><td>6</td><td>윤리철학</td><td>경제지리</td><td>인생과문화</td><td>5</td></tr>
</table>

(2) 1차 교육과정기의 사회과(당시 사회생활과/사회과)

정부 수립 직후인 1949년부터 문교부 주도 하에 1차 교육과정 논의가 시작되었다. 1차 교육과정 제정은 6·25(한국전쟁)로 잠시 중단되었다가, 휴전 이후 재개되어 1955년 8월 초등학교 '교과과정'이 공포되었다(문교부, 1986: 36; 한면희, 2001: 59). 이 시기는 미국의 영향으로 교수요목기처럼 경험 중심 교육과정을 반영하려는 노력과 더불어 전후 혼란의 수습을 통해 국민 통합을 이루려는 노력이 교육과정 제정의 주요 배경이 되었다.

따라서 1차 교육과정에서 사회과는 경험 중심 교육과정 이론을 반영하면서도 국가(반공) 이데올로기 교육과 민족의식 교육을 강화하는 방향으로 구성되었다(교육과정·교과서연구회, 1990a: 121; 최용규, 2005: 237). 구체적으로 1차 교육과정은 ① 민족교육의 계승과 도덕교육의 중시, ② 경험 중심 교육과정의 도입, ③ 교수요목기 사회생활과의 한계 극복을 지향하였고(최용규 외, 2014: 75), 이 중에서도 ①과 관련해서 남북 분단으로 인해 소위 '한국적인' 사회과의 성격이 강조되었다.

결과적으로, 1차 교육과정은 민족의식과 국가 이데올로기 교육을 강화하여 '한국적인' 사회과를 지향하였고, 전통적인 교과 중심 교육과정과 경험 중심 교육과정이 종합된 형태를 띠었다. 이 과정에서 초등학교와 중학교의 사회생활과 명칭이 유지되었지만 고등학교는 교과 및 학문적 성격이 강화되면서 사회과로 명칭이 변경되었다(최용규 외, 2014: 76). <표 3-4>는 1차 교육과정기 사회과의 배경과 특징을 정리한 것이다.

표 3-4 1차 교육과정기 사회과의 배경과 특징

구분	1차 교육과정기(1955~1963)
배경	• 한국적인 사회과의 필요성 제기, 국가(반공) 이데올로기 교육과 민족의식 교육 강조 • 경험 중심(진보주의 영향)과 교과 중심(지식 체계 존중) 교육과정의 종합 추구
특징	• 교과 명칭: 초등학교와 중학교는 사회생활과 유지, 고등학교는 사회과로 변경 • 초: 통합형 사회기능 강조, 환경확대법 • 중: 지리, 역사, 공민(공동생활, 국가생활, 국제관계)의 川자형 배열 • 고: 분과 심화, 공민이 일반사회와 도덕으로 분리, 역사는 국사와 세계사로 분리

학교급별 구성을 살펴보면, 교과 체제는 교수요목기처럼 초등학교는 통합, 중학교에서는 지리, 역사, 공민의 체제가 유지되었지만, 고등학교에서는 과목 분화가 이루어졌다. 고등학교에서는 공민 대신에 일반사회와 도덕이 신설되었고 역사가 국사와 세계사로 분리되었다. 일반사회는 1학년에서는 정치와 사회, 2학년에서는 경제와 사회, 3학년에서는 문화의 창조로 구성되었다(교육과정 · 교과서연구회, 1990a: 120-123; 1990b: 120-125; 1990c: 122-125; 권오정 외, 2006: 173). 시수는 학교 형태, 학교급, 학년에 따라 달랐고, 고등학교는 과목별로도 달랐다(박은종, 2008: 128-129; 함종규, 2003: 244, 246, 248; 국가교육과정정보센터 사이트). <표 3-5>는 1차 교육과정기 사회과의 학교급별 구성을 정리한 것이다.

표 3-5 1차 교육과정기 사회과의 학교급별 구성

<table>
<tr><th>구분</th><th colspan="6">1차 교육과정기(1955~1963)</th></tr>
<tr><td rowspan="7">초등학교</td><td></td><td colspan="3">사회생활(과)</td><td>시수</td><td>비고</td></tr>
<tr><td>1</td><td colspan="3">우리 집 우리 학교</td><td>100~140</td><td rowspan="6">시수는 주당 분으로 표시</td></tr>
<tr><td>2</td><td colspan="3">이웃 생활</td><td>100~150</td></tr>
<tr><td>3</td><td colspan="3">고장 생활</td><td>130~160</td></tr>
<tr><td>4</td><td colspan="3">우리 생활의 내력</td><td>130~170</td></tr>
<tr><td>5</td><td colspan="3">산업의 발달</td><td>140~180</td></tr>
<tr><td>6</td><td colspan="3">우리나라의 발전과 세계</td><td>150~190</td></tr>
<tr><td rowspan="4">중학교</td><td></td><td colspan="3">사회생활과</td><td>시수</td><td>비고</td></tr>
<tr><td>1</td><td>공민</td><td>지리</td><td>역사</td><td>175(5)</td><td rowspan="3">시수는 1년 35주를 기준으로, 175는 주당 5시간</td></tr>
<tr><td>2</td><td>공민</td><td>지리</td><td>역사</td><td>175(5)</td></tr>
<tr><td>3</td><td>공민</td><td>지리</td><td>역사</td><td>140(4)</td></tr>
<tr><td rowspan="7">고등학교</td><td rowspan="2" colspan="2">사회과</td><td colspan="3">시간 배당</td><td rowspan="2">비고</td></tr>
<tr><td>1학년</td><td>2학년</td><td>3학년</td></tr>
<tr><td colspan="2">일반사회(필)</td><td>105(3)</td><td>105(3)</td><td>35(1)</td><td rowspan="5">시수는 1년 35주 기준, 2개 학년에 걸친 경우 해당 기간 동안 이수하는 총 시수</td></tr>
<tr><td colspan="2">도덕(필)</td><td>35(1)</td><td>35(1)</td><td>35(1)</td></tr>
<tr><td colspan="2">국사(필)</td><td>140(4)</td><td colspan="2">105(3)</td></tr>
<tr><td colspan="2">세계사(선)</td><td></td><td colspan="2">105(3)</td></tr>
<tr><td colspan="2">지리(선)</td><td colspan="2">105(3)</td><td></td></tr>
</table>

(3) 2차 교육과정기의 사회과

2차 교육과정은 4·19 혁명과 5·16 쿠데타를 거치면서 개정이 이루어졌다. 2차는 1958년부터 개정 작업이 시작되었지만 1963년에 고시되면서 실제로는 군사정부의 의도가 많이 반영되었다. 여전히 경험 중심 교육과정이 강조되었지만 동시에 사회과 지식의 체계화에 대한 요구도 있었다(최용규 외, 2005: 237). 이러한 배경하에 1963년에 내용 면에서 자주성, 생산성, 유용성을, 조직 면에서 합리성을, 운영 면에서 지역성을 강조하면서 2차 교육과정이 공포되었다(교육과정·교과서연구회, 1990a: 123-124).

2차 교육과정에서 교과명을 사회과로 바꾼 것은 반공·도덕[10]의 분리에 따른 것으로, 사회과에 남은 공민 영역의 명칭도 일반사회로 변경되었다(문교부, 1986). 이처럼 교과와 영역명이 바뀐 것은 교과의 성격 변화를 암시하였다. 실제로 1차의 생활 지도 요소가 많이 사라졌고, 2차는 사회 인식을 위한 내용들로 채워졌다. 한편, 2차에서는 중학교에서도 사회과를 종합 지도하도록 했으나,[11] 이러한 지침이 충분히 교육과정에 반영되지 않았다(권오정 외, 2006: 175). 그래도 중학교에서 영역을 학년별로 배치하는 등 1차보다 통합적인 체제를 모색하였다(교육과정・교과서연구회, 1990b: 125-126). <표 3-6>은 2차 교육과정기 사회과의 배경과 특징을 정리한 것이다.

표 3-6 2차 교육과정기 사회과의 배경과 특징

구분	2차 교육과정기(1963~1973)
배경	• 시대적 배경: 전반기 - 4・19 혁명, 5・16 쿠데타, 후반기 - 월남파병, 냉전체제 등 • 한국적 사회과에 대한 요청 강화, 경험 중심 교육과정과 사회과 지식의 체계화에 대한 요구
특징	• 통합 사회과를 지향하되, 교과 목표에 반공과 통일교육을 포함 • 교과 명칭 및 체제: 초등학교와 중학교도 사회생활과에서 사회과로 변경, 도덕 내용이 '반공・도덕' 생활로 분리 • 초: 완전통합형, 환경확대법 유지, 학문적 계통성 일부 등장, 3~4학년(지역, 시간), 5학년(경제), 6학년(국사, 정치) • 중: 三자형 배열, 1학년(지리), 2학년(역사), 3학년(일반사회), 일반사회는 인간과 사회생활, 민주정치, 경제생활, 문화와 사회 문제, 국제관계와 우리 생활 등으로 구성 • 고: 도덕을 국민윤리로 명칭 변경(교과 분리×), 지리, 역사, 일반사회 영역의 분화↑, 일반사회 영역도 일반사회(필수) 과목 외에 정치・경제(선택) 과목이 별도 편성됨

학교급별 구성을 살펴보면, 먼저 초등학교는 환경확대법을 유지하였지만, 이전보다 역사, 지리, 정치, 경제 등 학문적 계통성을 토대로 내용이 편성되었다. 1~2학년의 경우는 사회기능 요소를 강조했지만, 3~4학년은 지리(지역)에 시간 개념을 가미하였고, 5학년에는 경제, 6학년에는 국사, 정치 등의 내용이 편성되었다. 중학교는 1차의 川자형과 달리 三자형으로 바뀌어, 1학년 지리, 2학년 역사, 3학년 일반사회로 배열되고, 전반적인 내용도

10) '반공・도덕' 생활은 교과는 아니지만 교과와 과목 중간 정도의 위상을 가졌던 것으로 보인다. 따라서 사회과의 한 과목으로 볼 수도 있지만 별도의 교과로 볼 여지도 있다. 다만 아직까지 고등학교에서 국민윤리가 사회과에 남아 있어서 여기서는 사회과 한 영역으로 보았다.

11) 이는 교사의 전공에 따라 지리, 역사, 일반사회를 나누어 가르치지 말라는 의미로 보인다.

지식 위주로 구성되었다. 고등학교는 지리, 역사, 일반사회의 3분법이 확연해져 세 영역 간에 시수의 균형을 꾀하였고, '도덕'이 '국민윤리'로 바뀌었지만 여전히 사회과에 속하였다. 일반사회 영역에서는 '정치 · 경제'가 생기는 등 학문 체계에 따라 세분화되는 현상도 나타났다(교육과정 · 교과서연구회, 1990a: 123-125; 1990b: 125-128; 1990c: 126-129). 반공 · 도덕 생활의 분리 등으로 시수와 단위도 줄어들어 주요 교과 중 가장 적은 시간이 책정되었다(박은종, 2008: 132; 권오정 외, 2006: 179; 국가교육과정정보센터 사이트). <표 3－7>은 2차 교육과정기 사회과의 학교급별 구성을 정리한 것이다.

표 3-7 2차 교육과정기 사회과의 학교급별 구성

구분	2차 교육과정기(1963~1973)					
		사회과		시수		비고
		사회	반공 · 도덕			
초등학교	1	즐거운 우리 학교, 선생님과 동무, 학교 가는 길, 우리 집, 이웃과 놀이터, 여러 가지 행사	·	2~2.5	1	주당 시간으로 표시
	2	우리 마을의 살림살이를 맡은 분들과 기관, 물건을 대어 주는 분들과 시설들, 우리에게 소식을 전하여 주는 분들과 시설들, 여행과 물건의 수송, 우리들의 안전을 지켜 주는 분들과 기관, 우리들의 마을 생활	·	2~3	1	
	3	고장의 자연환경, 고장의 살림살이를 돕는 기관과 시설, 고장에서 나는 것, 여러 고장의 생활, 옛날의 우리 고장, 앞날의 우리 고장	·	3~4	1	
	4	우리나라의 자연환경, 산림녹화, 우리나라의 명승고적, 우리나라 여러 지방의 생활, 모듬살이, 농업의 발달, 우리 지방의 발달	·	3~3	1	
	5	근로와 우리생활, 자원의 이용, 기계발달과 산업, 경제생활과 금융기관, 교통과 산업, 우리나라 산업의 발달	·	3~4	1	
	6	우리나라의 발달, 민주주의와 정치, 세계 여러 나라의 생활, 한국과 국제연합, 새로운 문화생활, 우리의 할 일	·	3~4	1	
중학교		사회과		시수		비고
		사회	반공 · 도덕			
	1	사회(지리)	·	3~4	1	주당 시간으로 표시
	2	사회(역사)	·	3~4	1	
	3	사회(일반사회)	·	2~4	1	

	사회과	필수・선택	단위	비고
고등학교	일반사회	필수	4	1단위는 1학기 동안 주당 1시간, 4단위는 1학기 주당 4시간 (1년 주당 2시간)
	국민윤리	필수	4	
	국사	필수	6	
	세계사	필수	6	
	지리 I	필수	6	
	정치・경제	선택	4	
	지리 II	선택	6	

2) 사회과의 전개와 변화

(1) 3차 교육과정기의 사회과

3차 교육과정은 유신체제하에서 강력한 군사 정권에 의해 개정되었다. 당시 개정에 참여한 문교부 편수관들, 교육과정 전문가들, 교사들은 국민정신교육과 국사교육 강화라는 정부 방침을 따를 수밖에 없었다(최용규, 2005: 240). 이 과정에서 3차 교육과정은 현실적으로는 국민교육헌장의 이념을 구현해야 한다는 국가주의적 요구를 수용하고, 이론적으로는 학문 중심 교육과정의 영향을 받은 과학주의적 요구를 반영하려는 배경하에 개정되었다(권오정 외, 2006: 179). 그러나 전자는 이념적 성격이 강하고, 후자는 객관성・과학성을 중시한다는 점에서 3차 교육과정은 상호 조화가 어려운 요구하에 개정되었다(최용규 외, 2014: 79).

3차 교육과정 총론은 국민 자질의 함양, 인간 교육의 강화, 지식・기술 교육의 쇄신이라는 기본 방침과 자아실현, 국가발전, 민주적 가치의 강조라는 이념 목표를 제시하였다. 교과 체제에서는 반공・도덕 생활을 도덕과로 분리하였고, 국사는 초등에서는 내용만 독립적으로 구성되었고 중등에서는 국사과로 독립하였다(문교부, 1986; 최용규, 2005: 241). 또한 미국의 학문 중심 교육과정과 신사회과 운동의 영향으로 부분적으로 사회과학 지식의 구조와 탐구 기능을 강조하는 개정이 이루어졌다(이진석, 2001: 241). <표 3−8>은 3차 교육과정기 사회과의 배경과 특징을 정리한 것이다.

표 3-8 3차 교육과정기 사회과의 배경과 특징

구분	3차 교육과정기(1973~1981)
배경	• 유신헌법, 국민교육헌장 등 국가주의적 요구 • 학문 중심 교육과정과 신사회과 운동 등 학문적 요구 • 국가적 요구(국가 이데올로기, 가치 지향적)와 학문적 요구(학문적 체계, 가치 중립적)의 부조화
특징	• 개편취지: 사회과학으로서의 사회과 성격 강조 • 교과체제: 초·중등학교에 반공·도덕 생활이 '도덕과'로 독립, 중등학교에서 '국사과' 독립 • 초: 1~2학년－사회기능 강조 유지, 3~4학년－공간을 축으로 지역+시간, 5학년－국사+지리, 경제, 6학년－국사+정치 • 중: 2차와 유사(三자형 분과 유지), 세계사는 사회과에 포함, 일반사회는 민주주의와 정치, 국민생활과 법률, 경제개발, 우리의 사명 등으로 구성 • 고: 분과 경향을 보임, 세계사는 사회과에 포함, 일반사회는 정치·경제, 사회·문화로 분리

그러나 학교급별 구성을 보면 국가주의적 요구에 비해 과학주의적 요구는 교과 목표 및 내용 구성에 제대로 반영되지 못하였다. 먼저 초등학교에서는 국가주의적 요구로 5, 6학년부터 국사가 별도로 운영되었지만, 학문을 강조하는 특성은 3학년부터 세계 학습을 시도하는 것을 제외하고는 없었다. 오히려 국가주의적 요소를 띤 단원들이 등장하면서 학문적 탐구를 중시하는 특징이 퇴색되었다. 중학교에서는 국사과가 분리되어 1학년 지리, 2학년 세계사, 3학년 일반사회로 편성되었다. 한편 교과 목표에서는 탐구 기능을 강조하였지만, 내용 구성에서는 2학년에 문화인류학적 요소와 3학년에 현대 사회문제가 추가된 것뿐이었다. 고등학교를 보면, 반공의식·민족의식 교육을 강조한다는 명목하에 국사와 국민윤리를 독립시켰다(교육과정·교과서연구회, 1990a: 126-128; 1990b: 128-130; 1990c: 129-132). 이로 인해 국사와 세계사가 각기 다른 교과에 존재하고, 사회과의 주요 영역 중 하나인 가치 태도 교육이 도덕과(국민윤리)로 넘어가면서 교과 정체성이 모호해졌다. 한편 고등학교에서 일반사회가 정치·경제, 사회·문화로 분리된 것은 학문적 계통성을 중시했다고 볼 수도 있지만, 분과 경향을 띠었다고 볼 수도 있다(권오정 외 2006: 183-184). 시수는 도덕과 국사의 분리로 인해 대폭 줄어들었다(박은종, 2008: 134; 국가교육과정정보센터 사이트). <표 3－9>는 3차 교육과정기 사회과의 학교급별 구성을 정리한 것이다.

표 3-9 3차 교육과정기 사회과의 학교급별 구성

구분	3차 교육과정기(1973~1981)			
		사회(과)	시수	비고
초등학교	1	학교생활, 가정생활, 이웃과 동네의 생활	70(2)	연간 시수(주당 시수)
	2	물건의 생산과 유통을 위하여 일하는 사람들, 교통 · 통신에 종사하는 사람들, 생명, 재산, 건강보호에 종사하는 사람들, 고장의 생활	70(2)	
	3	자연의 이용과 의식주, 여러 고장의 생활, 세계 여러 곳 사람들의 생활, 고장 생활의 옛날과 오늘, 고장 사람들의 협동 생활	105(3)	
	4	우리가 사는 시도, 우리나라 각 지방의 생활, 국토환경과 국민생활, 국토의 보전과 개발, 우리 조상들의 생활내력과 그 자취	105(3)	
	5	<국사> 우리나라 경제생활의 발전, 우리나라 문화의 발전, <지리 · 일반사회> 산업과 경제생활, 경제개발계획과 국민생활의 향상, 우리가 사는 세계	140(4)	
	6	<국사> 우리 민족의 성장, 근대 사회로의 전환, <지리 · 일반사회> 세계 안의 대한민국, 민주주의와 우리의 생활, 국민으로서의 책임	140(4)	

구분		사회(과)	시수	비고
중학교	1	사회(지리)	105(3)	연간 시수(주당 시수) 도덕과 국사는 교과 독립
	2	사회(세계사)	70~105(2~3)	
	3	사회(일반사회)	70~105(2~3)	

구분	교과목		필수 · 선택	단위	비고
고등학교	사회과	정치 · 경제	필수	4~6	선택에서 필수로
		사회 · 문화	공통으로 4 中 택 1, 인문과정은 추가로 택3	4~6	인문과정 학생은 사실상 모든 과목 이수
		세계사		4~6	
		국토지리		4~6	
		인문지리		4~6	
	국민윤리		필수	6	국민윤리는 도덕과, 국사는 교과 독립
	국사		필수	6	

(2) 4차 교육과정기의 사회과

다시 군사 쿠데타로 집권한 5공화국이 출범하면서 이루어진 4차 교육과정 개정은 그 방향을 국민정신교육의 체계화, 전인교육의 충실, 과학기술교육의 강화에 두었다. 사회과는 국가적 요구에 민감한 교과로서 목표와 내용에 있어 국민정신교육의 지표를 반영하는 데 주력하였다(문교부, 1986;

최용규, 2005: 242). 한편 3차가 학문적 적합성을 강조한 데 대해, 4차는 인간 및 개인의 적합성을 중시하는 인간 중심 교육과정의 성격을 강조하였다(최용규 외, 2014: 80).

그러나 교육과정 개정에 대한 국가 권력의 압력에도 불구하고, '편수관 파동'으로 인해 교육과정 개발이 문교부에서 한국교육개발원으로 이관되면서 새로운 변화도 나타났다. 예컨대 4차 개정을 계기로, 한국교육개발원의 사회과교육연구실은 내용 선정의 준거로 사회과학의 사실, 개념, 일반화로 구성된 내용 체계표를 작성하여, 교육과정 및 교과서 내용의 적절성을 평가하는 준거로 활용하였다(최용규, 2005: 245). <표 3－10>은 4차 교육과정기 사회과의 배경과 특징을 정리한 것이다.

표 3-10 4차 교육과정기 사회과의 배경과 특징

구분	4차 교육과정기(1981～1987)
배경	• 유신붕괴 이후 5공화국 출범으로 군사 정권의 의도 반영 • 인간중심 교육과정 강조, 개인, 사회, 학문적 적합성의 조화 지향 • 교육과정 개발 업무가 문교부에서 한국교육개발원으로 이관
특징	• 개정 방향: 국민정신교육 강화에 이바지할 사회과 내용 선정, 내용의 양과 기준의 적절성 고려 • 교과 체제: 통합을 위한 시도 강화(상관형 통합 지향), 초등학교는 융합형, 중학교는 통합형(상관형), 고등학교는 과목분리형(과목 선택의 기회 확대 노력) • 초: 융합형, 내용은 종전과 유사, 1학년은 '나라 사랑' 등 국가주의적 요소 강화, 1, 2학년은 국어, 도덕과 통합 운영 • 중: 통합형(상관형), 교과 통합 시도, 영역 간 단절 방지, 통합의 진전, 三자형 분과 폐지, 1개 학년에 2개 영역을 배치하여 통합적 접근 시도 • 고: 과목분리형, 사회Ⅰ, Ⅱ 과목 등장(정치, 경제, 사회, 문화를 통합 조정), 사회Ⅰ, 지리Ⅰ은 필수, 사회Ⅱ, 지리Ⅱ는 선택

학교급별 구성을 살펴보면, 우선 초등학교의 경우 3차와 유사한 단원명을 쓸 정도로 비슷한 내용 구성을 보였다. 다만 1학년부터 나라 사랑을 강조하는 등 국가주의적 요소가 강화되었고, 2학년의 경우 사회기능 요소가 축소되었다. 한편 개정 취지로 강조된 인간 중심 요소는 제대로 반영되지 못하였다(교육과정·교과서연구회, 1990a: 128-130). 반면에 중학교는 지리, 세계사, 일반사회 영역을 혼합하여, 1학년에서 지리와 일반사회를, 2학년에서

지리와 세계사를, 3학년에서 세계사와 일반사회를 구성하는 등 변화가 있었다. 이는 학년별 학습의 단편화와 영역 간의 단절 방지를 위해 영역 간 관련 내용을 동 학년에 배치하는 등의 시도로 통합의 진전이라 볼 수도 있었다(교육과정 · 교과서연구회, 1990a: 131-134). 그러나 이는 필연적으로 학교 현장의 혼란으로 나타나, 중등 교사의 영역별 양성 체제하에서 동일 교사가 한 학년의 사회과 수업을 일괄적으로 담당할 수 없거나 전공하지 않은 내용을 가르치는 결과를 낳았다(권오정 외, 2006: 186). 고등학교에서는 우선 정치 · 경제, 사회 · 문화를 '통합 · 조정'한 '사회 I, II' 과목이 등장하면서 통합이 강조되었고, 영역별로 필수와 선택과목이 지정되었다(교육과정 · 교과서연구회, 1990c: 132-135). 시수는 주요 교과 중 가장 적은 시간으로 굳어졌다(박은종, 2008: 135-136; 국가교육과정정보센터 사이트). <표 3-11>은 4차 교육과정기 사회과의 학교급별 구성을 정리한 것이다.

표 3-11 4차 교육과정기 사회과의 학교급별 구성

구분	4차 교육과정기(1981~1987)			
		사회(과)	시수	비고
초등학교	1	학교생활, 가정생활, 이웃 생활, 나라 사랑	374(11)	국어, 도덕과와 통합 운영
	2	우리들의 생활모습, 우리 고장의 자연 환경, 고장 사람들의 협력	374(11)	
	3	자연의 이용과 우리 생활, 여러 고장의 생활, 우리와 자연환경이 서로 다른 고장 사람들의 생활, 고장 생활의 변화와 발전, 고장의 공동 생활	102(3)	연간 시수(주당 시수), 35주에서 34주로 축소
	4	시도 및 지역의 생활, 우리나라의 자연과 생활, 지역개발과 국토의 활용, 사회생활과 우리의 할 일, 우리 민족의 생활 자취	102(3)	
	5	국가와 국민생활, 우리들의 경제생활, 우리가 사는 세계, 우리나라 사회생활의 발달, 우리나라 산업의 발달, 우리나라 학문과 기술의 발달, 우리나라 종교와 예술의 발달	136(4)	
	6	우리나라의 민주정치, 국민경제생활의 발전, 세계와 우리나라, 우리 민족의 형성과 성장, 민족 국가의 발전, 근대화의 길, 20세기의 민족사	136(4)	

구분		사회(과)	시수	비고
중학교	1	사회(일반사회, 지리)	102(3)	연간 시수(주당 시수)
	2	사회(지리, 세계사)	68~102(2~3)	
	3	사회(세계사, 일반사회)	68~102(2~3)	

구분	교과목		필수·선택·단위			비고
			공통필수	인문과정	자연과정	
고등학교	사회과	사회 I	4~6(2~6)			괄호 안은 실업 및 기타 계열 고등학교 이수단위
		지리 I	4~6(2~6)			
		세계사		2		
		사회 II		4		
		지리 II		4		
	국민윤리		6			
	국사		6			

(3) 5차 교육과정기의 사회과

5차 교육과정은 4차의 문제점들을 보완하면서 교육의 본질을 추구한다는 '현실적' 목표를 내세웠다. 개정 취지에서도 많은 내용, 부적절한 수준, 지나친 분과, 학교급 간의 연계 미흡, 지식의 활용 부족 등 4차의 문제점들을 극복하는 차원에서 5차 교육과정을 개발한다고 하였다(교육과정·교과서 연구회, 1990a: 134; 권오정 외, 2006: 187). 이에 따라 5차는 교육과정의 적정화, 내실화, 지역화를 개정 방향으로 하되, 여러 면에서 4차의 기본 방향과 구조를 유지하였다. 구체적으로 사회과에서는 우선 내용의 적정화를 위해 구조화, 즉 사실, 개념, 일반화 등 지식의 내용 체계에 관심을 기울였고, 교육의 내실화를 위해서 개념 및 원리(일반화) 학습, 탐구학습, 사고력 신장 등을 강조하였다(문교부, 1986; 최용규, 2005: 245-246).

그래서 5차 교육과정에서는 큰 변화가 없었다. 구체적으로 초등은 1~2학년을 도덕과 함께 '바른생활'로 통합한 것 이외에, 달라진 점이 거의 없었다. 중등의 경우에도 4차의 기본 틀을 유지하면서, 학습내용 통합, 학년별 배열 등의 문제점을 보완하는 수준에서 개정이 이루어졌다. 결과적으로 5차 교육과정은 다소 '현실적'이었던 교육과정 개정 취지처럼 현실 안주형이라는 비판을 받았다(권오정 외, 2006: 187). <표 3－12>는 5차 교육과정기 사회과의 배경과 특징을 정리한 것이다.

표 3–12 5차 교육과정기 사회과의 배경과 특징

구분	5차 교육과정기(1987~1992)
배경	• 5공화국에서 6공화국으로 이행하는 시기에 준비 • 4차 교육과정의 문제점 개선, 교육의 본질 추구
특징	• 교육과정상 큰 변화 없음, 전통 문화 관련 학습 내용 강조 • 초: 1, 2학년은 도덕과 통합되어 '바른생활' 과목으로 독립 편성, 내용은 종전과 유사, 1학년(바른생활)에서는 '자랑스러운 우리나라' 등 국가주의적 요소 강화 • 중: 4차와 거의 동일, 학년별 내용 구성에서 학생들의 발달 수준, 학습 영역의 관련성을 고려하여 일부 조정 • 고: 과목 명칭을 다시 학문적 분류를 바탕으로 환원, 사회 Ⅰ, Ⅱ는 정치 · 경제, 사회 · 문화로, 지리Ⅰ, Ⅱ는 한국지리, 세계지리로 변경

학교급별 구성을 보면, 우선 초등학교의 경우 4차와 내용이 다른 단원들이 거의 없었고, 내용구성 원리나 순서도 4차와 유사하였다. 그리고 통합을 강조했지만, 대부분의 단원이 지리, 역사, 일반사회 영역 중 하나에 속하는 것으로, 오히려 초등도 중등처럼 영역의 혼합으로 굳어지는 경향을 보였다. 지역화에 부응했다는 흔적도 찾을 수 없었다(교육과정 · 교과서연구회, 1990a: 134-136; 권오정 외, 2006: 187-188). 중학교의 경우에는 내용 배열이 달라져, 1학년은 지리와 세계사, 2학년은 세계사와 일반사회, 3학년은 지리와 일반사회로 구성되었다. 이러한 배열은 1학년에서는 시간과 공간 의식의 기반 위에서 사회를 보는 눈을 기르고, 2학년에서는 인간과 사회의 변화에 대한 이해를 토대로 사회생활을 분석할 수 있는 개념 틀을 확립하며, 3학년에서는 우리나라의 사회현상을 분석하고, 미래사회를 설계할 수 있는 능력을 기른다는 논리에 기초하였다(교육과정 · 교과서연구회, 1990b: 134-140; 권오정 외, 2006: 188). 한편 고등학교도 과목 명칭이 정치 · 경제, 사회 · 문화 등으로 환원된 것 이외에 큰 변화가 없었다(교육과정 · 교과서연구회, 1990c: 135-137; 권오정 외, 2006: 189). 시수는 주요 교과 중 가장 적은 시간으로 굳어졌다(박은종, 2008: 137-138; 국가교육과정정보센터 사이트). <표 3－13>은 5차 교육과정기 사회과의 학교급별 구성을 정리한 것이다.

표 3-13 5차 교육과정기 사회과의 학교급별 구성

구분	5차 교육과정기(1987~1992)			
		사회(과)	시수	비고
초등학교	1	도덕과 함께 ‘바른생활’ 과목으로 통합되어 편성됨	120(4)	바른생활, 1학년은 3월에 ‘우리들은 1학년’을 배운 이후부터 편성
	2		136(4)	
	3	우리들의 생활과 자연, 우리들이 살고 있는 고장, 우리 고장의 공동생활, 우리 고장의 변화와 발전	102(3)	연간 시수(주당 시수)
	4	우리 시도의 생활, 우리나라 각 지방의 생활, 우리 민족의 생활 자취, 인간의 사회생활	102(3)	
	5	국가와 국민 생활, 우리들의 경제생활, 우리나라의 산업 발전, 국토와 자원의 활용, 우리 문화 생활의 발달	136(4)	
	6	우리나라의 민주정치, 우리 경제의 흐름, 세계와 우리나라, 우리 민족의 형성과 발전, 근대화의 길, 대한민국의 발전	136(4)	

구분		사회(과)	시수	비고
중학교	1	사회(지리, 세계사)	102(3)	연간 시수(주당 시수)
	2	사회(세계사, 일반사회)	68~102(2~3)	
	3	사회(지리, 일반사회)	68~102(2~3)	

구분	교과목		필수·선택·단위			비고
			공통필수	인문과정	자연과정	
고등학교	사회과	정치·경제	6(4)			괄호 안은 실업 및 기타 계열 고등학교 이수단위, 자연과정 학생은 세계사 선택
		한국지리	4			
		세계사		4	4	
		사회·문화		4		
		세계지리		4		
	국민윤리		6			
	국사		6(4)			

3) 사회과의 발달과 혼란

(1) 6차 교육과정기의 사회과

6차 교육과정은 권위주의에서 민주주의 체제로 이행하는 시기에 개정되었다. 이에 따라 6차 사회과의 기본 방향은 ① 민주시민의 자질 육성, ②

객관적 사회 인식의 경험, ③ 사회 인식 체계의 재구성, ④ 지속성과 유연성의 조화였다. 그래서 사회과의 성격은 ① 본질 교과, ② 시민교육 교과, ③ 종합적·통합적 교과, ④ 방법 중시 교과로 규정되었다(권오정 외, 1992a: 110-112). 이 시기부터 사회과 목표는 국민에서 시민 양성으로 바뀌어, 개인과 사회, 국가와 인류 발전에 기여할 수 있는 민주시민이 사회과의 목표로 제시되었다(김영석, 2013: 14; 최용규, 2005: 246).

이러한 기본 방향과 성격 규정은 시민교육이라는 사회과 본질에 충실하려는 의도와 더불어 현대 교육의 흐름이 반영된 것으로, 6차 개정에서는 몇 가지 획기적인 변화가 있었다. 첫째, 국사를 사회과에 편입하는 등 교과 구조를 재편하였다. 둘째, '공통사회'를 만들어 고등학교에서도 사회과의 시민교육 성격을 명확히 했다. 셋째, 슬기로운 생활을 만들어 사회와 과학을 통합하였다. 넷째, 지역화를 초등 사회과에 적용하였다(권오정 외, 2006: 190; 권오정 외, 1992a; 김용만, 1993). 아울러 학교급별 사회과 특성을 명확히 하여, 초등 사회과는 생활(경험) 중심으로 구성하고, 중학교는 지리, 역사, 일반사회 영역을 하나의 조직 논리로 묶어 통합성을 강화하고, 고등학교는 공통사회 외에는 학문적 계통성을 유지하여 대학 예비교육의 성격을 명확히 하였다(권오정 외, 2006: 191). <표 3－14>는 6차 교육과정기 사회과의 배경과 특징을 정리한 것이다.

표 3-14 6차 교육과정기 사회과의 배경과 특징

구분	6차 교육과정기(1992~1997)
배경	• 권위주의에서 민주주의 체제로 전환 • 노태우 정부에서 고시되어 김영삼 정부(문민정부)에서 시행 • 정보화, 세계화, 민주화, 지방화 등의 국내외 변화에 대응
특징	• 사회과 총괄 목표: '국민양성'에서 '시민양성'으로 변화 • 기존의 계통적 학문 체계에 생활 경험(사회 문제) 중심의 '통합적 성격'을 가미 • 영역별 목표를 구체화·상세화, 토론학습을 고려한 교과서 구성을 통해 사고력 신장 유도 • 초: 1, 2학년은 자연(과학)과 통합하여 '슬기로운 생활' 과목으로 독립 편성, 1~2학년 사회과 내용은 종전과 유사, 3~6학년 내용도 종전과 유사, 주제들을 환경확대법에 따라 배치 • 중: 지역 탐구(통합형) 단원 등장, 국사의 사회과 복귀, 1학년－지리, 세계사, 2학년－세계사, 지리, 일반사회, 국사, 3학년－일반사회, 지리, 국사 • 고: 공통사회 신설(공통필수, 일반사회+한국지리), 학문체계 강화(공통사회 과목은 예외), 정치·경제는 정치, 경제로 분리, 국사의 사회과 복귀, 국민윤리는 '윤리'로 변경(교과 독립 유지), 교과목을 시도별, 학교 차원에서도 선택 가능하도록 함

학교급별 구성을 살펴보면, 우선 초등의 경우, 3학년에 사회기능이 강화되고, 5학년에 국가주의 요소가 약화되었다. 한편 각 학년의 주제들을 환경확대법에 따라 배치하고, 각 학년 내에 변화(시간) 개념을 가미하여 내용 구성의 일관성을 갖추려 했다. 또 단원명에 '생활'을 넣고, 4학년까지의 중・소단원에서 생활 경험 요소를 강화하는 등 생활(경험) 중심 교육과정을 지향하였다(김용만, 1993: 401). 중학교에서도 내용 조직 면에서 일관된 논리를 갖추고자 했다. 특히 중1 앞 부분에 지역탐구 단원을 두어, 지역화, 탐구 방법, 학습 안내, 통합 단원으로 활용하였다. 다음으로, 시・공간을 틀로 하여 영역 간의 연계를 시도하였다. 1학년은 우리나라와 아시아를 축으로 지리와 세계사를 연계하였고, 2학년은 유럽과 세계를 축으로 세계사, 지리, 일반사회를 연계하였으며, 3학년은 일반사회를 중심으로 지리를 연계하였다. 고등학교에서는 통합적 사회 인식과 시민교육을 목적으로 '공통사회'를 만들었다(최병모, 1993: 423-424). 물론 이 과정에서 일부 영역이 제외되고, 포함된 영역들도 양분되는 등의 혼란을 겪었다. 한편 정치와 경제가 분리되었고, 도덕과에 속하지만 국민윤리가 윤리로 바뀌었다(권오정 외, 2006: 194-195). 시수는 늘어났지만, 국사의 사회과 편입에 따른 것이었다(박은종, 2008: 139-140; 국가교육과정정보센터 사이트). <표 3−15>는 6차 교육과정기 사회과의 학교급별 구성을 정리한 것이다.

표 3−15 6차 교육과정기 사회과의 학교급별 구성

구분	6차 교육과정기(1992~1997)			
		사회(과)	시수	비고
초등학교	1	과학과 함께 '슬기로운 생활'로 통합되어 편성됨	120(4)	슬생 1학년은 30주, 4주는 입학 초(3월) 학교 적응 활동
	2		136(4)	
	3	우리고장의 모습, 고장 사람들의 물자 생산과 그 이용, 고장 생활의 변화, 보다 나은 고장 생활	102(3)	연간 시수(주당 시수)
	4	우리 시・도의 모습과 내력, 우리 시・도 사람들의 생활, 여러 지역의 생활, 가정과 사회생활	102(3)	
	5	산업과 경제생활, 살기 좋은 우리 국토, 우리 민족의 문화생활, 자율적인 시민 생활	136(4)	
	6	민족과 국가의 성장, 새로운 사회와 문화의 건설, 민주국가로의 발전, 가까워지는 세계와 우리나라	136(4)	

중학교	사회과		시수	비고
	사회	국사		
1	사회(지리, 세계사)		102(3)	연간 시수(주당 시수), 국사 포함 시수
2	사회(세계사, 지리, 일반사회)	국사	136(4)	
3	사회(일반사회, 지리)	국사	136(4)	

고등학교	교과목		필수·선택	단위	비고
	사회과	공통사회 국사	공통필수	8 6	
		정치 경제 사회·문화 세계사 세계지리	과정별 필수 (인문과정 필수)	4 4 4 6 6	
	도덕과	윤리	공통필수	6	

(2) 7차 교육과정기의 사회과

김영삼 정부 출범과 더불어 대통령 자문기구인 '교육개혁위원회'에서는 정보화·세계화 시대에 대비한 교육개혁 방안을 발표하였고, 이에 따라 교육과정특별위원회가 구성되어 '초·중등학교 교육과정 개혁' 방안을 제시하였다(교육부, 2001: 3). 이러한 논의를 거치면서 7차 교육과정 개정은 ① 수준별 교육과정 도입, ② 수행평가 도입, ③ 고교 선택과목 확대, ④ 구성주의 이론의 적용 등 여러 쟁점을 낳았다. 특히 수준별, 수행평가 등은 적용과정에서 학교 현장에 큰 혼란을 유발하였다. 또한 구성주의에 따라 도입된 '열린 교과서'는 학습 주제를 줄이지 않은 채 사례학습과 탐구활동을 강조하다 보니 학습량을 늘리는 결과를 낳았다(권오정 외, 2006: 195-196).

7차 사회과의 개정도 정보화·세계화 시대의 시민 자질 육성에 역점을 두었다(최병모, 2001: 339). 그 결과 정보의 획득·조직·활용, 탐구, 의사결정, 사회 참여 능력 등이 목표로 강조되었고, 의사결정과 논쟁문제수업, 사회참여체험학습, 세계시민교육이 중시되었다(교육부, 1997). 그러나 개정 과정의 주요 쟁점은 '통합 대 분과'였으며, 연구진에서 합의한 초등 통합, 중등 분과가 총론과 교육부 반대로 무산되자, 이전처럼 학교급 및 학년별로 영역별 내용과 과목을 유사한 비율로 배분하는 방식으로 개정이 이루어졌다(이혁규, 2001). <표 3－16>은 7차 교육과정기 사회과의 배경과 특징을 정리한 것이다.

표 3-16 7차 교육과정기 사회과의 배경과 특징

구분	7차 교육과정기(1997~2007)
배경	• 김영삼 정부에서 마련되어 김대중, 노무현 정부까지 운영 • 21세기, 세계화, 정보화 강조, 학습자 중심(구성주의), 21세기에 대비한 시민성 함양 • 통합 사회과를 둘러싼 영역 간 대립
특징	• 수준별 교육과정 도입: 흥미, 관심, 적성, 능력, 요구 등을 고려한 학습자 중심 교육과정 • 교육과정의 이원화: 국민공통기본교육과정(10년), 선택교육과정(2년) • 성취기준 진술 방식의 도입 • 사회과 중점 사항: 시민성 함양 교과로서 통합성과 학문적 계통성의 조화, 교육과정 지역화 • 목표 및 내용: 사회현상 인식+사고력 신장, 공통+선택+수준별(심화보충형) 교육과정 • 교수학습방법 및 평가: 자기주도적 학습, 수행평가 • 통합 교과 성격 추구: 역사, 지리, 일반사회 대신에 인간과 시간, 인간과 공간, 인간과 사회로 영역 명칭 변경, 실질적 통합은 미흡 • 1~2학년은 슬기로운 생활, 3~10학년은 사회(6차의 고등학교 공통사회는 사회로 명칭 변경), 11~12학년은 다양한 선택과목 개설

학교급별 구성을 살펴보면, 초등의 경우, 정보화와 지방자치를 다루고 역사 인물과 사건을 조명하는 등의 내용이 등장하였다. 그러나 6차가 공간을 축으로 하여 시간을 연계하는 방식으로 일관성을 추구한 반면에, 7차는 영역별 내용을 독립적으로 배열하는 데 치중하였다(최병모, 2001: 346-349). 중학교도 중1(7학년)에 유럽과 아메리카, 오세아니아 내용을 포함시키고, 중3(9학년)에 현대세계, 사회·문화, 법의 내용을 넣어서 6차보다 계열의 일관성이 약화되었다(최병모, 2001: 349-353). 고1 사회도 지리와 일반사회가 독립적으로 구성되었다. 고2~3의 다양한 선택과목도 학교 현실과 교사 수급에 따른 운영의 어려움, 쉬운 과목의 집중적 선택 가능성, 단기간의 과목 개발에 따른 내용 부실 등의 문제점을 드러냈다(권오정 외, 2006: 198). 시수는 6차와 유사하였고 고교 선택과목 단위의 변화가 있었다(박은종, 2008: 142-143; 국가교육과정정보센터 사이트). <표 3－17>은 7차 교육과정기 사회과의 학교급별 구성을 정리한 것이다.

표 3-17 7차 교육과정기 사회과의 학교급별 구성

구분	7차 교육과정기(1997~2007)			
		사회(과)	시수	비고
초등학교	1	과학과와 함께 '슬기로운 생활'로 통합되어 편성됨	90(3)	슬생, 1학년은 30주
	2		102(3)	
	3	고장의 자연환경과 인문환경과의 관계, 고장의 중심지와 주민생활 모습, 고장 생활의 변화, 고장의 문화적 전통, 물자의 유통, 고장의 여러 기관에서 하는 일, 고장의 발전을 위한 노력	102(3)	연간 시수 (주당 시수)
	4	우리 지역의 자연환경과 인문환경, 옛 도읍지, 박물관의 기능, 문화재의 가치, 지역의 생산 활동, 가정의 형태와 살림살이, 취미와 여가생활, 주민자치와 지역문제의 해결	102(3)	
	5	자연환경과 주민생활의 관계, 국토의 개발과 환경보전, 도시지역의 생활, 촌락지역의 생활, 인간생활과 과학기술의 관계, 조상들의 공동체 의식, 우리나라의 경제성장, 정보화시대의 생활	102(3)	
	6	우리나라와 관계 깊은 나라들, 지구촌 문제의 해결을 위한 노력, 국가의 성립과 발전, 근대화와 민주국가 건설, 역사적 인물과 사건, 민주정치의 기본원리, 민주시민의 권리와 준법정신, 평화통일과 민족의 미래	102(3)	

구분		사회과		시수	비고
		사회	국사		
중학교	1	사회(인간과 공간, 인간과 시간, 인간과 사회)		102(3)	연간 시수 (주당 시수), 국사 포함 시수
	2	사회(인간과 공간, 인간과 시간, 인간과 사회)	국사	102(3)	
	3	사회(인간과 공간, 인간과 시간, 인간과 사회)	국사	136(4)	

구분	교과목			필수·선택	단위	비고
고등학교	사회과	국민공통	사회, 국사	공통필수	10(사회6, 국사4)	
		선택중심	인간사회와 환경	일반선택	4	
			한국 지리	심화선택	8	수능과목
			세계 지리		8	
			경제 지리		6	
			한국 근·현대사		8	
			세계사		8	
			법과 사회		6	
			정치		8	
			경제		6	
			사회·문화		8	
	도덕과	선택중심	시민 윤리	일반선택	4	
			윤리와 사상	심화선택	4	수능에서 1과목으로 출제
			전통 윤리		4	

4) 사회과의 분화와 최근 변화

(1) 2007 개정 교육과정기의 사회과

노무현 정부에서 개발·고시된 2007 개정 사회과교육과정의 원안(교육인적자원부 고시 제2007-79호)은 총론의 요구와 사회 변동 및 국가·사회적 요구와 더불어, 교과의 내재적 문제가 개정의 배경으로 작용하였다. 특히 2007 개정 교육과정 원안에서는 총론의 요구가 '주 5일제 시행에 따른 시수 변경' 정도로 줄어들었고(허경철, 2005), 교과 주도 방식의 개정이었다는 점에서 교과의 내재적 문제가 가장 주된 배경으로 작용하였다(김정호 외, 2005). 특히 영역 간에 교과 체제 및 시수 배분과 관련된 갈등이 심화되어, 당시 교육 관련 이슈를 선점했던 역사 영역이 과목 독립과 더불어 시수 확대를 이루었다. 한편 일반사회 영역에서는 중학교 사회와 고1 사회를 개념 중심의 분과와 주제 중심의 통합이라는 틀로 구성한다는 원칙하에 내용을 조직하였고, 그 결과 고1 사회에서 법, 정치, 경제, 사회·문화 등 세부 영역별 단원이 사라졌다(김정호 외, 2005; 박진동 외, 2006; 교육인적자원부, 2007).

2007 개정의 1차 수정안(교육과학기술부 고시 제2009-10호)이 나오게 된 계기는 이명박 정부 출범과 더불어 경제학 및 경제 교육 전공자들이 고1 사회의 주제 중심 교육과정에 대해 반발했기 때문이었다. 2007 개정 원안에서 경제는 중3까지만 가르치고, 고1은 주제 중심으로 구성되면서 법, 정치, 사회·문화 등과 통합된 상황이었다. 이에 고1 사회의 주제 중심 교육과정에 대해 문제의식을 지녔던 경제학 및 경제 교육 전공자들이 앞장서서 중3 및 고1 사회에 대한 수정을 진행하였다(김진영, 2009). 그 결과 경제가 중3과 고1 사회에서 여러 독립 단원들로 강화되었다(교육과학기술부, 2009a).

2007 개정 교육과정의 2차 수정안(교육과학기술부 고시 제2009-41호)은 '학습부담 경감'이라는 이명박 정부의 교육정책 기조와 맞물려서 만들어졌다. 먼저 2009년 5월 국가교육과학기술자문회의는 사회탐구의 선택과목 수를 7개(지리A, 지리B, 역사A, 역사B, 정치·법, 경제, 사회문화·윤리)로 축소하는 방안을 제안하였다. 이어서 2009년 7월 국가교육과학기술자문회의 구상(안)에서는

일반 및 전문교과, 대학과목 선이수 교과목(AP, UP) 간의 내용체계와 과목 간 위계가 분명하도록 선택과목을 정비하는 원칙이 천명되었다. 그런데 개정 과정에서 '선택과목 축소 요구'가 과학과처럼 영역별로 2과목씩 균등 배분하는 요구로 변질되었다.[12)] 그리고 이러한 영역별 균등 배분이 교육과학기술부의 방침으로 간주되면서, 1차 공청회(2009. 9. 30)에서는 영역별 2과목으로 개설하는 방안이 발표되었다. 그러나 일반사회 영역과 경제 및 법 분야 전문가들의 지속적인 문제제기로 '경제'와 '사회·문화'는 단독 과목으로 유지되었고, 정치와 법을 통합한 '법과 정치' 과목이 만들어졌다.[13)]

2007 개정의 3차 수정안(교육과학기술부 고시 제2010-24호)은 2차 수정안에서 생긴 역사과 내부 문제를 조정하기 위한 것이었다. 2차 수정안에서 따르면, 역사 영역의 경우 2007 개정 원안의 선택과목 수를 유지하기 위해 세계 역사의 이해는 세계사로 명칭을 바꿔 유지하고, 동아시아사는 존치시킨 반면에, 한국문화사를 폐지하였다. 그리고 당시 발표된 2009 개정 총론에 따라 폐지될 고1 역사를 선택과정으로 전환시켜 한국사라는 선택과목을 신설하고, 한국 근·현대사를 고1 역사에서 필수로 학습한다는 전제 아래 구성되었던 중학교 역사를 수정하였다(교육과학기술부, 2010). <표 3－18>은 2007 개정 교육과정기 사회과의 배경과 특징을 정리한 것이다.

표 3-18 2007 개정 교육과정기 사회과의 배경과 특징

구분	2007 개정 교육과정기(2007~2009/2011)
배경	• 노무현 정부에서 원안 고시, 원안은 이후 수시 개정으로 시행되지 못함 • 이명박 정부에서 경제교육 강화, 학습부담 경감, 역사교육강화 등으로 수정 고시 • 교육과정의 개정 방식의 변화: 주기적, 전면적, 일시적, 전문가 주도 → 수시, 부분, 점진적, 현장 교사 참여

12) 참고로 과학과의 경우에는 공통 교육과정에서 영역별로 시수가 균등 배분되어 있으나 사회·도덕과의 경우에는 공통 교육과정의 시수가 매우 불균등하게 배분되어 있어 고교 선택과목의 영역별 균등 배분안은 공통 교육과정에서 지리와 일반사회에 비해 2배의 시수를 가지고 있는 역사, 도덕에 매우 유리한 안이었다.

13) 결과적으로 7차 수능시험과목을 기준으로 일반사회 영역은 4과목에서 3과목으로 축소되고, 지리 영역은 3과목에서 2과목으로 축소되고, 역사 영역은 3과목을 유지하고(2개의 선택과목과 별도로 고1 역사를 한국사로 변경하여 수능시험과목으로 만듦), 윤리 영역은 1과목에서 2과목으로 확대되었다(한국교육과정평가원, 2009; 교육과학기술부, 2009b).

특징	• 학습내용 요소의 대강화: 대주제(대단원)하의 성취기준 진술(중단원 삭제) • 교과내용의 적정화 시도, 실제로는 과목 수, 대주제 수 증가(원안 기준) • 수준별 교육과정의 개선: 교육과정 내용상 수준별 요소 삭제, 교수학습방법 및 평가 차원에서 수준별 교육과정 유지 • 중등 역사 과목 독립: 중학교와 고1에서 역사(국사+세계사) 과목 독립 편성 • 초: 1~2학년은 슬기로운 생활, 3~6학년 사회는 환경확대법의 탄력적 적용 • 중: 영역 간 통합보다 영역 내 통합 추구(통합의 정도 약화) • 고: 고1 사회에서 주제 중심 통합 추구(문화, 정의, 세계화, 인권 등 주제 중심으로 구성), 1차 수정에서 폐지 • 고교 선택과목(2, 3학년)의 변경 - 원안: 인간사회와 환경 폐지, 한국 근현대사 → 한국 문화사, 세계사 → 세계 역사의 이해, 동아시아사 신설 등 - 2차 수정안: 정치, 법과 사회 → '법과 정치'로 통합 등 과목 수와 명칭 조정

학교급별 구성을 살펴보면, 초등의 경우에 통합은 3학년에서만 유지되었고, 5학년에 역사 영역이 독립적으로 배치되면서 한국사 내용이 연대기로 구성되었다. 이로 인해 지리와 일반사회는 4, 6학년에 배치되어 연속성을 잃게 되었다. 중학교의 경우 역사 과목의 독립이 이루어지면서 국사와 세계사를 포함한 역사 과목이 만들어지고 지리와 일반사회 과목만이 병합된 형태로 사회 과목이 유지되었다. 그 결과 사회는 1·3학년에서, 역사는 2·3학년에서 가르쳐지게 되었다. 고등학교에서는 공통필수과목으로 사회, 역사 과목이 개설되었다가 공통과정의 축소로 폐지되었고(역사는 한국사로 명칭 변경 후 유지), 선택과목으로 한국지리, 세계지리, 경제지리, 한국문화사, 세계 역사의 이해, 동아시아사, 법과 사회, 정치, 경제, 사회·문화 과목이 개설되었다가 일부 과목이 통합되거나 폐지되었다. 이제 사회과는 사회, 역사라는 이중 과목 구조를 띠게 되어 분과를 넘어 해체 국면이 되었고, 사회 안에는 지리와 일반사회만 병합된 체제가 되었다(강대현 외, 2013: 10-13; 최용규 외, 2014: 88). 시수는 대체로 역사 과목이 확대된 반면에 일반사회와 지리를 포함한 사회 과목은 축소되었다(박은종 외, 2008: 144-145; 국가교육과정정보센터 사이트). <표 3-19>는 2007 개정 교육과정기 사회과의 학교급별 구성을 정리한 것이다.

표 3-19 2007 개정 교육과정기 사회과(원안)의 학교급별 구성

구분	2007 개정 교육과정기(2007~2009/2011)

초등학교

	사회(과)	시수	비고
1	과학과와 함께 '슬기로운 생활'로 통합되어 편성됨	90(3)	슬생, 1학년은 30주
2		102(3)	
3	우리가 살아가는 곳, 우리 고장의 정체성, 고장의 생활문화, 사람들이 모이는 곳, 이동과 의사소통, 다양한 삶의 모습들	102(3)	연간 시수 (주당 시수)
4	우리지역의 자연환경과 생활모습, 우리지역과 관계 깊은 곳들, 여러 지역의 생활, 주민 자치와 지역사회의 발전, 경제생활과 바람직한 선택, 사회변화와 우리 생활	102(3)	
5	하나된 겨레, 다양한 문화가 발전한 고려, 유교 전통이 자리 잡은 조선, 조선사회의 새로운 움직임, 새로운 문물의 수용과 민족운동, 대한민국의 발전과 오늘의 우리	102(3)	
6	아름다운 우리 국토, 환경을 생각하는 국토 가꾸기, 세계 여러 지역의 자연과 문화, 우리 경제의 성장과 과제, 우리나라의 민주정치, 정보화·세계화 속의 우리	102(3)	

중학교

	사회과		시수		비고
	사회	역사	사회	역사	
1	사회(지리, 일반사회)		102(3)		연간 시수 (주당 시수)
2		역사(국사, 세계사)		102(3)	
3	사회(지리, 일반사회)	역사(국사, 세계사)	68(2)	68(2)	

고등학교

교과목			필수·선택	단위	비고
사회과	국민공통	사회	공통필수	6	
		역사		6	
	선택중심	한국지리	선택과목	6	수능과목
		세계지리		6	
		경제지리		6	
		한국 문화사		6	
		세계 역사의 이해		6	
		동아시아사		6	
		법과 사회		6	
		정치		6	
		경제		6	
		사회·문화		6	
도덕과	선택중심	현대 생활과 윤리	선택과목	6	수능과목
		윤리와 사상		6	
		전통 윤리		6	

※ 원안을 기준으로 제시

(2) 2009 개정 교육과정기의 사회과

2009 개정 교육과정 총론이 공론화된 것은 2007 개정 사회과교육과정의 1, 2차 수정안이 나온 2009년이었다. 사회과에서 경제교육 강화, 선택과목 축소 논의가 이루어지고 있을 때, 추후 교과에 영향을 주는 총론의 의사결정이 교과 연구진과의 협의 없이 이루어진 것이다. 2009 개정 교육과정 총론 중에서 교과와 직결되는 사안은 공통과정의 축소였다. 즉, 2009 개정 교육과정 총론에서는 학교급과의 연계와 교육 내용의 잦은 반복을 피하자는 입장에서 초1부터 중3까지의 공통과정과 고1부터 고3까지의 선택과정을 편성하였다(교육과학기술부, 2009c).

그 결과 2009년 3월에 경제교육 강화를 위해 고1 사회에서 확대한 경제교육 내용을 바로 폐기하게 되었고, 교양 선택과목 조정을 통해서 '생활경제'도 폐지하는 결정이 이루어졌다. 실제로 2009 개정 교육과정 총론에 따라 2011년 8월에 2009 개정 사회과교육과정 원안(교육과학기술부 고시 제2011-361호)이 만들어지면서, 공통 교육과정 '사회'는 중3에서 종결되었고, '생활경제'는 폐지되었다(교육과학기술부, 2011).

2007 개정과 유사하게, 2009 개정 사회과 원안에 대한 일반사회와 경제학 및 경제 교육계의 반발로 1차 수정안(교육과학기술부 고시 제2012-3호)이 만들어졌다. 일반사회와 경제학 및 경제 교육 전공자들의 반발을 계기로, 고1 '사회'와 '생활경제' 폐지에 따른 대책을 강구하기 위해 교과부와 기재부를 중심으로 '사회과교육 활성화 TF'가 조직되어 활동하였다. 그 결과, 고1 '사회'가 공통필수는 아니지만 일반선택으로 부활하였고, '생활경제'도 '실용경제'라는 이름으로 부활하였다(교육과학기술부, 2012a).

이후 학교 폭력 문제가 대두되면서 인성교육 강화 차원에서 2009 개정 사회과의 2차 수정안(교육과학기술부 고시 제2012-14호)이 마련되었다. 다만 기존의 교과서 집필 및 검정 일정을 고려하여, 인성 관련 핵심 요소를 강화하되, 현행 교육과정의 단원 구성을 존중하였다. 그래서 내용 체계의 일관성을 고려하면서 현행 교육과정의 내용, 교수·학습 방법, 평가에서 인성 교육 요소를 수정·보완·추가하였다(교육과학기술부, 2012b). <표 3-20>은

2009 개정 교육과정기 사회과의 배경과 특징을 정리한 것이다.

표 3-20 2009 개정 교육과정기 사회과의 배경과 특징

구분	2009 개정 교육과정기(2009/2011~2015)
배경	• 이명박 정부에서 학습부담 경감, 경제교육 강화, 인성교육 강화 등을 목적으로 이루어짐 • 7차, 2007 개정 교육과정 보완을 목적으로 개정됨
특징	• 교과군제, 학년군제, 집중이수제, 창의적 체험활동 시행 • 공통교육과정 축소: 1~9학년 - 공통교육과정, 10~12학년 - 선택교육과정으로 변경 • 대강화 : 내용을 대주제명과 대주제 안내 및 성취기준으로 제시함(2007 개정과 유사) • 초: 2007 개정과 유사, 다만 3, 4학년과 5, 6학년의 학년군제 운영 • 중: 2007 개정과 유사, 역사 과목 독립 유지, 중 1~3학년 학년군제 운영 • 고: 1~3학년(선택교육과정), 한국사 필수이수과목 지정, 일반사회 영역의 변화 - 고1 사회 폐지 후 선택과목으로 부활, 생활경제 폐지 후 실용경제로 부활

학교급별 구성을 살펴보면, 초등의 경우 학년군제 도입과 더불어 3, 4학년은 지리와 일반사회를 중심으로 역사를 일부 가미한 통합 단원으로 구성되었고, 5, 6학년은 역사가 5학년 2학기와 6학년 1학기에 배치되면서 지리와 일반사회는 5, 6학년에 분산되었다. 중학교의 경우 역사과목 독립이 유지되면서 국사와 세계사를 포함한 역사, 지리와 일반사회 영역을 병합한 사회라는 이중 과목 구조가 유지되었다. 다만 중1~3이 동일 학년군으로 묶이면서 학교마다 다양한 방식으로 과목을 개설하게 되었다.[14] 사회와 도덕이 하나의 교과군으로 묶이면서, 고등학교의 경우 한국사만 필수이수과목이 되고, 사회탐구 영역의 선택과목은 사회, 한국지리, 세계지리, 동아시아사, 세계사, 법과정치, 경제, 사회・문화, 생활과 윤리, 윤리와 사상이 되었다(교육과학기술부, 2012a). 시수는 2007 개정 시기와 달리 학년군별로 총 시수만 제시하였고, 지역교육청과 학교별로 시수를 일부 증감할 수 있었다(국가교육과정정보센터 사이트). <표 3-21>은 2009 개정 교육과정기 사회과의 학교급별 구성을 정리한 것이다.

14) 원칙적으로 학년군제의 도입으로 과목의 학년별 배치가 자유롭게 되었지만, 실제로는 이전처럼 사회는 중1, 3학년에 역사는 중2, 3학년에 가르쳐지는 것이 일반적이었다.

표 3-21 2009 개정 교육과정기 사회과(1차 수정안)의 학교급별 구성

<table>
<tr><th>구분</th><th colspan="6">2009 개정 교육과정기(2009/2011~2015)</th></tr>
<tr><td rowspan="7">초등학교</td><td></td><td colspan="3">사회(과)</td><td>시수</td><td>비고</td></tr>
<tr><td>1</td><td colspan="3" rowspan="2">과학과와 함께 '슬기로운 생활'로 통합</td><td rowspan="2">192(3)</td><td rowspan="2">1학년 30주, 2학년 34주</td></tr>
<tr><td>2</td></tr>
<tr><td>3</td><td colspan="3" rowspan="2">우리가 살아가는 곳, 달라지는 생활 모습, 촌락의 형성과 주민 생활, 민주주의와 주민자치, 이동과 소통하기, 우리 지역, 다른 지역, 경제생활과 바람직한 선택, 지역사회의 발전, 사람들이 모이는 곳, 도시의 발달과 주민생활, 다양한 삶의 모습들, 사회변화와 우리생활</td><td rowspan="2">272(4)</td><td rowspan="4">사회/도덕 교과군 총시수, 2년간 시수(주당 시수)</td></tr>
<tr><td>4</td></tr>
<tr><td>5</td><td colspan="3" rowspan="2">살기 좋은 우리 국토, 환경과 조화를 이루는 국토, 우리 이웃 나라의 환경과 생활 모습, 세계 여러 나라의 환경과 생활 모습, 우리 경제의 성장, 우리나라의 민주정치, 우리 사회의 과제와 문화의 발전, 정보화·세계화 속의 우리, 우리 역사의 시작과 발전, 세계와 활발하게 교류한 고려, 유교 문화가 발달한 조선, 조선 사회의 새로운 움직임, 근대 국가 수립을 위한 노력과 민족 운동, 대한민국의 발전과 오늘의 우리</td><td rowspan="2">272(4)</td></tr>
<tr><td>6</td></tr>
<tr><td rowspan="6">중학교</td><td rowspan="3"></td><td colspan="3">사회(역사 포함)/도덕 교과군</td><td rowspan="3">시수</td><td rowspan="3">비고</td></tr>
<tr><td colspan="2">사회과</td><td rowspan="2">도덕과</td></tr>
<tr><td>사회</td><td>역사</td></tr>
<tr><td>1</td><td rowspan="3">사회
(지리, 일반사회)</td><td rowspan="3">역사
(국사, 세계사)</td><td rowspan="3">도덕</td><td rowspan="3">510(5)</td><td rowspan="3">사회/도덕 교과군 총시수, 3년간 시수
(매년 주당 시수)</td></tr>
<tr><td>2</td></tr>
<tr><td>3</td></tr>
<tr><td rowspan="3">고등학교</td><td>교과영역</td><td>교과(군)</td><td>과목</td><td>단위</td><td colspan="2">비고</td></tr>
<tr><td rowspan="2">탐구</td><td rowspan="2">사회
(역사/도덕 포함)

※ '사회' 필수 이수 단위는 15(10)</td><td>한국사(필수)</td><td>기본 5단위
(±1~3단위)</td><td colspan="2">이후 6단위로 증가</td></tr>
<tr><td>사회
한국지리
세계지리
동아시아사
세계사
법과정치
경제
사회·문화
생활과 윤리
윤리와 사상</td><td>기본 5단위
(±1~3단위)</td><td colspan="2">생활과 윤리, 윤리와 사상은 도덕과, 괄호 안의 숫자는 전문계, 자율형 학교 등, 학교 유형에 따라 기본 단위 증감 범위도 달라짐을 나타냄, 총론의 잦은 변경과 학교 유형의 다양화로 단위수를 특정하기 어려움</td></tr>
</table>

(3) 2015 개정 교육과정기의 사회과

2015 개정 교육과정 논의가 시작된 것은 박근혜 정부가 들어서면서부터이다. 당시 소위 창의·융합형 인재 양성과 문·이과 통합이라는 사회·교육적 요구가 부각되었고, 이에 따라 교육과정과 대입제도 개선을 위한 정책 추진이 본격화되었다. 교육부는 2013년 10월 25일 '2017 대입 제도'를 통해 문·이과 통합형 교육과정 개정과 수능제도 개편 계획을 발표하였다. 이어 2014년 2월 국가교육과정개정연구위원회를 조직하여 교육과정 개정을 총괄하도록 하였다.

이후 교육부는 '2015 문·이과 통합형 교육과정 총론 주요 사항'(2014. 9. 24)을 발표하였고, 총론의 취지를 반영하여 창의·융합형 인재 양성을 위한 전면적인 교육과정 개편 작업에 착수하였다. 새로운 교육과정은 개정 초기에 그 취지대로 '문·이과 통합형 교육과정'으로 불리면서 주로 고등학교 교육과정 개정에 초점이 맞추어졌다. 이후 창의·융합형 인재 양성을 위해 초·중·고 교육과정을 전면 개정하는 방향으로 전환되면서 '2015 개정 교육과정'으로 명명되었다(교육부, 2014: 3-16).

사회과에서는 먼저 '문·이과 통합 사회과교육과정 재구조화 연구'(2014. 3.~2014. 9.)가 수행되었다(구정화 외, 2014). 이를 토대로 사회과교육과정 시안 개발 연구가 1, 2차로 나뉘어 진행되었다. 1차 연구인 '2015 개정 교과교육과정 시안 개발 연구 Ⅰ: 사회과교육과정'(2014. 12.~2015. 5.)이 내용체계와 성취기준 개발에 초점을 맞추어 수행되었고(모경환 외, 2015a), 2차 연구인 '2015 개정 교과교육과정 시안 개발 연구 Ⅱ: 사회과교육과정'(2015. 5.~11.)이 교수·학습 방법 및 평가 유의사항과 예시 개발에 초점을 맞추어 수행되었다(모경환 외, 2015b).

2015 개정 사회과교육과정의 주요 개정 방향 및 특징은 다음과 같다. 첫째, 내용 중복을 해소하여 학습량을 감축하고, 학습 수준의 적정화를 추구하였다. 둘째, 핵심 개념을 선정하여 초·중등 사회과 내용의 계열성을 강화하였고, 이를 새로운 형식의 내용체계표에 반영하였다. 셋째, 국가·사회적 요구를 수용하여 금융, 헌법, 인권·노동 교육 등을 교육과정에 반영하

4. 사회과교육과정의 양상

1) 국가 주도의 개정과 국가주의 요소의 반영

사회과는 그 도입부터 국가 주도하에서 이루어졌고, 이후 개정 과정에서도 국가의 영향력이 강하게 작용한 교과였다. 해방 정국에서 미군정이 사회과를 도입한 것은 사회과를 민주주의 실현을 위한 주요 수단으로 여겼기 때문이며, 군사 정권에서 추진된 도덕 및 국사의 교과 독립 역시 사회과를 국가(정권)의 정당성을 확보하기 위한 주요 방편으로 여겼기 때문이다. 심지어 민주화 이후에 사회과를 중심으로 전개된 시민교육, 역사교육, 경제교육, 인성교육의 강화도 국가 주도하에서 이루어졌다.

이러한 양상은 교수요목기부터 2차에 이르는 초기 사회과에서는 한국적인 성격을 강화하면서, 3차부터 5차에 이르는 군사 정권하에서는 국가 이데올로기를 강조하면서 두드러지게 나타났다. 대표적으로 군사 정권의 등장으로 수립된 권위주의 정부는 정치권력을 독점하면서 국가 정당성 위기의 극복 수단으로 사회과를 활용하였다. 구체적으로 1차에서는 반공 이데올로기 교육과 민족의식 교육을 강화하였고, 2차에서는 사회과에서 가치교육을 분리하여 '반공 · 도덕' 생활 교육을 강화하였고, 3차에서는 이를 도덕과로 독립시켰다. 또한 소위 '자유민주주의' 교육을 위해 민족의식과 애국심을 고취할 목적으로 국사 교육을 강화하여 국사과로 독립시켰다. 즉 냉전 체제하에서 자유민주주의 이념을 동원하여 반공 교육을 강화하고, 민족주의 감정을 끌어와서 국사 교육을 강화하여 정권의 정당성을 확보하려고 하였다.

물론 교육과정에 대한 권력을 국가가 독점하는 체제는 그 체제 내부의 문제점으로 인해 소위 '편수관 파동'이라는 혼란을 겪었고, 4차부터 교육과정 개정이 교육개발원(KEDI), 대학, 교육과정평가원(KICE) 등으로 위탁되어 교육과정에 대한 국가 권력의 통제가 약화되는 모습을 보였다. 그러나 이러한 균열 속에서도 교육당국은 교육과정심의회와 고시 권한을 통해 교육과정에 대한 국가 독점 체제를 유지하였다. 교육과정에 대한 국가 권력의 독점은 민주화가 진전된 이후에도 교육적 관행으로 유지되었고 탈권위주의 체제에서도 교육부 관료들의 전횡으로 나타났다(강대현 외, 2013: 16).

이로 인해 어느 시기든지 정권에서 강조하는 내용이 사회과에 반영될 수밖에 없었다. 즉 국가주의적 요소는 과거 권위주의 정부에서만 있었던 것이 아니며, 민주화가 진전된 이후에도 '국가·사회적 요구'라는 이름으로 사회과교육과정에 반영되어 왔다. 과거에 이루어진 도덕과의 분화와 국사과의 독립, 그리고 최근에 이루어진 역사과목의 독립, 경제 교육 강화, 인성 교육 강화, 통합사회 과목의 신설 등은 연구진 내부의 의사결정이 아니라 국가의 요구와 교육당국의 의지에 따른 것이었다.

이로 인해 교육과정 개정 때마다 배경으로 등장했던 미국의 교육 사조들, 소위 경험 중심, 학문 중심, 인간 중심 등의 논의는 이론적 차원에서만 머물렀을 뿐 실제적인 교육 내용과 방법에 제대로 반영되지 못하였다. 구체적으로 교수요목기부터 2차 교육과정에 이르는 동안 경험 중심 교육과정은 국가주의 요소의 반영으로 인해 점차 약화되었고, 3차 교육과정에 영향을 준 학문 중심 교육과정 사조는 국가주의 요소와 모순적인 성격이어서 처음부터 제대로 반영되지 못했다. 4차 교육과정 개정 배경이었던 인간 중심 교육과정 논의는 그야말로 선언 및 구호에 불과했다.

공교육의 교육과정을 개정하는 데 있어서 일정 부분 정부의 주도와 국가주의 요소의 반영이 이루어지는 것은 당연한 일이다. 그러나 정부가 교육과정의 큰 틀을 제시하는 것을 넘어서서 특정 영역 및 내용을 강화하고 특정 과목을 만드는 일은 자제되어야 한다. 정부의 역할이 있고, 교육전문가의 역할이 있고, 학교 현장의 역할이 있는데, 지금까지의 사회과교육과정 개정은 정부가 과도하게 주도하며 특정 교과와 과목, 내용에 이르기까지 그야말로 정권의 의도를 관철하는 데 주력해 온 측면이 많았다.

2) 총론 주도의 개정과 편제·시수 중심의 변화

우리나라 사회과교육과정의 또 다른 양상은 총론 주도하에 개정이 이루어지면서 교과교육과정의 실질적인 내용보다는 교과 편제와 시수 중심의 변화가 많았다는 점이다. 대부분의 교육과정 개정은 총론 주도로 이루어졌고, 그 결과 대부분의 경우 총론 중심으로 교과 편제와 시수를 정하는 것이 교육과정 개정의 주된 작업이 되었다. 그 결과, 총론 중심의 교육과정 개정에서 사회과에서 이루어진 주된 변화는 교과목 명칭이 바뀌거나 과목 수가 조정되거나 시수가 변경되는 등의 형식적인 변화였다.

이러한 양상은 주기적·전면적 개정 체제였던 7차까지의 개정에서만 나타난 것이 아니라 수시·부분 개정 체제로 바뀐 2007, 2009, 2015 개정 시기에도 나타났다. 그 결과 대부분의 교육과정 개정에서 교사들과 학생들의 피부에 와 닿는 교육 내용 선정 및 조직의 변화가 나타나지 못하였다. 즉 형식의 변화만 있고 내용의 변화는 별로 없는 교육과정 변천이 대부분이었다. 실제로 교육과정 제·개정은 교수요목기를 포함할 경우 크게 11차례에 걸쳐 이루어졌고 그때마다 교과 체제와 시수는 바뀌었지만, 실제 교육과정 내용의 의미 있는 변화가 이루어진 경우는 많지 않았다.

이는 미군정하에서 민주주의와 시민교육을 표방하여 사회과가 도입될 때도 그러하였고, 군사 정권하에서 반공 교육과 민족의식 교육을 위해 도덕 교육과 국사 교육을 강화할 때도 마찬가지였다. 예컨대 3차에서 5차에 이르는 시기에 사회과는 교육 내용의 변화가 별반 없어서, 정작 학생들에게 가르쳐지는 내용의 범위와 계열을 크게 바꿔지 않았다. 특히 4차에서 5차에 이르는 시기의 개정 과정 및 결과를 보면 교육 내용은 거의 변하지 않고 교과목명 등 편제만이 바뀌는 양상을 띠었다.

최근 들어 수시 개정 체제 이후의 잦은 변화를 보더라도 교과 체제나 시수의 변화는 두드러진 반면에 내용에 있어서 실제적인 변화는 크지 않았다. 2007 개정부터 역사 과목이 독립하는 등 역사교육이 강화되면서 사회과의 분화와 해체가 가속화되었지만, 해당 과목이 독립하거나 시수가 늘어날 뿐 정작 가르치는 역사교육 내용은 과거나 지금이나 유사하다고 볼 수 있다.

그리고 총론 주도의 개정으로 인해 교과 개정 작업이 무력화되는 경우도 있었다. 특히 2007 개정 1차 수정안의 경우, 같은 해에 진행된 2009 개정 총론과의 조율 없이 개정 작업이 이루어져 바로 폐기되었다. 2009년이라는 같은 해에서 만들어진 교과교육과정안이 같은 해에 만들어진 교육과정 총론에 의해 부정된 것이다.

이제 총론의 주도하에서 교과 편제와 시수 중심의 개정을 하는 것은 자제되어야 한다. 교과 편제와 시수가 총론에 의해서 좌지우지되는 상황에서, 특히 소위 '희소 교과목' 혹은 '희소 영역'일 경우 교과목과 영역의 존립과 생존이 위협받는 상황에서 학생들에 정말 필요한, 그리고 학생들이 정말로 흥미 있어 하는 내용을 선정하고 조직하는 일에 집중할 수 없기 때문이다.

3) 통합 대 분과의 대립과 영역 간의 갈등 심화 및 분화

사회과교육과정의 또 다른 양상은 지리, 일반사회, 역사 등 영역 간의 갈등 심화로 인해 학교급별로 사회과가 분화·해체되고 있다는 것이다. 이러한 영역 간 갈등은 사회과 도입 초기부터 내재되어 있었고 민주화 이전까지 국가가 교육과정을 압도적으로 결정하던 시대에는 잠재되어 있으면서 부분적으로 나타났지만, 최근 들어 민주화가 진행되면서 교육과정 개정을 전후해서 다양한 방식으로 표출되고 있다.

통합 대 분과의 대립 구도는 사회과 도입기부터 나타났고, 1차에서 5차에 이르는 동안 분과가 강화되는 경향을 보였다. 6차에 이르러 통합이 다시 강화되었으나 7차와 2007, 2009 개정을 거치면서 분과를 넘어 교과 해체 국면을 맞게 되었다. 이 과정에서 통합 대 분과라는 교과목 체제 관련 대립이 영역 간의 시수 다툼으로 전환되었고, 영역 간의 갈등이 심화되었다.

특히 국가와 총론의 영향력이 민주화 이전보다 상대적으로 약화되면서 교과 내부에서는 통합 지향 대신에 분과 지향 움직임이 강화되는 등 구심력보다 원심력이 커지는 양상을 띠었다. 동시에 정관계 및 언론계로 교과교육과정 정치의 공간이 확장되고 영역 간의 갈등이 증폭되기 시작하였다. 그리고 이러한 확장된 정치 공간을 배경으로 국가 수준의 교육과정과 관련된 다양한 영역 간 갈등 상황이 발생하였다(강대현 외, 2013: 17).

특히 2007 개정 교육과정부터 지리, 역사, 일반사회 영역 중 역사 영역이 개정을 주도하는 상황이 전개되면서 이러한 갈등은 보다 심화되었다. 2007 개정 교육과정 중학교 사회에서 역사가 과목으로 독립하였으며, 이후 교과 독립까지 추진하였다. 이러한 과정은 사회과 내 숙의를 거치기보다는 국가 권력 및 언론과의 협조를 통해 역사 영역의 일방적인 독주로 이루어졌다. 그 결과 초등학교까지 역사 과목이 사실상 독립하는 결과로 이어졌고, 중학교와 고등학교에서도 강화·분화되는 양상을 보였다. 특히 역사의 경우 동아시아사가 신설되는 등 내부에서도 과목이 분화되었다. 한편 일반사회 영역 내에서도 경제학 및 경제 교육 전공자들의 주도로 교육과정 개정이 이루어진 경우가 있었고, 경제 교육이 다소 강화된 적이 있었다.

이제 교수요목기에 도입되었던 지리, 역사, 공민(일반사회, 도덕)을 통합한 사회과 체제로 돌아가는 것은 요원해져 버렸고, 사회·도덕 교과군 속에 사회과와 도덕과가 있고, 사회과 내에 다시 사회(지리, 일반사회)와 역사 과목이 있는, 전 세계에서 유일무이한 교과 편제가 만들어졌다. 이러한 양상은 2009 개정 시기를 겪으면서 공고화되어 현재 사회과는 도덕과와 분리된 채 사회와 역사라는 이중 과목 구조 안에, 사회 내에 또 지리와 일반사회라는 영역의 분화 움직임까지 나타나고 있다. 이처럼 사회과 분화가 이루어지고 있는 현시점에서, 중등의 경우 일반사회와 지리를 분리하는 것이 대학 교원 양성 체제와도 맞고 세계적으로도 일반화되어 있는 분과 형태[16]라는 점에서 오히려 현실적인 방향으로 볼 수도 있다.

한편 이러한 분화와 해체 흐름 속에서도 2015 개정 교육과정에서 지리, 역사, 일반사회, 윤리를 포함하는 통합사회 과목이 신설된 것은 창의·융합형 인재 양성과 문·이과 통합이라는 시대적 조류를 반영한 것으로 기존의 사회과 흐름에서는 다소 역설적인 움직임이라 할 수 있다. 그리고 최근에 시민교육 강화 논의를 통해 사회과와 도덕과의 교과 체제를 개편해야 한다는 논의 역시 이와 유사한 통합적 흐름으로 이해할 수 있다.

16) 대부분의 나라에서는 지리, 역사, 공민(시민)의 분과 형태를 가지고 있고, 공민(시민)에서 가치 교육이 도덕(윤리)으로 분리되어 있는 나라는 극소수이다. 오히려 경제가 공민(시민)에서 분화되어 강화되는 나라들이 점차 증가하고 있다.

4) 현장과 괴리된 개정과 교육적 왜곡 심화

그동안의 사회과교육과정 개정은 국가 및 총론 주도하에서 국가주의적 요소를 반영하고, 교과 편제 및 시수를 고치는 데 집중한 나머지, 또 지리, 역사, 일반사회 영역 전문가들 사이에 자신의 과목과 시수를 늘리기 위한 경쟁이 전개되면서, 결과적으로 학교 현장과 괴리되는 결과로 이어졌다.

특히 이러한 괴리 현상은 사회과 도입 초기부터 초·중등의 통합형 사회과 체제와 대학의 분과형 중등 교사 교육 체제를 유지해온 결과로, 특히 중학교에서는 2차 개정 이후부터 중학교 '사회'가 영역 간의 통합을 모색하면서부터 상치과목을 가르치는 문제가 지속적으로 발생했다. 구체적으로 4차 개정에 이르러 중학교에서 학년 내에서 영역을 혼합하여 가르치기 시작하면서 이러한 문제가 더 심각해졌다. 6차 개정 이후 대학에서 공통사회 전공을 개설하여 이러한 괴리를 줄이려고 노력하였으나 7차 개정 이후 분과화 경향이 강화되면서 이마저 유명무실해져 버렸다.

그리고 이러한 양상은 최근 들어 심화되고 있다. 대표적으로 2007 개정 시기에 초등에서 역사 영역을 독립시켜 한국사를 연대기로 가르치도록 한 것은 모든 교과를 가르치는 초등학교와 교사의 현실을 무시하는 것일 뿐만 아니라 학생들의 발달 수준을 고려하지 않은 것이다. 또한 상당수의 소규모 학교들이 존재하는 중학교 현실에서 사회과를 사회와 역사를 분리하여 가르치도록 하는 것은 교사에게 전공과목 이외의 과목을 수업하게 하는 '상치과목' 관행을 확대시켰다. 또 이러한 과정에서 유독 지리와 일반사회 영역만을 묶어서 사회 과목을 유지하는 것은 대학의 교원 양성 체제에 맞지 않는 상황으로 그 결과는 고스란히 중등 역사 교사의 임용고시 모집 인원 확대와 중등 지리, 일반사회 교사의 임용고시 모집 인원 축소로 이어졌다.

7차 이후 고등학교에서 배경 학문을 고려하지 않고 모든 영역의 선택과목을 늘려온 것도 문제이다. 그 결과 학생들이 내용 요소가 적은 과목을 선택하는 것이 입시에 유리하다고 판단하여 특정 과목에 몰리는 상황을 초래하고 있다. 이로 인해 오히려 자신의 적성과 진로를 고려하여 대학 전공을 탐색하는 선택과목의 취지가 무색해져 버렸다.

결과적으로 초등학교의 경우, 교사와 학생들을 고려하지 않고 국사 교육을 강화하고, 중등학교의 경우, 소규모 학교가 많은 중학교 현실을 고려해서 통합 사회과 체제를 유지하지도 않고, 그렇다고 해서 지리, 역사, 일반사회 전공이 분화된 대학 교원 양성 체제에 대응해서 분과하지도 않은 묘한 사회과 체제가 학교 현장에서 시행되고 있는 셈이다. 또한 진로 적성을 탐색해야 할 고등학교에서 자신의 적성이나 진로와 무관하게 수능에서 유리한 과목을 선택하는 상황이 발생하고 있다.

이러한 양상을 개선하기 위해서는 초·중등학교 현장의 현실을 고려할 경우 초등학교와 중학교는 통합을 강화해야 하고, 고등학교는 대학의 학과 및 배경 학문별로 선택과목을 조정하는 것이 필요하다. 반면에 대학의 교원 양성 체제를 고려할 경우 초등학교는 통합을 강화해야 하지만, 중학교는 지리와 일반사회를 분리하는 등 분과 형태로 바꾸는 것이 나을 수도 있다. 지금의 체제는 이도 저도 아닌 그야말로 어정쩡한 형태이다. 교육과정 개정에서 초·중등학교 현장과 교사 교육기관의 목소리를 들어야 하고, 교사와 교수들의 적극적인 의견 개진을 수용해야 하는 이유가 여기에 있다.

이 와중에 2015 개정 교육과정에서 통합사회를 신설하고 대학에서 이를 가르칠 수 있는 예비 교사를 양성하는 통합사회 전공 과정을 개설하는 것이 앞으로 학교 현장과 사회과교육에 어떤 영향을 줄지를 가늠하는 것은 쉽지 않다. 그럼에도 불구하고 이러한 움직임은 중학교의 경우 상치과목을 가르치는 문제를 해소하는 데 일조할 수 있다.

5. 결론

이 장에서 저자는 그동안 우리나라에서 이루어진 사회과교육과정 개정과 그 변화를 확인하고 각 교육과정 시기별로 어떤 배경과 특징을 띠었는지를 분석하여 향후 우리나라 사회과교육과정 개정의 기초 논의를 제공하고자 하였다. 특히 사회과교육과정의 전반적인 양상을 분석하는 것을 통해서 향후 교육과정 개정에서 어떤 변화가 이루어져야 하는지에 대해서 성찰할 수 있도록 하였다. 구체적으로 우리나라 사회과교육과정의 전반적인 흐름과 양상을 파악함으로써 향후 교육과정 개정 과정에서 논의될 수 있는 개정 방향과 내용에 대한 유용한 관점을 제공하고자 하였다.

이미 살펴본 바와 같이 그동안의 사회과교육과정 개정을 살펴보면 크게 네 가지 양상이 나타난다. 첫째, 국가 주도하에서 교육과정 개정이 이루어져 항상 국가주의적 요소를 반영하는 것이 개정의 주요한 부분이 되어 왔다. 둘째, 대부분의 경우 총론이 주도하는 상황이 전개되어 교과 편제 및 시수를 바꾸는 것이 교육과정이 개정의 주된 작업이 되어 왔다. 셋째, 사회과 체제를 둘러싼 통합 대 분과의 대립으로 영역 간 갈등이 심화되어 분과 체제가 강화되어 왔다. 넷째, 현장과 괴리된 개정으로 초·중·고 학교급 및 대학 교원 양성 체제의 왜곡이 심화되어 왔다.

그리고 이러한 양상들은 민주화 이후에도 유지되어 왔고, 심지어 강화되는 부분도 있다. 민주화 이후에도 국가 주도의 개정과 국가주의적 요소에 대한 체계적인 반성이 이루어지지 않은 채, 일부 관료와 특정 영역 및 세력이 주도해서 만들어진 교육과정이 국가의 표준화된 교육과정이 되고 있다. 또한 여전히 총론 주도로 교과 편제와 시수 변화에 초점을 두는 교육과정 개정이 이루어지고 있다. 무엇보다도 민주화 이후 사회과교육과정 개정이 영역 간의 시수 다툼 양상으로 전개되면서 편제 및 시수의 갈등이 보다 노골화되었다. 그리고 이로 인해 피해를 보는 것은 온전히 우리 아이들이고, 이로 인해 혼란을 겪는 것은 학교 현장의 교사들과 교·사대에서 공부하는 예비교사들이다. 교육과정 개정에 제대로 참여하지 못한 사람들이 현장과 괴리된 교육과정 개정의 결과에 가장 큰 영향을 받고 있는 셈이다.

이 장은 어디까지나 문헌을 중심으로 우리나라 사회과교육과정의 변천을 역사적으로 성찰한 것이다. 따라서 실제로 이루어진 교육과정의 역사라기보다는 계획된 교육과정의 역사라 볼 수 있다. 추후, 이러한 분석을 토대로 여러 차례 사회과교육과정 개정에 참여했던 전문가들을 대상으로 설문조사나 면담을 실시하고, 여러 교육과정을 경험한 교사들을 대상으로 면담을 실시하는 등의 연구가 수행되어야 한다. 그리고 현재 적용되고 있는 사회과교육과정 관련해서는 학교 현장을 방문하여 수업을 관찰하는 등의 연구가 추가되어야 보다 실제에 접근하는 교육과정 변천 연구가 이루어질 수 있을 것이다.

참고문헌

강대현 · 모경환(2013). 한국 사회과교육과정 개정의 과정과 양상: 2007, 2009 개정 교육과정을 중심으로. **교육연구와 실천**, 79, 1-23.

강환국(2002). **사회과교육학**. 서울: 학연사.

교육과정 · 교과서연구회 편(1990a). **한국 교과교육과정의 변천(국민학교)**. 서울: 대한교과서주식회사.

교육과정 · 교과서연구회 편(1990b). **한국 교과교육과정의 변천(중학교)**. 서울: 대한교과서주식회사.

교육과정 · 교과서연구회 편(1990c). **한국 교과교육과정의 변천(고등학교)**. 서울: 대한교과서주식회사.

교육과학기술부(2009a). **사회과교육과정**. 교육과학기술부 고시 제2009-10호 [별책 7].

교육과학기술부(2009b). **사회과 선택과목 개정 내용**. 교육과학기술부 고시 제2009-41호

교육과학기술부(2009c). **초 · 중등학교 교육과정 총론**. 교육과학기술부 고시 제2009-41호.

교육과학기술부(2010). **역사과 교육과정 부분 개정 내용**. 교육과학기술부 고시 제 2010-24호.

교육과학기술부(2011). **사회과교육과정**. 교육과학기술부 고시 제2011-361호. [별책 7].

교육과학기술부(2012a) **사회 과목 교육과정**. 교육과학기술부 고시 제2012-3호.

교육과학기술부(2012b). **사회과교육과정**. 교육과학기술부 고시 제2012-14호. [별책 7].

교육부(1997). **사회과교육과정**. 교육부 고시 제1997-15호 [별책7].

교육부(2001). **제7차 교육과정의 개요**. 교육과정자료29(2001. 1).

교육부(2015). **사회과교육과정**. 교육부 고시 제2015-74호 [별책7].

교육인적자원부(2007). **사회과교육과정**. 교육인적자원부 고시 제2007-79호 [별책7].

권오정 외(1992a). **제6차 사회과교육과정 개발 연구**. 한국교원대학교 제6차 교육과정(사회과) 개발연구위원회.

권오정 외(1992b). 제6차 사회과교육과정이 방향과 과제: 개발연구시안을 중심으로. **교원교육**, 8(1), 3-53.

권오정 · 김영석(2006). **사회과교육학의 구조와 쟁점**. 증보판. 서울: 교육과학사.

김경모(2000). 사회적 역할 모형에 근거한 중등학교 경제교육과정의 시안 연구. **시민교육연구**, 31, 19-40.

김왕근(2000). 사회과교육과정 및 교과서 내용의 적정화에 관한 비교 연구. **시민교육연구**, 31, 41-82.

김영석(2013). 제6차 사회과교육과정 개정 과정에 대한 기억의 재구성: 국민에서 시민으

로. 사회과교육연구, 20(2), 13-28.

김용만(1993). 제6차 초등학교 사회과교육과정의 특징. 사회과교육, 26, 391-410.

김일기 외(1997). 제7차 사회과교육과정 개정 시안 연구・개발. 한국교원대학교 사회과교육과정개정연구위원회. 1997년도 교육부 위탁연구과제 답신보고서.

김정호 외(2005). 사회과교육과정 개정(시안) 연구 개발. 한국교육과정평가원 연구보고 CRC 2005-9.

김진영(2009). 중등 사회과(일반사회 영역) 교육과정 내용 체계 보완을 위한 교육과정 개정(안). 사회과교육과정 개정(안) 공청회 자료집.

모경환・강대현・은지용(2016). 2015 개정 사회과 교육과정의 변화와 쟁점. 시민교육연구, 48(1), 1-30.

문교부(1986). 초・중・고등학교 교육과정(1946~1981): 사회과・국사과. 문교부

박상준(2011). 사회과교육의 이론과 실제. 제4판. 서울: 교육과학사.

박윤경(2003). 사회과 수준별 교육과정 실행에 대한 연구. 시민교육연구, 35(1), 143-172.

박은종(2008). 한국 사회과교육과정 탐구: 분석 및 모형 개발 탐색. 경기: 한국학술정보(주).

박진동 외(2006). 사회과교육과정 개정 시안 수정・보완 연구. 한국교육과정평가원 연구보고 CRC 2006-8.

배영민(2014). 법리적 교육과정의 학문적・심리적 토대 상고: 문과・이과 통합형 사회과 교육과정 개정에 즈음하여. 사회과교육, 53(2), 101-121.

서재천(2003). 제7차 초등사회과교육과정에 대한 초등학교 교사들의 의견과 그에 대한 논의. 사회과교육, 42(3), 23-48.

송성민(2013). 사회과교육과정 연구의 동향 분석. 시민교육연구, 45(2), 123-159.

옥일남(2007). '정치' 교육과정의 내용 체계의 적합성에 대한 분석 연구. 시민교육연구, 39(2), 93-136.

은지용・모경환(2006). 사회・문화 교육과정의 문제점과 개선 방향에 대한 연구. 시민교육연구, 38(3), 97-130.

이동원(2011). 교육과정 이행기 초등사회과교육과정 재구성과 수업실천 양상: 2011학년도 6학년을 중심으로. 사회과교육연구, 18(4), 49-60.

이진석(1992). 해방 후 한국사회과의 성립과정과 그 성격에 관한 연구. 서울대학교 대학원 박사학위논문.

이진석(2001). '신사회과'가 우리나라 사회과교육과정에 끼친 영향에 대한 연구: 제3차 사회과교육과정을 중심으로. 시민교육연구, 32, 227-247.

이진석(2003). 한국과 일본의 미군정 초기 교육정책과 사회과 도입에 관한 연구. 시민교육연구, 35, 95-118.

진시원 · 이종미(2008). 2007 개정 사회과교육과정에 대한 비판적 평가와 통합 사회과의 미래. 시민교육연구, 40(2), 223-243.

차경수 · 모경환(2008). 사회과교육. 서울: 동문사.

차경수 · 모경환(2017). 사회과교육(제2판). 서울: 동문사.

차조일(1998). 사회과 통합교육과정모형에 대한 연구: 기존 논의의 문제점 해결을 위한 이론적 기반의 탐색. 시민교육연구, 27, 125-148.

최병모(1993). 제6차 중 · 고등학교 사회과교육과정의 특징. 사회과교육, 26, 411-443.

최용규(2005). 초등 사회과교육 60년: 변천과 전망. 사회과교육연구, 12(1), 229-256.

최용규 외(2014). 사회과, 교육과정에서 수업까지(2차 수정판). 서울: 교육과학사.

한국교육과정평가원(2009). 고등학교 도덕/사회 선택과목 교육과정 개정 시안 공청회 자료집. 한국교육과정평가원 자료 ORM 2009-39.

한면희(2001). 새로운 패러다임에 기초한 사회과교육. 서울: 교육과학사.

함종규(2003). 한국교육과정변천사연구: 조선조 말부터 제7차 교육과정기까지. 서울: 교육과학사.

허경철(2005). 초 · 중등학교 교육과정 총론 개정(시안) 연구 개발. 한국교육과정평가원 연구보고서.

국가교육과정정보센터 http://ncic.re.kr

04 CHAPTER 사회과교육의 전통(교과 모형)은 무엇인가?[1)]

– 사회과의 성격과 모형에 대한 분석과 종합 –

〈세잔-생 빅투아르 산〉 필라델피아미술관 소장

1. 시민성 전달 모형의 특징과 문제점은 무엇인가?
2. 시민성 전달 모형에 기반한 교육과정, 교과서, 수업은 어떤 모습일까?
3. 사회과학 모형의 특징과 문제점은 무엇인가?
4. 사회과학 모형에 기반한 교육과정, 교과서, 수업은 어떤 모습일까?
5. 반성적 탐구 모형의 특징과 문제점은 무엇인가?
6. 반성적 탐구 모형에 기반한 교육과정, 교과서, 수업은 어떤 모습일까?
7. 사회비판 모형의 특징과 문제점은 무엇인가?
8. 사회비판 모형에 기반한 교육과정, 교과서, 수업은 어떤 모습일까?
9. 개인발달 모형의 특징과 문제점은 무엇인가?
10. 개인발달 모형에 기반한 교육과정, 교과서, 수업은 어떤 모습일까?
11. 사회과의 다섯 가지 전통(교과 모형)의 관계를 그림으로 그려 보시오.

---

1) 이 장은 시민교육연구 제46권 2호(2014년 6월)에 실린 '사회과의 성격과 모형에 대한 분석과 종합: 시민성 전달의 재구성에 기초한 사회과학과 반성적 탐구의 종합'을 수정한 것이다.

이 장은 사회과교육의 정의, 미국과 우리나라 사회과 역사에 이어서 사회과 전통(성격, 정체성, 교과 모형)에 대한 내용을 다룬다. 사실 이 내용은 정의와 역사에서도 이미 조금 언급된 것이다. 사회과는 성격과 정체성에 대해서 항상 고민해 온 교과이다. 이는 사회과가 정체성이 혼란스러운 교과라는 점을 보여주는 것이기도 하지만, 항상 자기반성 혹은 성찰을 하고 있는 교과라는 점을 상기시키는 것이기도 하다.

우선 바아, 바스, 셔미스(Barr, Barth & Shermis)는 미국 사회과의 역사를 반성하면서 시민성 전달, 사회과학, 반성적 탐구 등 세 가지 전통(교과 모형)이 존재한다고 보았다. 그리고 교사들의 성향을 이러한 세 가지 전통 중 어떤 전통을 지지하는지를 가지고 분석하였다. 그리고 이후부터 사회과 전통을 분류하는 것이 유행이 되었다. 그래서 많은 학자들이 사회과를 여러 모형으로 분류했는데, 그 중 대표적인 것을 꼽으면 넬슨과 마이클리스(Nelson & Michaelis) 혹은 마토렐라(Martorella)가 시민성 전달, 사회과학, 반성적 탐구, 사회비판, 개인발달 등 다섯 가지 모형으로 분류한 것이다.

이러한 교과 모형 분류는 사회과 정체성에 대한 논쟁의 명확한 기준을 제시한다는 점에서 의의가 있다. 하지만 이러한 분류를 지나치게 교조적으로 해석해서, 학교 현장의 실천을 특정 모형에 기초해서 일관성 있게 해야 한다는 주장이 제기되면서 적지 않은 문제점을 야기하기도 한다. 저자는 이론적으로 사회과 전통을 여러 모형으로 분류하는 논의는 사회과 성격과 정체성을 이해하는 데 유용하다고 생각하지만, 이를 그대로 적용하여 학교 현장의 실천을 특정 모형에만 기초해서 하는 것은 반대한다.

물론 저자와 다른 견해를 지닌 학자들도 다수 있다. 이 장의 내용을 우선 참고하고, 이에 대해 관심 있는 사람들은 저자와 다른 입장을 지닌 연구자들의 논문도 읽어보기 바란다. 그리고 이 장과 관련 논문들을 읽어보면서, 각자가 어떤 모형을 선호하고 있는지를 확인해 보는 것도 좋고 여러 모형들의 관계를 고민해 보는 것도 좋을 것이다.

1. 서론

바아(Barr, R.), 바스(Barth, J. L.), 셔미스(Shermis, S. S.)가 사회과 전통을 시민성 전달(Citizenship Transmission), 사회과학(Social Science), 반성적 탐구(Reflective Inquiry) 등 세 모형으로 범주화한 이래(Barr, Barth, & Shermis, 1977; 1978), 연구자들은 일반적으로 세 모형을 서로 배타적인 것으로 인식해 왔다. 그 결과 사회과 전공자들은 교육과정을 개발하거나 수업을 실행할 때 특정 모형을 염두에 두고 교육과정을 개발하거나 수업을 기획해야 한다는 인식을 갖게 되었다.

특히 우리나라 사회과 전공자들은 교육과정 개발 및 수업 실행 과정에서 교과 성격 및 모형을 일관성 있게 설정하는 것을 중시하였다. 가령 시민성 전달 모형을 지향하여 전통적인 교과 중심 교육과정을 개발하거나, 사회과학 모형을 지향하여 체계적인 학문 중심 교육과정을 개발하거나, 반성적 탐구 모형을 지향하여 생활 또는 경험, 혹은 쟁점 중심 교육과정을 개발하려는 노력을 기울여 왔다.

그리고 이러한 인식은 여러 모형을 종합하여 교육과정을 개발하는 것에 대해서 비판적인 태도를 취하도록 만들었다. 예컨대 7차 사회과교육과정을 가치 중심(공동체 의식과 민주적 가치 태도의 함양), 학문 중심(사회과학적 개념과 원리의 이해 및 탐구), 쟁점 중심(사회 문제에 대한 합리적 해결) 등 사회과에 대한 여러 관점을 종합하여 개발한 것에 대해 '교과 정체성의 결여'라고 비판하였다(김왕근, 2000).

이후 이러한 비판을 토대로 교과의 논리성과 일관성을 강조하며, 특정 모형에 기초한 교육과정을 개발하는 시도가 이루어졌다. 대표적인 사례가 2007 개정 사회과의 중등 일반사회 영역이다. 이 당시 중학교는 사회과학에 기초하여 개념 중심으로, 고등학교는 일상생활에 기초하여 주제 중심으로 개발한다는 원칙하에 교육과정 개정이 이루어졌다(강대현, 2010: 89-90; 한국교육과정평가원, 2005: 58). 그 결과 중학교 '사회'는 개념 중심, 고1 '사회'는 주제 중심의 교육과정이 만들어졌다(교육인적자원부, 2007).

2009 개정에서도 고1 '사회'가 폐지되고 고등학교 '사회'로 부활하는 과정에서 교육과정 개발진은 기존의 중등 사회과교육과정[2]이 사회과학 모형에 기초하여 학문 중심으로 이루어졌다고 판단하고 기존 교육과정과의 차별화를 위해 반성적 탐구 모형에 기초하여 주제 중심의 교육과정을 개발하였다(교육과학기술부, 2012a).

그러나 바아 등이 세 모형이 서로 배타적이고 교사들은 한 전통을 일관성 있게 지지해야 한다고 주장했음(Barr, Barth, & Shermis, 1978; 최충옥 외 역, 1993: 41)에도 불구하고, 이후에 이루어진 연구들을 살펴보면 세 모형을 배타적으로 보기 어렵다는 지적도 있었다(White, 1982). 교과 모형은 사람들이 사회과에 대한 주된 생각을 확인하는 '이념형'(ideal type)에 가까운 것으로 각 모형을 구분하는 실제적인 기준이 명백히 존재한다고 보기 어렵다는 것이다.

실제로 교과 인식을 분석한 연구들에서 교사들은 특정 모형만을 선호하는 것이 아니라 여러 모형을 동시에 선호하는 경향을 보였다. 그리고 그 중에 특정 모형을 상대적으로 더 선호하는 교사들도 있었지만, 그렇지 않은 교사들도 많았다. 이러한 결과는 바아 등의 지적처럼 교사들의 교과에 대한 무지나 혼동에서만 기인한다고 보기 어렵다. 오히려 화이트(White, C. S.)의 지적처럼 교과 모형의 범주 자체가 배타적이지 않아서 생기는 문제로 볼 수도 있다.

이 장에서는 사회과 성격과 모형에 대한 삼분법적인 시각과 관행들의 문제점을 비판하고, 세 모형이 충분히 정립(鼎立) 가능하고, 상보적일 수 있다는 점을 밝히려고 한다. 특히 세 모형이 중요한 유사점을 지니고 있다는 점을 드러내어 이론적으로도 일정 정도 종합이 가능하고, 교육과정 개발과 수업 실행 등 실천적으로도 충분히 종합될 수 있다는 점을 보여주려고 한다.

이 장에서는 우선 기존의 교과 모형 논의를 검토하면서 이러한 논의가 등장한 배경과 전개 과정을 살펴보고, 교과 모형 논의가 어떤 특징과 문제

2) 여기서 중등 사회과교육과정은 일반사회 영역을 중심으로 한 중학교 '사회'와 고등학교 '법과 정치', '경제', '사회 · 문화' 과목 교육과정을 의미한다.

점을 지니고 있는지를 비판적으로 성찰하려고 한다. 구체적으로 바아 등의 논의를 시작으로 하여 이후에 이루어진 국내외 연구에서 교과 모형 논의들이 구체적으로 어떤 특징과 문제점을 지니고 있는지를 분석하려고 한다.

그리고 바아 등이 제안하고 이후 추가된 교과 모형 논의들을 검토하면서 사회과가 지향하는 시민교육을 위해서 각 모형의 특징과 상호관계를 분석하고, 각 모형 간의 균형 및 조화와 종합 가능성을 타진하려고 한다. 이 과정에서 각 모형이 시민교육에 어떻게 관련될 수 있고, 어떤 부분에서 기여할 수 있는지를 논의하려고 한다. 이를 통해 교과 모형 종합을 이론적으로 정당화하려고 한다.

동시에 교과 모형 종합을 실천적인 측면에서도 검토하여 교육과정 개발 및 수업 실행 과정에서 어떤 형태의 종합과 실천이 가능한지를 구체적인 사례를 통해 보여주려고 한다. 즉, 교과 모형 종합의 사례로 현행 교육과정 내용을 분석하고 현장 수업을 분석하면서 교과 모형들이 실천적으로 어떻게 종합될 수 있는지를 보여주려고 한다.

이 장은 교과 모형 논의들을 관련 문헌 등을 통해 분석한다는 점에서 주로 문헌 연구를 활용한다. 이러한 문헌 및 자료 분석을 토대로 교과 모형 사이의 관계를 정립하고 각 교과 모형이 어떻게 균형과 조화를 이룰 수 있는지에 대해서 논리적 근거를 제시하려고 한다. 더불어 교육과정 문서 분석결과와 수업 관찰 및 교사 면담을 통해 얻은 경험적 자료도 활용하여 교과 모형 종합의 실천 가능성을 구체적인 예시를 통해 확인해 보려고 한다.

2. 교과 모형 논의의 등장 및 전개와 특징 및 문제점

1) 교과 모형 논의의 등장과 전개

미국에서는 사회과 도입 초기부터 교과의 기원과 정의에 대한 이견이 존재했다. 당시 혼란은 '어떻게 사회과가 하나의 연구 분야로 나타났으며,

학교의 교과목으로 알려졌는가?'에 대한 논쟁에서 비롯되었다. 이는 교과의 정의와 관련해서, 사회과를 18세기 학교 교육과정에 기원을 두고 있는 역사나 지리와 유사한 것으로 간주할 것인지, 아니면 18~19세기 철학이나 사회복지 분야에서 찾아볼 수 있는 인간 및 사회 문제를 연구하는 통합 교과로 간주할 것인지에 대한 논쟁이었다(사회과교육연구모임 역, 2005: 51).

이러한 교과 정의의 혼란 속에서 바아 등은 교과 전통을 시민성 전달, 사회과학, 반성적 탐구라는 세 관점으로 범주화하여 교과 모형 논의를 교과교육학 전면에 등장시켰다.[3)] 바아 등이 제시한 시민성 전달 모형은 역사학자의 전통적인 교과관과 일치하며, 반성적 탐구 모형은 사회과를 사회 진보의 산물로 보는 견해와 일치한다. 그리고 사회과학 모형은 당시 발전하던 사회과학을 교과 내용으로 수용했다는 점에서 사회 진보의 산물로 보는 견해와 밀접하게 관련되지만 학문적 체계를 존중한다는 점을 고려할 경우 부분적으로 역사학자의 견해와 유사한 측면도 있다.

바아 등이 교과 모형 논의를 공식적으로 제기한 이후, 이들의 논의가 기초가 되어 사회과 전통을 다양한 방식으로 범주화하려는 노력들이 전개되었다. 넬슨(Nelson, J. L.)과 마이클리스(Michaelis, J. U.)는 사회과 전통을 문화유산 전달, 사회과학, 반성적 탐구, 사회비판과 사회 참여, 학생의 개인적·사회적 발달 등 다섯 가지로 나누었다(Nelson & Michaelis, 1980). 판디치오(Pandiscio, T. G.)는 바아 등의 세 가지 모형을 모두 비판하면서 비판적 탐구를 대안으로 제시하였다(Pandiscio, 1983). 울레버(Woolever, R.)와 스코트(Scott, K. P.)는 시민성 전달, 개인적 발달, 반성적 탐구, 사회과학 교육, 합리적 의사결정과 사회적 행동 등으로 범주화하였다(Woolever & Scott, 1988). 마토렐라(Martorella, P. H.)는 시민성 전달, 사회과학, 반성적 탐구, (합리적) 사회 비판, 개인발달 등으로 분류하였다(Martorella, 1991; 1996).

한편 브루베이커 등(Brubaker, Simon, & Williams, 1977)은 조금 다르게 교과 모형의 범주를 제시하였다. 그들은 선행 연구들을 검토하여 사회과교육과

3) 바아 등은 먼저 사회과 역사에 대한 사적(史的) 접근을 통해 사회과 전통을 추출하고 나서(Barr, Barth, & Shermis, 1977), 이를 교과 모형으로 정교화하여 교사들의 교과 인식을 조사하는 도구로 활용하였다(Barr, Barth, & Shermis, 1978)

정과 교수학습을 분석하기 위해 ① 훌륭한 시민성의 안내자로서 과거 지식으로서의 사회과, ② 학생 중심 전통으로서의 사회과, ③ 반성적 탐구로서의 사회과, ④ 학문 구조로서의 사회과, ⑤ 사회·정치적 참여로서의 사회과 등을 제시하였다(박형준, 2005: 83 재인용). 하지만 이러한 분석틀 역시 바아 등이나 넬슨과 마이클리스의 분석틀과 매우 유사하다. 예컨대 ①은 사실상 시민성 전달이라고 볼 수 있고, ②는 개인발달에 가까우며, ③은 그대로 반성적 탐구이고, ④는 사회과학이며, ⑤는 사회비판에 가깝다.

또 앤더슨 등(Anderson et al., 1997)은 기존의 교과 모형을 차용하지 않고 시민교육에 대한 사회과 교사들의 다양한 관점을 파악하기 위해 정치, 교육, 철학 등 다양한 문헌들에서 시민교육과 관련된 문장들을 추출하고, 이를 바탕으로 총 40문항의 질문지를 구성하였다. 이러한 질문지의 내용은 크게 ① 정치적 중립, ② 통합성과 다양성 가르치기, ③ 이데올로기적 원칙 가르치기, ④ 정치적 활동 장려하기, ⑤ 시민적 이상 형성하기라는 5가지 범주로 분류되고, 다시 10가지 범주로 세분화된다. 이들은 이러한 질문지를 토대로 비판적 사고, 준법주의, 문화적 다원주의, 동화주의의 관점을 추출하였다. 이러한 관점들은 귀납적으로 추출되었지만 준법주의와 동화주의는 시민성 전달과 유사하며, 비판적 사고와 문화적 다원주의는 반성적 탐구와 유사한 측면이 있다.

한편 교과 모형 논의에서는 모형의 범주화와 함께 교사들의 교과 인식에 대한 경험적 연구가 이루어졌다. 먼저 바아 등은 그들의 논의를 바탕으로 교사들의 교과 성격에 대한 인식을 분석하였는데, 시민성 전달이 10% 미만, 사회과학이 약 10%, 반성적 탐구가 약 20%, 시민성 전달+반성적 탐구가 약 10%, 사회과학+반성적 탐구가 약 20%, 세 전통의 혼합 유형이 약 30%[4] 등으로 나타났다(Barr, Barth, & Shermis, 1978; 최충옥 역, 1993: 205-210).

화이트의 연구에서는 특정 모형만을 지지하는 유형은 거의 나타나지 않았으며, 오히려 세 전통 모두를 지지하는 유형이 81%, 사회과학+반성적 탐

4) 바아 등은 특히 세 가지의 혼합 유형에 대해서 “당신은 한 방식으로 생각하고, 또 다른 종류의 숙제를 내며, 그리고 제3의 방식에 근거해서 학생들을 평가한다.”라고 비판하였다(Barr, Barth, & Shermis, 1978; 최충옥 역, 1993: 211).

표 4-1 사회과의 세 가지 전통

모형	목표/내용/방법
전통1	시민성/문화 전달/국가적(민족적) 가치 및 유산
전통2	반성적 탐구/문제해결/사회비판
전통3	사회과학/과학적 방법과 경험주의/진리에 대한 탐색

그는 사회과 전통을 1) 시민성, 문화 전달, 국가적 가치 및 유산으로 보는 입장, 2) 반성적 탐구, 문제해결, 사회비판으로 보는 입장, 3) 사회과학, 과학적 방법과 경험주의, 진리에 대한 탐색으로 보는 입장으로 분류하면서, 반성적 탐구와 사회비판을 동일한 전통으로 간주하였다. 여기서 개인 발달에 대해서는 직접적인 언급은 없지만 대체로 반성적 탐구에 포함되는 것으로 보인다.

먼저 시민성 전달 모형은 역사적 전통과 문화에 기초한 기본 지식과 사회적 기본 가치를 학생들이 습득하도록 하는 것을 목표로 한다. 이 모형은 사회를 단일한 문명에 기초한 동질적 공동체로 바라보고, 전통적인 시민성을 함양함으로써 공동체 구성원들의 문화적인 동질성을 확립하려고 한다. 또한 이 모형은 인간의 존엄성과 공동체의 가치에 초점을 맞추면서 사회 안정과 질서 유지에 기여하려고 한다.

따라서 시민성 전달 모형은 교사가 특정 행위, 지식, 관점, 가치를 학생들에게 가르치는 교수 양식을 일컫는다(Barr, Barth, & Shermis, 1978; 최충옥 외 역, 1993: 44). 교사는 주로 자신이 속한 문화에서 전통으로 굳어진 지식과 행위를 주 학습 내용으로 다룬다. 또한 교사는 중요하게 생각하는 문화 양식을 학생들에게 전달하는 방식으로 가르친다. 그래서 이 모형을 지지하는 교사들은 주로 설명과 설득이라는 교수법을 사용한다(Stanley, 2001; 사회과교육연구모임 역, 2005: 88). 이러한 접근은 기본적인 지식과 가치 전달에 관심을 가지고 있어 정치적·사회적 보수주의자들에 의해 옹호된다(차경수·모경환, 2007: 38). 이로 인해 보수적인 색채를 띠어, 현대 사회에서 요구되는 고차사고력과 종합적인 문제해결력을 기르는 데 미흡하다는 비판을 받는다.

사회과학 모형에서 시민교육은 사회과학의 개념과 일반화를 배우고 지식의 구조를 습득하는 것이다(Martorella, 1996: 20). 이 입장에서 시민성은 사회과학의 개념, 탐구 과정, 연구 문제들을 철저히 습득할 때 잘 발달된다. 일반적으로 이 전통에 입각한 교수법은 사회과학의 개념 이해와 탐구 방법 등 사회과학자의 특성을 학습자들에게 심어주는 것이다. 예컨대 인류학을 가르치면서 개념으로는 문화, 방법론으로는 민속지(ethnography)에 초점을 둔다(Stanley, 2001; 사회과교육연구모임 역, 2005: 89).

하지만 사회과학의 학문 내용과 탐구 방법을 습득하면 실생활의 사회문제를 해결할 수 있다고 보는 것은 지나치게 낙관적인 견해이다. 사회과학 모형 자체는 학문 공동체에 종사하는 학자의 방법론적 관점과 학문의 내용체계를 기반으로 하고 있어서 학생들의 일상생활과 유리될 수 있다. 정작 사회과학자의 관심은 정책 결정과는 거리가 멀고, 사회과학 연구 성과의 활용과 적절한 의사결정은 별개의 문제일 수 있다. 즉, 사회과학의 문제해결 방식이 실제적인 현실의 문제를 해결하는 데 있어 효과가 있는지에 대한 비판이 제기된다(차경수 · 모경환, 2007: 39).

반성적 탐구 모형은 기존의 가치와 내용의 습득을 강조하는 시민성 전달 모형이나 사회과학 내용과 절차를 강조하는 사회과학 모형과는 달리, 특정한 사회 · 정치적 맥락 내에서의 의미 있는 의사결정을 강조한다(Barr, Barth, & Shermis, 1977). 그러므로 이 견해에 의하면, 사회과의 목적은 학생들에게 어떤 사회 · 정치적 맥락에서, 특히 개개의 학생들에게 영향을 주는 개인 · 사회 문제들에 관하여, 의사결정을 하는 데 필요한 능력들을 함양시키는 것이다.[5)]

따라서 반성적 탐구 모형은 급변하는 현대 사회에서 직면하게 되는 문제를 다루는 데 적합한 모형일 뿐만 아니라, 현대 사회에서 요구되는 시민의 핵심적인 자질인 공적 문제에 대한 자치 능력을 기르는 데도 적합한 모형이다. 다만 내용의 실체보다는 방법에 치중하기 때문에 근본적으로 사회과

---

5) 미국에서는 민주주의와 문제해결이 반드시 연계되어 있다고 전제하는데, 이러한 연계 뒤에 있는 핵심적 가정은, 미국의 사회 · 정치적 주요 문제의 해결에 있어서 유일한 해결책이란 있을 수 없다는 것이다. 종종 문제 해결을 위해서는 다수의 좋은 해결책과 다수의 나쁜 해결책들 사이에서 의사결정이 필요하다. 그러므로 민주주의는 문제를 확인하고 자료를 수집 · 평가 · 분석하며 합리적인 의사결정을 할 수 있는 시민을 필요로 한다(사회과교육연구모임 역, 2005: 90).

학의 학문 체계에 대한 기초 학습이 약화될 우려가 있고, 실제로 수업현장에서 활용되기에는 다소 모호하다는 비판을 받는다(차경수 · 모경환, 2007: 41).

교과 모형 간의 관계에 대한 논의에 앞서 반성적 탐구와 관련된다고 볼 수 있는 사회비판과 개인발달 모형에 대해서도 잠깐 살펴보려고 한다. 먼저 사회비판 모형은 인종, 성, 계층 등 다양한 영역에서 정의와 평등을 실현시키기 위하여 학생들이 어떤 노력을 할 수 있는지를 깨닫게 하는 것을 사회과의 주된 목적으로 삼는다. 따라서 이를 실현하기 위해 사회과교육은 학생들이 정치적 · 경제적 · 사회적 · 문화적 부정의와 불평등을 인식하고, 이에 대해 비판적 입장을 취할 수 있도록 기회를 제공해야 한다.

이러한 입장에서 중요시되는 학습 내용은 사회적 소수자 문제, 정의와 부정의, 기회균등 등이다. 또한 인종, 성, 연령, 지역, 계층 등에 의한 각종 차별 사례를 제시하고, 이를 개선할 수 있는 방안을 찾도록 가르친다. 이와 같은 학습 내용을 다루기 위해서 교수학습 방법에 비판적 관점을 도입한다. 즉 권력을 가진 집단이 다른 집단의 권리를 어떻게 침해하는지를 비판적으로 인식할 수 있는 수업 방식을 사용하는 것이다. 나아가 각종 차별과 불평등을 확인하고 없애기 위해서 교사들은 학생들이 처해 있는 다양한 맥락을 존중하고 이에 기반을 둔 교수학습 방법을 활용한다.

이는 과거의 전통과 가치, 신념체계에 대해서 저항하고 비판하는 것을 통해서 더욱 진일보한 대안을 제시하는 것이 가능하다는 믿음을 전제한다. 따라서 학생들에게도 이러한 비판 능력을 심어주는 것이 진정한 의미의 사회과교육이라고 보는 것이다. 다만 시민성의 한 영역으로서 비판적 사고를 증진하는 것은 매우 중요한 일이지만, 이것에만 편향된다면 전통적인 가치와 신념을 일방적으로 부정하는 태도를 가질 우려가 있으며 사회과학 지식의 기초가 약해질 수 있다는 점도 유의해야 한다.

사회과교육의 성격을 개인의 발달 추구로 보는 개인발달 모형은 학생 중심의 진보주의와 실존주의 철학에 기반하고 있다. 개인발달 모형의 주요한 목적은 적극적인 자아개념과 자아의 발달 및 성취, 개인적 효율성, 개인을 위한 취업 준비, 행복한 생활능력 등의 함양이다. 즉 이 모형에서는 거시적인 사회 문제의 해결보다 미시적인 개인의 사적 생활과 발달 그리고 자아실현을 위한 사회과교육을 지향하는 것이다.

이 모형의 학습 내용은 학생 개개인의 성장과 자아실현을 위해서 필요한 것으로 구성된다. 따라서 학생들의 소질, 흥미, 관심 등을 고려하여 학생들의 필요에 따라 내용이 구성되는 것이 바람직하다. 이러한 목표를 실현하기 위해서 교사와 학생이 함께 학습 내용을 선정하고, 나아가 학생이 주도하는 교수학습 활동이 이루어진다. 이 모형에서는 추구하는 교수학습 방법은 정형화된 것이 없고 학생들의 성장과 자아실현을 위한 다양한 방법을 두루 활용할 수 있다. 한편 긍정적 자아개념과 개인적 효율성을 강조하다보면 사회성 발달이 소홀히 되는 단점을 가지고 있다.

이 장에서는 세 모형을 주 논의 대상으로 삼고 있는데, 이는 사회비판, 개인발달 모형은 목표, 내용, 방법 측면에서 반성적 탐구 모형과 상당 부분 겹친다고 판단하기 때문이다. 따라서 교과 모형 간의 상호관계를 검토할 때는 이들 모형을 반성적 탐구 모형에 포함시켜 세 모형을 중심으로 논의하려고 한다.

2) 교과 모형 간의 상호관계

(1) 시민성 전달 모형과 사회과학 모형의 관계

시민성 전달 모형과 사회과학 모형은 전적으로 다른 전통으로 여겨질 수 있다. 시민성 전달 모형에서는 시민성을 기본적인 지식의 습득과 더불어 신념의 내면화와 헌신, 적절한 참여 및 올바른 태도와 동일시한다. 반면에, 사회과학 모형에서는 학생들이 훌륭한 시민이 되려면 사회과학 지식과 탐구 방법을 배워야 한다고 주장한다. 학생들이 사회과학 지식과 사고를 습득하면 사회를 잘 이해하여 문제를 깊이 있게 파악할 수 있고 신중한 추론을 통해 논리 정연한 결론을 맺을 수 있다고 주장한다.

그러나 시민성에 대한 견해 차이에도 불구하고, 두 모형은 상당 부분 서로 공유하는 점이 있다. 일단 두 모형 모두 지식의 중요성을 강조한다. 시민성 전달 모형이 주로 역사와 지리 등 전통적인 교과 지식에 초점을 맞추고 사회과학 모형은 개념과 일반화 등 사회과학의 체계적인 지식에 초점을 맞추지만, 정치학, 법학, 경제학, 사회학, 문화인류학 등의 학문적 지식이 보편화된 현대 사회에서 두 모형에서 가르치는 지식 간에는 큰 차이점을 찾기 어렵다. 단지 방법 측면에서 시민성 전달 모형에서는 설득과 설명의 방법을 통한 지식 전달이 주가 되고, 사회과학 모형에서는 탐구와 발견 학습의 방법을 통해 좀 더 구조화된 지식을 가르치려고 한다는 점이 다르다.

양자가 생각하는 지식의 성격과 유형이 다르고, 강조하는 교수학습방법이 다른 것이지, 정작 사회를 이해하는 데 필요한 기본 지식을 가르친다는 점에서는 유사하다. 현대 사회에서 사회과, 특히 사회과학을 배경학문으로 하는 일반사회 영역에서 강조되는 지식의 대부분이 사회과학 개념과 일반화라는 점에서 두 모형이 가르치는 지식은 상당부분 중첩될 수 있다.[6] 무엇보다도 사회과학 모형도 시민성 전달과 유사하게 학생들의 주관적인 인식이나 상황보다는 객관적인 사실, 보편적인 지식 등에 초점을 둔다는 점에서 양자의 지식 교육 사이에는 큰 차이점이 없다.

현재의 사회과교육과정과 교과서, 수업에서도 양자의 차이점을 찾기 어렵다. 실제 우리나라 국가 교육과정 문서에서 사회과, 특히 일반사회 영역 내용은 주로 사회과학 개념과 일반화로 이루어져 있고, 학교의 수업을 보더라도 개념과 일반화의 교수가 주가 되어 왔다(강대현, 2008: 171-181). 그래서 이를 시민성 전달이나 사회과학 모형이라고 한 쪽으로 단언하기도 어렵고, 단지 수업 장면에서 교사 주도의 강의와 설명이 주가 되느냐, 학생들의 발견학습과 탐구활동이 주가 되느냐에 따라 판단할 수 있을 뿐이다.

지식 교육과 달리 가치의 교수와 관련해서 양자 사이에는 표면적으로 큰 차이점이 존재한다. 시민성 전달 모형에서는 명시적으로 사회적 기본 가치의 주입과 전달을 강조하지만, 일반적으로 사회과학 모형의 본류라 할 수 있는 실증주의 사회과학자들은 가치를 개인의 주관적인 심리나 선호로

6) 과거 사회과 이전 시기에 가르치던 공민(civics)에서 가르치던 지식은 학문적 지식이라기보다는 정부의 구성, 시민의 권리와 의무 등에 대한 지식으로 개념이나 일반화와 거리가 있지만 사회과(social studies)가 등장하면서 가르치게 된 지식은 상당 부분 사회과학의 개념과 일반화로 구성된다.

인식해서 사회과학 탐구 대상에서 제외하는 경향이 있다. 따라서 사회과학 모형도 표면적으로 가치중립적 태도를 취하거나 가치를 배제하는 경향을 띤다.

그러나 이 역시 선입견에 가깝다. 왜냐하면 실제로 사회과학자들도 가치를 일정 부분 다루어 왔기 때문이다. 대표적으로 베버는 사회과학과 가치의 관계를 연구하여, 몇 가지 측면에서 사회과학이 가치에 대한 논의를 할 수 있다고 주장하였다.7) 물론 이 경우, 사회과학이 다루는 것은 객관적 준칙으로서의 가치이지, 의사결정자의 주관적 가치를 의미하지 않으며, 가치에 대하여 기술·분석할 뿐 가치에 대하여 직접적으로 판단하지 않는다.

그리고 이면을 들여다보면 사회과학자들의 경우에도 사회 현상이나 문제를 바라보는 시각과 관점을 통해 암묵적으로 사회의 지배적인 가치를 지지해 왔다고 볼 수 있다. 소위 주류 사회과학은 실증주의, 통계학, 기능주의 등으로 대표되는 연구방법론과 시각에 기반하고 있는데, 이러한 경향으로부터 자유로울 수 없는 사회과학 모형 역시 사회의 지배적인 가치나 이데올로기를 다룸에 있어서 보수적인 성향을 띠어 왔다. 따라서 사회과학 모형에서도 사회적 기본 가치의 전수가 배제되기는 어렵다. 다만 이 경우 시민성 전달과 달리 '가치중립'이라는 주장 뒤에 숨어 있을 뿐이다.

사실 '가치중립'적인 탐구 과정에서도 지배적인 가치나 이데올로기를 내포하고 있는 경우가 많다. 실제로 탐구 과정에서 주류의 가치가 담겨 있는 사회 문제해결책이 객관적인 진리인 것처럼 제시되는 현상이 나타난다. 따라서 가치에 대한 중립과 침묵은 기존 가치에 대한 암묵적 수용으로 볼 수 있다. 실제로 몇몇 교육이론가들은 가치중립을 표방하는 사회과학 탐구 과정에서 나타나는 이데올로기적인 측면을 비판했다. 따라서 두 모형 사이에 가치 교육의 차이는 기본 가치의 명시적인 전달이냐 암묵적인 수용이냐 정도의 교수학습방법상 차이로 전환된다.

결국 시민성 전달과 사회과학 모형 간에 남는 가장 큰 차이점은 탐구와

7) 베버는 사회과학이 가치 준칙들을 내부적으로 모순이 없게 분명히 할 수 있고, 그 준칙들을 구체적인 상황에 적용하는 것을 도울 수 있고, 그 결과를 고려하고 평가하는 수단이 되며, 결과적으로 우리의 선택에 대해서 보다 날카롭게 인식할 수 있도록 해준다고 보았다(Bernstein, 1976: 45-48).

그리고 지식 교육 측면에서도 양자의 차이점은 크지 않다. 사회과학 모형의 경우에는 사회과학의 개념 및 일반화 등 지식의 구조를 강조하지만 반성적 탐구가 이를 사회과학 모형만큼 강조하지 않는다고 해서 사회 문제해결을 위한 정보로서 사회과학 지식의 중요성을 부정하지 않는다. 즉, 반성적 탐구 모형에서도 사회과학 지식은 문제해결과 의사결정의 가장 주요한 정보로 활용된다.

가치 교육 측면에서도 양자의 차이점은 크지 않다. 앞에서 살펴본 바와 같이 사회과학 모형의 경우에는 사회적 기본 가치를 암묵적으로 수용하고, 반성적 탐구 모형은 사회적 기본 가치를 가치갈등 해결의 기준으로 삼는다. 따라서 가치 교육과 관련해서 두 모형의 차이점은 부차적 가치들에 대해서 소극적으로 다루느냐, 적극적으로 탐구하여 선택하느냐 정도이다.

그리고 무엇보다도 두 모형 모두 학생들이 탐구 과정을 통해 지식을 발견하는 데 주요한 관심을 두고 있다는 점에서 매우 유사하다. 즉, 사회과학 모형과 반성적 탐구 모형 모두 기능 및 사고를 시민 자질의 핵심으로 강조하기 때문에 두 모형 사이에 차이점은 크지 않다.

4. 교과 모형 종합의 정당화와 사례

1) 교과 모형 종합의 정당화

시민성 전달 모형은 지식의 전수와 가치의 내면화를 강조하지만 사실상 후자에 더 비중을 둔다. 그리고 시민성 전달 모형은 가치를 실재하거나 적어도 상호주관적이라고 인식하여 공동체 구성원들이 추구해야 하는 공동선(common good)으로 간주한다. 따라서 시민성 전달 모형에서 시민성의 핵심은 공동체와 공동선에 헌신하는 것이다. 여기서 흔히 공동체주의는 개인에 대한 공동체의 우선성을, 자유주의는 공동체에 대한 개인의 우선성을 강조하는 것으로 생각되어 왔다. 따라서 시민성 전달 모형은 전통 사회의 관점에서만 옹호될 수 있는 것으로 생각되어 왔다(조영제, 1998: 234).

그러나 현대 자유주의자들도 시민성 전달 모형을 지지할 수 있다. 현대 자유주의자들은 자유주의도 하나의 이념이며, 따라서 오늘날 사회는 자유를 추구하는 사회와 그렇지 않은 사회로 구분되며, 자유주의 사회는 그 성원들이 힘써서 지키지 않으면 유지될 수 없다고 본다. 또한 자유를 추구하는 인간 능력도 선험적으로 주어지는 것이 아니며, 국가와 사회가 교육을 통해서 길러내야 하는 것으로 본다. 이러한 현대 자유주의자들의 견해는 가치의 일원성을 강조하는 전통 사회(고전적 공동체주의) 관점과는 다르게 시민성 전달 모형을 재구성할 수 있는 여지를 제공한다. 현대 사회(현대 자유주의)의 관점에 근거한 시민성 전달 모형은 특정 집단의 신념을 피교육자에게 전달하기보다는 다원적 사회에서 지켜야 할 기본적 가치와 태도를 가르치려고 한다(조영제, 1998: 235).

공교육이 사회 전체 성원에게 가장 중요한 것을 가르치는 임무를 수행해야 한다면, 공교육은 현대 민주 사회의 시민으로서 기본적인 가치와 태도를 가르치는 일에 일차적인 관심을 쏟아야 한다. 따라서 시민성 전달 모형이 시대착오적이라는 생각은 수정되어야 한다(조영제, 1998: 236). 이런 점에서 현대 민주 사회에서 재구성된 시민성 전달 모형은 우리 사회의 당면 과제를 해결하는 데 가장 기본적인 모형이라 할 수 있다. 즉 시민성 전달 모형은 학생들에게 현대 사회의 유지 및 발전에 필요한 기본적인 가치와 태도를 인식하고 내면화시키는 역할을 하게 된다.

현대 민주 사회에 적합하게 재구성된 시민성 전달 모형이 사회과교육의 1차 지향점이라면 사회과교육의 2차 지향점은 사회과학과 반성적 탐구의 연계를 통한 체계적인 지식과 사고 교육이라고 할 수 있다. 왜냐하면 사회적 기본 가치와 태도의 내면화와 더불어 다양한 사회 현상을 이해·분석할 뿐만 아니라 복잡한 문제 상황에서 의사결정을 수행하기 위해서는 체계적인 지식과 고차사고력이 요구되기 때문이다.

이미 언급한 바와 같이 전통적인 시민성 전달 모형에서 지식 목표라 할 수 있는 기본적인 정보나 단편적인 지식의 전달은 현대 사회의 변동과 다문화적 상황에 적합하다고 볼 수 없다. 오히려 사회과학 모형이 추구하는 체계적인 지식과 사고력이 더 중요한 목표라 할 수 있다. 그리고 이러한 지식과 사고력은 반성적 탐구에서도 중시하는 부분이고, 현대 사회에 적합하게 재구성된 시민성 전달도 이를 부정하기 어렵다.9)

이미 반성적 탐구와 사회과학 모형은 역사적·철학적 차이를 덜 강조하고 각 전통의 장점에 대해 초점을 맞추면 충분히 종합될 수 있다는 것을 확인한 바 있다. 그리고 두 모형 모두 사회과 도입기에 전통적인 지식과 가치의 전달이라는 역사적 교수 관점에서 탈피하여 사회과학 및 사회 문제를 가르치면서 체계적인 지식과 사고를 가르치는 것을 사회과 정체성으로 삼았다는 점에서 유사한 입장을 취하고 있다.

다만 신사회과 시기를 거치면서 사회과학 지식과 사고에 경도되어 가치를 소홀히 해 온 사회과학 모형과 달리 반성적 탐구 모형은 초기부터 지금까지 가치를 사회과의 중요한 부분으로 강조해 왔다는 점이 차이가 난다. 그러나 반성적 탐구의 경우도 가치를 다루는 수업 실제에서는 가치명료화, 가치분석 등 가치에 대한 인지적인 추론과 분석을 강조해 왔다. 따라서 반성적 탐구에서 강조하는 가치명료화나 가치분석은 사실에 대한 과학적 탐구와 유사하게 가치에 대한 지적 탐구를 의미한다.

무엇보다도 두 모형 모두 탐구력을 포함하여 종합적인 문제해결능력인 고차사고력에 동의한다. 고차사고력의 여러 양상 중에서 탐구력, 의사결정력, 창조적 사고, 비판적 사고, 메타인지 등에 대해서 두 모형 모두 중요성을 인정한다. 그리고 두 모형 모두 사회과학 탐구 등 사고 과정에서 체계적인 지식의 중요성을 인정한다. 사실 반성적 탐구를 지지하는 사람들은 대부분 사회과학 탐구를 긍정적으로 여겨왔고, 다만 가치중립과 배제에 대해서 문제제기를 해왔을 뿐이다.

결과적으로 반성적 탐구 모형을 지지하는 사람들은 사회과학 모형에 반대하지 않고 사회 현상뿐만 아니라 사회 문제에 대해서도, 사실뿐만 아니라 가치에 대해서도 지적 탐구 과정을 거쳐야 한다고 주장하는 것이다. 따

---

9) 새로운 시민성 전달 모형은 기계적 암기나 사실 왜곡 등을 통해 맹목적인 충성심을 유도하기보다는 사실에 대한 과학적인 탐구 능력, 보편적 가치를 기준으로 가치 상황을 분석하는 능력을 수용한다(조영제, 1998: 235).

라서 반성적 탐구 모형 지지자는 사회과학 모형을 자연스럽게 수용하며, 문제는 사회과학 모형의 지지자가 반성적 탐구를 얼마나 수용하느냐이다. 사실 교조적인 실증주의자를 제외하고 사회 문제나 가치 갈등은 사회과학의 탐구 대상으로 인식되어 왔다. 이런 점에서 볼 때 사회 현상 이해와 분석뿐만 아니라 사회 문제의 해결이나 가치에 대한 탐구 역시 사회과학자들이 적극적으로 반대한다고 볼 수 없다.

기본적으로 사회과교육은 두 가지 목표를 지닌다. 이는 시민적 자질 곧 민주 시민 의식과 사회적 이해 곧 인간 사회에 대한 지식이다(Parker, W., 2009; 주웅영 외 역, 2012: 27). 따라서 사회과를 재구성된 시민성 전달 모형이라는 1차적 성격과 지식과 사고 등을 강조하는 사회과학 모형과 반성적 탐구 모형의 연계라는 2차적 성격으로 종합하는 것은 학생들에게 시민 의식과 사회적 이해를 증진시키는 합리적인 방안이 될 수 있다. 사회과교육은 재구성된 시민성 전달에 기초한 사회과학과 반성적 탐구의 종합을 통해서 두 가지 기본 목표에 보다 충실해질 수 있다. 즉, 한 가지 모형에 따른 교육과정과 수업보다는 세 가지 모형의 균형과 조화를 통해 종합을 추구한 교육과정과 수업이 학생들의 시민 의식과 사회적 이해를 증진하는 데 효과적일 수 있다.

2) 교과 모형 종합의 사례

그렇다면 여러 교과 모형을 균형 있고, 조화롭게 구성한 교육과정을 개발하고 수업을 실행하는 것이 가능할까? 이는 앞에서 언급한 재구성된 시민성 전달 모형과 사회과학 및 반성적 탐구의 종합이 교육과정 개발이나 수업 실행에서 이루어질 수 있다는 것을 구체적인 사례 제시를 통해 보여주는 것으로 확인할 수 있다.

먼저 기존의 교육과정 개발 사례 중에서 여러 교과 모형이 균형 있고 조화롭게 되어 있는 대주제(대단원)를 찾아 소개하는 것을 통해서 교과 모형 간의 종합이 실천적인 차원에서 충분히 가능하다는 점을 보여주려고 한다. 2009 개정 사회과교육과정(교육과학기술부, 2012b)에서 교과 모형의 종합이 비교적 잘 이루어진 주제를 중학교 사회의 일반사회 영역에서 찾는다면, '(9) 인권 보장과 헌법'을 들 수 있다.

(9) 인권 보장과 헌법

인권 보장의 역사를 이해하고, 헌법이 보장하는 기본권이 인권을 보장하기 위해 나타난 것임을 인식한다. 우리나라 헌법에 보장된 기본권의 내용을 분석하고, 헌법에서 기본권 제한과 관련된 내용을 명시한 이유를 파악한다. 나아가 사례 분석을 통해 인권 보장과 관련된 국가 기관의 역할을 파악한다.

(가) 인권 보장의 역사적 전개 과정을 이해하고, 인권 보장을 위한 장치로서 헌법의 의의를 인식한다.

(나) 우리나라 헌법에서 보장하고 있는 기본권의 내용을 이해하고, 기본권 제한과 관련된 내용을 헌법에 규정하고 있는 이유를 탐구한다.

(다) 인권 침해 사례와 구제 방안에 대한 분석을 통해 인권 보장과 관련된 국가 기관(예, 법원, 헌법재판소, 국가인권위원회 등)의 역할을 이해한다.

학생들은 이 단원을 통해서 크게 세 가지 내용을 배우게 된다. 첫째, 인권 보장의 역사를 학습하면서 인권 보장의 중요성과 함께 헌법이 인권 보장을 위해 만들어진 것이라는 것을 인식하게 되어, 우리 사회의 기본 가치인 인권의 내용과 헌법의 의의를 학습하게 된다(시민성 전달 측면). 둘째, 우리나라 헌법에 나와 있는 기본권 내용의 이해와 더불어 기본권 제한의 이유와 방식을 탐구하여 기본권 제한 이유나 방식 역시 인권 보장을 위한 것임을 인식하게 된다(시민성 전달, 사회과학 탐구와 반성적 탐구 측면). 셋째, 실생활의 인권 침해 사례를 분석하고 이를 구제하기 위한 방안을 국가기관의 역할과 연계하여 학습하게 된다(반성적 탐구와 사회과학 탐구 측면).

또 다른 주제로 '(8) 일상생활과 법'을 들 수 있다.

(8) 일상생활과 법

법은 우리의 일상생활과 밀접하게 연결되어 있으며, 사회 구성원 사이의 분쟁이나 갈등을 예방하는 공동의 약속임을 이해한다. 법의 의미와 목적을 일상생활 속에서 파악하고, 법 규범의 유형과 특징을 탐구한다. 나아가 법에 의한 분쟁 해결 절차를 재판을 중심으로 파악한다.

(가) 다른 사회 규범과의 비교를 통해 법의 의미와 특성을 이해하고, 일상생활의 사례에 대한 분석을 통해 권리 보호와 분쟁 해결을 중심으로 법의 필요성을 인식한다.
(나) 규율하는 생활 영역을 중심으로 법 규범을 공법, 사법, 사회법으로 구분하고, 사례 분석을 통해 각각의 특징에 대해 탐구한다.
(다) 재판의 의미와 종류(예, 민사재판, 형사재판 등)를 이해하고 심급 제도가 가지는 법적 의의를 설명할 수 있다.
(라) 일상생활에서의 분쟁 사례(예, 차별, 폭력, 저작권 침해 등)을 법적으로 분석하고, 바람직한 분쟁 해결 방안을 모색할 수 있다.

학생들은 이 단원을 통해서 크게 네 가지 내용을 배우게 되는데 첫째로 법의 의미와 특성을 배우면서 일상생활의 사례를 통해 법이 권리 보호와 분쟁 해결의 기준이라는 것을 이해하고 법의 필요성과 준법 의식을 가지게 된다(시민성 전달 모형, 반성적 탐구 측면). 다음으로 우리 생활의 여러 영역을 규율하는 법의 종류를 이해하고 각각의 특징을 탐구하게 된다(사회과학 탐구 측면). 다음으로 재판의 의미와 종류를 이해하고 왜 심급 제도를 두는지에 대해서 인권 및 정의 등과 관련해서 탐구하게 된다(시민성 전달, 반성적 탐구 측면). 끝으로 일상생활의 분쟁 사례를 분석하고 해결 방안을 모색하게 된다(반성적 탐구 측면).

이렇듯 교육과정 내용에서 교과의 여러 관점(모형)을 반영하는 것은 학생들의 풍부한 학습으로 이어진다. 그리고 이는 지식, 기능 및 사고, 가치 태도의 종합적인 교수를 통해 이루어질 수 있다. 따라서 교과 모형의 종합은 교육과정 개발 측면에서 볼 때 실천적으로도 충분히 가능하다는 것을 알 수 있다.

다음으로 실제 수업에서도 여러 교과 모형을 종합한 수업이 가능한지를 저자가 관찰한 수업을 중심으로 살펴보려고 한다. 이 수업 사례는 2012년 가을에 J고에서 관찰한 일반사회 전공의 N교사의 수업이다. 참고로 J고는 전주 시내에 위치한 인문계 고등학교로 학년별 8학급으로 구성된 학교이다. N교사는 ○○대 사범대학 일반사회교육과를 졸업하고 2009학년도 중등교사임용시험에 합격해서 J고에 첫 발령을 받아 4년째 근무하고 있었고, 2012년 여름에 자격연수를 통해서 중등 1급 정교사가 되었다.

저자는 10월 25일(3교시, 5교시), 11월 13일(4교시) 두 차례에 걸쳐 세 번의 수업 관찰과 한 차례(10월 25일 5교시 수업 직후, 6교시) 교사 면담을 통해서 해당 교사의 교과와 수업에 대한 생각을 검토하고 수업을 분석하였다.

표 4-2 수업 관찰 및 교사 면담

구분		경력	일시	학년 및 과목 외	관찰 수업 주제 외
N교사	J고	4년차	10.25. 3교시	고1 사회	기본권의 제한과 그 한계
			10.25. 5교시	고3 사회·문화	사회 문제를 보는 관점
			10.25. 6교시	교사 면담	교과관 및 수업관
			11.13. 4교시	고1 사회	국민참여재판

전반적으로 수업을 하면서 중시하는 부분에 대해서 질문하였는데, N교사는 사고력과 실생활 접목을 강조한다고 하여 반성적 탐구 모형을 선호하는 경향을 보였다.

> N교사: 아이들이 사회를 암기 과목으로 받아들이고 단편 지식 외우는 것을 가장 지양해야 된다고 봐서. 들으면서 사고하는, 판단력 기르고 내 생활에 그것을 접목했을 때 배운 내용을 바탕으로 판단력에 도움을 주는 수업을 하고 싶은 것이 교사로서 제 목표예요. 그런 것을 하고 있는가를 가끔 반추해 보게 되는데... 제대로 제가 하고 있는지도 알 수 없고. 긍정적으로 이렇게 좀 잘 하고 있다는 생각보다는 문제가 있는데 정확히 뭔지 모르겠다는 생각이 더 있어서. 그런 점이 더 어려워요.

교사 면담이 이루어진 날(10.25) 관찰한 두 수업에 대해서 질문하였다. 이에 대해서 N교사는 1학년 수업(3교시)에서는 학생들의 관심, 사고력, 실생활 적용에 대한 부분을 중시했고, 3학년 수업(5교시)에서는 사회이론에 대한 이해를 강조했다고 하였다.

> N교사: 1학년 사회에서는 일단 고등학교 남학생 특성이 자기 인권 이런 거에 관심이 많구요. 특히 학교 규칙이나 인권 조례, 이런 거 관련해서 그쪽 분야에 관심이 많은데 사고는 하지 않거든요. 옳고 그름에 대한 사고보다는 요즘 아이들은 좋고 싫음이 많기 때문에. 그래서 본인의 기본권이 제한될 수 있는 상황

이 어떤 상황이고 제한되면 어느 정도 제한되는 것이 합리적이고 정당한지 거기에 대한 고민을 했으면 했구요. 3학년은 아무래도 수능 준비 마지막 수업이고 해서 어떤 실생활에 접목 이런 거보다는 일탈이론 세 가지를 제대로 구분할 수 있는지 그리고 아이들이 저한테 질문할 때 제일 많이 하는 게 기능론하고 상징적 상호작용론이 구분이 안 된다는 질문을 많이 해서 마지막에 시험보기 전에 이해가 안 되는 부분을 제대로 정리해줘야겠다는 그런...

지금부터는 수업의 몇 장면들을 제시하고 각각 어떤 교과 모형의 관점이 반영되었는지를 분석하려고 한다. 여기서 인용하는 수업 장면은 비교적 세 모형의 종합이 잘 이루어졌다고 판단되는, 10월 25일 3교시에 이루어진 고1 사회의 법 단원 수업 내용이다. 다음은 '기본권의 제한과 그 한계' 수업의 도입으로 전시 학습 확인 부분이다.

N교사: 오늘 공부할 주제는 기본권의 제한과 그 한계입니다. 기본권의 제한과 한계인데, 여러분 지금까지 배웠던 기본권들 생각나는 대로 말해 보시죠.

학생들: 청구권.

N교사: (호응하면서) 청구권.

학생들: 사회권.

N교사: (호응하면서) 사회권.

---〈중략〉---

N교사: 이러한 사회권, 참정권, 청구권은 모든 인간이 어떻기 때문에?

학생들: 똑같이 평등하기 때문에.

N교사: 모든 인간이 똑같이 평등하고 자유로운 존재고, 평등하고 자유로운 대접을 받아야 하는 이유는 인간이 존엄한 존재이기 때문에. 잘 기억하고 있네요. 이러한 기본권들은 여러분 모두가 가지고 있죠.

학생들: 예.

이 장면은 교사는 기본권의 종류를 질문하고 왜 우리가 기본권을 지니는지, 그리고 그 근거로서 인간의 존엄성을 확인하는 부분이다. 이 부분은 우리 자신이 갖고 있는 기본권의 내용과 보장의 근거를 확인하고 있다는 측면에서 시민성 전달 관점이 주로 반영된 수업 장면이라고 할 수 있다.

다음은 '기본권의 제한과 그 한계' 수업의 도입 중 본시 학습 안내 부분과 전개 중 첫 부분에 해당되는 내용이다.

> N교사: 오늘 생각해 볼 문제는 이거예요. 나의 기본권과 공익은 어떻게 조화를 이룰 수 있을까? 이 말을 구체적으로 풀어보면 내 기본권은 어느 경우에 제한될 수 있을까, 내 기본권은 어느 정도로 제한될 수 있을까? 여기에 대해서 오늘 알아보도록 하겠습니다. 그걸 잘 아셔야겠죠. 그러면 지금부터 뭘 하냐 면요. 학습지를 한 번 봐 보세요. 학습지의 맨 처음에 보시면 '읽어 보세요.' 돼 있죠. '읽어 보세요' 하고 헌법 37조 2항이라고 써 있습니다. 자 A부터 그 뒤로 쭉 갑니다. D까지 읽어보게 될 겁니다. A가 헌법 37조 2항 첫 부분을 선생님이 그만할 때까지 읽어봅시다.
>
> A학생: 국민의 모든 자유와 권리는 국가안전보장 · 질서유지 또는 공공복리를 위하여
>
> N교사: 그만. 위하여까지 읽었습니다.
>
> B학생: 필요한 경우에 한하여.
>
> N교사: 그만. 필요한 경우에 한하여까지 읽으셨습니다.
>
> C학생: 법률로써 제한할 수 있으며.
>
> N교사: 그만. 제한할 수 있으며까지 읽으셨습니다. 자 그 다음 D. 끝까지.
>
> D학생: 제한하는 경우에도 자유와 권리의 본질적인 내용을 침해할 수 없다.
>
> N교사: 침해할 수 없다 라고 잘 읽어 주셨습니다. 지금 선생님이 끊어서 여러분에게 읽어보게 했는데요. 다 끊어서 읽어 보게 한 이유가 있거든요.
>
> E학생: 중요한 부분.
>
> N교사: 중요한 부분, 나눠서 생각해봐야 할 부분인데, 읽어 봅시다. 거기 밑에 생각해 봅시다 라고 있어요. 사전허가제라고 되어 있죠. 읽어 볼 시간 15초 드리겠습니다.
>
> F학생: 끝.
>
> N교사: F가 다 읽었나요? 그럼 F는 여기에 대해서 찬성하세요. 반대하세요. 그 이야기를 지금부터 짝과 함께 이야기를 한번 해 보세요.

이 장면은 기본권과 공익의 조화와 관련해서 어떤 경우에 어느 정도로 기본권을 제한하는지에 대해서 알아보기 위해서 관련 헌법 조항을 읽고 관련 사례가 되는 만화책 출판 사전허가제에 대한 찬반과 그 이유를 이야

기해보는 부분이다. 여기서 앞부분에서는 헌법 조항을 읽고 그 내용을 기억하는 것이고 뒷부분은 사전허가제에 대한 자신의 생각을 나누는 것이다. 앞부분은 시민성 전달의 관점이 주로 반영되어 있다면, 뒷부분은 반성적 탐구의 관점이 내포되어 있다고 볼 수 있다.

다음 장면은 만화책 출판에 대한 사전허가제에 대한 개인 의견을 나누고, 이를 헌법 조항과 연관해서 어떤 기본권이 제한되고 있는지를 확인하고, 위헌 여부의 판단을 통해 기본권의 제한이 기본권의 본질적인 부분에 대해서 이루어졌는지를 따져 보는 것이다.

N교사: (돌아다니며 학생들이 하는 이야기를 듣고 대화를 나누며 시킬 학생을 지적함) 자 그만. 그만. 앞에 봅시다. 선생님 보세요. 그만. 그만. 지금부터 딱 한 사람만 시켜보겠습니다. 딱 한 사람 그 사람이 누가 될까요. 아까 나를 불렀던 G한테 물어봐야 될 것 같아요. G야. S가, 짝꿍인 S가 뭐라고 했는지에 대해서 얘기해주세요.

G학생: 19금 만화 보고 싶다고 반대한대요.

N교사: S는 반대한다고 했대요. 사전허가제에 대해서. 내가 19금을 보고 싶기 때문에라고 하셨습니다. 이 반응에 대해서 여러분이 웃네요. 웃네요. 자 왜 웃었는지에 대해서는 좀 더 생각해 봅시다. 이번 시간에. 자. 이제 어떻게 할 거냐면 37조 2항하고 만화책 출판 사전허가제하고 연관시켜서 생각해 봅시다. 이 만화책 출판 사전허가제에 나와 있는 문제가 되는 기본권은 여러분 뭘까요?

H학생: 출판.

N교사: H가 지금 이 사전허가제에서 문제가 되는 기본권은 출판이라고 했어요. 출판과 관련된 어떤 기본권? 출판을 할 수 있는 자유. 출판을 할 수 있는 자유, 언론 출판의 자유 배웠죠. 언론 출판 집회 결사의 자유를 네 가지를 묶어서 뭐라고 했었나요?

학생들: 언론의 자유.

N교사: 표현의 자유라고 했습니다. 이 사전허가제는 표현의 자유가 문제가 되고 있네요. 자 표현의 자유를 무엇을 위해서 제한하려고 하고 있나요?

I 학생: 공공복리.

N교사: 공공복리를 위해서 제한하고 있다고 I가 잘 이야기했습니다.

N교사: 그러면 표현의 자유를 무엇을 통해서 제한하려고 하고 있나요?

I 학생: 법

N교사: 법. 그렇죠. I가 오늘 완전 장난 아닌데요. I 머리 돌아가는 소리가 막 나는데요. I가 이야기하는 대로 법률을 통해 공공복리를 위해서 표현의 자유를 제한하려고 하고 있습니다. 37조 2항 다시 한번 보세요. 아까 법률을 통해, 법률로서 제한할 수 있다고 했고, 공공복리를 위하여 제한할 수 있다고 되어 있죠. 그러면 표현의 자유를 제한하는 이 법률은 합헌인가요? 헌법에 합당한가요?

J학생: 네.

N교사: 네라고 하셨죠. 다른 의견 또 있나요? 만화책을 출판하기 전에 사전에 허가하도록 한 이 법률은 공공복리를 위한 것이고 법률로 제한하고 있기 때문에 헌법에 맞다. 맞다. 아니다. 아니다 있어요. 틀렸다.

K학생: 틀렸다.

N교사: 틀렸다. 정답은 위헌이에요. 위헌. 헌법에 위반된다, 어긋난다. 사전허가제라는 것은 위헌. 합헌 위헌 이런 말을 선생님이 많이 쓸 거예요. 사전허가제는 위헌입니다. 왜 그런지를 여러분이 이제 공부해 보게요. 왜 그런지에 대한 정답은 37조 2항에 있습니다. 지금부터 짝꿍과 함께 왜 이것이 위헌인지 답을 37조 2항에서 함께 찾아보세요. 왜 위헌일까?

이때 교사는 그 내용을 전달하는 것이 아니라 학생 스스로 탐구하고 발견하도록 하고 있다. 이런 점에서 이 부분은 반성적 탐구의 관점을 반영한 내용에서 출발해서 법리 분석을 하는 등 사회과학 탐구의 관점을 반영한 내용으로 이어진다고 볼 수 있다. 그리고 중간에 기본권 내용을 확인하는 것은 시민성 전달의 관점과도 관련된다.

정리하자면 N교사는 강의, 질문을 통해 사회과의 기본 지식이나 시민으로 가져야 할 가치나 태도를 가르치면서도 문제제기나 활동을 통해서 일상생활과 관련된 사례를 통해 학생들 자신의 입장을 확인하기도 하고 법률과 관련 사례를 통해서 법리 분석도 다루는 등 교과 모형의 여러 관점을 비교적 균형 있고 조화롭게 활용하여 수업을 하고 있었다. 이러한 종합은 1차시 수업에서 미시적으로 이루어질 수도 있지만 여러 차시 수업에 걸쳐 거시적인 형태로 이루어질 수도 있다. 이런 점에서 교과 모형의 종합은 교육과정 개발뿐만 아니라 수업 실행에서도 충분히 가능하다고 볼 수 있다.

5. 결론

그동안의 사회과 성격 및 모형에 대한 논의들을 살펴보면, 교사들이 어떤 모형을 더 선호하는지에 대해서 이야기하면서, 각 모형의 특징들이 어떻게 다른지에 대해서 언급할 뿐, 각 모형이 어떤 관계를 지니고 있는지에 대한 논의가 부족하였다.

이로 인해 교육과정 개정이나 교과 수업 현장에서 종종 특정 모형을 견지하는 것이 더 바람직하다는 오해를 불러일으켜 왔다. 실제로 국내에서 교육과정 개정이 이루어질 때마다 기본적인 지식과 사회적 기본 가치를 중심으로 교육과정을 구성하는 것, 학문적 개념을 중심으로 교육과정을 구성하는 것, 사회적 쟁점을 중심으로 교육과정을 구성하는 것 등이 전혀 다른 방향이라고 생각하고, 교육과정이 특정 교과 모형에 따라 일관성 있게 개발되어야 한다는 선입견이 강하게 작용하였다.

이 장에서는 이러한 오해를 불식시키기 위해 그동안 사회과의 성격이나 정체성을 규정하는 데 있어 기초가 되어 왔던 교과 모형 관련 선행 연구들을 비판적으로 검토하면서, 여러 교과 모형들이 이론적으로 충분히 종합 가능하고, 교육과정 개발과 수업 실행 등 실천의 과정에서도 충분히 상보적으로 활용될 수 있음을 보여주고자 하였다.

이를 위해 이 장은 교과 모형 간의 관계를 분석하면서 그동안 소홀히 여겨졌던 각 모형의 공통점을 드러내어 교과 모형의 종합이 이론적으로 가능하다는 것을 보여주고자 하였다. 동시에 교육과정 및 수업 사례를 통해 여러 모형이 종합된 교육 내용을 선정하고 수업을 실행하는 것이 현실에서 이루어지고 있음을 보여주고자 하였다.

결론적으로 이 장에서는 사회과에서 추구하는 바람직한 시민, 즉 어느 정도의 지식을 가지고, 사실 및 가치와 관련된 문제에 대해서 사고와 판단을 통해서 합리적인 의사결정을 할 수 있는 능력을 지닌 시민을 양성하기 위해서는 시민성 전달, 사회과학, 반성적 탐구 모형의 적절한 균형 및 조화를 통한 종합이 필요하며, 그러한 종합이 시민교육에 보다 적절한 방안임을 주장하였다. 동시에 여러 교과 모형에 걸쳐 균형 및 조화, 종합을 이루는 교육과정 개발과 수업이 실제적으로 가능하다는 사실을 현행 교육과정 내용 분석과 현장 수업 사례 분석을 통해 보여주었다.

참고문헌

강대현(2008). 시민교육과 사회과교육과정: 시민교육을 위한 사회과교육 내용 구성 방안 연구. 사회과교육, 47(3), 165-188.

교육과학기술부(2012a). 사회 과목 교육과정. 교육인적자원부 고시 제2012-3호.

교육과학기술부(2012b). 사회과교육과정. 교육과학기술부 고시 제2012-14호[별책 7].

교육인적자원부(2007). 사회과교육과정. 교육인적자원부 고시 제2007-79호[별책 7].

김왕근(2000). 일반사회 교육과정의 목표 및 내용 선정의 준거. 사회과교육의 목표 및 내용구성의 원리와 방향. 한국교육과정평가원.

박성혁 · 노영주(2000). 초등학교 교사들의 사회과 교과 성격 이해에 관한 연구. 시민교육연구, 30, 103-125.

박형준(2005). 중등학교 사회과 교사의 사회과 교과 성격에 대한 이해: 한국과 미국의 비교를 중심으로. 시민교육연구, 37(1), 81-100.

박형준(2006). 사회과 교사들의 특성과 사회과의 본질에 대한 관점들. 시민교육연구, 38(4), 99-123.

성경희 · 조희진(2012). 사회과 교과 성격에 대한 예비교사 인식 조사 연구. 시민교육연구, 44(4), 117-152.

이정우(2005). 시민교육의 내용에 대한 사회과 교사들의 다양한 관점. 시민교육연구, 37(1), 127-148.

정문성(1996). 초등학생의 사회과에 대한 인식과 태도. 사회와 교육, 22, 171-196.

정문성(1997). 초등학생과 교사의 사회과에 대한 인식과 태도 비교 연구. 초등사회과교육, 9, 117-142.

조영제(1998). 시민성전달모형에 대한 재조명: 자유주의 관점에서, 민주시민교육논총, 3, 219-237.

차경수 · 모경환(2007). 사회과교육. 서울: 동문사.

한국교육과정평가원(2005). 사회과교육과정 개정의 기본 방향 모색. 한국교육과정평가원 워크숍자료집.

Anderson, C., Avery, D. G., Pederson, P. V., Smith, E. S., & Sullivan, J. L.(1997). Divergent perspectives on citizenship education: A Q-method study and survey of social studies teachers. *American educational research journal*, *34*(2), 333-364.

Barr, R., Barth, J. L. & Shermis, S. S.(1977) *Defining the social studies*. NCSS Bulletin 51, Washington DC: National Council for the Social Studies.

Barr, R., Barth, J. L. & Shermis, S. S.(1978). *The nature of social studies.* Palm Springs: ETC publication. / 최충옥・전홍대・조영제(1993). 사회과교육의 이해. 서울: 서원.

Bernstein, R. J.(1976). *The restructuring of social and political theory.* Oxford: Basil Blackwell.

Martorella, P. H.(1991). *Teaching social studies in middle and secondary schools.* New York: Macmillan.

Martorella, P. H.(1996). *Teaching social studies in middle and secondary schools. 2nd ed.* New York: Merrill.

Nelson, J. L. & Michaelis, J. U.(1980). *Secondary social studies: Instruction, curriculum, evaluation.* Englewood Cliffs, NJ: Merrill/Prentice Hall.

Pandiscio, T. G.(1983). Rationality and reproduction: *A historical analysis of social studies rheory*, Ed. D. dissertation, Boston University.

Parker, W.(2009). *Social studies in elementary education, 13th ed.* Pearson Education, Inc. / 주웅영 외 역(2012). 초등사회과교육론. 서울: 교육과학사.

Stanley, W. B.(2001). *Critical issues in social studies research for the 21st century.* Information Age Pub Inc. / 사회과교육연구모임 역(2005). 21세기 사회과교육 연구의 핵심 쟁점들. 서울: 교육과학사.

Vinson, K. D.(1998). The traditions revisited: Instructional approach an high school social studies teachers. *Theory and research in social education, 26*(1), 50-82.

White, C. S.(1982). A validation study of the Barth-Shermis social studies preference scale. *Theory and research in social education*, *10*(2), 1-20.

Woolever, R. & Scott. K. P.(1988). *Active learning in social studies.* Glenview, IL: Scott, Foresman and Company.

Zevin, J.(1992). *Social studies for the twenty-first century.* White Plains, N.Y.: Longman.

05 CHAPTER

사회과교육의 목표는 무엇인가?[1)]

– 종합적인 시민교육을 위한 사회과 목표 제시 전략 –

〈오충영-촛불집회 사진〉 happist.com/551535

1. 사회과교육의 목표로서 시민성을 어떻게 정의할 수 있을까?
2. 미국의 사회과교육 목표는 지금까지 어떻게 변화되어 왔는가?
3. 우리나라의 사회과교육 목표는 지금까지 어떻게 변화되어 왔는가?
4. 사회과교육의 목표 영역은 어떻게 분류할 수 있을까?
5. 사회과에서 가르쳐야 할 지식에는 어떤 것들이 있는가?
6. 사회과에서 가르쳐야 할 기능 및 사고에는 어떤 것들이 있는가?
7. 사회과에서 가르쳐야 할 가치 태도 및 행동에는 어떤 것들이 있는가?
8. 사회과교육의 목표로서 지식, 기능 및 사고, 가치 태도 및 행동은 서로 어떤 관계인가?
9. 여러분이 생각하는 사회과교육의 목표는 무엇인가?

---

1) 이 장은 시민교육연구 제50권 1호(2018년 3월)에 실린 '종합적인 시민교육을 위한 사회과 목표 제시 전략'을 수정한 것이다.

이 장은 사회과교육 목표에 대한 논의이다. 사회과교육의 목표와 관련해서 먼저 주목해야 하는 것은 시민성을 중심으로 논의되었다는 점과 사회 및 국가의 요구, 학습자의 발달, 학교 교육 목표와 조화롭게 설정되어야 한다는 점이다. 또한 사회과 목표 영역(유형)은 추상적/구체적 목표, 인지적/정의적 목표로 분류할 수 있다는 것이다.

그동안 미국 사회과교육 목표 논의는 시민성 함양에 시작해서 반성적 사고를 거쳐, 지식의 구조(화)와 탐구 기능, 고차사고력의 강조 등으로 변화되어 왔다. 이를 통해 볼 때 사회과 목표 논의는 전반적으로 종합적/추상적 논의에서 인지적/구체적 논의로 변화되어 왔음을 알 수 있다. 또한 가치 교육과 시민 행동 등 정의적 목표 역시 등한시되지는 않았다.

그리고 이러한 논의들을 토대로 국내외에서는 사회과 목표 영역(유형)을 지식, 기능, 가치 태도, 실천적 행동 등으로 분류하고 있다. 참고로 국내외에 사용되는 가장 일반적인 목표 분류 방식은 지식, 기능, 가치 태도이고, 저자의 경우에는 지식, 기능 및 사고, 가치 태도 및 행동으로 분류한다.

우리나라의 사회과교육 목표도 미국의 영향으로 전반적으로 시민/국민의 자질(시민성)이 강조되어 왔지만, 6차 교육과정 이전에는 국민이라는 표현을 선호하면서, 특히 충성스럽고 애국적인 국민의 역할을 강조한 반면에 6차부터는 시민이라는 용어를 사용하면서 보편적인 민주시민의 자질을 강조하고, 최근에는 국가뿐만 아니라 지역사회와 세계 시민으로서의 자질도 강조하고 있다.

이러한 경향에 따라 현행(2015 개정) 교육과정에서도 시민교육을 중심으로 하여 총괄 목표와 세부 목표를 제시하고 있다. 그리고 학교 현장에서는 타바, 타일러, 블룸, 메이거, 가네 등의 논의에 기초하여 행동적 표현으로 목표를 진술하는 방식을 일반적으로 채택하고 있는데, 이러한 방식은 장단점을 지닌다.

이 장은 저자가 사회과 목표에 대해서 작성한 논문을 재구성한 것이다. 지식, 기능 및 사고, 가치 태도 및 행동의 기계적 분류에 대해서 문제를 제기하고 대안을 제시하는 내용이다.

1. 서론

그동안 이루어진 사회과의 정의, 성격 및 전통에 대한 다양한 논의에 비해 정작 사회과 목표 영역은 다소 정형화된 방식으로 제시된다. 즉, 사회과가 시민교육을 표방하면서 출범한 이래 오랜 기간 여러 학자들은 사회과 목표 영역을 대체로 인지적・정의적 측면에 걸쳐, 지식, 기능(기능 및 사고), 가치 태도(가치 태도 및 행동) 등 서너 영역으로 분류해 왔다. 물론 학자에 따라 목표 영역을 표현하는 용어가 다른 경우가 있고, 특히 기능과 사고, 가치와 태도를 재구분하는 경우도 있다.[2)]

그리고 이러한 사회과 목표 영역의 분류는 단순히 이론적 논의에 머물지 않고 교육과정 문서, 교과서 체제 및 내용 구성, 학교 현장의 수업 및 평가에도 영향을 준다. 예컨대 우리나라의 경우, 사회과교육과정의 총괄 및 세부 목표와 주제(단원)별 성취기준, 교과서와 지도서상의 단원 목표도 대체로 지식, 기능 및 사고, 가치 태도 및 행동의 목표 영역으로 분류된다. 그리고 교과서 체제 및 내용도 개념과 일반화 등 지식을 중심으로 구성된 본문과 기능 및 사고와 가치 태도 및 행동 요소가 상대적으로 더 나타나는 활동 및 자료 등으로 구성된다.

사회과의 대표적인 수업 모형으로도 지식 습득을 목표로 하는 개념학습과 일반화 학습, 기능 및 사고 연습을 목표로 하는 발견 학습과 탐구 학습 등이 주로 거론된다. 그런데 이러한 수업 모형의 구분 역시 사회과 목표 영역을 배타적으로 인식한 데서 연유한 측면이 있다. 물론 사회과에서도 지식과 기능 및 사고를 포함해서 가치 태도 및 행동까지를 종합적으로 다루는 논쟁문제 수업을 강조하지만, 이러한 수업은 학교 현장에서 일반적으로 이루어지지 않는다.[3)]

---

2) 사회과 목표 영역 구분과 관련된 논의는 Ⅱ장 2절에서 상세히 다루고 있다.

3) 초등학교에 국한해서이긴 하지만 미국이건 우리나라건 쟁점의 탐구는 학술적 논의에 그칠 뿐 그것이 교육 현장에서 원활히 수행되고 있다는 연구 보고는 거의 없다. 그 이유로 그로스(Gross, 1989)와 맥비(McBee, 1996)는 대부분의 성인들은 초등학교 아이들이 사회적 쟁점을 학습하는 것에 대해 회의적이고 소극적인 자세를 취한다는 점을 들었다(노경주, 2000: 84 재인용). 저자는

한편 평가에서도 인지적 영역과 정의적 영역에 대한 평가방법을 구분하여 활용하는 경향이 있다. 그래서 사회과 평가 영역도 지식, 기능 및 사고, 가치 태도 및 행동으로 구분하고 지식과 단순 기능 및 저차사고는 지필평가로, 복합 기능 및 고차사고와 가치 태도 및 행동은 수행평가로 측정하려는 경향이 있다. 그런데 지식, 기능 및 사고, 가치 태도 및 행동을 별도의 평가방법이나 문항으로 측정하는 평가 관행도 사회과 목표 영역을 배타적으로 인식한 데서 연유한다고 볼 수 있다.

사실 전인적이고 종합적인 시민교육을 지향하는 사회과의 성격을 고려해볼 때 지식, 기능 및 사고, 가치 태도 및 행동의 분류는 사회과가 특정 영역에만 치중하는 교과가 아니라는 점을 명확히 한다는 점에서 일면 타당하다. 그러나 이러한 분류를 교조적으로 이해하여 각 목표 영역을 지나치게 구분하는 것은 각 목표 영역을 배타적으로 인식하여 가르치고 평가하게 만든다는 점에서 문제점을 지닌다.

물론 학생들이 교과 수업에서 목표 영역을 연계해서 학습한다고 해서 목표 영역을 교과서나 수업에서 반드시 연계해서 제시할 필요는 없다. 그러나 적어도 어떤 목표들을 추구한다면 그 목표들이 서로 연관되어 있다는 것을 분명하게 인식시키는 것이 필요하다. 왜냐하면 교사와 학생 사이의 상호작용으로 이루어지는 수업에서 교사와 학생이 목표에 대한 인식의 공유 없이 상호작용을 한다면 성공적인 학습을 기대하기 어렵기 때문이다. 이런 점에서 사회과 목표 영역의 분류 관행은 지식, 기능 및 사고, 가치 태도 및 행동을 배타적으로 인식할 수 있는 편견을 교사들(특히 초임 교사들)과 학생들에게 심어줄 수 있는 문제점을 지닌다.[4)]

따라서 사회과 목표 영역이 상호 연계되어 있음을 제시하는 것은 인지적・정의적 측면에 걸쳐 종합적이고 균형 잡힌 시민교육을 하는 출발점이

우리나라 초・중등학교의 상황도 이와 별반 다르지 않다고 생각한다.

4) 사회과 목표 영역 분류 및 제시가 연구자들이나 경력 교사들에게는 크게 문제되지 않을 수도 있다. 왜냐하면 그들의 경우 각 목표 영역을 독립적으로 제시한다고 해도 그것이 서로 관련되어 있다는 점을 이론적으로나 실제적으로 충분히 인식하고 있기 때문이다. 그러나 초임 교사들과 학생들에게는 오해를 유발할 수 있다. 또한 경력 교사들의 경우에도 제시하기도 쉽고 달성하기도 쉬운 목표, 예를 들어 지식 영역 목표에만 초점을 두고 가르치려는 경향을 유발할 수도 있다.

될 수 있다. 이 장에서는 종합적인 시민교육을 위해 지식, 기능 및 사고, 가치 태도 및 행동 목표 영역의 연계를 드러내는 것이 왜 필요하며, 어떻게 실천 가능한지에 대해서 검토하려고 한다. 그리고 이를 토대로 사회과 목표를 상호 연계하여 인식하는 것을 방해하는 현장의 관행들을 지적하고 이에 대한 개선 방안을 제시하려고 한다.

이미 언급한 바와 같이 이 장의 문제의식은 사회과 목표 영역에 대한 국내외 논의에서 출발한다. 그래서 먼저 사회과 목표 영역을 지식, 기능 및 사고, 가치 태도 및 행동으로 분류해 온 교과교육 개론서 등 국내외 논의를 검토하려고 한다. 그리고 이를 토대로 사회과 목표 영역의 상호관계를 분석하여 각 목표 영역이 어떻게 연계되는지를 설명하려고 한다. 그리고 기존의 목표 논의에서 강조하는 지식, 기능 및 사고, 가치 태도 및 행동의 목표 영역 분류 및 제시 방식이 사회과에서 연계해서 가르치고 평가해야 할 지식, 기능 및 사고, 가치 태도 및 행동을 분절적으로 인식하도록 만드는 편견을 야기한다는 점을 지적하려고 한다.

그리고 사회과 목표 영역의 기계적 분류와 분절적 제시가 이론에만 머문 것이 아니라 실제 교육과정 문서, 교과서 체제 및 내용, 수업 내용 및 방법, 평가방법 및 문항에도 영향을 준다는 점을 비판하려고 한다. 구체적으로 사회과 목표 영역의 기계적 분류와 분절적 제시는 교육과정을 개발할 때, 교과서 본문과 활동 및 자료를 구성할 때, 수업 모형 및 기법을 선택하거나 평가 문항을 개발할 때도 영향을 줘서, 이러한 목표 영역에 따라 지식, 기능 및 사고, 가치 태도 및 행동 등을 분절적으로 교수·평가하는 경향을 유발하고 있음을 지적하려고 한다.

그리고 각 목표 영역을 분절적으로 제시하는 것을 개선하는 방안으로 사회과 목표 영역을 상호 연계해서 제시하는 방식을 모색해 보려고 한다. 이러한 논의는 주로 기존의 사회과교육과정 문서, 교과서와 지도서의 단원 및 수업 목표 등의 진술을 검토하면서 문제점을 지적하고 개선 방안을 찾는 방식으로 이루어질 것이다.

따라서 이 장에서 활용하는 연구 방법은 기존의 사회과 목표 영역에 대한 국내외 논의에 대한 문헌 분석과 더불어 교육과정, 교과서, 수업 및 평가와 관련된 자료 분석이 주를 이루게 될 것이다. 그리고 이러한 문헌 및 자료 분석에 기초하여 사회과 목표 영역을 상호 연계해서 제시하는 방안과 사례를 구안하게 될 것이다.

2. 사회과 목표 논의와 목표 영역 분류

1) 사회과 목표에 대한 주요 논의

교과 성립 초기부터 사회과의 목표는 좋은 시민(good citizen)을 양성하는 것이었다. 미국교육협회(National Education Association, 이하 NEA)의 1916년 보고서를 살펴보면 사회과위원회는 미국의 공립학교가 추구해야 할 목표가 '좋은 시민성의 개발'(cultivation of good citizenship)이라고 규정했다. 이는 이전의 위원회들이 내걸었던 '역사를 위한 역사'와는 질적으로 다른 목표였다. 그래서 사회과위원회는 사실과 같은 지식보다는 기능과 태도를 강조하면서 시민성을 '사회적 효율성'(social efficiency)이라는 말로 규정했다(김영석, 2015: 30).

그리고 이러한 와중에 좋은 시민을 기르기 위해 가르쳐야 할 것으로 역사 등 전통적인 교과 지식을 강조하는 견해와 쟁점 등을 통해 반성적 사고를 길러줘야 한다는 견해가 서로 경쟁하였다. 또한 사회과학의 발달과 더불어 신사회과 운동의 영향으로 사회과학 지식의 구조와 탐구 기능을 강조하는 견해도 나타났다(Barr, Barth, & Shermis, 1977). 이외에도 사회 비판과 참여, 개인발달을 강조하는 등 사회과의 성격과 목표에 대한 다양한 논의가 전개되었다(Nelson & Michaelis, 1980).

그 결과 실제로 학교 현장의 사회과에서 가르치는 바는 통일되지 않아서, 역사 과목을 강조하거나 사회과학을 축소해서 가르치거나 사회문제를 중심으로 개편하는 등 다양한 형태의 교육과정이 운영되었다. 따라서 사회과의 목표로서 '좋은 시민'도 애국적인 혹은 충성스러운 시민, 사회과학적 지식과 사고력을 갖춘 시민, 사회 문제를 잘 해결할 수 있는 시민 등 다양한 의미로 해석되었다(차경수 · 모경환, 2017: 70).

그동안 이루어진 사회과 목표에 대한 대표적인 논의들을 살펴보면, 우선 헌트와 메트칼프(Hunt & Metcalf)는 반성적 사고의 함양을 사회과의 가장 주된 목표로 강조하였다. 그들은 반성적 사고를 주어진 문제를 현실적으로 파악하고 논리적 · 경험적으로 증명할 수 있는 증거에 의하여 결론을 도출해 내는 사고 방법으로 인식하고, 인지적인 문제뿐만 아니라 가치 갈등과 같은 정의적인 문제를 다루는 데에도 반성적 사고를 활용할 수 있다고 보았다(Hunt & Metcalf, 1968: 67).

또한 브루너(Bruner, 1960)가 지식의 구조와 발견 학습을 강조하면서, 사회과에서도 사회과학 지식의 구조에 대한 이해와 탐구 기능의 습득이 사회과의 중심 목표가 되어야 한다는 주장이 등장하였다. 대표적으로 마시알라스와 콕스(Massialas & Cox, 1966)는 탐구 기능을 사회과의 주요 목표로 강조하였다. 이처럼 신사회과 운동에서는 학문 지식의 구조 논의와 더불어 학생들이 자료 분석을 통하여 결론을 스스로 찾을 수 있도록 하는 발견학습과 탐구학습을 강조했는데, 이 때 가장 강조되는 지적 기능이 탐구 기능이었다(차경수 · 모경환, 2017: 71-72에서 재인용).

이후 사회과에서 탐구 기능에 대한 논의는 문제해결력과 의사결정력에 대한 논의로 확장되었다. 특히 뱅크스(Banks, 1977)는 사회과 목표를 의사결정력의 함양으로 보고 합리적 의사결정은 사회탐구와 가치탐구에 의해서 가능하다고 보았다. 이때 사회탐구는 사회과학의 사실, 개념, 일반화, 이론 등을 탐구하는 사회과학 탐구의 과정이고, 가치탐구는 가치문제를 인식하고 선호하는 가치를 명확히 하는 가치명료화 혹은 가치 선택의 근거를 밝히는 가치분석의 과정이라고 보았다(Banks, 1997; 최병모 외 역, 1989: 22-40).

미국사회과교육협회(The National Council for the Social Studies, 이하 NCSS)의 공식적인 견해에 따르면, 사회과는 시민적 역량을 증진시키기 위한 사회과학과 인문학에 기반한 통합 교과이며, 사회과의 주된 목적은 학생들이 상호의존적인 세계에서 다문화적이고 민주적인 사회의 시민으로서 공공선에 대한 지식에 기초하여 합리적인 의사결정을 내릴 수 있는 능력을 함양할

하기 위해서는 여러 세부 능력을 갖추는 것이 필요하다고 본다. 그래서 자연스럽게 사회과 목표를 여러 영역 혹은 유형으로 세분하는 논의가 있다.

펜턴(Fenton, 1966)은 사회과의 목표를 블룸의 교육 목표 분류에 의한 인지적인 목표와 정의적인 목표, 사회과의 전통적인 교육 목표인 (협의의) 시민의 자질, 그리고 브루너(Bruner, J. S.)의 영향을 받은 것으로 추측되는 사회과의 (지식) 구조 등 네 가지로 제시하였다(송현정, 2003: 47 재인용). 바아 등(Barr et al, 1977)은 시민적 자질의 핵심인 의사결정능력의 구성 요소로서 지식의 습득, 정보처리능력, 가치분석, 참여 등 네 가지를 들었고, 칼슈니스(Kaltsounis, 1979)는 지식, 사회적 가치, 지적 능력, 가치명료화 능력 등을 제시하였다(최용규 외, 2014: 52 재인용).

넬슨과 마이클리스(Nelson & Michaelis)는 사회과 목표를 지식, 사고 과정, 기능, 태도와 가치로 분류하면서, 지식의 구조와 가치 교육, 사고 과정을 통한 창의적 문제해결능력을 강조하였다(Nelson & Michaelis, 1980: 15). 뱅크스와 뱅크스(Banks & Banks)는 사회과 목표를 지식, 기능, 태도와 가치, 시민 행동으로 분류하였다(Banks & Banks, 1999: 5). 파커(Parker)는 사회과 목표를 사회 이해(social understanding)와 시민 효능감(civic efficacy) 향상에 두고 사회과 목표를 지식, 태도와 가치, 기능(민주적 참여, 학습 및 탐구, 지적 기능)으로 분류하였다(Parker, 2001: 4-8).

우리나라에서도 이러한 흐름을 따라, 차경수·모경환은 사회과 목표를 지식, 기능, 가치 태도, 실천적 행동으로 분류하였고(차경수·모경환, 2017: 76-77), 정문성 등은 지식, 기능, 가치 태도, 참여로 분류하였다(정문성 외, 2008: 18-19). 최용규 등은 사회과 목표를 지식, 기능, 가치 태도로 분류하였고(최용규 외, 2014: 53-55), 박상준은 지식, 기능, 가치 태도, 행동·참여로 분류하였다(박상준, 2018: 40-42).

요컨대, 그동안 사회과에서는 시민성 함양을 사회과교육의 궁극적인 목적으로 보고, 이를 위해서 의사결정력의 향상을 핵심 목표로 설정하고 있다. 그리고 이러한 의사결정력 향상을 위해서 지식, 기능 및 사고, 가치 태도 및 행동 등을 세부 목표 영역으로 제시하고 있다. 미국의 NCSS 사회과 교육과정표준안이나 우리나라의 국가 교육과정에서도 명시적·암묵적으로 사회과 목표 영역을 지식, 기능, 가치 태도로 구분하고 있다(교육부, 2015; NCSS, 1994).

이러한 사회과 목표 영역에 대해서 살펴보면, 우선 지식은 가장 기본적인 목표 영역이다. 사실 좋은 시민이 되기 위해서는 의사결정에 필요한 여러 지식과 정보를 가지고 있어야 한다. 이러한 지식은 대부분 사회과학에서 연유하는데, 인간과 사회에 관한 사실, 개념, 일반화, 이론 등의 지식을 의미한다. 그리고 이 중에서도 사회과에서는 추상적인 사고를 가능하게 해주는 개념, 일반화의 중요성이 강조되어 왔다.

기능 및 사고는 어떤 과제를 성취하기 위하여 지식과 경험 등을 활용하는 능력이다. 기능 및 사고에는 기본 기능(학습 기능 및 의사소통 기능), 사고 기능, 사회 참여 기능(집단 기능 및 정치적 기능) 등이 있는데, 여기서 기본 기능, 사고 기능, 사회 참여 기능은 서로 다른 맥락에서 접근할 필요가 있다. 우선 기본 기능은 읽고 쓰고, 말하고 듣고, 무언가를 만들고, 다른 사람과 의사소통하는 등 가시적으로 확인할 수 있는 능력인 반면에 사고기능은 주로 인간 내면에서 이루어지는 문제해결 과정으로 가시적으로 확인할 수 없다. 그러나 기본기능을 수행하는 과정에서도 대부분의 경우 사고가 수반될 수밖에 없다. 또한 사회 참여 기능은 기본 및 사고 기능 수행을 거치면서 어떤 결정에 따라 정치적 의사를 표현하고 행동하는 것으로 가치 태도 및 행동과도 관련된다는 점에서 매우 복합적 성격을 띤다고 볼 수 있다.

가치 태도는 인권과 민주주의 등 사회적 기본 가치에 대한 존중, 옳고 그름의 구분, 공동체 생활 속의 협동적이고 바람직한 태도 형성 등으로 나타난다. 이러한 가치 태도는 다양한 가치교육 방법을 통하여 내면화하는 것이 기대된다. 또한 학교는 교과교육에서의 가치 태도 학습에 그치지 않고 이를 실제로 체험하고 실천하는 기회를 제공해야 하며, 학습한 가치태도가 시민으로서의 행동으로 나타나도록 해야 한다. 이런 점에서 가치 태도와 행동은 서로 밀접하게 관련되어 있다고 볼 수 있다.

3. 사회과 목표 영역의 상호관계와 연계 가능성

1) 사회과 목표 영역의 상호관계

그동안의 교육과정 개발, 교과서 집필, 수업 및 평가 등의 경험에 비추어 볼 때, 사회과교육에서 지식 중심의 목표 혹은 지식 위주의 목표는 세울 수 있어도 순수 지식만을 목표로 설정·제시하는 것은 현실적으로 어렵다. 예컨대 7차 교육과정부터 보편화된 성취기준의 경우에도 아무리 지식에 초점을 맞추어 진술하더라도 결국 기본 및 학습 기능을 담고 있는 서술어를 사용할 수밖에 없다. 즉 개념과 원리 이해에 초점을 맞춘 목표라 할지라도 결국 '읽기' 등의 기능과 맥락 속에서 지식을 '이해'하는 사고가 결부될 수밖에 없다.[7)]

사회과 교과서에서도 지식과 기능 및 사고의 학습은 서로 결부되는 것이 자연스럽다. 예컨대 미국의 사회과 교과서에서도 비판적 사고 기능 개발이 교과서 본문 내용의 맥락 속에서 이루어지고 있다. 그래서 각 장과 절의 복습 영역에서 비판적 사고의 하위 항목을 부여하고 교과서 본문 내용과 관련되는 질문이나 지시 사항을 제시하고 있다(옥일남, 2012: 167).

이는 실제 수업의 국면에서도 마찬가지다. 특정 개념을 가르치다 보면 기본 기능(학습 혹은 의사소통 기능)에 해당되는 읽기나 쓰기, 혹은 자료 분석 등의 기능 수행이 자연스럽게 이루어진다. 그리고 이러한 기능을 수행하다 보면 사고를 할 수밖에 없다. 예컨대 텍스트 자료의 경우에는 행을 읽고, 행간을 읽고, 행을 넘어서 읽는 과정에서 때로는 주어진 내용을 이해하는 수준의 저차사고를 하고, 때로는 자신의 경험과 연결시키거나 새로운 아이디어를 찾아내는 고차사고를 수행할 수 있다. 그래서 개념과 일반화를 가

7) 최근 사회과교육과정 개발에서는 지식과 기능 및 사고 등 인지적 영역의 목표를 진술하는 데 주력해 왔다. 그 과정에서 때로는 지식을 강조하기도 하고, 기능 및 사고를 강조하기도 했다. 현행 교육과정의 성취기준을 보면 내용 요소와 행동 요소가 조합된 형태의 목표 진술 방식이 주를 이루고 있다. 이 중에서 지식을 강조하게 되면 내용 요소에 방점을 찍고, 기능 및 사고를 강조하게 되면 행동 요소에 방점을 찍게 되는 것이다(모경환·강대현, 2012).

르치는 수업이라고 할지라도 최소한의 기본 기능과 저차사고의 활용은 반드시 필요하며 때로는 그 이상의 고차사고를 활용할 수도 있다.[8)]

또한 기능 및 사고의 경우에도 지식과 별개로 목표를 설정하여 제시하는 것은 사회과의 정체성과 교육의 효과성에 비추어 볼 때 바람직하지 않다. 예컨대 브루너가 지식의 구조와 발견 및 탐구학습을 통한 탐구 기능 향상을 주장한 데에는 개념과 일반화 등 지식의 구조를 발견 및 탐구의 과정을 통해 학습하는 것을 염두에 둔 것이다. 그래서 신사회과 운동의 핵심은 각 학문의 '구조'를 '발견' 또는 '탐구'의 방법으로 학습한다는 것이다(김영석, 2015: 47). 그러므로 기능 및 사고를 지식과 별도로 가르치도록 목표를 세우는 것도 어렵다.

이는 실제 수업의 국면에서도 마찬가지이다. 사회과 수업에서 아무리 기능 및 사고를 전면에 내세웠다고 하더라도 언어나 수리처럼 기능 및 사고 위주로 수업을 진행할 수는 없다. 적어도 사회과에서는 기능 및 사고의 주제나 대상이 되는 내용으로 개념이나 일반화 등의 지식을 다룰 수밖에 없다. 즉, 사회과 수업에서 특정 지식 없이 기능 및 사고만을 다룰 수 없고, 다룬다고 하더라도 사회과 정체성에 적합하다고 보기 어렵다. 이런 점에서 사회과 수업에서는 기능 및 사고의 연습 과정에서 지식의 학습이 함께 이루어지는 것이 바람직하고 효과적이라 볼 수 있다.

따라서 사회과에서 지식은 기능 및 사고와 함께, 기능 및 사고는 지식과 함께 가르쳐야 한다는 것은 매우 기본적인 원칙이다. 이 점에서 지식과 기능 및 사고 목표의 차이는 우선순위나 가중치의 문제라고 볼 수 있다. 즉 지식에 좀 더 초점이 맞추어진 목표가 있고, 기능 및 사고에 보다 초점이 맞추어진 목표가 있을 뿐이지, 순수 지식, 순수 기능 및 사고 목표 설정은 바람직하지도 않고 현실화하기도 어렵다.

---

8) 그래서 개념과 일반화의 학습 이면에는 탐구 학습 혹은 발견 학습이 존재한다. 우선 개념과 일반화를 가르치는 과정에서 구체적인 사례가 많이 활용되는데, 이는 학생들로 하여금 개념의 의미를 암기하도록 하는 것이 아니라, 개념과 일반화를 이해하고 그것을 관련 사례에 적용할 수 있는 능력을 강조하기 때문이다. 또한 구체적인 사례나 자료 분석을 통해 개념의 의미와 특징을 추출하는 과정에서 사회과학자와 유사하게 범주화, 분석, 적용 등의 사고를 하게 된다. 또한 일반화 학습 역시 일련의 탐구 과정을 통해 일반화를 도출할 경우 탐구 학습과 거의 동일한 사고를 활용한다고 볼 수 있다.

이와 같은 지식과 기능 및 사고의 연계 또는 종합은 사회과 학습의 국면뿐만 아니라 평가의 장면에서 유용한 원칙이다. 사회과 목표나 평가 영역을 구분하는 것은 일정 정도 필요하지만, 이로 인해 지식, 기능 및 사고, 가치 태도 및 행동은 별도의 평가방법이나 문항으로 측정해야 하는 것으로 오해해서는 안 된다. 예컨대 지식과 기능 및 사고의 활용 측면에서 좋은 평가 문항의 요건을 이야기한다면, 지식과 기능 및 사고를 별개로 놓고 둘 중 하나만을 발휘하여 문제를 해결하도록 하기보다는, 한 문항, 한 답지 내에서 지식과 기능 및 사고를 연계하고 이를 모두 동원해야 해결 가능하도록 하는 문항과 답지를 구성하는 것이 적절하다.[9)]

한편 교과교육 차원에서 가치 태도를 가르치는 것도 지식과 기능 및 사고와 연계되는 경우가 일반적이다. 그리고 사회과에서 많이 활용하는 가치 태도 교육 접근법들은 가치와 태도에 대한 지식과 인지적 성찰(기능 및 사고)을 강조하는 방법들이다. 즉, 가치와 태도에 대한 지식과 기능 및 사고를 통해서 자신의 가치 태도를 반성하고 내면화하는 방식들이다. 따라서 가치 태도 목표를 지식 혹은 기능 및 사고와 완전히 별개로 설정하고 제시하는 것은 현실적으로 어렵다.[10)]

실제로 교육과정과 교과서에 근거하여 이루어지는 교과 수업에서 가치 태도 및 행동을 인지적으로 접근하는 것이 보다 일반적이다. 이런 점에서 교과 수업에서 교사가 가치 교육을 수행할 때 가치 태도와 지식, 기능 및 사고의 연계는 자연스러운 현상이다. 다만 가치명료화나 가치분석을 목표로 하는 수업의 경우에는 가치 태도가 우선순위가 되며, 학생들이 자신이 선택한 가치 태도를 명확히 하고 내면화하기 위해 관련 지식과 기능 및 사고를 활용하게 된다.

---

9) 과거 학력고사에서는 대체로 지식 요소인 개념, 원리, 일반화 등이 강조되었던 것에 비해, 수능에서는 지식과 기능 및 사고의 종합적 평가를 강조하는 것도 이와 같은 맥락이라고 볼 수 있다. 최근에 우리나라의 수능 시험에서도 사회과 지식, 즉 개념이나 원리 없이 기능 및 사고를 측정하는 문항을 만들면 대개는 읽기 위주의 언어 문항이 되거나 수치를 계산하는 수리 문항에 가깝다는 비판을 받아서, 하나의 문항을 통해 지식과 기능 및 사고, 혹은 가치 태도를 종합적으로 평가하려는 경향을 띠어 가고 있다(강대현・이정우, 2013: 111).

10) 특히 교과 수업에서 가장 많이 활용된다고 볼 수 있는 가치명료화나 가치분석 등은 가치 태도에 대해 인지적으로 성찰하는 접근법들로 가치 태도를 다루지만, 가치 태도에 대한 지식과 인지적 성찰(기능 및 사고)이 강조되는 방법들이다(정원규, 2011: 104-107).

이는 가치 태도의 평가에서도 마찬가지다. 예컨대 지필 평가를 통해 사회현상 인식 및 사회문제 해결과 관련된 다양한 관점과 가치를 분석하고 그 근거를 탐색하는 과정을 평가하거나, 수행평가를 통해 사회문제에 대한 관점을 제시·토론하도록 함으로써 지식과 기능 및 사고를 평가하는 것과 동시에 가치 태도를 평가하는 것이 가능하다. 교과교육 차원에서 가치 태도만을 별도로 평가하기란 현실적으로 어렵다.

요약하자면 사회과교육 차원에서 볼 때, 사회과 목표 영역들은 서로 연계하여 추구하는 것이 바람직할 뿐만 아니라 효과적이다. 다시 말해서, 사회과에서 지식 목표는 대부분의 경우 그 이면에 기본 기능과 저차사고의 목표가 맞물려 있고, 기능 및 사고 목표도 지식 혹은 가치 태도 목표와 맞물려 있다. 가치 태도 목표는 사회과라는 교과의 성격상 대부분 독자적으로 달성되는 것이 아니라 지식, 기능 및 사고 목표와 더불어 달성된다. 따라서 이렇게 상호 연계된 지식, 기능 및 사고, 가치 태도 목표 영역을 지나치게 구분하여 제시하는 것보다는 어떻게 연계되어 있는지를 보여주는 것이 교과교육 차원에서 바람직하고 효과적이다.

이 점에서 그동안 이루어진 지식, 기능 및 사고, 가치 태도 목표 영역의 기계적·분절적 제시는 사회과 정체성에 비추어 바람직하지 않을 뿐만 아니라 교육적으로도 효과가 떨어지는 전략이다. 물론 그 이유는 분명하다. 이미 언급한 바와 같이 각 목표 영역을 배타적으로 명확히 분류할 수 없고, 항상 상호 연계되어 있기 때문이다. 그리고 현실적으로 특정 교과서 내용이나 수업 및 평가 국면에서 특정 영역의 목표만을 중심으로 구성하고 가르치고 측정하는 것은 각 목표 영역이 지닌 시민교육적 효과를 왜곡하는 결과를 낳을 수 있기 때문이다.[11)]

---

11) 우리가 교과서 내용이나 수업 및 평가 국면에서 선택과 집중을 통해 어떤 부분에서는 지식에 초점을 두고, 어떤 부분에서는 기능 및 사고에 초점을 두고, 어떤 부분에서는 가치 태도에 초점을 둘 수도 있고 그러한 방식이 편리하고 익숙할 수도 있다. 그러나 그러한 방식은 지식을 전달하고, 구체적인 상황과 맥락 없이 기능 및 사고를 훈련시키고, 가치 태도를 추상적으로 다루는 풍토를 야기할 수도 있다. 그리고 그렇게 분리되어 맥락 없이 배운 지식, 기능 및 사고, 가치 태도는 우리가 사회과교육을 통해 기르고자 하는, 지식, 기능 및 사고, 가치 태도를 종합적으로 활용하여 공공 문제에 대해서 합리적으로 의사결정을 해야 하는 시민에게 유용한 자원이 되기 어렵다.

2) 사회과 목표 영역의 연계 가능성

따라서 사회과에서 지식, 기능 및 사고, 가치 태도를 엄밀하게 구분하는 것은 과도한 측면이 있다. 사회 현상이나 문제와 관련된 개념과 원리를 이해하는 것은 지식의 습득인 동시에 기능 및 사고의 수행이다. 이런 점에서 개념과 일반화 등 내용 요소로서의 지식과 결부된 기억 및 이해 등의 행동 요소는 지식의 표현이자 기본 기능 및 저차사고의 표현이라 할 수 있다. 또한 종합적인 문제해결능력이라고 할 수 있는 탐구, 의사결정, 비판적 사고, 창의적 사고, 메타인지 등을 포함한 고차사고의 경우에도 내용 요소로서의 지식인 개념이나 원리 없이 발휘될 수 없다. 또한 가치명료화나 분석 등의 가치탐구 및 판단 과정에서 관련 지식과 기능 및 사고는 가치 태도의 선택이나 내면화에 밀접하게 연결된다. 심지어 사회 현상이나 문제에 대한 지식과 기능 및 사고 자체에 가치 태도가 개입될 수도 있다.

특히 미국의 통합 사회과(social studies) 출범과 밀접하게 관련되어 있는 교과 전통인 반성적 탐구와 해당 전통의 대표적인 수업 모형인 논쟁문제수업(하버드 모형)의 경우 지식, 기능 및 사고, 가치 태도의 목표 영역이 보다 밀접하게 관련된다. 즉 논쟁문제 해결 과정에서 개념과 용어를 명료화하고 사실 관계를 확인하고 가치갈등의 해결을 모색한다. 그리고 그 과정에서 학생들은 지식, 기능 및 사고, 가치 태도 목표 영역을 종합적으로 학습하게 된다.[12)]

이처럼 사회과 목표 영역들이 서로 관련되어 있기 때문에 현재의 목표 영역을 보다 연계하여 진술하는 것이 필요하고, 이에 대한 인식의 공유가 보다 확고해질 필요가 있다. 이런 점에서 2015 개정 교육과정은 먼저 새로운 내용체계표를 구성하여 목표 영역을 연계시키고자 하였다. 2015 개정 교육과정에서는 주로 개념과 일반화 등 지식으로 구성된 내용 요소와 기능(기능 및 사고)으로 구성된 행동 요소를 결합하여 성취기준을 작성한다는 기본 원칙하에 <표 5-1>과 같은 내용체계표를 만들었다(교육부, 2015: 5).

---

12) 논쟁문제수업은 교과 수업에서 현실적으로 잘 이루어지지 않는다는 지적을 받고 있지만, 지식, 기능 및 사고, 가치 태도 및 행동이 종합적으로 교수되는 사회과교육의 이상적인 전형이라 할 수 있다.

표 5-1 2015 개정 사회과교육과정 '사회' 과목 내용 체계표(일부)

영역	핵심 개념	일반화된 지식	내용 요소			기능
			초등학교		중학교	
			3~4학년	5~6학년	1~3학년	
정치	민주주의와 국가	현대 민주 국가에서 민주주의는 헌법을 통해 실현되며, 우리 헌법은 국가기관의 구성 및 역할을 규율한다.	민주주의, 지역 사회, 공공기관, 주민 참여, 지역 문제 해결	민주주의, 국가기관, 시민 참여	정치, 민주주의, 정부 형태, 지방자치 제도	조사하기 분석하기 참여하기 토론하기 비평하기 의사결정하기
	정치과정과 제도	현대 민주 국가는 정치과정을 통해 시민의 정치 참여가 실현되며, 시민은 정치 참여를 통해 다양한 정치 활동을 한다.		생활 속의 민주주의, 민주정치 제도	정치과정, 정치 주체, 선거, 시민 참여	
	국제 정치	오늘날 세계화로 인해 다양한 국제기구들이 활동하고 있으며, 한반도의 국제 질서도 복잡해지고 있다.		지구촌 평화, 국가 간 협력, 국제기구, 남북통일	국제 사회, 외교, 우리나라의 국가 간 갈등	

그리고 이로 인해 지식과 기능 및 사고를 상호 연계해서 성취기준을 진술해야 한다는 점이 교육과정 개발자들에게 확실하게 공유되었다. 물론 이전에도 7차 교육과정부터 도입된 성취기준 진술을 통해 목표 영역 간의 연계가 시도되었다. 실제로 7차 교육과정 이래 보편화된 성취기준 진술은 하나의 문장으로 되어 있어, 지식 혹은 가치 태도 등의 내용(내용 요소)과 기능 및 사고의 과정(행동 요소)을 함께 진술하고 있다.[13] 즉, 성취기준 진술은 내용 요소에 대한 강조에만 머물러 있는 것이 아니라 그러한 내용 요소를 어떤 방식으로 학습해야 하는 것인지와 관련된 행동 요소에 대한 관심 증대를 반영해 왔다(강대현, 2010; 모경환 · 강대현, 2012).

그러나 7차 교육과정 이래 성취기준 진술이 보편화되었지만, 성취기준이 지닌 이러한 특징을 학교 현장의 교수자들이나 학습자들이 모두 공유하고

13) 상대적으로 지식과 가치 태도는 내용 요소로 표현되는 경우가 많고, 기능 및 사고는 행동 요소로 표현되는 경우가 많아서 이렇게 서술하고 있지만, 지식과 가치 태도도 행동 요소로 표현될 수 있는 부분이 있고, 기능 및 사고도 내용 요소로 표현될 수 있는 부분이 있다.

있지는 않다. 그래서 지식 등의 내용 요소와 더불어 행동 요소로서 기능에 대한 강조가 이루어지고 있음에도 불구하고, 아직까지 학교 현장에서는 목표를 지식, 기능 및 사고, 가치 태도 등으로 구분하는 관행이 일반화되어 있다.

여기서는 2015 개정 사회과교육과정 중 저자가 공동 연구자로 참여해서 검토했던 중학교 '사회' 일반사회 영역의 성취기준을 통해 2015 개정 교육과정이 어떤 측면에서 종합적인 목표 진술 방식을 지향했는지를 보여주려고 한다. 다음은 2015 개정 중학교 사회 교육과정의 일반사회 영역 '개인과 사회생활'의 성취기준이다(교육부, 2015: 77).

2015 개정 중학교 사회 교육과정의 '개인과 사회생활' 성취기준

[9사(일사)01-01] 사회화의 의미와 과정을 이해하고, 사회화 과정에서 청소년기에 나타나는 특징을 설명한다.

[9사(일사)01-02] 사회적 지위와 역할의 의미를 이해하고, 역할 갈등의 특징을 사례를 통해 분석한다.

[9사(일사)01-03] 사회집단의 의미를 이해하고, 사회집단에서 나타나는 차별과 갈등의 사례와 이에 대한 해결 방안을 탐구한다.

첫 번째 성취기준은 일단 지식 중심으로 볼 수 있다. 그렇지만 기본 및 학습 기능과 저차사고는 충분히 연계된 목표이다. 사회화의 의미와 과정, 청소년기의 특징을 이해하고 설명하려면 자료를 읽고 생각하는 과정이 수반되기 때문이다. 두 번째 성취기준은 앞부분이 다소 지식 중심이지만, 뒷부분은 지식과 기능 및 사고가 연계된 목표라 할 수 있다. 역할 갈등의 특징을 바로 제시하는 것이 아니라 사례를 통해서 특징을 귀납적으로 추출하도록 하는 것이기 때문이다. 세 번째 성취기준은 지식, 기능 및 사고, 가치 태도 및 행동이 연계된 목표라 할 수 있다. 사회 집단의 의미를 이해하는 과정에서는 지식과 기본 기능 및 저차사고가 활용되어 다소 지식에 치우치지만, 사회집단에서 나타나는 차별과 갈등 사례를 탐구하고 해결 방안을 모색하는 과정에서는 가치 판단을 포함한 고차사고가 관여되기 때문이다.

다음은 2015 개정 중학교 사회 교육과정의 일반사회 영역 '문화의 이해'의 성취기준이다(교육부, 2015: 78).

2015 개정 중학교 사회 교육과정의 '문화의 이해' 성취기준

[9사(일사)02-01] 문화의 의미를 이해하고, 문화가 가지는 특징을 사례를 통해 분석한다.
[9사(일사)02-02] 문화를 바라보는 여러 가지 태도를 비교하고, 다른 문화들을 이해하기 위한 바람직한 태도를 가진다.
[9사(일사)02-03] 대중매체와 대중문화의 의미와 특징을 이해하고, 대중문화를 비판적으로 평가하는 태도를 가진다.

일단 첫 번째 성취기준의 앞부분은 문화의 개념을 이해한다는 점에서 다소 지식 중심이라 볼 수 있지만, 이해의 과정 역시 적어도 기본 및 학습 기능과 저차사고의 활용을 수반한다. 그리고 뒷부분은 문화의 특징을 사례 분석을 통해 추출하는 것이기 때문에 지식과 기능 및 사고가 연계된 목표라 할 수 있다. 두 번째 성취기준은 지식, 기능 및 사고, 가치 태도 및 행동 등 세 가지 목표 영역이 연계되어 있다고 볼 수 있다. 문화를 바라보는 여러 태도를 비교하는 것은 지식과 기능 및 사고가 연계된 목표이지만, 다른 문화를 이해하기 위한 바람직한 태도를 가지는 것은 지식과 기능 및 사고의 활용을 토대로 올바른 가치 태도를 선택하는 것으로 지식, 기능 및 사고, 가치 태도 및 행동이 연계된 목표 진술이다. 세 번째 성취기준에서 앞부분은 지식과 기본 기능이 연계된 목표로 대중매체와 대중문화의 의미와 특징을 이해하는 것이고, 뒷부분은 이를 토대로 대중문화를 비판적으로 평가하는 사고와 미디어 및 문화 비평과 관련된 가치 태도가 연계된 목표 진술이다.

이처럼 2015 개정 사회과교육과정은 내용체계표와 성취기준을 통해 지식, 기능 및 사고, 가치 태도 및 행동 등을 연계하여 목표를 진술하려고 노력하였다. 사실 2015 개정은 총론부터 지식, 기능 및 사고, 가치 태도 및 행동을 종합한 역량 중심 교육과정을 표방하였고, 실제로 사회과 성격이나 목표 부분에서 이에 대한 강조가 들어 있다. 더불어 성취기준에서도 내용 요소와 행동 요소의 결합을 통해서 지식, 기능 및 사고, 가치 태도 및 행동 등을 연계시킨 목표들을 많이 제시하고자 하였다.

4. 현행 사회과 목표 제시 방식의 문제점과 개선 방안

1) 현행 사회과 목표 제시 방식의 문제점

이미 언급한 바와 같이 사회과 목표 영역의 분류는 단순히 이론적 논의에 머물지 않고 사회과교육과정 문서, 교과서 체제 및 내용 구성, 학교 현장의 교수학습 및 평가에도 영향을 주어 왔다. 특히 교육과정이 교과서 단원 목표 등도 대체로 지식, 기능 및 사고, 가치 태도 및 행동 등의 목표 영역으로 제시되거나 분류되는 경향을 보여 왔다. 구체적으로 교육과정의 목표 진술에서도 지식, 기능 및 사고, 가치 태도 및 행동과 관련된 총괄 목표나 세부 목표가 진술되어 왔다. 2015 개정에서도 아직까지 세부 목표의 경우에는 이러한 분류를 따르는 경향이 있다. 다음은 2015 개정 '사회' 과목의 세부 목표이다(교육부, 2015: 4).

2015 개정 '사회' 과목의 세부 목표

가. 사회의 여러 현상과 특성을 그 사회의 지리적 환경, 역사적 발전, 정치・경제・사회적 제도 등과 관련지어 이해한다.

나. 지표 공간의 자연환경 및 인문환경에 대한 이해를 통해 지역에 따른 인간 생활의 다양성을 파악하고, 지역적, 국가적, 세계적 수준의 지리 문제와 쟁점에 관심을 갖는다.

다. 각 시대의 특색을 중심으로 우리나라의 역사적 전통과 문화의 특수성을 파악하여 민족사의 발전상을 체계적으로 이해하며, 이를 바탕으로 인류 생활의 발달 과정과 각 시대의 문화적 특색을 파악한다.

라. 사회생활에 관한 기본적 지식과 정치・경제・사회・문화 현상에 대한 기본적인 원리를 종합적으로 이해하고, 현대 사회의 성격 및 민주적 사회생활을 위하여 해결해야 할 여러 문제를 파악한다.

마. 사회현상과 문제를 파악하는 데 필요한 지식과 정보를 획득, 분석, 조직, 활용하는 능력

을 기르며, 사회생활에서 나타나는 여러 문제를 합리적으로 해결하기 위한 탐구 능력, 의사결정능력 및 사회 참여 능력을 기른다.

바. 개인과 사회생활을 민주적으로 운영하고, 우리 사회가 당면한 문제들에 관심을 가지고 민주 국가 발전과 세계의 발전에 적극적으로 이바지하려는 태도를 가진다.

여기서 가, 나, 다, 라는 지식 목표, 마는 기능 목표, 바는 가치 태도 목표이다. 물론 가, 나, 다, 라의 경우 순수한 지식 목표라고 할 수는 없지만, 통합, 지리, 역사, 일반사회 영역의 지식 목표로 기능 및 사고와의 연계 혹은 가치 태도 및 행동과의 연계 노력이 미흡한 편이다. 만약 지식, 기능 및 사고, 가치 태도 및 행동의 연계를 염두에 두고 세부 목표를 재구성한다면 현재보다는 훨씬 유연한 세부 목표 설정이 가능할 것이다. 예컨대 지리, 역사, 일반사회 영역을 병합한 사회 과목이라는 것을 전제하더라도 지리, 역사, 일반사회 영역별로 각각 지식, 기능 및 사고, 가치 태도 및 행동이 연계된 목표를 설정하는 것도 가능하다. 또 기능 목표와 가치 태도 목표도 지식 목표 등과 연계된다면 지금보다 구체적으로 제시할 수 있다.

또한 교과서나 지도서[14] 등에서도 이러한 목표 영역 분류를 명시적·암묵적으로 제시하는 경우가 있다. 최근 들어 성취기준의 영향으로 교과서 단원 및 학습 목표의 경우에는 지식, 기능 및 사고, 가치 태도 및 행동을 구분하여 제시하는 경우는 드물지만, 이러한 관행은 암묵적으로 남아 있다. 다음은 비상교육 중학교 사회1의 11단원 '정치생활과 민주주의'의 교과서 단원 목표들이다(최성길 외, 2015: 228-240).

비상교육 중학교 사회1 교과서의 11단원 목표

- 정치의 의미와 중요성을 이해하고 정치에 참여하는 태도를 기른다.
- 민주 정치가 발전해 온 과정을 분석하고, 그 특징을 말할 수 있다.
- 민주주의의 이념인 인간의 존엄성, 자유, 평등이 일상생활에서 어떻게 실현되고 있는지를 설명할 수 있다.

---

14) 2015 개정 교육과정에 따른 중등학교 교과서의 학교 현장 적용이 2018년 3월(원본논문 투고 이후)이기 때문에 부득이하게 교과서와 지도서는 2009 개정 교육과정 시기에 발행된 것을 분석하였다. 해당 교과서들은 2013년에 초판이 발행된 이후에 수정된 것으로 저자가 분석한 교과서와 지도서는 2015년도 개정판이다.

- 민주주의의 이념을 실현하기 위해 필요한 민주 정치의 기본 원리를 열거할 수 있다.
- 민주 정치를 실현하는 방식인 직접 민주 정치와 간접 민주 정치의 특징을 비교하여 설명할 수 있다.
- 정부 형태를 의원내각제와 대통령제로 구별하고, 우리나라 정부 형태의 특징을 설명할 수 있다.

교과서 단원 혹은 학습 목표들은 지식과 가치 태도로 구성된 첫 번째 목표를 제외하고는 모두 지식 혹은 지식과 기본 기능 및 저차사고 수준에서 제시되어 있음을 알 수 있다. 물론 설명의 과정에서 분석적인 사고가 이루어질 수도 있겠지만, 좀 더 명시적으로 기능 및 사고를 목표에 담고자 하는 노력이 필요하다. 이러한 목표 진술은 교과서 내용 구성에도 그대로 반영되어 개념과 원리에 대한 일반적인 설명 위주의 본문 구성이 주를 이루고, 이를 보완하는 자료와 지식과 함께 기능 및 사고를 유도하는 일부 활동이 눈에 띌 뿐이다. 이러한 목표 진술과 내용 구성은 다른 교과서에서도 일반적으로 나타나는 현상이다(이정우, 2010: 179).

또한 평가에서 지식과 사고력 평가를 별도의 항목으로 분리하는 경향도 존재한다. 비상교육 중학교 '사회' 교과서에는 중단원마다 일종의 형성평가로서 '콕!콕! 확인하기' 코너가 있는데, 이는 대부분 단편적인 지식을 묻는 형태이다. 반면에 대단원 마무리의 '재미있게 정리하기'와 '수행평가'에서는 고차적인 기능 및 사고를 평가하는 문항들이 나타난다(최성길 외, 2015). 아예 이를 구분하여 제시하는 교과서도 있는데, 금성출판사의 고등학교 '법과 정치' 교과서의 경우 중단원 평가인 '스스로 확인하기'를 '기본 개념 확인', '고등 사고력 기르기' 등으로 구분하고 있다(손병로 외, 2015).

그런데 사실 가장 문제가 되는 것은 교사용 지도서이다. 교사용 지도서에서는 교과서에 비해 지식, 기능 및 사고, 가치 태도 및 행동 목표 영역의 분류가 보다 직접적으로 제시되는 경우가 많다. 다음은 중학교 사회 교사용 지도서상에 제시된 단원 목표 사례이다. 목표 영역이 지식·이해, 기능, 가치 태도로 분류되어 있는데, 다소 오해를 불러일으킬 수 있는 내용이다(류재명 외, 2015: 295). 여기서 지식·이해 목표는 지식 혹은 지식과 저차 기능 및 사고로 구성된 목표라 할 수 있다. 하지만 기능 목표 중에서 두 번째 목표는 사실상 기능보다는 지식에 좀 더 초점을 두고 있는 목표이다. 가치 태도 목표의 경우에는 지식이나 기능 및 사고를 제외하고 진술하려다가 보니 막연한 진술이 되고 있다. 예컨대 가치 태도의 두 번째 목표에서 민주주의 이념과 원리를 실현하려는 태도가 구체적으로 어떤 태도인지 파악하기가 어렵다.

천재교육 중학교 사회1 교사용 지도서(PDF파일)의 11단원 목표

〈학습 목표〉

[지식 · 이해]

- 정치의 다양한 의미와 민주 정치의 특징을 설명할 수 있다.
- 민주주의의 이념과 기본 원리, 그리고 이를 구현하기 위한 정부 형태를 파악할 수 있다.

[기능]

- 민주 정치의 발전 과정과 관련한 다양한 사료를 탐색하고 분석하여 민주 정치의 특징을 도출할 수 있다.
- 민주주의의 이념을 구현하기 위한 각국의 정부 형태가 갖는 특징을 설명할 수 있다.

[가치 · 태도]

- 민주 정치의 주체는 시민임을 깨닫고 정치에 적극 참여하는 태도를 함양할 수 있다.
- 민주주의의 이념과 민주 정치의 기본 원리를 일상생활 속에서 실현하려는 태도를 함양할 수 있다.

다음으로 문제가 되는 것은 학교 현장의 평가에서 많이 활용되고 있는 이원목적분류표이다. 다음에 제시한 나이스(NEIS) 이원목적분류표의 행동 영역을 보면 블룸의 6가지 인지적 목표 중 일부에 해당하는 지식, 이해, 적용으로 구분되어 있는데, 이 경우에 지식이 내포하는 바가 분명하지 않은 점과 행동 영역이 이해와 적용에 멈춰서 고차사고를 제외하고 있는 점이 문제이다. 그리고 가치 태도 등을 완전히 배제하고 평가 영역을 인지적 영역에 국한한 것도 문제라고 볼 수 있다.

〈나이스(NEIS)의 이원목적분류표 양식〉

문항 번호	내용영역	성취기준	행동영역			난이도			배점	정답
			지식	이해	적용	어려움	보통	쉬움		
1										
2										
3										

물론 이는 지필 평가가 지식과 기능 및 사고 중심으로 이루어진다는 전제하에서 작성된 것이지만, 이를 있는 그대로 받아들일 경우 사회과 목표 영역은 지식, 기능 및 사고, 가치 태도가 아니라 지식, 이해, 적용이 된다. 참고로 현재 이원목적분류표에서는 행동 영역 중 한 곳에만 체크하도록 되어 있다.[15] 결국 이해와 적용을 전제하지 않는 지식은 암기하고 있는 단편적인 지식을 의미하게 되고, 사회과는 기억한 지식(지식의 기억), 이해한 지식(지식의 이해), 적용한 지식(지식의 적용)을 가르치고 평가하는 과목이 되어 버린다.

2) 현행 사회과 목표 제시 방식의 개선 방안

우선 교육과정의 세부 목표는 좀 더 유연하게 구성해야 한다. 여기서는 이에 대해서 직접적인 대안과 사례를 제시하기보다는 향후 개선 방안을 언급하는 선에서 논의하고자 한다. 우선, 사회과교육과정 문서에서 총괄 목표로서 시민의 자질이나 시민교육은 언급하는 것은 당연한 일이다. 그리고 구체적인 형태로 사회 현상 이해에 필요한 기본적인 지식과 기능, 사회 문제나 공공 쟁점 해결에 필요한 문제해결력과 의사결정력 등의 고차사고와 가치 태도를 언급하는 것도 자연스럽다.

15) 아마도 상당수의 경력 교사들은 행동 영역의 어느 한 곳에만 체크하는 것이 바로 그 하나만을 배타적으로 의미한다기보다는 그 부분에 좀 더 초점을 맞추고 있다는 의미로 이해하고 이 양식을 활용하고 있을 것이다. 그러나 양식을 처음 접하는 초임 교사들에게 이러한 행동 영역 분류는 상당한 혼란을 야기하는 범주라 할 수 있다. 그리고 경력 교사들 입장에서도 사회과 목표 영역 전반을 고려하지 못한다는 점에서 개선이 필요한 양식이라 할 수 있다.

그러나 세부 목표에서는 통합, 지리, 역사, 일반사회 지식 목표 각각 하나, 그리고 기능 목표 하나, 가치 태도 목표 하나로 진술하는 방식은 재고할 필요가 있다. 오히려 지식과 기본 기능 및 저차사고 목표, 지식과 고차사고 목표, 지식과 가치 태도 목표, 지식과 기능 및 사고와 가치 태도 목표 등의 적절한 조합을 통해서 시민에게 필요한 기본적인 소양에서 출발해서 다양한 측면의 자질과 능력을 표현하는 방식으로 재편하는 것이 필요하다.

현재 교과서의 목표 진술 역시 마찬가지다. 현재 교과서의 단원 및 학습 목표들은 대부분 지식 혹은 지식과 기본 기능 및 저차사고 위주로 진술되어 있다. 지식 목표를 진술하더라고 좀 더 기능 및 사고와 연계해서 진술할 필요가 있고, 때로는 가치 태도와 연계하는 노력도 필요하다. 가치 태도 목표의 경우에도 지식 혹은 기능 및 사고와 연계해서 목표를 제시할 때 훨씬 현실적인 의미가 명확해질 수 있다.

특히 지도서에서 지식·이해, 기능, 가치 태도 등과 유사한 형태로 목표를 명확히 나누어 진술하는 것은 재고되어야 한다. 만약 굳이 분류한다면 '지식 중심', '기능 및 사고 중심', '가치 태도 및 행동 중심'이라는 표현을 사용하거나, 목표 진술 이후에 이 목표가 지식, 기능 및 사고, 가치 태도 및 행동 이외에 어떤 목표 영역과 관련되는지를 표현하는 것이 바람직하다. 예컨대 앞에서 제시했던 지도서는 적어도 형식적인 측면에서 다음과 같이 수정할 필요가 있다.

중학교 사회 교사용 지도서의 단원 목표 제시 형식 개선안

〈학습 목표〉

[지식 중심]

- 정치의 다양한 의미와 민주 정치의 특징을 설명할 수 있다.(지식+기능 및 사고)
- 민주주의의 이념과 기본 원리, 그리고 이를 구현하기 위한 정부 형태를 파악할 수 있다.(지식+기능 및 사고)

[기능 중심]

- 민주 정치의 발전 과정과 관련한 다양한 사료를 탐색하고 분석하여 민주 정치의 특징을 도출할 수 있다.(기능 및 사고+지식)
- 민주주의의 이념을 구현하기 위한 각국의 정부 형태가 갖는 특징을 설명할 수 있다.(기능 및 사고+지식)

[가치 · 태도 중심]

- 민주 정치의 주체는 시민임을 깨닫고 정치에 적극 참여하는 태도를 함양할 수 있다.(가치 태도 및 행동+지식+기능 및 사고)
- 민주주의의 이념과 민주 정치의 기본 원리를 일상생활 속에서 실현하려는 태도를 함양할 수 있다.(가치 태도 및 행동+지식+기능 및 사고)

그리고 이원목적분류표는 다음과 같이 개선하는 것을 제안한다. 먼저 내용 영역은 문항 내용(주제) 정도로 수정하고 행동 영역은 평가 영역으로 수정하되, 중복 체크가 가능하도록 하는 것이 바람직할 것이다. 지식 중심 문항의 경우에는 지식과 기본 기능(저차사고)에 체크하면 되고, 고차사고를 요하는 문제는 그 성격에 따라 고차사고와 지식 정도에 체크하거나 아니만 지식, 기본 기능, 고차사고에 모두 체크하는 것이 가능할 것이다. 가치 태도와 관련된 문항은 지식 혹은 기본 기능, 고차사고 등과 연계될 수 있는데, 문항 성격에 따라 모든 칸에 체크하는 것도 가능할 것이다.

〈나이스(NEIS)의 이원목적분류표 양식 개선안〉

문항 번호	문항내용 (주제)	성취기준	평가 영역(요소)				난이도			배점	정답
			지식	기본 기능	고차 사고	가치 태도	어려움	보통	쉬움		
1											
2											
3											

이처럼 지식, 기능 및 사고, 가치 태도의 상호관계와 현행 교육과정 내용체계의 취지와 성취기준 진술의 특징을 고려할 때, 그동안 교육과정, 교과서, 특히 지도서에서 단원 및 수업 목표를 명시적 · 암묵적으로 지식, 기능 및 사고, 가치 태도 등으로 지나치게 구분하여 제시하는 경향은 재고되어야 한다. 동시에 시험 문제를 출제하면서 관행적으로 작성되어 온 이원목적분류표 양식도 개선되어야 할 것이다.

5. 결론

사회과교육은 그동안 시민교육을 목표로 이루어졌다. 이를 위해 문제해결력이나 의사결정력 함양을 핵심 목표로 제시했고, 그런 과정에서 지식, 기능 및 사고, 가치 태도 및 행동을 주요한 목표 영역으로 설정해 왔다. 물론 이 장은 이러한 범주와 분류 자체에 대해 문제제기한 것은 아니다. 다만 시민교육을 위해 서로 연계되어야 할 목표가 편의상 분절적으로 제시되고, 그러한 방식이 교육과정, 교과서, 지도서, 평가 양식 등에서 고착화된 것을 비판한 것이다.

7차 교육과정부터 교육과정 진술이 성취기준 형태로 바뀌면서 모든 성취기준은 어떤 의미에서 지식, 기능 및 사고, 가치 태도 및 행동 중 둘 이상이 연계된 방식으로 제시되고 있다. 그런데 아직도 교육과정 일부, 교과서, 지도서, 평가 양식 등에서는 지식, 기능 및 사고, 가치 태도 및 행동의 분절적 제시와 더불어, 그 과정에서 진술이 비교적 용이한 인지적 영역, 특히 지식에 초점을 둔 목표 제시 관행이 유지되고 있다.

물론 이 장이 제안하는 바, 교육과정, 교과서나 지도서 내용의 일부를 바꾸고, 이원목적분류표 양식을 개선하는 방안은 혁신적인 것은 아니다. 그러나 기존의 관행을 바꾸는 일은 결코 쉬운 것이 아니며, 그러한 관행을 바꿔야 사람들의 인식과 실천을 바꿀 수 있다. 저자는 이 장을 통해 그동안 정착되어 온 성취기준 진술이 의도하는 바를 살리지 못하고 있는 '문화 지체'를 개선하고, 역량 중심 교육과정을 표방하는 2015 개정 교육과정의 성공적인 실행에 일조하려고 한다.

특히 그동안 가치 태도는 교과서 내용으로 진술하거나 평가 문항의 선택형으로 출제하는 데 어려움이 있었다. 왜냐하면 관행과 틀에 묶여서 가치 태도만으로 교과서 내용을 진술하고 평가 문항을 출제하려고 했기 때문이다. 그러나 가치 태도를 지식 혹은 기능 및 사고와 연계해서 집필·출제할 수 있다고 할 경우에는 상대적으로 용이하게 교과서를 쓰고, 문항을 출제할 수 있다. 특히 평가의 경우, 이제 문항 내용뿐만 아니라 문항에서 측정하고자 하는 평가 영역(요소)에 초점을 두고, 지식뿐만 아니라 기능 및 사고, 가치 태도 및 행동을 함께 측정할 수 있는지를 고민해 볼 시점이 되었다.

이론, 개념, 범주는 우리가 세상을 보는 눈이자 틀이다. 범주를 유연하게 적용하고 그 한계를 알 때 융통성 있는 실천이 가능하다. 교과교육학은 실천을 전제로 하는 학문이다. 그래서 현실을 개선하는 데 궁극적인 목적이 있다. 미래 세대 아이들을 교육하는 교사들은 지식뿐만 아니라 기능 및 사고 혹은 가치 태도를 학교 현장에서 균형 있게 가르치고 평가해야 시민교육에 효과가 있을 것이다. 물론 기능 및 사고와 가치 태도도 지식과 함께 가르칠 때 효과적이다.[16)]

인지적·정의적 영역에 걸쳐 종합적이고 균형 잡힌 시민교육을 위해서 지식, 기능 및 사고, 가치 태도 및 행동을 연계한 교육이 필요하다. 그리고 그것이 훨씬 자연스러운 일이다. 다문화교육의 예만 봐도 그렇다. 우리 사회에 얼마나 많은 유형의 소수자들이 존재하고, 그들이 어떤 문제에 봉착해 있으며, 주류 집단이 어떤 선입견을 가지고 차별을 하는지를 이해하고 분석하면 적어도 겉으로나마 행동을 조심하게 될 것이다. 아니 어느 순간에는 진심으로 소수자들을 배려하는 행동을 할 수도 있다.

지식, 기능 및 사고, 가치 태도 및 행동을 구분해서 가르치는 교육은 불편할 뿐만 아니라 사회과 정체성에 맞지도 않다. 도덕과가 사회과에 분리된 이후에(공민이 일반사회로 바뀐 이래로) 가치 교육을 소홀히 해 온 것이 우리나라 사회과의 현실이다. 그리고 사회 현상이나 문제에 대한 지식 없이 가치 태도에 초점을 둔 도덕 교육도 어려움을 겪을 수밖에 없다.

사실 지식은 기능 및 사고와 연계되고, 기능 및 사고는 지식을 다루면서 학습이 이루어질 때 더욱 효과적이다. 가치 태도도 사회 현상이나 문제에 대한 지식과 이에 대한 체계적인 기능 및 사고 수행을 통해서 보다 자연스

16) 이는 우리가 현실에서 익히 경험하고 있는 바이다. 예컨대 생각을 통해 획득한 지식은 생명력이 길다. 그리고 안다고 가치관이 반드시 달라지지는 않지만, 알 때 가치관이 달라질 여지가 생긴다. 또 생각한다고 행동이 바뀌지는 않지만, 생각할 때 행동이 바뀔 개연성이 생긴다.

럽게 학습될 수 있다. 이 장이 담고 있는 교육과정과 교과서 목표 진술, 지도서와 이원목적분류표 양식 등의 소소한 개선을 통해 지식, 기능 및 사고, 가치 태도 및 행동을 연계한 교육 내용 구성과 수업 실천이 조금이라도 활성화될 수 있었으면 한다.

참고문헌

강대현(2010). 사회과 성취기준 개발 논의와 결과에 대한 반성: 7차 교육과정 이후 성취기준 개발 논의와 결과를 중심으로. **시민교육연구**, 42(1), 1-24.

강대현・이정우(2013). 사회과 평가 문항 개발의 기본 방향 탐색: 지식과 기능 및 사고를 종합적으로 측정하는 문항 개발. **사회과교육**, 52(1), 103-115.

교육부(2015). **사회과교육과정**. 교육부 고시 제 2015-74호 [별책 7].

김영석(2015). **사회과교육론**. 서울: 교육과학사.

노경주(2000). 초등 사회과에서의 쟁점중심교육. **시민교육연구**, 31, 83-107.

류재명 외(2015). **중학교 사회1 교사용 지도서**(PDF파일). 서울: 천재교육.

모경환・강대현(2012). 사회과교육과정과 성취기준: 일반사회 영역의 특징과 문제점. **사회과교육**, 51(2), 61-76.

박상준(2002). 사회과교육의 목표에 대한 새로운 접근: 행위와 사고의 통합. **시민교육연구**, 34(2), 65-98.

박상준(2018). **사회과교육의 이해**. 제3판. 서울: 교육과학사.

손병노 외(2015). **법과 정치**. 서울: 금성출판사.

송현정(2003). 사회과교육의 목표로서 시민성의 의미에 대한 연구. **시민교육연구**, 35(2), 45-70.

옥일남(2012). 미국 사회과 교과서에 나타난 비판적 사고의 이해. **시민교육연구**, 44(3), 131-172.

이정우(2010). 개정 교육과정 중학교 '사회' 교과서 분석 연구: 교육과정 대강화에 따른 교과서 다양성을 중심으로. **시민교육연구**, 42(3), 159-185.

정문성・구정화・설규주・박영석・이동원・김학희(2008). **사회과 교수・학습법**(개정판). 서울: 교육과학사.

정원규(2011). 사회과 가치교육 접근법들에 대한 비판적 고찰: 가치교육의 네 가지 배경원칙을 중심으로. **시민교육연구**, 43(4), 93-116.

조영제(1998). 다원주의 사회의 기본 덕목으로서의 관용과 그 사회과교육적 함의. 서울대학교 대학원 박사학위논문.

차경수・모경환(2017). **사회과교육**(제2판). 서울: 동문사.

최성길 외(2015). **중학교 사회 1**. 서울: 비상교육.

최용규・정호범・김명석・박남수・박용조(2014). **사회과교육과정에서 수업까지**(2차 수정판). 서울: 교육과학사.

Banks, J. A.(1977). *Teaching strategies for the social studies: Inquiry, valuing and decision-making* (2nd Ed.). Reading: Addison-Wesley Publishing Company. 최병모 외(역)(1987). 사회과 교수법과 교재 연구. 서울: 교육과학사.

Banks, J. A. & Banks, C. A.(1999). *Teaching strategies for the social studies: Decision-making and citizen action* (5th Ed.). New York: Longman.

Barr, R. A., Barth, J. L., & Shermis, S. S.(1977). *Defining the social studies*. NCSS Bulletin 51.

Bruner, J. S.(1960). *The process of education*. Cambridge, MA: Harvard University Press.

Fenton, E.(1966). *Teaching the new social studies in secondary schools: An instructive approach*. New York: Holt, Reinhart and Winston, Inc.

Gross, R. E.(1989). Reasons for the limited acceptance of the problems approach. *The Social Studies, 80*, 185-186.

Hunt, M. P. & Metcalf, L. E.(1968). *Teaching high school social studies: Problems in reflective thinking and social understanding* (2nd Ed.). New York: Harper & Row.

Kaltsounis, T.(1979). *Teaching social studies in the elementary school: The basics for citizenship*. New Jersey: Prentice-Hall, Inc.

McBee, R. H.(1996). Can controversial topics be taught in the early grades?: The answer is yes!. *Social Education, 60*, 38-41.

National Council for the Social Studies(NCSS)(1994). *Curriculum standards for social studies*. Washington, DC: National Council for the Social Studies.

Nelson, J. L. & Michaelis, J. U.(1980). *Secondary social studies: Instruction, curriculum, evaluation*. Englewood Cliffs, N. J.: Prentice-Hall, Inc.

Newmann, F. M.(1991). Promoting higher order thinking in social studies: Over-view of a study of sixteen high school departments. *Theory and research in social education, 19*(1), 324-340.

Massialas, B. & Cox, C. B.(1966). *Inquiry in the social studies*. New York: McGraw-Hill Book Co.

Parker, W. C.(2001). *Social studies in elementary education* (11th Ed.). New Jersey: Prentice-Hall, Inc.

이 장은 사회과교육과정에 대한 논의이다. 교육과정의 의미가 다의적이라 다소 혼란스럽지만, 여기서 교육과정이라 함은 국가 수준, 지역 및 학교 수준, 혹은 교사 수준의 의도된 교육과정을 모두 의미한다.

특히 우리나라에서는 교육과정이라고 하면 국가 수준의 교과목 편제와 시수를 담고 있는 총론과 교과별 교육 내용을 담고 있는 각론을 지칭한다. 각론 문서는 대체로 교과 성격, 목표, 내용, 방법, 평가 등으로 구성되는데, 여기서 핵심은 내용으로 주로 교과목의 주제 혹은 단원과 단원별 성취기준으로 구성되어 있다.

일반적으로 사회과교육과정은 진보주의, 실용주의, 민주주의 등의 철학적·이념적 기초, 국가 사회적 요구로 대표되는 사회적 기초, 학생들의 발달을 고려하는 심리적 기초 등을 고려하여 만들어진다.

사회과교육과정을 구성 혹은 조직하는 데는 어떤 내용 요소를 어느 수준에서 다루어야 하는지를 결정하는 범위(scope)의 문제와 이를 어떤 순서로 가르칠 것인가를 결정하는 계열(sequence)의 문제가 있다. 사회과에서는 환경확대법, 나선형 교육과정, 통합의 원리 등이 대표적인 범위와 계열의 구성 및 조직 원리이다. 환경확대법과 나선형은 주로 계열의 문제를 다루고 통합은 주로 범위의 문제와 관련된다고 볼 수 있다.

이 장은 2007 개정 사회과 교육과정 원안 개발에서 이루어진 통합 및 분과 논의와 관련된 논문을 수정한 것이다. 우리나라 교육과정을 이해하고, 통합 및 분과의 원리가 현실에서 어떻게 작용하는지를 살펴보는 데 도움이 될 것이다.

1. 서론

저자는 2007 개정 사회과교육과정의 개발에 참여하여 교육과정 개정을 둘러싼 여러 문제점들을 경험하였다.[2] 물론 사회과교육과정 개정에서 가장 크고 핵심적인 문제는 지리, 역사, 일반사회[3] 영역 간 교과목의 독립 여부와 시수 및 단원 수 다툼이었다(한국교육과정평가원, 2005a; 2005b). 2007 개정 사회과교육과정은 누구나 인정하다시피 역사 영역의 일방적인 승리로 끝났지만, 언제든지 교육과정 개정 논의가 시작되면 이러한 영역 간 다툼이 재연될 개연성이 높아졌다. 실제로 이후에 이루어진 교육과정 개정 논의에서 이러한 다툼이 여러 형태로 재현되었다(한국교육과정평가원, 2009).

물론 사람들이 모여 사는 곳에서 이해관계의 대립과 다툼은 어쩔 수 없는 일이고, 그것이 교육과정 개정처럼 사람들의 생계(교직 임용)와 직결된 문제라면 더더욱 그럴 수밖에 없다. 특히 사회과의 경우에는 그동안 교육과정 개정 과정에서 지리, 역사, 일반사회 영역 구성원들 간에 지속적으로 누적된 불신으로 인해 합리적인 협상과 합의가 이루어질 가능성은 갈수록 희박해져 왔다. 그 결과 통합 사회과라는 체제 속에서, 국가가 학교 현장의 수업 시수를 정하는 교육과정 개정은 의미 있는 교육 내용 선정보다는 영역 간 교과목 독립과 시수 다툼에 치우칠 가능성이 높아졌다.

교육과정 개정이 영역 간 이해관계에 따른 정치적 권력 다툼이 될 것이 분명함에도 불구하고, 저자가 이 장을 통해 사회과교육과정 개정에 대한 이론적 논의를 하는 이유는 지리, 역사, 일반사회 영역 간 '현실적 다툼' 못

2) 저자는 2005년에 진행된 '사회과교육과정 개선 방안 연구'와 '사회과교육과정 개정(시안) 연구 개발' 등 교육과정 개정 작업에 참여하여, 초등 사회과와 중등 일반사회 영역 교육과정 시안 개발을 행정적으로 지원한 바 있다. 저자의 역할은 행정적 지원과 보고서 작성에 제한된 것이었지만, 그래서 더더욱 교육과정 개정 작업에 대해서 관조적으로 바라볼 수 있었다.

3) 일반사회는 엄밀한 의미에서 하나의 영역이 아니라 정치, 법, 경제, 사회 · 문화 등 여러 세부영역을 함께 지칭하는 말로서 최근에 교육과정 개정 논의, 특히 선택과목 개정 논의에서 일반사회가 마치 하나의 영역으로 여겨지는 오해가 있다. 그래서 이 장과 같이 국민공통기본교육과정 논의에서는 대체할 수 있는 말이 생길 때까지 그대로 사용하고, 선택과목교육과정 논의에서는 '정치 · 법 · 경제 · 사회문화'이라는 용어를 사용하려고 한다. 개인적으로는 국민공통기본교육과정에서도 지리, 역사와의 분리를 전제로 '사회'라는 용어를 쓰는 것이 적절하다고 생각한다.

지않게 일반사회 영역 내부에 사회과교육과정 구성 방식을 둘러싼 '이론적 혼란'이 있다고 판단했기 때문이다. 사실 2007 개정 사회과교육과정 개발 과정에서 지리, 역사, 일반사회 영역 간 과목 독립과 시수 다툼이 주된 문제였지만, 일반사회 영역의 경우 교육과정 개정에 참여한 사람들이 지닌 사회과교육과정에 대한 이론적 관점과 인식도 문제였다.

특히 분과와 통합에 대한 이분법적 사고와 더불어 개념 중심과 주제 중심을 이분법적으로 바라보는 사고 방식은 교육과정 개정 과정에서 여러 문제를 불러 일으켰다. 일반사회 영역 교육과정 개발자들 사이에 소위 분과와 통합은 서로 완전히 다른 교육과정 구성 방식이고, 개념 중심은 분과 교육과정이고, 주제 중심은 통합 교육과정이라는 식의 이분법적인 사고가 교육과정 개정 과정 내내 유지되었다(한국교육과정평가원, 2005a, 2005b).

그 당시 저자는 시수 다툼의 최전선에 있어서, 사회과 내용 체계상의 단원 수를 가지고 시수를 계산하면서 지리, 역사 등 다른 영역과 소모적인 논쟁을 벌이는 일과 초등 사회과교육과정 개정과 관련된 행정적인 지원 및 조율에 주력하였다. 이로 인해 중등 일반사회 교육과정이 중학교(중1~중3)에서는 학문 및 개념 중심, 고등학교(고1)에서는 생활 및 주제 중심 교육과정으로 구성된다는 원칙하에 대주제가 선정되고 교육과정 문서 작업이 진행될 때까지는 이러한 원칙에 대해서 심각성을 크게 느끼지 못하였다.

그런데 중등 일반사회 교육과정 개정 작업이 어느 정도 진척되고 교육과정 문서 초안이 나오자, '이것은 정말 아니다.'라는 생각을 갖게 되었다. 중학교 교육과정은 이전처럼 구태의연하게 정치, 경제, 사회·문화, 법 등 배경 학문별로 2~3개의 대주제가 선정되어 나름대로 개념과 원리(일반화)를 내용 요소로 하여 명확한 내용 체계를 갖추었으나 고1 주제 중심 교육과정의 경우, 그럴듯한 주제명과 달리 실제 내용 요소는 무엇인지 알 수 없는 추상적인 결과물이 나왔기 때문이다(교육인적자원부, 2007; 김정호 외, 2005a, 2005b).

이후에 경제 교육과정 강화와 맞물려 고1 주제 중심 교육과정이 사라지고 배경 학문별로 다시 대주제를 선정하는 방식으로 교육과정이 다시 개정되었다(교육과학기술부, 2009a). 저자는 이러한 개정이 절차상의 하자가 있기는 하였지만, 너무 추상적이어서 교과서 집필자들을 당황스럽게 만든 고1 주제 중심 교육과정이 수정되었다는 점에서 다행스러운 일이었다고 생각한다.

이러한 경험으로 인해 저자는 일반사회 영역 내에 일반적으로 수용되고 있는 통합과 분과, 개념 중심과 주제 중심 등 실제로 교육과정 개정 과정에서 연구자들이 구현하려고 했던 교육 내용 구성 방식과 관련된 관점들에 대해서 특별한 관심을 갖게 되었다. 그리고 교육과정 구성 방식과 관련해서 다양한 차원에 걸쳐 있는 잘못된 인식과 사고에 대해서 체계적인 반성이 필요하다고 생각하였다.

그리고 무엇이 교육과정 구성의 원리와 기준이 되고, 무엇에 초점을 맞추어 교육과정을 구성해야 될지에 대한 실질적 논의와 구체적인 사례 제시가 필요하다고 생각하였다. 그리고 향후 교육과정 구성 원리는 이분법 혹은 삼분법적인 사고에 기초하지 않고, 종합, 균형, 조화를 이루는 방식이어야 한다고 생각하였다.

이 장은 우리 속에 암묵적으로 자리 잡고 있는 이분법적인 사고를 비판의 대상으로 하고 있으며, 구체적으로 교육과정 개정 과정에서 주장된 교육 내용 구성 방식에 대한 관점에 초점을 맞추어 논의를 전개하려고 한다. 참고로 이 장에서 다룰 이분법적인 사고는 크게 두 가지 차원에 걸쳐 있다. 첫째, 통합과 분과 논의 차원의 이분법적인 사고이다. 둘째, 개념 중심과 주제 중심 논의 차원의 이분법적인 사고이다.

이 장은 관련 문헌 분석, 교육과정 문서 분석 등의 방법을 통해 이러한 이분법적 사고에 대해서 비판하려고 한다. 결과적으로 저자는 이 장을 통하여 사회과교육과정을 구성한다는 것은 매우 실천적이고 종합적인 일이며, 통합과 분과를 넘어서서, 개념 중심과 주제 중심을 넘어서서, 개념 및 주제 중심과 이슈 및 문제 중심을 넘어서서 다양한 측면에서 학생들에게 유의미한 교육 경험을 제공하는 일이라는 인식을 향후 교육과정 개정에 참여하는 사람들과 공유하려고 한다.

2. 통합 및 분과 교육과정 개정 논의에 대한 비판

1) 사회과에서 통합 및 분과 교육과정의 의미와 실제

그동안 사회과에서 논의되어 온 교육과정 구성 원리로서 통합은 일반적으로 사회과의 다양한 영역에 해당하는 지리, 역사, 일반사회, 도덕(윤리) 등의 내용을 통합적으로 재조직하여 교육과정을 구성하는 것을 의미한다. 그동안의 경향성을 살펴보면, 대체적으로 초등학교에서는 이와 같은 통합 사회과 체제가 비교적 강하게 나타나고 학교급이 올라갈수록 통합의 성격이 점차 약화되는 편이었다(차경수·모경환, 2008: 92).

이러한 통합의 원리는 초기 사회과부터 교육과정과 교과서를 구성하는 기본 원리로 강조되었다. 특히 전 교과를 배우는 교대의 예비 교사 양성 체제로 인해 영역 간 시수 다툼이 상대적으로 적은 초등학교에서는 중요한 교육과정 구성 원리로 존중되었다. 그러나 사실상 초등학교에서도 도덕이 교과로 독립되어 있어 통합의 원리가 제한되어 왔고, 중등학교의 경우에도 2007 개정부터 국사와 세계사가 '역사' 과목으로 독립해서, 지리와 일반사회 영역만이 '사회'라는 이름으로 같은 교과서를 공유할 뿐 통합은 엄밀한 의미에서 형식적으로만 남아 있다(차경수·모경환, 2008: 113).

물론 초등학교의 경우, 10개 교과를 1명의 교사가 가르치는 상황이 계속되는 한 사회과라는 명칭 속에 역사, 지리, 일반사회 영역이 함께 구성될 개연성이 높다. 2007 개정 사회과교육과정의 경우, 역사 영역이 5학년에 집중되면서 초등학교의 경우에도 분과의 경향이 강해지기도 하였다. 즉, 2007 개정 교육과정에서 초등 사회과는 초3을 제외하고는 지리와 일반사회 영역을 묶어 초4, 초6을 구성하고, 초5는 국사 내용으로만 구성되었다(교육인적자원부, 2007).

그래서 영역 간 통합과 분과 교육과정 논의는 교과명, 교과서명, 시수 등을 둘러싼 다툼에 지나지 않는 것이 우리나라의 현실이 되었다. 즉, 영역 간 통합에 따른 사회과교육 내용 구성이라는 것은 실체가 없고, 사회과라는 교과명을 유지할 것인가, 사회과라는 교과 내에서 영역 간의 교과서명과 시수를 어떻게 배분할 것인가의 문제로 귀결되어 버렸다. 아마도 이러한 흐름대로라면 언젠가는 중등 지리와 일반사회의 경우에도 과목 독립이나 학년별 집중제 등의 방식으로 교과서가 분리될 가능성이 있다.

따라서 이러한 통합 논의는 통합 교육과정 논의라기보다는 영역 간의 위상과 시수 다툼으로 보는 것이 적절하다. 결과적으로 사회과 체제 측면에서 통합과 분과 논의는 우리나라에서 매우 형식적인 교육과정 구성 원리가 되어 버린 셈이다. 즉 엄밀한 의미에서 통합과 분과 논의가 아니라 영역 간 세력 다툼으로 보는 것이 적절하다.

이러한 상황에서 교육 내용 구성과 관련해서 진정한 의미의 통합과 분과 논의는 영역 간이 아니라 영역 내의 통합과 분과 논의라고 할 수 있다. 그렇다면 그동안의 교육과정 개정에서 과연 일반사회 영역 내에서 통합과 분과가 과연 어떻게, 얼마나 서로 다른 교육 내용 구성 방식으로 인식되었는지에 대한 검토가 필요하다. 왜냐하면 그동안의 교육과정에서는 일상생활과 관련시키거나 여러 학문에 걸친 통합적인 대주제를 선정하는 것과 정치, 법, 경제, 사회·문화 등 배경 학문을 중심으로 대주제를 선정하는 것이 서로 공존해 왔기 때문이다.

그동안 통합적인 대주제를 선정하는 경향은 초등의 경우 중등에 비해 상대적으로 많았고, 중등의 경우 배경 학문의 성격이 살아 있는 형태로 대주제를 구성하는 방식을 채택하는 비중이 상대적으로 높았다. 실례로 이러한 점은 7차 사회과교육과정의 국민공통기본과정의 '사회' 내용 체계에서 잘 드러나 있다. <표 6-1>은 7차 사회과교육과정에서 초등학교와 중등학교의 일반사회 영역의 내용 체계를 대비시킨 것이다.

표 6-1 7차 '사회' 일반사회 영역 내용 체계

초등학교		중등학교	
3학년	물자의 유통 고장의 여러 기관에서 하는 일 고장의 발전을 위한 노력	7학년	지역과 사회 탐구

중1~3의 대주제들은 개별 학문적 성격이 명확하게 드러나는 분과적인 성격의 대주제들인 반면에 고1의 대주제들은 매우 포괄적인 성격의 대주제로 구성되어, 관련 학문을 특정할 수 없는 통합적인 성격을 띠었다. <표 6−2>는 2007 개정 사회과교육과정에서 중 1~3 사회의 대주제와 고1 사회의 대주제를 제시한 것이다(교육인적자원부, 2007).

표 6-2 2007 개정 사회 일반사회 영역 내용 체계

중1~3	고1
• 개인과 사회생활 • 문화의 이해와 창조 • 우리의 생활과 법 • 인권 보호와 법 • 정치 생활과 민주주의 • 정치 과정과 참여 민주주의 • 경제생활과 경제 문제 • 시장 경제의 이해 • 국민 경제의 이해	• 문화 • 정의 • 세계화 • 인권 • 삶의 질

그런데 이러한 교육 내용 구성 방식에는 몇 가지 전제들이 있었다. 즉 일반사회 영역에서 통합과 분과는 1) 이론적으로 완전히 다른 차원의 구성 방식일 뿐만 아니라, 2) 현실적으로 통합 혹은 분과 내용만으로 교육과정의 구성이 가능하며, 3) 이러한 구성 방식이 시민교육을 위해서 바람직할 수 있다는 것이다. 그리고 이러한 전제들이 옳다면 그동안 일반사회 영역 내에서 관행적으로 존재해 온 통합 및 분과 성격의 대주제를 자유롭게 혼합해서 교육과정을 구성하던 방식에서 탈피해서 특정 학년이나 학교급을 완전 분과 혹은 완전 통합 단원들로 구성하는 것은 바람직한 일이다.

이처럼 2007 개정 사회과교육과정의 일반사회 영역 내에서 통합 및 분과 교육과정 논의에 기초하여 중・고 학교급별로 대비되는 대주제를 선정한 것은 매우 획기적인 일이었다. 그러나 과연 통합 및 분과에 대한 불명료한 논의와 절충적 작업에서 벗어나서 통합 및 분과에 대한 명료한 논의와 통합 및 분과로 완전히 분리된 결과물로서 교육과정이 과연 지식, 기능 및 사고, 가치 태도를 함께 가르치는 사회과교육에서 바람직할 것인가에

대해서는 논란의 여지가 있었다.

그리고 학문적 계통성을 살려서 분과적인 주제를 선정하는 것은 현실적으로 가능하지만, 과연 학문적 배경을 염두에 두지 않고 포괄적인 대주제를 선정하여 교육 내용을 구성하는 것이 교과서 집필의 근간이 되는 국가 수준 교육과정 문서 개발에서 현실적으로 가능한지도 따져 볼 필요가 있다. 즉 통합적인 대주제 선정 자체와 더불어 그 주제를 구성하고 있는 성취기준을 검토하여 그러한 성취기준을 가지고 사회과 교과서를 개발하고 수업을 실행하는 것이 가능한지를 면밀히 검토해야 한다. 물론 이에 앞서 분과 교육과정의 구성 원리로 제시된 개념 중심과 통합 교육과정의 구성 원리로 제시된 주제 중심이 사회과교육과정에서 어떤 의미와 실제를 갖고 있는지에 대해서 살펴볼 필요가 있다.

3. 개념 및 주제 중심 교육과정 개정 논의에 대한 비판

1) 개념 및 주제 중심 교육과정의 의미와 실제

사회과에서 개념 및 주제 중심의 논의는 주로 통합 교육과정 담론에서 나온다. 즉 분과 교육과정의 논리로서 개념 중심 논의는 상식적으로는 충분히 '여러 학문의 개념을 중심으로 교육과정을 구성한다.'는 원칙으로 이해할 수 있지만, 분과 교육과정의 논리로서 개념 중심 교육과정이라는 원리가 자세히 논의되어 온 것은 아니다. 사실 분과 교육과정은 개별 학문의 체계를 중심으로 교육 내용을 구성하는 것이기 때문에 독자적인 교육과정 구성 논의가 별반 존재하지 않았다. 따라서 여기에서는 통합 교육과정 논의 속에서 개념 중심과 주제 중심 교육과정에 대해서 살펴보는 것으로 이를 대신하려고 한다. 왜냐하면 통합 교육과정의 개념 중심 논의를 통해서 충분히 분과 교육과정의 개념 중심 논의를 유추할 수 있기 때문이다.

사회과교육과정에서 통합은 우선 학문적 형태와 교육적 형태로 구분할 수 있다. 학문적 형태는 원래 독립적인 학문 영역의 내용을 결합하여 사회과 내용을 구성하는 방식이고, 교육적 형태는 학습자들이 배워야 할 내용과 관련된 기준이나 초점을 정하고 거기에 따라 교육이 가능한 형태로 내용을 결합하는 방식을 말한다.[6)]

차경수・모경환(2008)은 교육적 형태의 통합을 통합의 강도나 정도에 따라 크게 개념 또는 주제 중심 통합과 이슈 또는 문제 중심 통합으로 분류하고 있다. 이때 개념 또는 주제 중심 통합은 아동의 흥미와 사회적 요구를 고려하여 중심이 되는 개념이나 주제를 정하고 이를 중심으로 전체 학습 내용을 통합하는 것이며, 이슈 또는 문제 중심 통합은 다양한 관련 지식과 자료를 활용하여 사회적 쟁점이나 문제를 해결하도록 내용을 구성한 것이다. 따라서 소위 개념 중심과 이론적으로 대비되는 것은 주제 중심이 아니라 이슈 또는 문제 중심이라고 할 수 있다.

주제와 함께 우리에게 혼란을 주는 용어가 하나 더 있는데 스트랜드(strand)[7)]이다. 스트랜드는 소위 통합의 만병통치약으로 쓰였던 적이 있다. 그러나 스트랜드는 매우 형식적인 용어로써 개념 중심이나 주제 중심과 문제 중심이나 이슈 중심을 아우르는 표현이다. 따라서 어떤 스트랜드는 개념이나 주제 중심에 가까울 수도 있고, 어떤 스트랜드는 문제나 이슈 중심에 가까울 수 있다. 이러한 스트랜드 중심 통합을 종합적 형태의 통합이라 부르기도 한다. 이를 정리하면 <표 6-3>과 같다(차경수・모경환, 2008: 93-94 재구성).

---

6) 우선, 학문적 형태의 통합에는 통합의 강도나 정도에 따라 크게 다학문적 통합, 학제적(간학문적) 통합, 초학과적(초학문적) 통합이 있다. 일반적으로 통합의 강도나 정도는 다학문적 통합, 학제적(간학문적) 통합, 초학과적 통합으로 갈수록 높아진다고 볼 수 있다. 반면에 교육적 형태의 통합에는 통합의 강도나 정도에 따라 크게 개념 또는 주제 중심 통합과 이슈 또는 문제 중심 통합이 있다. 일반적으로 통합의 강도나 정도는 개념 중심 통합에서 이슈 중심 통합으로 갈수록 높아진다고 볼 수 있다(차경수・모경환, 2008).

7) 스트랜드(strand)는 사회과교육의 영역에 있는 개념, 주제, 이슈, 일반화, 법칙, 가치 등을 모두 종합하여 사회과에서 가르쳐야 한다고 생각되는 것들을 정리해 놓은 핵심적인 요소이자 준거이다(차경수・모경환, 2008).

표 6-3 교육적 형태 및 종합적 형태의 통합

교육적 형태 및 종합적 형태	
개념 또는 주제 중심 통합	아동의 흥미와 사회적 요구를 고려하여 중심이 되는 개념이나 주제를 정하고 이를 중심으로 전체 학습 내용 통합
이슈 또는 문제 중심 통합	다양한 관련 지식과 자료를 활용하여 사회적 쟁점이나 문제를 해결하도록 내용 구성
스트랜드 중심 통합	사회과교육의 핵심 요소인 스트랜드를 추출하고 이와 관련한 개념, 주제, 쟁점, 사고 방식 등을 결합

그런데 이러한 교육과정 구성 방식 분류는 매우 형식적이다. 우리나라 현실에서 교육과정 내용 구성은 교과서의 목차가 되는 주제의 발굴 및 선정으로 압축되는데, 그렇게 볼 경우, 선택지는 많지 않다. 하나는 학문적 개념 혹은 개념과 개념을 묶은 학문적 성격의 주제를 선정하는 것이다. 물론 이 경우 개별 학문의 개념 및 주제를 중심으로 분과적으로 구성하는 것과 여러 학문에 걸친 개념 및 주제를 중심으로 통합적으로 구성하는 것이 가능하다.[8] 다른 하나는 개별 학문을 크게 고려하지 않고 일상생활에 기초한 문제나 이슈를 중심으로 대주제를 선정하는 것이다. 그리고 이에 더해서 양자를 종합하거나 어떻게 절충할 것인지의 선택이 남아 있다.

따라서 이러한 문제는 양자택일 혹은 삼자택일보다는 균형과 조화의 문제라고 볼 수 있다. 사실 학문적 개념 중에는 일상적 이슈와 밀접하게 관련되는 것들이 많다. 예컨대 계층이나 불평등이라는 학문적 개념은 양극화나 빈곤이라는 현실적 문제로 이어진다. 그런데 이렇게 개념 및 주제와 문제 및 이슈 등의 종합적인 구성이 가능한 대주제들을 버리고 특정 학년에서는 개념을 중심으로, 특정 학년에서는 문제를 중심으로 구성하는 것은 반드시 좋은 교육과정 구성 방식이라고 보기 어렵다.

사실 이런 점에서 스트랜드 중심 교육과정 논의는 우리에게 시사하는 바가 크다. 즉 사회과, 특히 일반사회 영역 교육과정의 실제적 구성에 있어 이분법적인 사고나 분석적 사고가 필요한 것이 아니라 종합적인 사고가 필요함을 보여주는 대목이기 때문이다. 요는 개념이나 주제냐, 문제냐 이

8) 이 점에서 학문적 형태의 통합은 교육적 형태로 보면 개념 또는 주제 중심이 될 가능성이 높다.

슈냐가 아니라 종합적인 대주제를 교육 내용으로 구성해서 개념, 주제, 문제, 이슈 등을 체계적으로 관련시켜 가르칠 수 있다면, 그것이 교육적으로 최선이라고 할 수 있기 때문이다.

2) 일반사회 영역 내 개념 및 주제 중심 논의의 특징과 문제점

사실 이 장의 직접적 발단은 2007 개정에서 강력하게 작용했던 개념 중심과 주제 중심을 이분법적으로 바라본 일반사회 영역 전문가들의 교육과정 개정과 관련된 이론적 관점에서 기인한 것이다. 일반사회 영역의 개정 과정에서 초기부터 중학교에서는 하위 영역별 분과 학문 지식의 구조를 고려하여 사회 현상을 이해하는 데 핵심이 되는 개념을 중심으로 내용을 구성하면서, 하위 영역별로 주제 중심의 통합 내용을 한 단위씩 구성하고, 고등학교에서는 중학교의 학습을 토대로 사회 현상에 관한 통합적 이해를 경험할 수 있도록 주제 중심의 완전 통합 내용을 구성한다는 원칙이 제시되었기 때문이다(한국교육과정평가원, 2005b: 58).

> 중학교급에서는 하위 영역별 분과 학문의 지식구조를 고려하여 사회현상을 이해하는 데 핵심이 되는 개념을 중심으로 내용을 구성하는 한편 하위 영역별로 주제 중심의 통합 내용을 한 단위씩 구성한다. 고등학교급에서는 중학교급의 학습을 토대로 사회현상에 관한 통합적 이해를 경험할 수 있도록 주제 중심의 완전 통합 내용을 구성한다. 즉, 핵심 개념의 학습을 토대로 주제의 통합 학습 경험이 수직적으로 계열화되도록 내용을 구성한다.

그리고 중학교는 개념 중심의 분과, 고등학교는 주제 중심의 통합이라는 원칙과 더불어 스트랜드 관점의 필요성을 제기하면서 개념이건 주제이건 관계없이 모든 내용을 구성함에 있어 기저에서 일관되게 수평적으로 작용하는 준거로서 스트랜드가 결합되어야 한다는 원칙이 함께 제시되었다. <표 6-4>는 이러한 논의를 도식으로 나타낸 것이다(한국교육과정평가원 2005b: 59).

표 6-4 일반사회 영역 내용의 통합적 구성 방식

구 분		중학교급(7~9학년)	고등학교급(10학년)
수직적 구성	주제중심	주제 중심(20%)	주제 중심(100%)
	개념중심	개념 중심(80%)	
수평적 구성		스트랜드(변화/ 정체성/ 환경/ 국가/ 시민성/ 문화 등)의 결합	

그렇다면 개념 중심이면 분과이고, 주제 중심이면 통합인가? 물론 일반사회 영역에서 가르치는 개념이 대부분 제 사회과학을 배경으로 형성된 것이기 때문에, 일반적으로 개념을 중심으로 교육 내용을 구성하면 기본적으로 분과가 될 가능성이 높다는 것은 충분히 인정할 수 있다. 하지만, 앞에서 살펴본 바와 같이 학문적 형태나 교육적 형태의 통합 중 어느 것을 상정하더라도 개념 중심의 통합은 이론적·실천적으로 가능하다.

그리고 앞에서 살펴본 바와 같이 주제라는 용어는 스트랜드와 유사하게 매우 중립적이고 형식적인 용어이다. 주제는 문제나 이슈를 지칭할 수도 있지만, 개념과 개념으로 연결된 구를 지칭할 수도 있다. 또한 개념과 문제를 연결해 놓은 것도 주제가 될 수 있다. 일반적으로 통합 논의에서 개념 및 주제는 문제 및 이슈와 서로 대비되는 것이지, 개념과 주제가 서로 대비되는 것은 아니다.

결과적으로 2007 개정 교육과정에서 서로 대비되지 않는 개념 중심과 주제 중심을 나누어 중학교에는 개념 중심의 분과 교육과정, 고등학교에는 주제 중심의 통합 교육과정이라는 이분법을 적용하여 개념, 주제, 문제, 이슈 등 종합적인 대주제 구성의 가능성을 가로막는 결과를 낳았다. 그리고 이러한 이분법적 접근의 결과물로 만들어진 고1 사회 일반사회 영역 교육과정 문서는 교과서 개발과 수업 실행의 안내가 되어야 함에도 불구하고, 매우 추상적이고 모호한 내용의 성취기준으로 진술되는 결과로 이어졌다. <표 6−5>는 중학교 1학년 사회 7단원과 고등학교 1학년 사회 6단원의 교육과정 진술 내용을 대비시켜 보여주고 있다(교육인적자원부, 2007).

표 6-5 2007 개정 사회 일반사회 영역 내용 진술 사례

중1~3 사례(중1 대단원7)	고1 사례(고1 대단원6)
(7) 개인과 사회생활 인간은 다양한 집단의 사회적 구성원으로서 긴밀하고 유기적인 관계망을 형성하고 있음을 이해한다. 이러한 사회적 관계 속에서 사회적 상호작용의 의미를 탐색하고, 자아정체성이 형성되는 과정을 이해한다. ① 사회적 존재로서의 인간 및 사회화의 의미를 이해한다. ② 자아정체성이 사회적 관계 속에서 형성됨을 이해하고, 이를 존중하는 태도를 가진다. ③ 일상생활 속에서 사회적 상호작용의 유형을 탐색하고, 그것의 사회·문화적 의미를 분석한다. ④ 사회적 관계의 의미와 유형을 이해하고, 개인과 집단의 바람직한 역할을 탐색한다. ⑤ 사회생활 속에서 나타나는 차이와 차별 현상을 이해한다. ⑥ 사회 불평등 현상의 원인과 해결 방안을 제시한다.	(6) 문화 문화가 정치, 경제, 법 등 사회 각 영역의 중요한 토대임을 인식하고, 문화의 관점에서 다양한 사회 현상을 탐구한다. 문화를 통해 복합적 사회 현상을 효과적으로 이해한다. ① 사회 현상의 토대로서 문화의 의미를 이해한다. ② 정치 현상을 문화의 관점에서 분석한다. ③ 경제 현상을 문화의 관점에서 분석한다. ④ 법 현상을 문화의 관점에서 분석한다. ⑤ 문화 현상에 대한 총체적 이해에 근거하여 사회적 쟁점을 해결하는 방안을 문화의 관점에서 모색한다.

사실 이러한 결과물은 일반사회 영역 관련 전문가들에게 당혹스러운 것이었다. 특히 고1 사회가 주제 중심의 완전 통합이라는 원칙하에 만들어졌음에도 불구하고, 제시된 성취기준이 어떤 의미에서 완전 통합의 성격을 띤 것인지에 대해서 설왕설래가 있었다. 그 와중에 개정 절차의 문제점은 있었지만 경제 교육 강화라는 원칙에 따라 2009년 초에 고1 사회 교육과정은 중학교처럼 학문적 개념을 중심으로 한 대주제로 수정하게 되었다. <표 6-6>은 2007, 2009 개정 사회과교육과정[9]의 9, 10학년 일반사회 단원을 비교한 것이다(교육과학기술부, 2009a).

9) 이 교육과정은 2009 개정이 아니라 2007 개정의 1차 수정안이라고 보는 것이 적절하지만, 여기서는 두 교육과정을 대비시키기 위해서 논문 발표 당시의 표현을 유지하였다. 우리나라 사회과 교육과정 변천을 다룬 3장에서는 2007 개정의 1차 수정안으로 명시하였다.

표 6-6 2007, 2009 개정 사회과교육과정의 9, 10학년 일반사회 단원 비교

학년	2007 개정 사회과교육과정	2009 개정 사회과교육과정
9학년	• 정치 생활과 민주주의 • 정치 과정과 참여 민주주의 • 경제생활과 경제 문제 • 시장 경제의 이해 • 국민 경제의 이해	• 정치 생활과 민주주의 • 민주 정치와 시민 참여 • 경제생활과 경제 문제 • 시장 경제의 이해 • 일상생활과 경제 주체의 역할
10학년	• 문화 • 정의 • 세계화 • 인권 • 삶의 질	• 사회 변동과 문화 • 인권 및 사회 정의와 법 • 정치 과정과 참여 민주주의 • 경제 성장과 삶의 질 • 국제 거래와 세계화

그렇다면 왜 이런 추상적이고 모호한 주제 중심의 교육과정이 개발될 수밖에 없었을까? 저자는 이러한 배경에 통합 및 분과, 개념 및 주제 중심을 이분법적으로 바라본 교육과정 구성 원리에 대한 오해가 있었다고 생각한다. 즉 통합과 분과나 개념 중심과 주제 중심의 교육과정 구성 논리가 하나의 대주제에서도 적절히 조화를 이룰 수 있다는 것을 인식하지 못하고 지나치게 분과 VS 통합, 개념 중심 VS 주제 중심의 이분법적 사고로 대주제를 선정·조직하려고 한 것이 문제점이라고 할 수 있다.

4. 사회과 일반사회 영역 교육과정의 대안적 구성 방안

1) 통합과 분과의 이분법을 넘어 통합+분과로

이미 언급한 바와 같이 2007 개정 사회과 일반사회 영역 교육과정이 개발되는 과정에서 통합 및 분과 논의가 지리, 역사, 일반사회 영역 간의 교과목 독립과 시수 다툼에만 머물지 않고 일반사회 영역 내에서 교육 내용을 어떻게 구성할 것인가에 대한 문제를 다루기 시작한 점은 매우 의미 있는 일이다.

그러나 이러한 논의가 통합 및 분과를 이분법적으로 바라보고 중학교는 분과, 고등학교는 통합으로 전개된 것은 부적절한 측면이 있다. 통합 및 분과 교육과정은 이론적으로 엄밀히 구분해야 할 개념일지 모르지만 현실의 교육과정 문서를 개발할 때는 조화롭게 절충할 수 있기 때문이다. 특정 학교급이나 학년에 국한할지라도 대학의 학문 교육이 아니라 중등학교의 교과교육에서 학습자의 일상 경험과 시민이 살아가는 총체적인 생활 세계를 무시하여 학문적 계통성만을 강조할 수는 없다. 반대로 특정 학문에 기초하지 않고 타당성 있는 교육내용을 구성하는 것은 현실적으로 어려워서, 학문적 배경 없이 생활 경험으로만 교육과정을 구성할 수도 없다.

일반사회 영역 내의 통합 및 분과의 논리는 상호보완적인 교육과정 구성 원리이자 전략이다. 따라서 특정 학교급이나 학년을 분과 혹은 통합으로만 구성하는 것은 지식, 기능 및 사고, 가치 태도를 종합적으로 가르치는 시민교육이라는 목표에 맞지도 않고, 현실적으로 국가 수준의 교육과정 문서를 만들어내기도 어려운 접근 방식이다. 특히 보편성을 추구하는 국가 수준 교육과정에서 학문적 개념 없이 주제 중심, 문제 중심, 이슈 중심, 활동 중심의 교육과정 문서를 만들어 내는 것은 사실상 불가능하다.

물론 그렇다고 해서 2007 개정 이전의 관행을 정당화하여, 일반사회 영역 교육과정 문서 개발에서 통합 및 분과 등과 같은 교육과정 구성 원리에 대한 충분한 논의도 없이 통합적 성격이 강한 대주제와 분과적 성격이 강한 대주제를 원칙 없이 혼합했던 과거로 돌아가자는 것은 아니다. 오히려 2007 개정 연구에서 일반사회 영역 내의 통합 및 분과 논의가 출발한 것은 기점으로 통합 및 분과 성격이 잘 조화되고, 개념, 주제, 문제, 이슈 등의 내용이 조화롭게 가미된 대주제를 선정하는 것이 바람직하다.

예를 들어, 학생들이 살아가는 생활 세계에서 나온 대주제이면서 학문적 배경 및 기초가 있는 대주제라면 얼마나 교과서와 수업 내용이 풍부해질 수 있겠는가? 역으로 학문적 배경 및 기초가 있는 대주제인데 학생들의 일상생활에 많은 시사를 주는 대주제라면 또 얼마나 체계적이면서도 교육적으로 의미가 있겠는가?

2) 개념과 주제 중심의 이분법을 넘어 개념 및 주제+문제 및 이슈 중심으로

이미 언급한 바와 같이 개념 중심과 주제 중심은 서로 대비되는 교육과정 구성 방식이라고 보기 어렵다. 오히려 통합 교육과정 원리에 따르면 개념 및 주제 중심과 문제 및 이슈 중심이 서로 대비된다고 볼 수 있다. 그리고 저자는 이론적으로 서로 대비가 되는 개념(또는 주제)과 문제(또는 이슈) 중심도 교육과정의 실제에서는 충분히 종합할 수 있다고 생각한다. 왜냐하면 사회과학 개념과 사회 현실 및 문제는 사실 동전의 양면으로, 사회 현실 및 문제를 연구해 온 것이 사회과학이기 때문이다.

이러한 교육과정에 대한 종합적이고 실천적인 관점과 유연한 사고는 교육과정 문서를 개발하는 작업에서는 매우 유용한 측면이 있다. 왜냐하면 사회과학 개념을 배제하고 현실의 사회 문제 및 이슈를 다루는 교육과정 내용을 구성한다는 것은 현실적으로 매우 어렵기 때문이다. 반대로 사회과의 목표인 지식, 기능 및 사고, 가치 태도를 종합적으로 가르치기 위해서는 사회과학 개념만으로는 부족하기 때문이다.

저자는 2007 개정 사회과교육과정에서 가장 진일보한 개선이 이루어진 과목으로 고2~3학년 선택과목인 '사회 · 문화'를 꼽는다. 이유인즉, 이 과목의 교육과정 문서에는 통합 및 분과의 이분법과 개념 및 주제 중심의 이분법을 깨뜨리고 개념, 주제, 문제, 이슈 등을 종합적으로 가르칠 수 있는, 매력적인 대주제들이 등장하기 때문이다.

2007 개정 '사회 · 문화' 과목의 '사회 계층과 불평등'과 '일상생활과 사회 제도' 등의 대주제는 사회과학과 사회 문제를 아우르는 교육 내용을 구성하기에 적합한 대주제로서 관련 개념, 주제, 문제, 이슈 등을 종합적으로 다룰 수 있는 내용으로 구성되어 있다. 이러한 대주제들은 지식, 기능 및 사고, 가치 태도 등을 가르쳐야 하는 시민교육의 입장에서도 타당하고, 현실적으로 교과서를 집필하고 수업을 실행하는 전문가들과 교사들, 배우는 학생들에게도 풍부한 교육 내용을 제공할 수 있는, 사회과학과 사회 문제의 이분법을 벗어나 균형과 조화를 이루는 대주제라고 할 수 있다. 다음은

'사회 계층과 불평등', '일상생활과 사회 제도'의 대주제 개관 및 성취기준을 제시한 것이다.

2007 개정 사회과 '사회 · 문화' 과목의 대주제 사례

(4) 사회 계층과 불평등

경제적인 측면뿐만 아니라 사회 · 문화적인 측면에서 나타나는 다양한 사회 계층과 불평등 현상을 살펴본다. 그리고 사회 불평등 현상의 원인을 설명하는 여러 이론적 시각을 이해하고, 사회 불평등의 해결 방안을 모색한다.

① 사회 불평등의 의미를 이해하고, 다양한 형태의 사회 불평등 현상을 살펴본다.
② 현대 사회의 계층과 불평등 현상에 대한 기능론과 갈등론의 관점을 비교, 분석한다.
③ 사회 계층 구조와 사회 이동의 의미와 특징을 이해한다.
④ 빈곤의 유형과 특징을 이해하고, 빈곤 문제를 해결하기 위한 방안을 모색한다.
⑤ 성 불평등의 의미를 이해하고, 성 불평등 현상이 발생하는 원인과 해결 방안을 탐색한다.
⑥ 사회적 소수자에 대한 차별 현황을 파악하고, 이를 개선하기 위한 방안을 모색한다.
⑦ 사회 복지의 의미와 현황을 파악하고, 복지 제도의 역할과 한계를 살펴본다.

(5) 일상생활과 사회 제도

가족, 교육, 종교, 대중매체 등 여러 가지 사회 제도의 특징과 그 기능을 이해한다. 또, 이러한 사회 제도들과 관련된 사회적 쟁점이나 문제들을 파악하고 대안을 모색한다.

① 사회 제도의 의미를 이해하고, 사회 제도의 다양한 유형을 살펴본다.
② 가족의 의미와 기능을 이해하고, 다양한 형태를 살펴본다.
③ 가족 문제의 원인을 이론적으로 분석하고, 해결 방안을 모색한다.
④ 교육의 특성과 기능을 다양한 관점에서 이해한다.
⑤ 교육의 기회 균등 문제를 이론적으로 분석하고, 해결 방안을 모색한다.
⑥ 대중 매체의 유형을 파악하고, 각각의 특징을 비교, 분석한다.
⑦ 대중 매체의 역할과 기능에 대한 이론적 관점을 이해하고, 대중 매체를 비판적으로 수용하는 태도를 가진다.
⑧ 종교의 본질과 기능을 이해하고, 종교적 갈등의 양상을 파악하며, 타 종교를 개방적으로 바라보는 태도를 가진다.

5. 결론: 교육과정 이론과 실천의 차이

일반적으로 사회과교육 내용 구성에서는 다음과 같은 세 가지의 관점이 대립한다고 여겨져 왔다. 1) 웨슬리(Wesley)가 말하는 단순화된 사회과학 전달 모형의 형식을 취할 것인가? 2) 브루너(Bruner)의 학문 중심 교육과정 원리에 보다 충실하여 사회과학 지식의 구조를 중심으로 발견학습을 염두에 둔 교수 학습 경험을 제공할 것인가? 3) 개별 학문적 접근에서 과감히 탈피하여, 통합적이고 총체적인 접근이 가능한 주요 주제들을 중심으로 교수 학습 경험을 구성할 것인가?(한국교육과정평가원, 2005a).

원칙적으로 7차 교육과정 문서에서 제시된 사회과의 성격은 두 번째와 세 번째의 입장을 동시에 지지하는 모습을 보이지만, 실제 학년별 대주제의 내용 구성은 사회과학의 분과 학문별 전공 입문서(개론서)의 목차와 주요 개념들에 상당히 의존하고 있으며, 이는 결과적으로 바람직스럽지 못한 '단순화된 사회과학 전달 모형'에 근접한 것으로 여겨졌다(한국교육과정평가원, 2005a).

이러한 문제의식과 반성에 기초하여, 2007 개정에서는 중학교 교육과정은 두 번째 성격을 띤 학문 중심의 분과 교육과정을 개념 중심으로 구성하고, 고등학교 교육과정은 세 번째 성격을 지닌 경험 중심의 완전 통합형 교육과정을 주제 중심으로 구성하려고 하였다. 그러나 결과는 중학교의 경우에는 7차와 별반 다르지 않은 대주제 구성으로 일단락되었고, 고등학교에서는 추상적인 주제 중심 교육과정 문서가 만들어졌다.

이러한 결과의 주요한 원인 중 하나는 사회과교육과정을 둘러싼 이론적 관점의 대립을 교육과정 개발에 그대로 적용시켰기 때문이다. 우리는 때로 이론과 실천(현상)을 혼동하곤 한다. 이론은 그야말로 실천을 바라보는 관점이자 실천에 대한 설명일 뿐, 실천에 바로 적용할 수 있는 것은 아니다. 즉 교육과정을 구성하는 많은 실천이 있어 왔고, 이에 대해서 분석하는 관점과 설명하는 이론이 있었던 셈이다. 이론을 구성하는 작업은 다분히 분석적인 활동이지만, 실천은 매우 종합적인 활동이다.

교육과정 구성 방식과 관련해서 통합 및 분과에 대한 논의나 개념, 주제, 문제, 이슈 중심에 대한 논의는 우리가 그동안 교육과정을 구성해 온 것들에 대한 반성과 분석의 결과물이다. 그렇다고 해서 이러한 이론은 교육과정 개발이라는 실천적인 활동에 있는 그대로 적용할 필요는 없다.

사회과교육과정 개발 역시 마찬가지다. 교육과정에 대한 여러 가지 이론적 관점과 전략은 충분히 병행해서 사용할 수 있고, 대부분의 경우 양극단의 선택보다는 종합적인 균형과 조화가 더 바람직할 때가 많다. 더욱이 사회과학과 사회생활(문제)이라는 두 가지 기반을 갖고 지식, 기능 및 사고, 가치 태도 등을 함께 가르치는 교육과정을 구성해야 하는 사회과에서는 더더욱 그렇다.

교육 내용을 어떻게 구성해야 하는가라는 실천적 문제와 관련해서, 특히 국가 수준에서 교과서의 주요 목차를 구성하는 교육과정 개발 방식을 채택하는 우리나라 상황에서 교육과정 이론과 실천의 차이를 아는 것은 매우 중요한 일이다. 이론적으로는 완전 분과, 완전 통합이 있을 수 있지만, 현실적으로는 존재하기 어렵다고 보는 것이 적절하다. 그리고 설령 이러한 완전 분과, 완전 통합 교육과정을 개발한다고 하더라도 지식, 기능 및 사고, 가치 태도를 가르치는 사회과의 입장에서는 바람직하다고 보기 어렵다. 왜냐하면 완전 분과에서는 가치 태도에 대한 고려가 어렵고 완전 통합에서는 사회 현상 이해의 기초가 되는 학문적 지식을 가르치기가 쉽지 않기 때문이다.

여러 번 강조하다시피 교육과정을 개발하는 작업은 매우 종합적인 실천의 과정이다. 그리고 사회과는 매우 종합적인 교과이다. 향후 교육과정 개발에서는 분과 및 통합 교육과정 논의나 개념, 주제, 문제, 이슈 중심의 교육과정 논의가 이분법적으로 적용되는 것이 아니라 균형감을 가지고 조화롭게 적용되기를 기대한다.

참고문헌

교육부(1997). 사회과교육과정. 교육부 고시 제1997-15호[별책 7].

교육인적자원부(2007). 사회과교육과정. 교육인적자원부 고시 제2007-79호[별책 7].

교육과학기술부(2009a). 사회과교육과정. 교육과학기술부 고시 제2009-10호[별책 7].

교육과학기술부(2009b). 사회과 선택과목 개정 내용. 교육과학기술부 고시 제2009-41호.

김정호 외(2005a). 사회과교육과정 개선 방안 연구. 한국교육과정평가원 연구보고 RRC 2005-5.

김정호 외(2005b). 사회과교육과정 개정(시안) 연구 개발. 한국교육과정평가원 연구보고 CRC 2005-9.

서울대 사회과교육 연구모임 편(1998). 사회과 통합교육과정 연구. 서울대 사회교육과 사회과교육 자료집 98-2.

은지용 외(2009). 개정 사회과교육과정 해설 연구 개발. 한국교육과정평가원 연구보고 CRC 2009-2.

이명희 외(2000). 사회과교육 목표 및 내용 체계 연구 Ⅰ. 한국교육과정평가원 연구보고 RRC 2001-5.

전국사회교사모임(2005). 사회과교육과정 개정 시안 개발을 위한 전국사회교사모임 활동가 대회 자료집.

차경수 외(1996). 고등학교 공통 사회의 완전 통합 단원 구성 연구. '96 교과교육공동연구 결과보고서.

최석진 외(2001). 사회과교육 목표 및 내용 체계 연구 Ⅱ. 한국교육과정평가원 연구보고 RRC 2000-12.

한국교육과정평가원(2005a). 사회과교육과정 개정의 기본 방향 모색. 한국교육과정평가원 워크숍 자료집.

한국교육과정평가원(2005b). 사회과교육과정 개정 시안 연구 공청회. 한국교육과정평가원 자료 ORM 2005-58.

한국교육과정평가원(2009). 고등학교 도덕/사회 선택과목 교육과정 개정 시안 공청회 자료집. 한국교육과정평가원 자료 ORM 2009-39.

한국교원대학교 사회과교육과정개정연구위원회(1997). 제7차 사회과교육과정 개정 시안 연구・개발. 1997년도 교육부 위탁연구과제 답신보고서.

Banks, J. A. & Glegg, Jr. A. A.(1999). *Teaching strategies for the social studies*. New York: Longman.

Engle & Ochoa(1988). *Education for democratic citizenship*. New York: Teacher's

College Press, Columbia University. 정세구 역(1989). 민주시민교육. 서울: 교육과학사.

Matorella, P. H.(2001). *Teaching social studies in middle and secondary schools*. New Jersey: Prentice-Hall.

Ross, E. W. ed.(2001). *Social studies curriculum: Purposes, problems, possibilities*. Rev. New York: State University of New York.

Stanley, W. B.(2001). *Critical issues in social studies research for the 21st century.* Information Age Pub Inc. 사회과교육연구모임 역(2005). 21세기 사회과교육 연구의 핵심 쟁점들. 서울: 교육과학사.

07
CHAPTER

사회과교육과정, 어떻게 진술할까?[1)]

– 사회과교육과정과 성취기준 –

〈최동진 기자, 교육과정 개정 공청회 사진〉 HELLODD.com

1. 사회과교육과정 조직 형태 중 교과중심의 특징과 문제점은 무엇인가?
2. 사회과교육과정 조직 형태 중 학문중심의 특징과 문제점은 무엇인가?
3. 사회과교육과정 조직 형태 중 경험중심의 특징과 문제점은 무엇인가?
4. 우리나라 사회과교육과정의 구성 체제는 어떠한가?
5. 우리나라 사회과교육과정의 진술 방식은 어떻게 변화해 왔는가?
6. 현행 우리나라 사회과교육과정의 진술 방식은 어떠한가?
7. 사회과교육과정을 어떻게 진술하는 것이 좋을까?

1) 이 장은 사회과교육 제51권 2호(2012년 6월)에 실린 '사회과교육과정과 성취기준: 일반사회 영역의 특징과 문제점'을 공동 연구자인 모경환 교수님의 동의하에 재구성한 것이다.

이 장은 사회과 교육과정에 대한 추가적인 논의이다. 사회과교육과정은 교과 중심(주로 분과형), 학문 중심(주로 분과형, 통합형도 가능), 경험 중심(통합형, 이슈 중심과 활동 중심으로 구분 가능)의 조직 형태를 띠는데, 이는 각각 시민성 전달, 사회과학, 반성적 탐구의 전통과 관련된다.

한편 우리나라 교육과정 진술 방식은 그동안 설문(질문), 핵심 단어나 구(주제어), 성취기준 등의 형태로 변화되어 왔다. 그런데 7차 교육과정부터 적용된 성취기준 진술은 내용 요소와 행동 요소를 결합한 형태의 문장으로 지식, 기능 및 사고, 가치 태도 및 행동을 종합적으로 진술하는 데 적합한 방식이라고 할 수 있다.

이 장은 7차 교육과정부터 2009 개정까지 성취기준 진술이 어떻게 변화되어 왔는지를 분석한 논문을 수정한 것으로, 그동안에 이루어진 우리나라 교육과정의 진술 방식을 이해하는 데 도움이 될 것이다.

게다가 2015 개정 교육과정에서는 역량 중심 교육과정 논의가 적용되면서 총론의 핵심 역량과 각론의 교과 역량이 제시되고, 이를 반영한 내용체계표와 성취기준 전술방식을 모색하는 노력이 보다 활발해졌다.

1. 서론

우리나라의 국가 수준 교육과정은 대체로 성격, 목표, 내용, 교수학습방법, 평가 등의 항목으로 구성되는데, 이 중 '내용'은 학교 현장에서 가르칠 교과목의 핵심 주제와 요소를 제시하고 있어 교육과정 문서의 가장 중요한 부분이다. 우리나라에서는 이러한 교육과정 문서의 '내용'을 토대로 교과서 목차와 내용이 결정되고, 그에 따라 집필된 교과서를 바탕으로 학교 수업이 이루어지기 때문에, 교육과정 진술 방식의 변화는 세부 내용의 변화 못지않게 그 파급 효과가 크다.

그동안의 교육과정 문서를 살펴보면, 설문 혹은 질문(문제)의 형태로 제시된 교수요목과 1차 교육과정을 제외하고는 2차부터 6차 교육과정까지는 교육 내용을 단어나 구 등 주제어(key word)로 진술하는 방식을 채택하여, 사회과, 특히 일반사회 영역의 경우 주로 개념이나 원리로 제시되는 경우가 일반적이었다(교육부, 2000). 이러한 진술 방식은 교육 내용을 단어나 구로 요약하여 제시하기 때문에 핵심 내용 요소가 명확히 드러나는 장점이 있었다. 반면에 주로 실체적 지식(substantive knowledge)을 언급하게 되어 교육 내용이 개념과 원리 등의 지식 중심으로 구성되는 한계를 지녔다.

그런데 7차 교육과정부터 성취기준이 도입되면서, 사회과에서도 교육 내용을 주요 개념 및 원리와 함께 학생들의 학습 경험(활동이나 결과)을 나타내는 서술어를 포함한 문장으로 제시하기 시작하였다. 이러한 성취기준은 개념 및 원리 등의 내용 요소 못지않게 학생들의 학습 활동이나 결과를 진술하는 행동 요소(서술어)의 중요성을 강조하는 방식이었다.

이 점에서 성취기준은 지식뿐만 아니라 기능 및 사고, 가치 태도 목표를 표현하기에 보다 적합한 진술 방식이다. 그리고 성취기준은 지식과 기능 및 사고, 가치 태도와 기능 및 사고, 지식과 기능 및 사고와 가치 태도 등 종합적인 목표를 상대적으로 용이하게 진술할 수 있는 방식이다. 즉 성취기준은 지식, 기능 및 사고, 가치 태도 등의 목표를 연계하여 진술하는 데 있어 과거보다 진일보한 형태라고 할 수 있다.

그러나 이러한 성취기준의 사회과 적용이 곧바로 일반사회 영역 교육 내용의 체계적인 진술로 이어지지는 않았다. 그동안 저자는 7차 교육과정, 2007 개정 교육과정, 2009 개정 교육과정에 이르기까지 성취기준 진술 방식이 사회과에 어떻게 적용되어 왔는지를 관련 연구에 직·간접적으로 참여하면서 지켜봐 왔다. 이 과정에서 사회과교육과정 개발이 지리, 역사, 일반사회 영역 간 시수 다툼으로 전락하는 것(강대현 외, 2011), 일반사회 영역 내부의 개념 중심 VS 주제 중심 논쟁 등 다소 거시적인 차원의 교육과정 선정 및 조직 논의가 주를 이루는 것(강대현, 2010) 등을 목격하였다. 또한 이러한 가운데 성취기준 진술 방식에 대해서는 교육과정 개발진 간의 별다른 논의나 합의가 없어서, 성취기준이 체계적으로 진술되지 못하는 것을 지켜보았다.

이에 저자는 2011년에 진행된, 2009 개정 교육과정 중학교 '사회'의 일반사회 영역 내용 개발에 직·간접적으로 참여하면서 성취기준 진술 방식, 특히 학습 활동이나 결과를 진술하는 서술어의 사용에 있어 몇 가지 기본 원칙을 수립하기에 이르렀다. 그리고 이러한 원칙에 따라 교육 내용을 지식과 더불어, 기능 및 사고와 가치 태도를 적절하게 표현할 수 있는 성취기준으로 진술하였다. 이 과정에서 저자가 가장 염두에 둔 것은 일반적으로 명사나 구를 통해 제시되는 개념 및 원리와 같은 지식 요소와 더불어, 서술어 등으로 표현될 수 있는 기능 및 사고 요소를 조화롭게 결합하는 일이었다. 특히 서술어 유형을 사회과에서 강조하는 기능 및 사고에 적합한 형태로 수정·통일하는 데 주력하였다.

사실 이러한 경험이 이 장의 출발점이 되었다. 따라서 이 장은 교육과정에 성취기준이 도입된 이래 이루어진 논의와 연구물들을 검토하고, 저자가 2009 개정 교육과정(2011. 8. 9. 고시)의 중학교 '사회' 과목 교육 내용 개발 단계에서 만들었던 원칙과 결과물을 정리하여 이를 다른 연구자들과 공유하는 것을 목적으로 한다. 또한 추후 교육과정 개발에 참여하게 될 연구자들에게 개념 및 원리 등의 지식뿐만 아니라 기능 및 사고를 표현함에 있어 보다 정교한 성취기준 진술을 할 수 있도록 안내하는 것을 목적으로 한다.

따라서 이 장에서는 7차 교육과정 이후의 성취기준 진술을 분석하면서, 부분적으로 그동안 논의되지 않았던 사실을 일부 밝혀내고 있지만, 이 장의 주된 목적은 어디까지나 사회과에 적절한 성취기준 진술 방식, 보다 구체적으로는 유용한 서술어 유형을 제안하여 교육과정 개발자들에게는 성취기준 개발에 대해서 구체적인 안내를 제공하려는 것이다. 더불어 교과서 집필자들에게는 기능 및 사고와 관련해서 어떤 문제나 활동을 제공해야 하는지, 현장 교사들에게는 수업 방법 및 학습 활동 선정과 관련해서 어떤 전략을 선택해야 하는지에 대한 정보를 제공하려는 것이다.

이 장에서는 먼저 성취기준 진술 방식이 도입되기 이전의 교육과정과 이후의 교육과정을 비교 분석하고, 7차 교육과정을 전후해서 성취기준 진술 방식이 어떻게 도입되었는지를 살펴보았다. 이를 통해 사회과교육과정에서 성취기준 진술 방식의 도입이 지닌 의의와 이러한 도입 과정에서 나타난 문제점을 제시하였다.

다음으로 7차 교육과정 이후 성취기준 진술 방식이 어떻게 변화되어 왔으며, 이 과정에서 어떤 논의들이 있었는지를 살펴보았다. 이러한 분석은 7차, 2007 개정, 2009 개정 교육과정에 이르는 문서 분석을 주로 하되, 이들과 연계하여 이루어진 성취기준 관련 연구물들도 검토하였다. 이 과정에서 성취기준 진술 방식이 어떻게 변화되어 왔고, 어떤 형태를 띠어 왔는지를 분석하였다.

이러한 분석을 기초로 해서 사회과교육과정에서 성취기준을 어떻게 진술해야 사회과에서 강조하는 지식, 기능 및 사고, 가치태도 등의 목표를 제시하는 데 적절한지에 대해서 논의하였다. 특히 저자가 성취기준 개발에 직·간접적으로 참여한 2009 개정 교육과정의 중학교 '사회' 사례를 제시하면서 성취기준 진술의 적절성을 살펴보았다.

이 장은 주로 문헌 및 자료 분석에 기초하였다. 특히 교육과정 문서와 성취기준 관련 연구물이 주된 분석 대상이었다. 교육과정 문서의 경우에는 7차, 2007 개정(2007.2., 2009.3., 2009.12.), 2009 개정(2011.8.) 등 성취기준 진술 방식을 채택한 교육과정이 주된 분석 대상이 되었지만, 이전 교육과정과의 차이를 비교하기 위해서 6차 교육과정과 그 이전의 교육과정도 살펴보았다.

더불어 이 장에서는 저자가 직・간접적으로 개발에 참여했던 2007 개정, 2009 개정 교육과정 당시의 경험도 제시하였다. 또한 이러한 경험들을 관련 자료 및 참고 문헌과 함께 제시함으로써 저자의 주관이 지나치게 개입되는 것을 방지하고 해당 논의의 타당성을 높이고자 하였다.

참고로 이 장은 어디까지나 교육과정 맥락에서 사회과교육과정 성취기준 개발 원리에 대한 연구이지, 교육평가 맥락에서 논의되는 성취기준, 평가기준, 성취수준 등을 어떻게 설정할 것인가에 대한 연구는 아니다. 물론 성취기준 도입 과정에서 교육평가 맥락에서 어떤 논의가 있었는지에 대한 언급은 이루어지지만, 이는 어디까지나 성취기준 도입 초기 논의에 국한된 것이다.

2. 사회과교육과정의 진술 방식과 성취기준

1) 사회과교육과정의 전통적인 진술 방식

그동안의 국가 수준 사회과교육과정 문서를 살펴보면, 교수요목과 1차 교육과정 시기에는 설문(질문)의 형태로 교육 내용이 제시되었다(교육부, 2000). 이러한 진술 방식은 해방 후 미군정하에서 콜로라도주 덴버시의 교육과정을 차용하면서 듀이의 진보주의 교육 사조, 경험 중심 교육과정, 반성적 탐구의 전통 등의 영향을 받은 것으로, 탐구 및 사고 중심 교육을 위해 설문 형태로 교육 내용을 진술한 것으로 볼 수 있다.

교수 요목기의 초등학교 1학년 1단원

(一) 우리 집 (20시간)

(세목)

1. 우리 집은 우리 동네의 어느 쪽에 있는가?
2. 우리 집은 무엇으로 지었는가?

3. 우리 집 식구는 누구누구며 몇 사람인가?
4. 우리 집 식구들이 하는 일은 무엇인가?
5. 내가 우리 집에서 하는 일은 무엇이며 또 앞으로 할 일은 무엇인가?

– 생략 –

1차 교육과정의 초등학교 1학년 1단원

一. 우리 학교

1. 학교에는 어떠한 사람이 있나?
2. 학교에는 어떠한 시설이 있나?
3. 선생님들은 어떻게 우리를 도와주시나?
4. 학교에서는 어떠한 공부를 하나?
5. 교실이나 운동장에서는 어떻게 생활해야 하나?

– 생략 –

이후 진보주의 교육 사조와 경험 중심 교육과정이 퇴조하고 교과 및 학문 중심 교육과정 논의가 강조되면서, 2차 교육과정부터 6차 교육과정까지는 약간의 변화가 있었지만 아래에 제시된 2차와 6차 교육과정의 사례와 같이 교육 내용을 주제나 키워드로 진술하는 방식을 택하게 되었다(교육부, 2000).

2차 교육과정의 초등학교 1학년 1단원

1. 즐거운 우리 학교

(1) 학교 생활의 즐거움
(2) 학교에 있는 연모와 시설의 중요성과 그 사용법
(3) 공공 시설을 다루는 마음씨와 태도
(4) 규칙적인 생활 습관
(5) 학교에서 하고 있는 공부의 여러 가지 형태
(6) 학교에서 하고 있는 연중 행사의 종류와 그 필요

6차 교육과정의 중학교 사회 1단원

(1) 인간과 사회 · 문화 생활

개인과 사회와의 관계, 사회의 구조와 기능, 문화의 구조와 성격 등에 관한 기본적인 지식을 토대로 사회 현상과 사회 문제를 올바로 보고 생각할 수 있는 능력을 기르도록 한다. 특히, 우리의 사회 · 문화 현상과 문제의 내용은 우리가 당면하고 있는 여러 가지 문제를 종합적인 시각에서 생각하고 판단하도록 한다.

(가) 개인과 사회생활: 사회적 존재로서의 인간, 사회적 상호작용, 사회적 지위와 역할

(나) 사회 조직과 인간: 사회 조직의 성격, 집단행동과 개인행동, 집단의 유지와 발전

(다) 문화와 인간 생활: 문화의 다양성과 상대성, 청소년 문화와 세대차, 우리의 사회 · 문화 현상과 문제

이러한 교육과정 진술 방식은 교육 내용을 하나의 구(예, 학교 생활의 즐거움, 규칙적인 생활 습관, 사회적 존재로서의 인간, 사회적 상호작용 등), 즉 주제어(key words)로 요약하여 제시하고 있기 때문에 핵심 내용 요소가 명확하게 드러나는 장점이 있었다. 구체적으로 이러한 진술 방식은 실체적 지식(substantive knowledge), 그 중에서도 사회과, 특히 일반사회 영역에서 교육 내용으로 강조하는 개념과 원리(일반화)를 제시하는 데 유리하였다. 이로 인해 2차부터 6차까지의 교육과정은 진술 방식에서부터 지식 중심으로 구성될 가능성이 높았고, 실제로도 교육 내용이 지식 중심으로 구성되었다(교육부, 2000).

2) 성취기준의 도입과 사회과교육과정의 변화

(1) 교육과정 진술 방식과 성취기준의 도입

사회과교육과정의 진술 방식에 변화의 조짐이 나타난 것은 7차 교육과정 이전인 1995년으로 거슬러 올라간다. 우리나라 교육과정 문서의 진술 방식에서 주제어를 대체하는, 소위 '성취기준'이라는 용어가 등장한 것은 7차 교육과정 개정을 준비하는 과정에서였다. 7차 교육과정 개정은 1995년 5월 31일 교육개혁위원회에서 신교육체제 수립을 위한 교육개혁 방안을 제시한 것을 기초로 하여, 1996년 3월 교육부에서 교육과정 개정의 기본

계획을 수립하고, '교과교육과정(각론) 개발 지침'(교육부, 1997)을 통해 개정 기초 연구 및 총론 시안 연구 개발을 위탁함으로써 본격화되었다.

당시는 미국과 영국 등에서 표준 혹은 기준(standards) 논의가 매우 활발하게 진행되던 시기로, 우리나라의 7차 교육과정 개정을 담당하던 연구자들은 자연스럽게 이러한 논의의 영향을 받았다. 예컨대 미국에서 1980년대 말부터 전개된 표준 중심 교육개혁(standard-based educational reform) 운동은 학업성취도 향상과 이를 통한 국가경쟁력 제고, 교수학습과 교육평가의 정합성 제고, 고부담시험(high-stakes tests)을 통한 학교교육의 책무성을 강화 등을 목표로 광범위하게 전개되었다(모경환, 2005; Jennings, 1998; Ravitch, 1995).

7차 교육과정 개정이 미국과 영국의 표준 혹은 기준의 영향을 받은 것은 1996년 8월 28일에 개최되었던 '신 교육과정 총론(안) 공청회'에서 구체적으로 확인할 수 있다. 이 공청회에서 '초·중등학교 교육과정 2000 체제·구조 기본안'을 발표한 곽병선은 교육과정 개정의 요구가 제기되는 배경으로 성취기준 강화를 위시로 한 외국의 교육과정 개정 방향을 들고 있으며, 교과별 각론 구성의 방향으로 교과별 성취기준을 제안하였다. 특히 기존의 주제 나열식 교육과정 진술의 문제점으로 학생들이 익혀야 할 지적 능력을 분명히 제시하지 못하는 점을 지적하였다(곽병선, 1996).

그러나 이후 성취기준 논의가 본격적으로 이루어진 것은 교육과정보다 교육평가 맥락에서였다. 국내에서 성취기준을 처음으로 적용하게 된 것은 7차 교육과정 개정 논의 이전에 수행된 '국가 공통 절대 평가기준 일반 모형 개발 연구'(허경철 외, 1996)를 통해서였다. 그리고 후속 연구로 '국가 공통 절대 평가기준 교과별 모형 개발 연구'(허경철 외, 1997)를 통해 절대 평가기준으로서 교과별 성취기준과 이를 상, 중, 하 단계별로 상세화한 평가기준을 개발하였다. 당시 연구에서 성취기준은 '수업이나 평가에서 실질적인 기준이나 지침의 역할을 수행할 수 있도록, 현행 교육과정상의 목표와 내용을 분석하고 세분화하여 상세화한 목표나 내용의 진술문'이었다(허경철 외, 1997).

이러한 논의는 7차 교육과정 개정에서 성취기준이 도입되는 데 직접적으로 영향을 주었다. 박순경은 7차 교과교육과정 지침 상세화 워크숍에서 교육과정에서 교과별 학습 성취기준이 뚜렷하게 확립되지 않아서 교과교육에 대한 질 관리가 미흡했다고 지적하였다. 그리고 이러한 문제를 해결하기 위해 학습 성취기준(learning standards)의 형태로 교육과정의 내용 제시 방식을 변경할 것으로 제안하면서 다음과 같이 성취기준 개념을 제시하였다(박순경, 1997).

교과별 학습 성취기준의 개념

- 교과별로 설정된 교육과정상의 목표와 교육내용을 분석하여 학생들이 달성해야 하는 능력 또는 특성의 형태로 진술한 것으로서, 주로 학생의 입장에서 진술된다.
- 각 교과의 하위 내용 영역별로 진술된 것으로서, 현행 교육과정의 교과별 내용을 한 단계 더 상세화한 수준에서 내용과 행동(수행활동, 지녀야 할 특성)이 결합된 형식을 취하며, 내용 기준과 수행 기준으로 형성된다.
- 광범위하고 일반적인 것에서부터 구체적이며 특수한 것에 이르기까지 구체성의 정도에 있어서 교과별 또는 내용 영역별로 차별성을 둘 필요가 있다.

위와 같은 논의는 교육과정상의 성취기준 개념을 학습 내용에 대한 세분화된 교육 목표와 동일하다고 간략하게 기술했던 곽병선(1996)의 논의를 보다 정교화한 것으로, 성취기준에 대한 논의가 미국의 표준화 운동에 직접적인 영향을 받았다는 것을 드러낸 것이다. 구체적으로 박순경(1997)이 사용한 성취기준의 정의는 1996년 3월 뉴욕 주에서 열렸던 제2차 교육정상회의에서 논의된 것과 유사하며, 성취기준 형태로 내용을 제시한 사례 또한 대부분이 미국의 것이었다(성열관 외, 2008).

이러한 논의를 기초하여, 교육부(1997)는 교과교육과정(각론) 개발 지침을 발표하였다. 이 지침에는 성취기준이라는 용어 자체가 제시되지는 않았다. 그러나 이 지침에서는 "학년(군)별 또는 단계별 내용 진술을 현행 교육과정에 제시된 교과별 내용을 한 단계 더 상세화한 수준에서 내용+행동의 형식으로 진술"하고, "교과 목표와 내용을 밀접하게 관련시키고, 학생들이 학습을 통해서 성취해야 할 능력이나 특성의 폭과 깊이를 나타낼 수 있도록 한다."고 진술하였다(교육부, 1997). 이는 곽병선(1996)이나 박순경(1997)의 성취기준 논의를 반영한 것이다(성열관 외, 2008).

이러한 지침을 적용하여 7차 교육과정에서 각 교과 연구진은 교과교육과정을 성취기준 진술 방식에 따라 개발하였으나, 각 교과교육과정의 성취기준 형식과 내용은 매우 다양하게 나타났다. 교과교육과정 개발자들은 총론 지침을 따라야 하는 자신들의 입장을 '총론 규정력'의 영향하에 있다고 표현하면서, 실제로는 나름의 '각론 융통성'을 발휘하였다. 이 과정에서 교과 연구진들은 총론 지침에 따라 "교육 내용 진술을 성취기준 형태로 하라는 것이 도대체 어떻게 하라는 것인지"에 대한 충분한 설명이 없었다고 불만을 토로하였고, 총론에서는 교과교육과정 개발자들의 전문성이 부족하여 성취기준 진술이 의도대로 되지 않았다고 불평하였다(성열관 외, 2008).

요약하면, 7차 교육과정 개정을 위한 준비 작업이 진행되던 시기(1996~1997년)에 미국의 표준화 운동의 영향을 받은 교육과정 연구자들이 주도하여, 교육과정 개발 논의에 성취기준이 도입되었다. 그리고 초기에는 성취기준 논의가 교육평가 맥락에서 비중있게 다루어졌으며, 이후에 교육과정의 맥락에서도 다루어지기 시작하였다. 그러나 교과교육과정 개발 단계에서는 교과별로 성취기준 진술의 다양한 편차가 나타났다.

(2) 성취기준의 교과 적용과 사회과의 변화

앞에서는 성취기준이 교육과정과 교육평가 맥락에서 어떻게 도입되었는지를 총론 차원에서 살펴보았다. 지금부터는 사회과에서 교육과정과 교육평가 맥락에서 성취기준과 관련해서 어떤 논의와 변화가 있었는지에 대해서 살펴보려고 한다.

사회과에 본격적으로 성취기준 개발이 이루어진 것은 다른 교과와 마찬가지로 7차 교육과정 개정과 맞물려 있던 시기인 1997년부터 1999년이었다. 이 당시에 6차 교육과정을 절대 평가의 준거로 재구성하는 과정에서 사회과를 포함해서 교과별로 성취기준 개발이 이루어졌다. 다른 교과들처럼 사회과에서도 교육과정이 아니라 교육평가 맥락에서 성취기준이 처음 도입된 것이다. 교육평가 총론의 절대 평가와 관련된 성취기준 논의는 사회과에도 적용되어 다음과 같이 성취기준과 평가기준을 정의 내리고 관련 예시를 개발하였다(김정호, 1997: 261).

성취기준과 평가기준의 의미와 사회과 예시

- 성취기준(attainment standards): 교육과정에 제시된 내용 요소를 교수학습 과정에서 달성해야 될 목표로 내용 기준 + 수행 기준으로 상세하게 진술한 것
  예 통화량과 물가의 관계를 통계 자료를 사용하여 설명할 수 있다.
- 평가기준(evaluation standards): 성취기준의 달성 여부를 측정하기 위하여, 그것을 좀 더 구체적으로 조작적 정의를 내린 것
  예 1단계(하): 통화량과 물가지수의 통계적 의미를 알고 있다.
  2단계(중): 물가 변동의 원인이 통화 증가에 따른 것인지, 아닌지를 판단한다.
  3단계(상): 통화량 변동 추세를 통해 다음 해 물가 변동 상황을 예상한다.

그리고 사회과 차원에서 내용 요소와 행동 요소를 종합해서, 사회과 성취기준의 틀을 구안하여 제시하였다. 구체적으로 사회과를 구성하는 지식의 내용 요소를 사실, 개념, 일반화로 나누고, 행동 요소는 기본 지식 이해, 사회 현상 설명, 미래 현상 예측 등으로 심화 발전된다고 보고, <표 7-1>과 같은 성취 · 평가기준 모형을 제시하였다(김정호, 1997: 269).

표 7-1 사회과 인지적 영역의 성취 · 평가기준 모형

행동		기억	이해	적용	분석	종합	평가
	등급	기본지식 이해		사회현상 설명		미래현상 예측	
지식	일반화						
	개념						
	사실						

이러한 틀에 따라 6차 교육과정을 성취기준으로 바꾸는 작업이 진행되었다. 이미 살펴본 바와 같이 6차 교육과정은 이전의 교육과정과 마찬가지로 교과별 내용 요소를 핵심 단어나 구 등 주제어로 제시하였다. 따라서 교육 평가 맥락에서 세분화, 상세화, 구체화 등의 과정을 통해서 교육과정

목표 및 내용을 명료화하여 절대평가 준거가 될 수 있는 성취기준으로 전환하는 작업이 이루어졌다. 이에 따라 고등학교 '공통사회'와 '경제' 과목을 중심으로 연구가 이루어졌고 6차 교육과정에 근거한 성취기준이 개발되었다(강운선 외, 1999; 김정호 외, 1998).

그리고 이러한 절대 평가 연구가 수행되는 가운데 7차 교육과정 개정이 함께 이루어졌고, 절대 평가 연구가 직·간접적으로 7차 교육과정의 성취기준 개발에 영향을 미쳤다. 실제로 7차 교육과정에서 교과교육과정의 설계는 성취기준의 아이디어를 반영하여 이루어졌고, 사회과도 성취기준으로 교육 내용이 제시되었다(교육부, 2000).

사회과의 경우, 먼저 국민 공통 기본 교육과정이 적용되는 3~10학년 기간의 교과 내용을 체계화하여, 학년별 또는 단계별로 성취할 내용을 중심으로 성취기준을 제시하였다. 그런데 주지하다시피 교육과정 개발 기간 자체가 짧았고, 또한 그 짧은 기간 동안에 다양한 아이디어(국민공통기본교육과정, 수준별 교육과정 도입 등)를 구현하고자 하는 시도로 인해, 성취기준 중심으로 교과목별 내용 체계를 구성하고자 하는 시도는 미진할 수밖에 없었다(김정호 외, 1999: 14).

그러나 적어도 외형적으로는 교육 내용 진술이 단어나 구가 아닌 하나의 문장, 즉 성취기준으로 진술하는 변화가 이루어졌다. 6차 교육과정에서 7차 교육과정으로 전환되면서 교육과정 내용 진술의 변화가 어떻게 이루어졌는지를 가시적으로 보여주기 위해, 6차의 고1 사회 일반사회 영역 '시민사회의 형성과 발전' 단원의 일부가 7차에서 어떻게 다르게 진술되었는지를 다음에 제시하였다(교육부, 2000).

6차와 7차 사회과교육과정 고1 사회 단원의 일부

(1) 시민 사회의 형성과 발전

시민사회는 역사적 산물로서 지속적으로 변동, 발전되어 왔으며, 현대 사회의 구조와 성격 또한 여러 요인들에 의해 설명될 수 있음을 인식하게 한다. 또, 변동의 양상과 정도가 날로 심화, 확대되고 있어, 그 어느 때보다 합리적이고 바람직한 의사결정이 요구되고 있음을 인식하도록 한다.

(가) 시민 사회의 형성 – 시민사회의 개념, 시민사회의 형성과 발전, 시민사회의 성격

⬇

(6) 시민 사회의 발전과 민주 시민

시민 사회의 발전 과정에서 나타난 역사적 사건을 열거해 보고, 민주 시민이 무엇을 실현하려 하였는지 고찰함으로써 시민사회의 의미를 파악한다. 또, 사회 발전의 원동력은 바로 민주 시민의 자질에 있음을 인식하고, 시민 자질의 핵심 요소로서의 합리적 의사 결정은 어떤 과정을 통해 이루어지는지를 이해한다.

(가) 시민 혁명과 시민 사회의 발전

① 근대 시민 계급이 성장하게 된 배경과 시민혁명의 원인 및 결과를 종합적으로 이해한다.

② 근대 시민 사회의 한계를 이해하고, 이를 해결하기 위한 다양한 시민 운동의 역사를 학습함으로써 현대 시민사회는 시민이 주체가 된 사회임을 파악한다.

③ 우리나라에서 시민 사회는 어떠한 과정을 통해 형성되어 왔는지, 그 특징은 무엇인지를 이해한다.

3. 사회과교육과정의 변화와 일반사회 영역 성취기준

1) 사회과교육과정과 성취기준 진술의 변화

사회과 일반사회 영역에서 교육과정 문서를 성취기준으로 진술하는 일은 7차, 2007 개정, 2009 개정 여러 차례에 걸친 교육과정 개정 과정을 통해서 반복해서 이루어져 왔다. 여기서는 먼저 그동안 사회과교육과정의 성취기준 진술에서 어떤 변화가 이루어져 왔는지를 살펴보고, 일반사회 영역 성취기준의 특징과 문제점을 제시하려고 한다. 이를 토대로 교육과정의 일반사회

영역 성취기준을 보다 명료하게 제시할 수 있는 방안을 모색하려고 한다.

7차 교육과정 문서에서 성취기준은 대주제(대단원) 개관 이후에 중주제(중단원)의 내용을 제시하는 방식으로 등장하였다. 6차 교육과정까지는 대주제명(대단원 제목), 대주제 개관, 중주제(중단원)와 핵심 내용 요소(주로 개념과 원리를 나타내는 키워드)로 제시되던 교육과정 내용이 7차 교육과정부터 대주제명, 대주제 개관, 중주제와 성취기준(내용 요소와 행동 요소가 결합된 문장)으로 제시되기 시작하였다. 다음은 7차 사회과교육과정의 중2 사회 여섯 번째 대단원의 일부이다(교육부, 2000).

7차 교육과정과 사회과 성취기준(중2 사회-대단원6-중단원1)

(6) 개인과 사회의 발전

사회 구성원으로서의 개인과 사회와의 관계를 파악하고, 우리나라의 여러 가지 사회 문제를 해결하기 위한 방안을 탐색한다. 문화가 창조되고 전승되는 원리와 문화의 속성에 대한 이해를 토대로 민족 문화의 정체성을 유지하며, 다문화 현상을 이해한다.

(가) 인간의 사회적 성장

① 인간의 특성을 사회화의 맥락 속에서 자아 발달 과정과 관련지어 이해하고, 청소년기의 특성과 청소년 문화를 기성세대와의 관련 속에서 탐색한다.

② 세대차의 원인과 양상을 비판적으로 탐색하는 과정을 통하여 자아정체성을 확립한다.

위의 사례에서 알 수 있듯이, 성취기준의 구성 요소는 크게 내용 요소와 행동 요소로 나뉜다. 그리고 사회과 성취기준의 내용 요소는 사회과학의 개념과 원리(일반화), 사회 문제, 가치 태도 등을 나타내는 명사나 구의 형태로 제시되고, 사회과 성취기준의 행동 요소로는 지식, 기능 및 사고, 가치·태도의 학습 활동 및 결과를 표현하는 서술어 형태로 제시된다.

이에 비해 2007 개정 교육과정 문서에서는 교육과정의 대강화 기조에 따라 중주제(중단원)가 사라지고 수준별 교육과정도 교육 내용이 아니라 방법에서 적용하기로 한 결과로 인해 심화 과정도 사라졌다. 그리고 성취기준을 대주제(대단원) 개관 이후에 대단원을 구성하는 학습 내용으로 제시하였다. 다음은 2007 개정 사회과교육과정의 중1 사회의 일곱 번째 대단원을 예로 든 것이다(교육부, 2007).

2007 개정 교육과정과 사회과 성취기준(중1 사회-대단원7)

(7) 개인과 사회 생활

인간은 다양한 집단의 사회적 구성원으로서 긴밀하고 유기적인 관계망을 형성하고 있음을 이해한다. 이러한 사회적 관계 속에서 사회적 상호작용의 의미를 탐색하고, 자아정체성이 형성되는 과정을 이해한다.

① 사회적 존재로서의 인간 및 사회화의 의미를 이해한다.
② 자아정체성이 사회적 관계 속에서 형성됨을 이해하고, 이를 존중하는 태도를 가진다.
③ 일상생활 속에서 사회적 상호 작용의 유형을 탐색하고, 그것의 사회문화적 의미를 분석한다.
④ 사회적 관계의 의미와 유형을 이해하고, 개인과 집단의 바람직한 역할을 탐색한다.
⑤ 사회생활 속에서 나타나는 차이와 차별 현상을 이해한다.
⑥ 사회 불평등 현상의 원인 및 해결 방안을 제시한다.

또한 2007 개정에서는 성취기준 진술 방식에 있어서도 변화가 나타나, 7차의 경우 성취기준에서 내용 및 행동 요소와 함께 방법 요소를 진술하는 것이 기본 원칙이었으나, 2007 개정 교육과정에서는 방법 요소를 삭제하고, 내용과 행동 요소만으로 성취기준을 진술하도록 하였다. 이렇게 결정한 주된 이유는 내용이나 행동 요소와 달리 교수학습 방법은 성취기준에서 단정적으로 표현하는 것보다는 교과서 집필자나 교사들에게 맡기는 것이 적절하다고 판단했기 때문이다(한국교육과정평가원, 2005).

이후 2009년 3월에 2007 개정 교육과정의 부분 수정으로 중3 사회, 고1 사회 교육과정 개정이 이루어졌고, 이어서 2009년 12월에 고교 선택과목 개정이 이루어졌는데, 이 두 차례 걸친 부분 개정에서도 이러한 원칙은 유지되었다. 그리고 2011년 상반기에, 2009 개정 교육과정 총론에 기초하여 2009 개정 사회과교육과정 개발이 이루어졌다(2011. 8. 9. 고시). 다음은 2009 개정 사회과교육과정의 중학교 '사회' 일반사회 영역의 첫 번째 대단원을 예로 든 것이다(교육과학기술부, 2011).

2009 개정 교육과정과 사회과 성취기준(중 사회–일반사회 영역–대단원1)

(1) 개인과 사회생활

인간은 사회의 구성원으로서 사회적 지위와 역할을 가지고 있으며 사회화를 통해서 성장한다는 것을 이해한다. 개인과 사회 집단 간의 관계를 이해하고 사례 분석을 통해 사회 집단이 지닌 특징을 탐구한다.

① 사회화의 의미와 과정을 이해하고, 사회화 과정에서 나타나는 청소년기의 특징을 탐구한다.

② 사회적 지위와 역할의 의미를 이해하고 역할 갈등의 특징을 사례를 통해 탐구한다.

③ 사회 집단의 의미를 이해하고, 사례 분석을 통해 사회 집단의 특징을 탐구한다.

이와 같이 2009 개정 교육과정에서도 외형적으로 2007 개정과 유사한 방식으로 성취기준 진술이 이루어졌다. 다만 교육과학기술부의 요청으로 교육 내용 적정화를 위해 성취기준 수의 축소가 이루어지면서, 일반적으로 하나의 성취기준 진술 안에 두 가지의 내용 요소와 행동 요소가 제시된다는 점에서 이전의 성취기준 진술보다는 좀 더 많은 내용을 포괄하게 되었다.

2) 일반사회 영역의 성취기준 분석

(1) 공통 교육과정

여기서는 2007 개정 교육과정의 수정본(2009년 3월)에 나타난 일반사회 영역 성취기준의 특징과 문제점을 살펴보려고 한다(교육과학기술부, 2009a). 이 교육과정은 저자가 2011년 상반기에 개정 작업에 참여하기 바로 직전의 문서에 해당한다.[2)]

2) 공통 교육과정의 경우에는 2009년 3월과 12월 수정본이 동일하다. 왜냐하면 12월에는 선택과목 개정만 이루어졌기 때문이다.

2007 개정(2009년 3월) '사회' 중학교 1학년(7학년) 일반사회 영역 7단원

(7) 개인과 사회생활

인간은 다양한 집단의 사회적 구성원으로서 긴밀하고 유기적인 관계망을 형성하고 있음을 이해한다. 이러한 사회적 관계 속에서 사회적 상호작용의 의미를 탐색하고, 자아정체성이 형성되는 과정을 이해한다.

① 사회적 존재로서의 인간 및 사회화의 의미를 이해한다.
② 자아정체성이 사회적 관계 속에서 형성됨을 이해하고, 이를 존중하는 태도를 가진다.
③ 일상생활 속에서 사회적 상호작용의 유형을 탐색하고, 그것의 사회·문화적 의미를 분석한다.
④ 사회적 관계의 의미와 유형을 이해하고, 개인과 집단의 바람직한 역할을 탐색한다.
⑤ 사회생활 속에서 나타나는 차이와 차별 현상을 이해한다.
⑥ 사회 불평등 현상의 원인 및 해결 방안을 제시한다.

위에서 나타난 바와 같이 '사회' 과목 중학교 1학년(7학년) 7단원에서는 우선 개념이나 원리 등 지식 관련 성취기준의 서술어는 '이해한다'로 진술되어 있음을 알 수 있다. 물론 ③의 경우에 의미를 분석한다고 하여, 과연 의미를 분석한다는 것이 의미를 이해하는 것과 어떻게 차별화되는지 혼란스럽기는 하다. 하지만, 이 또한 의미 분석을 통해 궁극적으로 의미를 이해하게 될 것이기 때문에 별반 다르지 않은 학습 경험이나 결과를 내포하는 것으로 보인다. 더불어 '탐색한다'는 용어가 '상호작용의 유형'과 같은 사실 확인과 관련된 내용 요소뿐만 아니라 '바람직한 역할'과 같은 가치 판단이 필요한 내용 요소에도 사용되고 있다.

따라서 지식 관련 성취기준의 서술어 통일과 더불어 사실 확인과 가치 판단 모두에서 탐색한다는 표현이 적절한지에 대한 숙고가 필요하다. 참고로 '탐색한다'는 사전상에서는 일반적으로 '감추어져 있던 것을 알아내기 위하여 더듬어 찾다' 혹은 '감추어진 사실이나 현상 따위를 알아내기 위하여 더듬어 찾다'라는 의미로 기존의 합의된 내용보다는 새로운 현상을 드러내는 측면이 있는 용어인지라 오히려 ⑤에서 '현상을 탐색한다.'로 사용하는 것이 보다 적절해 보인다. ⑥의 경우에도 내용 요소 유형별로 서술어를 차별화하여 '원인을 탐구하고, 해결 방안을 제시한다.'라고 하는 것이 보다 적절해 보인다.

(2) 선택 교육과정

일반사회 영역 성취기준 진술의 문제점은 공통 교육과정에서도 나타나지만, 과목별로 독자적으로 성취기준을 개발하는 고교 선택과목에서 더 두드러지게 나타난다. 왜냐하면 고교 선택과목의 경우 법, 정치, 경제, 사회·문화 분야의 전공자들이 과목별로 성취기준을 개발하면서 과목 간의 의사소통이 제대로 이루어지지 않기 때문이다.

이러한 문제점은 2007 개정뿐만 아니라 저자가 중학교 사회 교육과정을 만들 때 함께 개발된 2009 개정의 고교 선택과목에서도 이어졌다. 또한 성취기준 진술 방식과 관련해서 공통 및 선택 교육과정의 과목들 사이에 공동 논의가 이루어지지 않아서 과목별 연구자들이 갖고 있던 고민과 결과물을 공유할 기회가 없었다.

여기서는 2009 개정 교육과정의 법과 정치, 경제, 사회·문화 과목의 사례를 들어 일반사회 영역 성취기준의 특징과 문제점을 분석하려고 한다. 다음은 2009 개정 사회과교육과정의 '법과 정치' 과목 1단원이다(교육과학기술부, 2011).

2009 개정(2011년 8월) 사회과교육과정 법과 정치 1단원

(1) 민주 정치와 법

정치의 의미와 기능, 정치와 법의 관계에 대한 기본적인 이해를 바탕으로 민주주의의 이념과 유형 및 정치권력의 정당성과 법의 지배에 대한 문제를 고찰해 보도록 한다. 또한 민주주의와 법치주의의 상호관계를 이해함으로써 우리나라 민주주의와 법치주의의 발전 방안을 찾는다.

① 정치의 의미를 <u>이해하고</u> 정치의 기능을 구체적 사례를 통해 <u>탐구한다.</u>
② 민주주의의 이념과 원리를 <u>파악하고</u> 민주주의의 여러 유형을 <u>비교, 분석한다.</u>
③ 민주정치의 발전 과정을 역사적 맥락 속에서 <u>이해한다.</u>
④ 정치권력의 의미를 <u>이해하고,</u> 정치권력이 정당성을 가지기 위한 조건을 <u>탐구한다.</u>
⑤ 법치주의의 의미를 <u>이해하고,</u> 법치주의와 민주정치의 관계를 <u>파악한다.</u>

'법과 정치' 과목 1단원에서는 우선 지식 관련 성취기준의 서술어와 관련해서 '파악한다'라는 표현이 자주 사용되고 있다. 이는 사전적으로 '충분히 이해하여 확실하게 알다'라는 의미로, 이해보다 더 심화된 지식의 학습을 강조한다. 그런데 지식의 학습 활동 및 결과를 표현하는 서술어가 어떤 때는 '이해'이고 어떤 때는 '파악'이어서 혼란을 준다. 이 경우 개념에는 '이해'를, 원리, 과정, 관계 등에는 '파악'을 사용하는 등의 적절한 조정과 더불어 조정의 근거가 제시되어야 한다. 만약 이러한 지식의 유형이나 수준에 대한 합의가 없을 경우 지식의 학습 활동 및 결과는 기본적인 서술어인 '이해한다'로 통일하는 것이 바람직하다.

다음으로 기능 및 사고 관련 성취기준의 서술어로 '탐구한다'와 '비교, 분석한다'라는 표현이 사용되고 있다. '탐구한다'의 경우 매우 포괄적인 의미로 '더듬고 깊이 파고들어 연구하다'는 의미인 반면에, '비교한다'나 '분석한다'는 탐구하는 과정의 일부로 사용할 수 있는 표현이다. 따라서 이 역시 내용 요소의 성격이나 특징에 따라 비교, 분석 등의 세부적인 표현을 쓸 것인지 아니면 일반적으로 기능 및 사고 관련 성취기준은 '탐구한다'로 통일할 것인지에 대한 논의가 필요하다. 위의 사례처럼 정치의 기능은 탐구하는 것이고, 민주주의의 여러 유형은 비교, 분석하는 것이고, 정치권력이 정당성을 가지기 위한 조건은 탐구하는 것이라면 각 내용 요소에 따라 왜 그런 서술어를 선택했는지에 대한 추가 논의가 필요하다.

다음은 2009 개정 사회과교육과정의 '경제' 과목 1단원이다(교육과학기술부, 2011).

2009 개정(2011년 8월) 사회과교육과정 경제 1단원

(1) 경제 생활과 경제 문제의 이해

인간 생활에서 차지하는 경제의 의미 및 경제와 다른 사회 현상의 관계를 이해하고, 공적·사적인 경제 문제를 파악하며, 이를 해결하기 위해 고려해야 할 경제적 요인들을 분석한다. 시장 경제에서의 경제 문제해결 과정을 이해하고, 시장 경제의 작동 원리와 이를 뒷받침하기 위한 사회 제도를 경제 사회의 발전 과정 속에서 파악한다.

① 경제생활의 의미와 특징을 파악하고, 경제생활과 다른 사회생활의 관계를 이해한다.
② 우리 생활에서 희소성이 다양하게 존재함을 인식한다.
③ 다양한 상황에서의 비용 편익을 고려한 선택을 이해하고, 인간은 경제적 유인에 반응함을 인식한다.
④ 분업과 교환의 필요성을 이해하고 적절한 사례에 적용해 보며, 이를 통해 상호 이익을 추구하는 태도를 가진다.
⑤ 경제 문제를 해결하는 다양한 방식의 장단점을 비교해 보고, 특히 시장 경제의 기본 원리와 이를 뒷받침하는 사회 제도를 파악한다.

경제 과목의 경우 지식의 학습 활동 및 결과를 나타내는 서술어로 '파악한다', '이해한다' 등의 서술어가 사용되고, 기능 및 사고의 학습 활동 및 결과를 나타내는 서술어로 '인식한다', '적용한다', '비교한다' 등의 서술어가 사용되며, 가치 태도의 학습 활동 및 결과를 나타내는 서술어로 '가진다'는 서술어가 사용되고 있다.

지식의 학습 활동 및 결과를 나타내는 서술어에서 '이해한다'와 '파악한다' 중 이해한다가 보다 기본적인 서술어라는 것은 이미 살펴보았다. 경제 과목의 경우에도 어떤 내용 요소에는 '이해한다'를, 어떤 내용 요소에는 '파악한다'를 사용할 것인지 결정하기 어렵다면 '이해한다'로 통일하는 것이 필요하다. 만약 경제의 경우에 기본 지식과 심화 지식을 구분할 수 있고, 심화 지식의 경우에는 기본적인 이해를 넘어서서 심층적인 파악이 필요하다면 '이해한다'와 '파악한다'를 구분해도 좋을 것이다.

다음으로 기능 및 사고의 학습 활동 및 결과를 나타내는 서술어 '인식한다'가 많이 사용되고 있음을 알 수 있다. '인식하다'는 '사물을 분별하여 판단하여 안다'는 의미로 지식, 기능 및 사고에 걸쳐 있는 서술어로 볼 수 있다. 위의 경제 단원에서는 '우리 생활에서 희소성이 다양하게 존재한다.' 혹은 '인간은 경제적 유인에 반응한다.'라는 원리(일반화)에 대한 학습 활동 및 결과를 나타내는 서술어로 사용되었다. 일반화의 학습은 연역적으로 이루어질 경우 지식 학습의 성격이 강하고 귀납적으로 이루어질 경우 기능 및 사고 학습의 성격이 강하다. 이런 점에서 '인식한다'는 용어는 개념보다는 원리(일반화)와 어울린다고 볼 수 있다. 그러나 '인식한다'는 지식과 기능 및 사고에 걸쳐 있는 서술어이기 때문에 함부로 사용하면 여러 면에서 혼란을 줄 수 있기 때문에 신중함이 요구된다. 한편 경제에서는 부분적으로 '적용한다'와 '비교한다' 등 학습 활동과 과정에 초점을 둔 서술어로 사용하고 있다.

경제 과목 성취기준의 문제점은 서술어 자체보다는 내용 요소와의 부조화에서 발생한다. 의미와 특징은 '파악'이고 경제 생활과 다른 사회생활의 관계는 '이해'로 사용되고 있는데 앞에서 논의한 것을 토대로 할 경우, 의미와 특징을 오히려 '이해'하고 관계를 '파악'한다고 하는 것이 보다 적절할 것이다. 또한 '다양한 상황에서의 비용·편익을 고려한 선택'을 이해하는 것이 아니라 '다양한 상황에서의 비용·편익을 고려한 선택이 있음'을 이해하는 것이라고 보는 것이 타당할 것이다. 또한 '분업과 교환의 필요성을 적절한 사례에 적용해 본다'는 것도 명료하게 이해할 수 있는 성취기준이 아니다. '이를 뒷받침하는 사회 제도'라는 표현도 막연하다고 볼 수 있다.

다음은 2009 개정 사회과교육과정의 '사회·문화' 과목 1단원이다(교육과학기술부, 2011).

2009 개정(2011년 8월) 사회과교육과정의 사회·문화 과목 1단원

(1) 사회·문화 현상의 탐구

사회과학적 탐구 대상으로서의 사회·문화 현상이 자연 현상과 다른 특성을 지니고 있고, 사회·문화 현상의 탐구에는 독특한 관점과 접근 방법이 활용될 수 있음을 이해한다. 이러한 관점이나 접근 방법에 따라 사회·문화 현상의 연구 방법들이 지닌 특성을 비교, 분석하여 과학적 태도로 탐구 절차를 수행해 나가는 과정을 이해한다.

① 사회·문화 현상의 특성을 자연 현상과 비교, 분석하여 이해한다.
② 기능론, 갈등론, 상징적 상호작용론, 교환 이론 등 사회·문화 현상에 대한 다양한 이론적 시각을 이해한다.
③ 사회·문화 현상에 대한 양적, 질적 연구 방법의 특성과 차이점을 이해한다.
④ 사회·문화 현상에 대한 탐구 과정에서 필요한 자료 수집 방법의 유형과 특징을 이해한다.
⑤ 사회·문화 현상에 대한 탐구 절차를 이해하고, 이를 실제 사례에 적용한다.
⑥ 사회·문화 현상의 탐구에 필요한 과학적 태도와 연구자의 윤리를 이해하고, 이를 존중한다.

사회·문화 과목의 경우 지식의 학습 활동 및 결과를 나타내는 서술어로 '이해한다'를 주로 사용하고 있다. 법과 정치나 경제 과목에서 자주 사용되는 '파악한다'는 거의 등장하지 않는다. 아마도 '파악한다'라는 서술어가 결국은 '이해한다'의 심도 깊은 표현이라는 것을 감안하여 '이해한다'로 통일한 것으로 보인다. 한편 기능 및 사고의 학습 활동 및 결과를 나타내는 서술어는 '비교한다', '분석한다', '적용한다'를 사용하고 있었다. 이 경우 '이해한다'라는 지식 관련 서술어와 혼용하는 경우가 많았다. '비교 분석하여 이해한다'나 '이해하고 ~적용한다' 등의 표현에서 이를 알 수 있다. 또한 가치・태도의 학습 활동 및 결과를 나타내는 서술어로 '존중한다'를 사용하고 있다. 사회・문화는 서술어의 통일이 비교적 잘 이루어진 편이고, 내용 요소의 경우에도 비교적 명료하게 제시되고 있다.

4. 일반사회 영역 성취기준의 개선 방안 및 사례

1) 일반사회 영역 성취기준의 진술 원칙

저자가 성취기준 개발에서 가장 염두에 둔 것은 명사나 구의 형태를 띠고 있는 내용 요소와 더불어, 서술어로 표현되는 행동 요소를 조화롭게 결합하는 것이었다. 특히 서술어의 유형을 사회과에서 강조하는 대표적인 기능 및 사고에 걸맞은 서술어로 바꾸는 일이었으며, 이를 위하여 미국 사회과의 성취기준을 참고하였다. 아래에 나타난 바와 같이 미국 사회과(공민 영역) 성취기준의 경우에도 인지적 기능과 참여적 기능으로 나누어 성취기준 진술을 통일하고 있다(Center for Civic Education, 1994).

미국 사회과(공민 영역) 성취기준의 유형 및 서술 형태

- Intellectual skills
  - identify, describe, explain
  - evaluate, take/defend a position
- Participatory skills
  - monitoring
  - influencing

이에 반하여 우리나라의 경우, 위에서 살펴본 바와 같이 학교급별 혹은 과목별 성취기준 진술 방식에 일관성이 결여되어 있어, 체계적 성취기준 진술 방식의 모색이 필요하다. 이 같은 문제의식하에 저자는 2011년 상반기에 2009 개정 교육과정 중학교 '사회' 성취기준 개발 단계에 공식적 또는 비공식적으로 참여하면서 행동 요소별 진술 원칙을 수립하였으며, 이는 아래에 나타난 바와 같다.

2009 개정 교육과정 중학교 '사회' 성취기준의 서술어

- 지식(개념과 원리 등) 중심의 학습 활동 및 결과
  - 의미, 원리, 특징을 이해한다.
  - 필요성, 의의, 역할을 인식한다.
- 기능/사고 중심의 학습 활동 및 결과
  - 문제점을 인식한다.
  - 특징을 비교, 분석한다.
  - 대안을 제시할 수 있다.
  - 사례를 제시한다.
  - 사례를 통해 탐구한다.
- 가치 태도 중심의 학습 활동 및 결과
  - 가치 태도를 가진다, 갖춘다, 갖는다.

요컨대 저자는 2011년에 2009 개정 교육과정 중학교 '사회' 교육 내용 개발에 참여하면서 성취기준 진술 방식, 특히 학습 활동이나 결과를 진술하는 서술어의 사용에 있어 위와 같은 원칙을 세웠으며 이에 따라 일관성을 가지고 교육과정 문서의 내용을 서술한 바 있다. 다음은 저자가 개발에 참여한 2009 개정 교육과정 중학교 '사회' 일반사회 영역 1단원이다(교육과학기술부, 2011).

2009 개정 교육과정 중학교 '사회' 일반사회 영역 1단원

(1) 개인과 사회생활

인간은 사회의 구성원으로서 사회적 지위와 역할을 가지고 있으며 사회화를 통해서 성장한다는 것을 이해한다. 개인과 사회 집단 간의 관계를 이해하고 사례 분석을 통해 사회 집단이 지닌 특징을 탐구한다.

① 사회화의 의미와 과정을 이해하고 사회화 과정에서 나타나는 청소년기의 특징을 탐구한다.

② 사회적 지위와 역할의 의미를 이해하고 역할갈등의 특징을 사례를 통해 탐구한다.

③ 사회집단의 의미를 이해하고 사례분석을 통해 사회집단의 특징을 탐구한다.

저자가 설정한 교육과정 성취기준 진술에 있어 가장 기본적인 원칙은 내용 요소와 행동 요소 사이의 일관성을 유지하는 것이다. 즉 내용 요소가 지식이 주가 될 경우, 즉 개념이나 원리일 경우에는 지식의 학습을 의미하는 '이해한다' 등의 지식 학습을 나타내는 서술어를 사용하고, 내용 요소가 기능 및 사고와 관련될 경우[3]에는 '탐구한다'는 등의 기능 및 사고 학습을 나타내는 서술어를 사용하는 것이다. 가치 태도의 경우에도 마찬가지다. 더불어 지식, 기능 및 사고, 가치 태도가 종합적으로 나타나는 내용 요소의 경우에는 그 중에서 가장 비중 있는 요소에 초점을 맞추어 행동 요소 진술(서술어 유형)을 결정하였다. 이를 도식화하여 나타내면 <표 7−2>와 같다.

표 7−2 사회과교육과정의 일반사회 영역 성취기준 원칙

행동 요소 / 내용 요소	지식의 학습 (기억, 이해 등)	기능 및 사고의 학습 (분석, 탐구, 참여 등)	가치 태도의 학습 (내면화 등)
지식 (사실, 개념, 원리 등)	지식 중심 성취기준		
기능 및 사고 (기본, 사고, 참여 등)		기능 및 사고 중심 성취기준	
가치 태도			가치 태도 중심 성취기준

2) 일반사회 영역 성취기준의 개선 사례

저자는 위와 같은 성취기준 진술 원칙에 따라 중학교 '사회' 교육과정 개정 작업을 수행하였다. 다음은 이러한 개정 작업의 결과물인 개선 사례로서, 2009 개정 교육과정 중학교 '사회' 일반사회 영역 9단원이다. 여기에서는 단원 주제와 성취기준, 내용 등 여러 면에서 그동안 저자가 성취기준 진술 방식과 관련해서 모색하고 있던 바를 구현하고 있다(교육과학기술부, 2011).

3) 내용 요소는 주로 지식과 관련되지만 기능 및 사고와도 부분적으로 관련될 수 있다. 예컨대 '의미'보다는 '특징'이 기능 및 사고와 더 관련 될 수 있다.

2009 개정 교육과정 중학교 '사회' 일반사회 영역 9단원

(9) 인권 보장과 헌법

인권 보장의 역사를 이해하고, 헌법이 보장하는 기본권이 인권을 보장하기 위해 나타난 것임을 인식한다. 우리나라 헌법에 보장된 기본권의 내용을 분석하고, 헌법에서 기본권 제한과 관련된 내용을 명시한 이유를 파악한다. 나아가 사례 분석을 통해 인권 보장과 관련된 국가 기관의 역할을 파악한다.

① 인권 보장의 역사적 전개 과정을 이해하고, 인권 보장을 위한 장치로서 헌법의 의의를 인식한다.

② 우리나라 헌법에서 보장하고 있는 기본권의 내용을 이해하고, 기본권 제한과 관련된 내용을 헌법에 규정하고 있는 이유를 탐구한다.

③ 인권 침해 사례와 구제 방안에 대한 분석을 통해 인권 보장과 관련된 국가기관(예: 법원, 헌법재판소, 국가인권위원회 등)의 역할을 이해한다.

우선 단원 제목 자체가 사회과학(법학)과 사회 문제를 통합할 수 있는 주제로 사회과가 추구하는 지식, 기능 및 사고, 가치 태도 목표를 종합적으로 구현하는 데 기여할 수 있는 내용이다. 그리고 각각의 성취기준은 일반사회 영역에서 진술할 수 있는 몇 가지 성취기준 진술 유형을 보여주는 대표 사례이다. 참고로 2009 개정의 경우 교육 내용 적정화를 위해 성취기준 수의 축소가 이루어지면서, 일반적으로 한 성취기준 진술 안에 두 가지의 내용 요소와 행동 요소가 들어가 있다는 점에서 이전의 성취기준 진술보다는 좀 더 많은 내용을 포함하고 있다.

첫 번째 성취기준은 전형적인 지식 이해 + 저차사고 유형의 성취기준으로 인권 보장의 역사를 이해하고, 인권 보장 측면에서 헌법의 의의를 인식하는 내용이다. 이 유형은 저자가 개발한 성취기준 중에 다수를 차지하는 가장 일반적인 형태이다.

두 번째 성취기준은 전형적인 지식 이해 + 고차사고 유형의 성취기준으로 「헌법」상의 기본권 내용을 이해하고, 기본권 제한이 「헌법」에 규정된 이유, 즉 「헌법」에 규정된 것 이외에는 기본권(인권)을 침해할 수 없다는 인권 보장의 정신을 탐구하는 내용이다. 이러한 탐구는 시민이 지녀야 할 핵심적인 자질(가치 태도)인 인권 존중의식과도 결부되는, 의미 있는 성취기준이다.

세 번째 성취기준은 고차사고 + 지식 이해 유형으로, 기존의 지식에서 기능 및 사고로 이어지는 방식이 아니라, 사고를 먼저 하고 관련 지식을 이해하는 내용이다. 특히 이 성취기준은 학생들의 학습 순서를 고려해서, 학생들에게 친근한 인권 침해 사례를 먼저 분석하면서 구제 방안을 찾도록 하고, 관련 국가기관의 역할을 이해하도록 한 측면에서 매우 전향적인 성취기준 진술 방식이라고 할 수 있다.

5. 결론

그간 7차 교육과정을 포함해서 2009 개정 사회과교육과정까지 여러 차례 성취기준이 개발되면서 성취기준 진술 방식에 대한 세부 원칙이 세워지지 않아, 성취기준 진술 내용, 특히 학생들의 학습 활동 및 결과를 표현하는 서술어의 사용이 일관성 있게 이루어지지 못하였다. 이 장에서는 사회과 일반사회 영역 성취기준의 변화 과정을 살펴보면서, 일반사회 영역 성취기준의 특징과 문제점을 분석하고 저자가 개발에 참여한 2009 개정 교육과정 중학교 '사회'의 성취기준을 개선 사례로 제시하였다. 또한 이를 토대로 향후 교육과정 문서 개발에서 어떤 원칙과 방식으로 성취기준을 진술하는 것이 적절한지에 대해서 논의하였다.

이 장은 그동안 사회과 일반사회 영역에서 관례화된 성취기준 진술 방식을 개선한 것이다. 사회과에서 성취기준을 개발하기 위해 필요한 원칙과 논리를 체계적으로 제시하고 있는 최초의 논의라는 점에서 주목할 필요가 있다. 그리고 그동안 다양하게 사용되어 온 성취기준의 진술 형태에 대해서 일관성 있는 원칙과 유형을 제시하려고 했다는 점에서도 의의를 지닌다.

저자는 이러한 이유에서 이 장이 끝이 아니라 출발점이라고 생각한다. 다양한 연구자들이 교육과정 문서를 개발하면서, 사회과 목표를 진술하는 데 있어 보다 적절하고 적합한 성취기준 진술 형태를 고민하고 제시했으면 하는 것이 저자의 바램이다.

이 논의를 통해 파악한 바에 따르면, 성취기준 진술 방식의 체계적인 개선을 위해서는, 학문과 일상생활, 사회과학과 사회 문제가 조화를 이룬 주제(단원) 선정이 요구된다. 또한 지식과 기능 및 사고가 조화를 이룬 성취기준 개발이 필요하며, 교과서 내용 구성이나 학습 활동의 순서를 고려한 성취기준 개발도 필요하다. 향후 교육과정 개정에서는 이러한 저자의 인식이 공유되기를 희망한다.

교과교육학은 실천 및 응용 학문임에 틀림없다. 따라서 교과교육학의 여러 분야는 진위와 선악의 문제가 아니라 적절함과 부적절함의 문제로 분석할 필요가 있다. 저자가 제시한 사회과 일반사회 영역 성취기준의 적절성은 어디까지나 저자의 판단과 노력의 산물이다. 추후 다른 연구자들을 통해 보다 진전된 성취기준 진술 형태에 대한 논의와 실천을 기대한다.

참고문헌

강대현(2010). 사회과교육과정 개정 논의와 결과에 대한 반성: 2007 개정 사회과 일반 사회 영역 교육과정을 중심으로. 사회과교육, 49(1), 83-95.

강대현, 모경환, 차조일(2011). 2009 개정 사회과 교육과정의 특징과 과제 : 시수 편제 논의를 중심으로. 시민교육연구, 43(3), 29-54.

강운선 외(1999). 국가 교육과정에 근거한 평가기준 및 도구 개발 연구: 고등학교 경제. 한국교육과정평가원 연구보고 RRE 99-4-2.

곽병선(1996). 초・중등학교 교육과정 2000 체제・구조 기본안. 신교육과정 총론(안) 공청회 자료집. 8월 28일. 한국교원단체총연합회 대강당.

교육과학기술부(2009a). 사회과교육과정. 교육과학기술부 고시 제2009-10호[별책 7].

교육과학기술부(2009b). 사회과교육과정. 교육과학기술부 고시 제2009-41호[별책 7].

교육과학기술부(2011). 사회과교육과정. 교육과학기술부 고시 제2011-361호[별책 7].

교육부(1997). 교과교육과정(각론) 개발 지침. 교육부.

교육부(2000). 초・중・고등학교 사회과・국사과 교육과정 기준(1946～1997). 교육부

교육인적자원부(2007). 사회과교육과정. 교육인적자원부 고시 제2007-79호[별책 7].

김정호(1997). 사회과 절대평가기준 개발의 준거 체제. 사회과교육, 30, 257-276.

김정호 외(1998). 국가 교육과정에 근거한 평가기준 및 도구 개발 연구: 고등학교 공통사회. 한국교육과정평가원 연구보고 RRE 98-3-5.

김정호 외(1999). 제7차 교육과정에 따른 성취기준과 평가기준 개발 연구: 초등학교 1, 2학년. 한국교육과정평가원 연구보고 RRC 99-5.

모경환(2005). 미국 사회과교육과정의 패러독스: 표준화와 다양성의 문제. 한국교원교육연구, 22(1), 251-265.

박순경(1997) 제7차 교과교육과정 개발의 쟁점. 제7차 교과교육과정 지침 상세화 워크숍 자료집(5월 16일). 교육부・한국교육개발원.

백순근 외(1998). 국가 교육과정에 근거한 평가기준 및 도구 개발 연구(총론). 한국교육과정평가원 연구보고 RRE 98-3-1.

성열관 외(2008). 성취기준의 차용 및 변용. 교육과정연구, 26(3), 1-22.

한국교육개발원(1997). 국가공통 절대평가기준 교과별 시안 검토를 위한 세미나. 한국교육개발원 연구자료 RM 97-15.

한국교육과정평가원(1998). 고등학교 공통필수 10개 교과의 절대평가 예시 문항 및 도구 개발 방향. 한국교육과정평가원 연구개발 RDM 98-1.

한국교육과정평가원(2005). 사회과교육과정 개정(시안) 연구 개발. 2005년 주5일수업제

대비 교육과정 개정 연구 위탁과제 중간보고서.

Center for Civic Education(1994). *National standards for civics and government.* Center for Civic Education.

Jennings, J.(1998). *Why national standards and tests?.* London: Sage Publishing.

Ravitch, D.(1995). *National standards in American education: A citizen's guide.* Washington, DC: Brookings Institution Press.

02
PART

사회과, 어떻게 그리고 누가 가르칠 것인가?

2부에서는 사회과 교육의 방법과 교사 전문성에 대해서 살펴보려고 한다. 사회과 교육의 방법은 기본적인 교수학습(수업) 모형을 중심으로 접근할 수도 있고, 일반적인 교수전략인 교수(수업) 기법으로 접근할 수도 있다.

사회과교육의 방법은 우선, 지식, 기능 및 사고, 가치 태도 및 행동 등을 어떻게 가르칠 것인가에 초점을 맞추어 몇 가지의 기본적인 교수학습모형으로 분류할 수 있다. 그래서 사회과교육의 방법을 '사회과 목표 및 내용에 대응하는 수업모형'을 중심으로 접근해서 사회과의 지식, 기능 및 사고, 가치 태도 및 행동 등에 따라 분류할 경우, 개념학습, 일반화학습, 발견학습, 탐구학습, 가치명료화와 가치분석, 의사결정수업, 논쟁문제수업 등이 대표적인 사회과 수업모형이라 할 수 있다.

사회과교육의 방법을 '사회과에서 유용하게 활용할 수 있는 수업모형'을 중심으로 접근할 경우, 협동학습, 토론학습, 모의학습 등이 대표적인 수업모형이라 할 수 있다. 이러한 모형들은 꼭 사회과에서만 활용하는 방법은 아니지만, 사회과에서 사용하기에 적합한 수업모형이라고 할 수 있다. 특히 협동학습의 경우에는 인지적 요소뿐만 아니라 사회성 등 정의적 요소에도 기여할 수 있는 수업 모형이어서 사회과교육에서 그 유용성이 크다고 볼 수 있다.

한편, 사회과교육의 방법을 일반적인 교수전략이나 기법 차원에서 접근할 경우, 강의(직접 교수), 질문, 토의 · 토론*, 역할놀이, 현장 조사 및 체험, 신문 활용 교육(NIE), 웹기반수업 등을 대표적인 사회과 수업 전략으로 꼽을 수 있다.

여기서 가장 중요한 것은 사회과의 성격을 드러내면서 동시에 어느 정도 일반화된 수업 방법인데, 사회과의 지식, 기능 및 사고, 가치 태도 및 행동 등 사회과 내용에 대응하는 수업모형들이 사회과 교사나 예비 교사들이 일차적으로 이해해야 할 기본적인 교수학습방법이라 할 수 있다.

그래서 2부에서는 사회과에서 강조되는 지식, 기능 및 사고, 가치 태도 및 행동, 그리고 이를 종합적으로 다루는 논쟁문제를 중심으로 하여 대표적인 교수학습방법을 소개하려고 한다. 더불어 사회과에서 유용하게 활용되는 협동학습도 제시하려고 한다. 또한 사회과 교수학습과 직접적으로 연계될 수밖에 없는 사회과평가도 살펴보려고 한다. 끝으로 사회과 교사가 갖추어야 할 전문성에 대해서 다루려고 한다.

---

* 토의 · 토론은 일반적인 교수전략이나 기법으로 분류할 수도 있지만 수업모형으로 분류할 수도 있다. 왜냐하면 토의 · 토론과 관련해서 다양한 수업모형이 존재하기 때문이다.

08 CHAPTER

사회과 지식, 어떻게 가르칠까?

– 사회과 지식 교수 PCK 분석 연구[1] –

〈강의식 수업〉 픽사베이

1. 사회과는 무엇을 가르치는 교과인가?
2. 사회과 지식에는 어떤 것들이 있는가?
3. 사회과 지식 중 개념은 무엇이며, 어떤 성격, 유형, 특징을 띠고 있는가?
4. 사회과 개념학습 방법 중 속성 모형은 무엇이며, 개념을 어떻게 가르치는가?
5. 사회과 개념학습 방법 중 원형 및 예 모형은 무엇이며, 개념을 어떻게 가르치는가?
6. 사회과 개념학습 방법 중 상황 모형은 무엇이며, 개념을 어떻게 가르치는가?
7. 사회과 지식 중 일반화(원리)는 무엇이며, 어떤 특징을 띠고 있는가?
8. 사회과 일반화학습의 '자료인출도표'는 무엇이며, 어떻게 활용되는가?
9. 사회과 지식을 어떻게 하면 잘 가르칠 수 있을까?

1) 이 장은 시민교육연구 제40권 2호(2008년 6월)에 실린 '사회과 지식 교수 PCK 분석 연구: 개념과 일반화 교수 PCK를 중심으로'를 수정한 것이다.

이 장은 사회과 지식의 교수에 대한 것이다. 사회과 지식 교수에 대해서 살펴보기에 앞서 지식의 다의적 성격을 이해할 필요가 있다. 사실 우리가 갖고 있는 모든 정보나 생각들을 지식이라고 부를 수 있다. 즉 종교와 철학 혹은 개인의 가치관과 신념도 지식으로 볼 수 있다.

그러나 사회과에서 지식이라고 하면 가치와 신념이 덜 개입된 것들을 이야기한다. 물론 세상의 어떤 지식도 가치와 신념으로부터 완전히 자유로울 수는 없다. 그럼에도 불구하고, 전통적 교과 지식이나 사회과학 지식은 나름의 보편성과 객관성 혹은 상호주관성 정도는 지니고 있다고 볼 수 있다. 그래서 사회과 지식을 이야기할 때 사실, 개념, 일반화, 이론 등의 유형을 주로 언급하게 된다. 지리와 역사 영역에서는 주로 전통적 교과 지식으로 사실을 강조한다. 일반사회 영역에서는 개념과 일반화 등 학문적 지식을 강조한다.

일단 지식은 단편적으로 가르치면 안 되고, '맥락 속에서' 가르쳐야 한다. 이때 맥락이라고 하면, 다른 지식과의 관계 혹은 현실의 경험과 관련지어서 가르친다는 의미로 이해하면 된다. 물론 반복이나 적용 혹은 응용의 경험도 중요하다. 예컨대 요리에 대한 지식을 배우는 것을 생각해 보면 이해가 될 것이다.

한편 사실 역시 다의적이다. 사실과 가치라고 구분할 때, 사실은 매우 포괄적인 의미지만, 사실, 개념, 일반화, 이론 등으로 분류할 때 사실은 특정 사람, 사물, 사건에 대한 단편적인 정보를 뜻한다. 개념은 그러한 사실들을 관찰하여 범주화한 것이다. 그렇다고 사실이 개념에 우선하는 것은 아니다. 대부분의 사실도 개념의 용어로 표현된다. 소위 고유 명사, 대명사, 조사 등을 제외하고는 일반 명사, 형용사, 동사 등 모든 용어는 개념의 성격을 띠는 경우가 많다.

개념은 인간이 관찰한 결과를 함축적으로 표현한 범주로, 그 범주가 어떤 형태로든 머리(뇌)에 저장된 표상이다. 따라서 관찰 대상도, 이를 표현한 언어도 정확히 말하면 개념이 아니다. 인지심리학에 따르면 우리의 머릿속에 개념은 속성(특징 혹은 정의), 원형(형상) 등으로 저장된다. 또한 이러한 개념은 홀로 떨어져 있는 것이 아니라 다른 개념과 유기적인 관계를 맺으며 스키마 혹은 개념도의 형태로 저장되어 있다고 한다. 그래서 예컨대 어떤 분야의 개념들이 체계적으로 정리되어 있는 사람을 그 분야의 전문가라 부를 수 있는 것이다.

일반화나 이론은 개념과 개념의 관계를 서술한 지식인데, 우리가 사회 현상을 이해하고 예측하는 데 길잡이 역할을 한다. 일반화에 비해 이론은 그 원인에 대한 진술이 명확하고, 한 가지가 아니라 여러 가지 일반화를 논리적으로 연결해서 사회 현상에 대한 설명력이 높은 지식을 말한다. 물론 사회과학에는 이론이 많지 않다.

그러면 개념은 어떻게 가르쳐야 할까? 당연히 학생들로 하여금, 관찰하고, 범주화하고 이름 붙이면서, 속성이나 원형을 스스로 형성하도록 유도해야 한다. 그래서 개념은 적절한 자극(예나 상황)을 주면서 학생들이 스스로 속성(정의), 원형을 형성하도록 하는 것이 필요하다. 그래서 속성 모형은 속성을 중심으로 예와 예 아닌 것을 비교하고, 원형 모형은 원형이나 대표적 예를 가지고 예 아닌 것과 비교하도록 하는 것이다. 그래서 저자는 속성 모형이나 원형 모형보다 속성 중심 교수 모형 혹은 원형 중심 교수 모형이라는 표현을 선호한다.

일반화 역시 사회 현상을 관찰하면서 개념과 개념 간의 관계를 귀납적으로 서술하도록 안내하는 방식으로 가르쳐야 한다. 이때 현실의 통계 자료들이 조금 복잡한 경우가 종종 있어서 자료인출도표를 만들어 학생들이 보다 쉽게 일반화를 추출할 수 있도록 안내할 수 있다.

이 장에서는 이러한 지식 교수에 대한 개관을 토대로 사회과에서 어떻게 지식을 가르쳐야 할 것인가에 대해서 자세히 살펴보려고 한다. 이러한 논의를 토대로 개념 및 일반화 교수에 대한 수업 아이디어를 구체화하는 작업을 해보는 것도 좋을 것이다.

보기는 어렵다(최병모 외 역, 1987: 114).

따라서 사실, 개념, 일반화, 이론 등은 모두 사회과의 지식 유형이지만, 사실은 너무 단편적이어서 지식으로서의 전이성이 상대적으로 떨어지고, 자연과학과 달리 사회과학에서는 이론은 그 수가 많지 않기 때문에 사회과에서 학습해야 할 가장 주된 지식의 유형이자, 가장 흔하게 가르치는 지식은 개념과 일반화라고 할 수 있다. 개념은 사회 현상을 인식하는 범주이며 일반화는 개념과 개념과의 관계를 논리적 혹은 경험적으로 진술한 것으로, 둘 모두 사회 현상의 체계적인 인식과 이해에 도움을 줄 수 있다. 이러한 개념과 일반화는 각각 개념과 일반화가 무엇인가에 대한 의미(정의)와 성격 규정을 토대로 교수학습 전략이 제시될 수 있다.

(2) 사회과 지식의 주요 유형: 개념과 일반화를 중심으로

개념은 우리가 관찰한 것을 어떤 기준에 따라서 비슷한 것끼리 분류를 하고, 거기에 이름을 붙인 추상적인 용어로 표현된다. 개념은 사회과 지식의 가장 많은 부분을 차지하는 요소이고,[5] 사고력과도 밀접하게 관련된다. 인간은 개념을 통해서 구체적으로 관찰한 범위를 넘어서 추상적으로 세계를 상상해 갈 때 더 풍부하고 창조적인 사고를 할 수 있다. 개념은 이러한 높은 차원의 추상적이고 독창적인 사고를 가능하게 하는 도구이다. 또 개념은 사물을 구체적으로 이해할 수 있을 때보다 훨씬 더 많은 분량을 한꺼번에 이해할 수 있게 해준다(차경수·모경환, 2008: 207-208).

사회과에서 가르치고 있는 개념에는 다양한 종류가 있다. 개념의 추상성에 따라 추상적 개념과 구체적 개념으로 구분하기도 하고, 개념 속성의 결합 정도에 따라 공접 개념(접합 개념 또는 결합 개념)과 이접 개념(비결합 개념)으로 분류하기도 하고, 다른 개념과의 위계에 따라 상위개념, 하위개념, 동위개념으로 나누기도 한다. 그러나 가장 중요한 것은 개념이라는 범주가

5) 사회과는 다른 교과와 달리 정치학, 법학, 경제학, 사회학, 문화인류학, 지리학, 역사학 등 여러 학문 영역이 연결된 간 학문적인 교과로서, 각각의 학문 영역에서뿐만 아니라 상호 연관된 영역에서 중요한 개념들을 많이 갖고 있기 때문에, 이러한 중요한 개념들을 이해하지 않고서는 사회과의 다른 내용들을 학습하기가 어렵다.

어떤 형태로 인간의 머릿속에 들어 있는가에 대해서 파악하는 것이다. 그래서 인지심리학에서는 개념을 외재하는 범주(category)의 심적 표상(mental representation)이라고 정의한다(차조일, 1999: 229).

개념에 대한 고전모형, 즉 속성모형에서는 개념을 일종의 속성으로 이해한다. 이때 속성은 그 개념을 설명하기 위해 꼭 필요한 결정적 속성(정의적 속성)과 부가적으로 필요한 비결정적 속성(일반적 속성)으로 구분된다. 그런데 이러한 속성으로 설명하기 어려운 개념들이 있다. 원형 모형(또는 전형 모형)에서는 개념이 속성이 아니라 하나의 형상(image)이라고 주장한다. 원형은 일반적으로 그 개념에 속하는 사례들이 갖는 속성들을 평균적으로 소유한 사례를 이념적으로 추상화시킨 형상이다. 그래서 수많은 예를 통해 학습자의 인지 구조에 재구성된 '이상적 원형'이 있을 수 있고, 최적의 예가 학습자의 인지 구조에 자리 잡은 '실제적인 원형'이 있을 수 있다.

이 밖에도 개념을 예나 상황을 중심으로 인식한다는 주장과 더불어, 개념은 단편적으로 존재하는 것이 아니라 여러 개념들이 위계적인 구조와 상호관계 속에서 존재한다는 스키마(schema)나 개념도(concept map) 논의도 있다. 이러한 논의들은 개념은 단순히 속성이나 원형만으로 가르칠 수 있는 것이 아니라 다양한 경험이나 구체적인 사례와 함께, 다른 관련 개념들과 연계하면서 가르쳐야 한다는 점을 시사한다.

개념은 아동들이 새로운 정보를 그들의 인지 구조에 통합하고 이전 개념을 새로운 시각으로 대체할 때 더욱 복잡해지며 추상화된다. 그래서 어떤 시점에서 개념들은 상호작용을 하거나 다른 상황에 적용된다. 그리고 이러한 일들이 발생할 때 개념들은 일반화로 전환된다. 그래서 일반화는 둘 이상의 개념 간의 관계에 대한 진술이다.

일반화는 개념과 함께 중요한 사회과의 학습 내용이다. 일반화는 개념과 개념의 관계를 보편성 있게 서술하여 경험적 자료를 가지고 증명한 서술이다. '대도시 주변일수록 범죄가 많다'는 서술은 대도시 주변과 범죄의 관계를 보편성 있게 서술하여 경험적 자료를 증명한 것이다. 이것은 곧 개별적인 수많은 사건을 관찰하여 법칙과 같은 서술로 보편성 있게 진술한 것이다. 일반화는 높은 차원의 보편성을 지닌 추상적인 것도 있고, 범위가 좁아서 아주 구체적인 것도 있다(차경수 · 모경환, 2008: 223).

일반화에 대한 이해를 통해 구체적인 사례의 결과들을 예견할 수도 있기 때문에 일반화의 가치는 단순한 사실의 이해보다도 훨씬 높다. 또한 하나의 일반화는 수많은 사례를 설명할 수 있기 때문에 학습자의 사고 차원을 높여 준다. 일반화의 보편성 정도에 따라 차이가 있지만, 일반적으로 하나의 일반화를 이해함으로써 학습자들은 과거, 현재, 미래의 비슷한 경우를 이해 · 추론할 수 있다. 따라서 개념과 유사하게, 일반화도 일반화 진술, 구체적인 사례나 경험, 관련 일반화 및 일반화를 구성하는 개념들과의 연계 속에서 가르치는 노력이 요구된다.

2) 사회과 지식의 교수학습

(1) 개념학습 모형과 전략

개념학습 모형과 전략의 기본 원칙은 가르치는 개념이 어떤 성격을 지니고 있는가에 따라 달라진다는 것이다. 개념의 의미와 특징에서 살펴본 바와 같이, 사실 고전모형 혹은 속성모형은 기본적으로 '개념이 무엇인가' 혹은 '개념이 머리(뇌 혹은 마음) 속에 어떤 형태로 존재하는가?'에 대한 고민의 결과물이다. 그러나 개념이 무엇인지에 대한 고민의 결과는 곧바로 '개념을 어떻게 가르칠 것인가'에 시사를 준다.

속성 모형에 따른 교수(속성 중심 교수모형)에서는 먼저 교사가 학생들에게 개념의 속성을 이해하거나 발견하도록 하고, 다음에 그 속성에 맞는 예(example)와 예 아닌 것(non example)을 검토하도록 한다. 이 모형의 주창자들은 속성 모형에 따른 교수가 논리적이며, 비교적 간단하고, 인간의 인지 활동 과정에 맞는다고 주장한다. 그러나 많은 개념들이 명확한 속성을 갖지 않는 경우가 있으며, 일반적으로 어린 학생들은 속성을 추상화하는 데 어려움을 겪는다.

그래서 원형(전형) 모형은 고전(속성) 모형이 제시하는 속성의 진술로 개념을 표현하기 어려운 경우를 설명하기 위해서 등장하였다. 원형 모형에 따른 교수(원형 중심 교수모형)는 예를 자연스럽게 이해하는 데 초점을 맞추어, 속성을 나열하여 정의를 내리고 맞는 속성과 맞지 않는 속성을 복잡하게 골라내는 과정을 생략할 수 있다. 그러나 하나의 범주에 속하는 예들이 왜 집단성을 갖는지 설명하기가 다소 어렵고, 추상화가 어려운 단점이 있다(차경수 · 모경환, 2008: 218).

속성이나 원형 모형에 상관없이 개념은 연역적 또는 귀납적으로 교수될 수 있다. 속성이나 원형 모형에 따른 교수에서 공통적으로 포함된 두 항목이 있는데, 이는 '속성 혹은 원형'과 '예'이다. 그 두 항목이 제시되는 순서에 따라 연역적일 수도 있고 귀납적일 수도 있다. 속성 혹은 원형이 먼저 제시되고 예가 뒤따른다면 그 전략은 연역적이다. 반대로 예가 제시되고 속성 혹은 원형이 뒤따른다면 그 전략은 귀납적이다.

결국 개념을 가르친다는 것은 속성이나 원형 등 개념의 표상과 구체적인 사례를 어떻게 연계하여 가르치고 있는가에 초점이 모인다. 또한 학습한 개념을 적용하거나 분석하는 활동과의 연계도 중요하다.

(2) 일반화 학습 모형과 전략

일반화는 대체로 설명식 교수나 발견학습에 의해서 교수된다. 그 핵심은 일반화를 구체적 사실에 근거하여 경험적으로 증명하도록 하는 것이다. 교사들은 학생들에게 먼저 일반화를 제시하고 거기에 해당하는 구체적인 사실의 자료에 적용하는 과정을 거치게 할 수도 있다. 또는 먼저 구체적인 사실의 자료를 학생들에게 수집하게 한 후 자료를 분석하게 함으로써 일반화를 도출하게 할 수도 있다.

물론 일반화 학습에서도 학생들의 능동적인 사고를 자극하는 것이 중요하므로 귀납적인 방법으로 일반화를 도출하게 하는 것이 더 바람직하다. 이를 위해 사용될 수 있는 교수방법이 바로 자료인출도표이다. 자료인출도표는 일반화를 교수하기 위하여 구체적인 사실의 자료를 정리한 표이다.[6)]

6) 1969년에 미국의 사회과교육학자 타바가 미국의 교육청에 제출한 'Teaching strategies and cognitive functioning in elementary school children'이란 논문에서 처음 주장한 이후 오늘날까지 사회과에서 널리 쓰이고 있다(차경수 · 모경환, 2008: 224-225 재인용).

자료인출도표는 간단하고 쉬우며, 초등학교부터 고등학교까지 널리 쓰일 수 있고, 일반화를 이해하고 분석하는 데 효과적이다.

결국 개념과 마찬가지로 일반화 학습에서도 가장 중요한 부분은 구체적인 사실과 이를 추상화한 일반화를 어떻게 관련지어 가르치고 있는가이다. 따라서 일반화를 구체적인 사실에 적용하거나 구체적인 사실에서 일반화를 추출하는 활동이 일반화 학습의 가장 중요한 과정이라 할 수 있다.

3. 사회과 PCK와 지식 교수 PCK 유형

1) 사회과 PCK의 의미와 분석틀

(1) 사회과 PCK의 의미

그렇다면 사회과 교사들은 개념과 일반화를 주요 유형으로 하는 사회과 지식을 구체적으로 어떻게 가르치고 있을까? 교사들이 실제로 사회과 지식을 어떻게 가르치고 있는가를 살펴보기에 앞서 사회과 교사들이 수업 장면에서 나타나는 종합적인 실천 지식이라고 할 수 있는 PCK의 의미와 이를 분석하기 위한 틀을 먼저 제시하고[7)] 사회과 지식 교수 PCK 유형에 대해서 살펴보려고 한다.

일반적으로 사회과 교사에게 요구되는 교사 지식(전문성)에는 교과 내용 지식, 교육학(교수법) 지식, 상황 지식과 이러한 세 가지 지식이 종합된 PCK가 있다. 또 교과 내용을 목표와 내용으로 세분하거나 상황 지식을 세분하여 학생 이해 지식과 수업 환경 지식으로 나눌 수도 있다.

그런데 사회과 교사에게 요구되는 지식은 이처럼 여러 영역에 걸쳐 있지만 선행 연구들에서는 주로 교과 목표, 내용 구조, 교수학습 방법 측면에

---

7) 이러한 PCK의 의미와 분석틀에 대한 논의는 저자가 한국교육과정평가원에서 관련 연구를 수행하면서 정리한 것이다(강대현, 2007).

서 주로 다루어져 왔다. 특히 PCK는 다른 교사 지식의 종합으로 생기는 현장 교사의 실천지로 그 존재 여부를 이론적으로 체계화하기가 어려워, 특히 교과가 추구해야 할 목표와 이에 따른 교육 내용 구성 방식에 대한 논란이 많은 사회과에서는 연구가 제대로 이루어지지 않았다.

물론 PCK이라는 용어를 사용하지 않았을 뿐이지 사회과 교사의 수업 전문성과 현장의 실천 지식에 대한 연구들은 점차 증가해왔다(박영석, 2005; 박윤경, 2003; 이혁규, 1996). 또 PCK라는 용어를 사용한 연구들도 일부 찾을 수 있는데, 주로 PCK 개념을 소개하거나(민윤, 1999; 손병노, 1998) 이러한 개념을 수업이나 교사임용시험 문제에 실험적으로 적용한 연구들이다(민윤, 2000; 이대성, 2006).

여기서는 교육학자나 수학 및 과학계열의 교과교육학자들의 견해를 따르되, 좀 더 체계적으로 사회과 PCK 개념을 설정하여 사회과 교사의 실천 지식을 분석하려고 한다. 물론 이러한 사회과 PCK 개념 설정은 슐만(Shulman)의 주장대로 교사 전문성의 핵심 요소로 '효과적인 교수(활동)에서 교사가 지닌 교과 영역 고유의 지식이 있다.'라는 기본 전제하에 '내용과 교수법의 교차'(화합물)를 통해 교과 내용을 학생들이 잘 이해할 수 있도록 표현하고 공식화하는 방법으로서 PCK를 도입한 논의(Shulman, 1986; 1987)에 기초하고 있다.

동시에 교과 내용 지식과 교수법 지식 이외에 상황 지식을 추가한 입장(Grossman, 1990), 교과 내용과 함께 학생 이해, 수업 매체 및 과정을 강조한 입장(Marks, 1990), 교과 내용의 지식을 실체론적 지식(substantive knowledge)과 구문론적 지식(syntactic knowledge)으로 구분한 논의(Smith, 1999), PCK를 교과 교사가 교실에서 수행하는 모든 지식과 기능, 즉 교과 수업 전문성으로 확대한 논의(Gess-Newsome, 1999)도 일부 수용하여, 단순히 내용과 교수법의 교차뿐만 아니라 사회과 교사가 교실 수업에서 발휘하고 있는 교과 교사로서의 고유한 지식과 기능까지 포함하려고 한다.

사회과 PCK 개념 설정에서 가장 유의한 점은 사회과 PCK 형성에 영향을 주는 기초 지식 영역과 PCK 및 PCK 구성요소와의 관계 설정 부분이다. 소위 PCK 형성의 기초가 되는 내용, 교육, 학생, 상황 등의 기초 지식 영역과 이러한 영역들이 서로 통합·변환되어 나타나는 PCK 및 그 구성 요소가 차별화되지 않고서는 PCK 개념 자체가 다시 기초 지식 영역으로 환원될 수 있기 때문이다. 즉, PCK를 형성하는 기초 지식 영역을 PCK의 구성 요소로 삼는 것은 PCK를 부인하는 결과를 초래할 수 있다.

따라서 사회과 PCK은 이러한 기초 지식 영역 간의 유기적인 관련성이 나타나서 생기는 실천지라고 할 수 있다. 이 경우 사회과 PCK는 사회과 수업에서 드러나는 교사 언어, 행동, 자료 등의 명시적인 부분과 그러한 언어, 행동, 자료의 배경이 되는 암묵적인 부분으로 구성된다. 특히 이러한 PCK는 결국 사회과 교사의 고유한 수업 전문성이라 할 수 있다.

따라서 사회과 PCK는 다른 교과와 마찬가지로 내용, 교육, 학생, 상황 지식의 영향하에 형성되지만, 이와는 독립적으로 존재하는 사회과 교사의 실천지로서 사회과 수업의 배경 지식이 되는 사회과 목표, 내용, 교수 방법, 평가, 학습 관련 학생 이해, 수업 환경 지식 등의 구성 요소로 이루어지고 동시에 이러한 요소들이 서로 결합된 지식이라고 볼 수 있다. 이를 그림으로 나타내면 다음과 같다([그림 8－1] 참조).

<table>
<tr><td>PCK－수업에서 드러나는 부분</td><td colspan="6">명시적 PCK(수업에서의 교사 언어, 행동, 수업 자료 등)</td><td>← 수업 관찰 및 분석</td></tr>
<tr><td>PCK의 구성 요소－수업에 드러나지 않는 부분</td><td>사회과 목표에 대한 지식</td><td>사회과 내용에 대한 지식</td><td>사회과 교수 방법에 대한 지식</td><td>사회과 평가에 대한 지식</td><td>사회과 학습 관련 학생 이해 지식</td><td>사회과 수업 환경에 대한 지식</td><td>← 교사 심층 면담</td></tr>
<tr><td></td><td colspan="6">↑</td><td></td></tr>
<tr><td>PCK의 기초 지식 영역</td><td colspan="2">내용 지식</td><td colspan="2">교육학 지식
(교육 방법)</td><td>학생 이해
(지식)</td><td>상황 지식
(교실, 학교환경)</td><td>← 교사 면담 및 시험</td></tr>
</table>

그림 8－1 사회과 PCK의 개념

이처럼 사회과 PCK 개념은 크게 사회과 PCK에 영향을 주는 1) 기초 지식 영역과 2) PCK로 구성된다. 또한 PCK는 다시 수업에서 언어와 행동으로 드러나는 ① 명시적인 부분과 그러한 언어와 행동의 배후가 되는 교사의 신념과 지식체계인 ② 묵시적인 부분(구성요소)으로 나뉜다. 그리고 구성 요소는 그 초점에 따라 사회과 목표, 내용, 방법, 평가, 학생 이해, 수업 환경 등에 대한 지식들로 세분화되지만 PCK는 이러한 구성 요소가 종합되어 나타난다.

(2) 사회과 PCK의 분석틀

사회과 PCK 분석 영역 및 요소는 PCK의 기초 지식 영역과 구성 요소로 이루어질 수 있다. 이때 1) PCK의 기초 지식 영역이 어떻게 유기적으로 관련되면서 사회과 PCK와 PCK 구성 요소를 형성하는지를 파악하고(내용과 교수법의 교차, 내용과 학생 이해의 교차 등), 또한 2) 이렇게 형성된 사회과 PCK가 구성 요소별이나 전체적으로 어떤 특징을 보이는지를 분석하려고 한다(사회과 PCK의 특징 및 유형 분석). 사회과 PCK 분석 방법 및 도구는 수업안·수업 노트 작성 및 분석, 수업 관찰 및 분석, 교사 면담, 교과 협의 등이다. <표 8-1>은 분석틀이고, <표 8-2>는 분석 준거 및 예시이다.

표 8-1 사회과 PCK의 분석틀

<table>
<tr><th colspan="2">분석 대상</th><th colspan="4">분석 영역 및 요소</th><th>분석 방법 및 도구</th></tr>
<tr><td rowspan="3">수업 내용
교수 활동</td><td rowspan="3">언어
행동
자료
…</td><td rowspan="2">내용</td><td rowspan="6">→</td><td rowspan="6">사회과 PCK</td><td>사회과 목표에 대한 지식</td><td rowspan="6">• 수업동영상 촬영 및 분석
- 수업안, 수업 노트 및 관찰 노트 기록 및 분석
- 교과 협의
• 교사 심층 면담
- 수업안, 수업 노트 및 관찰 노트 기록 및 분석
- 교과협의</td></tr>
<tr><td>사회과 내용에 대한 지식</td></tr>
<tr><td>교육</td><td>사회과 교수 방법에 대한 지식</td></tr>
<tr><td rowspan="3">배경 지식</td><td rowspan="3">교과관
내용선정 및 조직 근거
교수 방법의 선택 및 근거
평가방법의 선택 및 근거
학생의 선지식에 대한 이해와 고려
교수 상황에 대한 이해와 고려</td><td rowspan="2">학생</td><td>사회과 평가에 대한 지식</td></tr>
<tr><td>사회과 학습 관련 학생 이해 지식</td></tr>
<tr><td>상황</td><td>사회과 수업 환경에 대한 지식</td></tr>
</table>

사회과 PCK의 분석틀은 우선 분석 대상, 분석 영역 및 요소, 분석 방법 및 도구로 구성되어 있다. 분석 대상은 수업 내용, 교수 활동, 교사의 배경 지식 등이며, 이러한 분석 대상 속에서 사회과 PCK 및 구성 요소들이 주된 분석 영역 및 요소이다. 이때 기초 지식 영역이 사회과 PCK 형성에 어떤 영향을 주고 있는지와 사회과 PCK 및 구성 요소가 어떤 특징을 지니고 있는지가 분석의 주된 초점이다. 분석 방법 및 도구는 분석에서 활용할 수 있는 방법 및 도구를 분석 대상에 맞추어 제시하고 있다.

표 8-2 사회과 PCK의 분석 준거 및 예시

<table>
<tr><td colspan="3">수업내용/교수활동
기초영역/구성요소</td><td>수업 내용
(수업 목표・내용)</td><td>교수 활동
(Tasks of Teaching)</td><td></td><td>사회과 PCK</td></tr>
<tr><td rowspan="2">내용</td><td rowspan="6">→</td><td>사회과 목표 지식</td><td colspan="2" rowspan="2">내용학 전공의 초임 교사가 문화 개념을 교과서에 나와 있는 용어 정의와 사진 자료에 충실하게 가르침. 문화 상대주의 관점 역시 태도가 아니라 개념으로 설명함. 형성 평가로 학생들에게 용어 정의를 확인함</td><td rowspan="6">→</td><td rowspan="6">사회과학 내용 전달(용어 설명) 중심의 PCK, 학생들의 사고와 태도를 자극하는 노력이 요구됨. 상황에 대한 고려도 필요함</td></tr>
<tr><td>사회과 내용 지식</td></tr>
<tr><td rowspan="2">교육
(방법)</td><td>사회과 방법 지식</td><td colspan="2" rowspan="2">내용학 전공의 초임 교사가 교육(방법), 학생, 상황에 별반 기초하지 않고, 교과 내용을 전달하기 위해 문화 개념을 내용학 개론서에서 연유한 사례를 들어 설명하고, 내용학 지식 자체를 평가하는 방식으로 수업을 진행함</td></tr>
<tr><td>사회과 평가 지식</td></tr>
<tr><td>학생</td><td>사회과 학생 이해 지식</td><td colspan="2">학생들의 문화 개념에 대한 선지식에 대한 이해가 부족함</td></tr>
<tr><td>상황</td><td>사회과 수업 환경 지식</td><td colspan="2">수업 환경이나 학습상황에 대한 이해가 부족함</td></tr>
</table>

분석 준거 및 예시는 구체적인 분석 초점과 예시를 보여주기 위한 것으로, 실제로 활용하는 분석 양식이라기보다는 분석의 항목과 초점을 보다 구체적으로 예시한 것이다. 즉 수업 내용 및 교수 활동이라는 분석 대상에 대해서 내용, 교육(방법), 학생, 상황 등의 기초 지식 영역이 어떻게 사회과 PCK에 영향을 주고 있으며, 사회과 PCK은 어떤 구성 요소(사회과 목표, 내용, 방법, 평가, 학생 이해, 수업 환경 지식)를 중심으로 이루어져 유형화되고 있고 결과적으로 어떤 특징을 지니고 있는지가 가상적인 분석 사례와 함께 제시되

어 있다. 분석 사례에서는 기초 지식 영역에 영향을 받아 형성된 PCK의 특징을 구성 요소별로 또는 통합하여 진술문 형태로 제시하고 있다.

이를 사회과 지식 교수 관련 PCK 분석에 적용할 경우, 과연 사회과 교사들은 사회과 내용의 대부분을 구성하는 지식(개념과 일반화)를 어떻게 이해하고 실제 수업에서 어떻게 가르치고 있는가가 분석의 초점이 될 수 있을 것이다.

2) 사회과 지식 교수 PCK의 유형 탐색

사회과의 여러 PCK 유형 중 수업에서 가장 일반적으로 나타나는 것은 당연히 사회과 수업의 대부분을 차지하고 있는 지식 교수 관련 PCK 유형이라 할 수 있다. 사회과 지식 교수 PCK 유형을 개념과 일반화 등 사회과학 지식을 가르치는 것과 관련해서 다양하게 나타날 수 있다.

사회과 지식 교수 PCK 유형에서 특히 초점을 두는 부분은 크게 다음과 같은 세 가지 정도이다. 첫째, 사회과의 개념과 일반화를 제대로 알고 있는가(사회과 내용 지식)이고, 둘째, 사회과의 개념과 일반화를 가르치는 일반적인 교수학습 전략을 알고 있고, 이를 활용하고 있는가(사회과 교수 방법 지식)이고, 셋째, 사회과의 개념과 일반화를 구체적으로 수업 장면에서 효과적으로 가르치고 있는가(사회과 내용 + 교수 방법 지식)이다.

이러한 세 가지 초점 중에서 사회과 지식 교수 PCK의 핵심적인 부분은 '사회과의 개념과 일반화를 구체적으로 수업 장면에서 효과적으로 가르치고 있는가'이다. 그리고 사회과의 개념과 일반화를 가르치는 방식은 사회과와 사회과 목표를 어떻게 이해하느냐에 따라서 달라질 수 있다.

일반적으로 사회과 지식 교수 PCK 유형의 경우, 크게 네 가지의 스펙트럼이 존재할 수 있다. 첫째, 사회과의 개념과 일반화를 용어 위주로 전달한다. 둘째, 사회과의 개념과 일반화를 용어가 내포하는 의미를 중심으로 설명한다. 셋째, 사회과의 개념과 일반화를 사회 현상이나 일상 경험과 관련시켜 가르친다. 넷째, 사회 현상 분석과 탐구를 통해 개념화를 유도하고 일반화를 도출하도록 가르친다.

그렇다면 저자가 관련 연구를 기초로 설정한 사회과 PCK의 의미와 분석틀과 가설적으로 탐색한 사회과 지식 교수 PCK 유형을 참고하면서, 실제 사회과 수업에서 개념과 일반화 등의 지식을 어떻게 가르치고 있는지 살펴보기로 하자.

4. 사회과 지식 교수 PCK의 발굴 및 분석

1) 사회과 지식 교수 PCK 발굴 과정

여기서는 사회과 교사, 특히 일반사회 전공 교사들이 지리나 역사 교사와 비교해서 개념과 일반화를 대표되는 사회과 지식을 어떻게 가르치고 있는지를 PCK 개념과 분석틀에 기초하여 발굴・분석하려고 한다.

우선 2005년 사회과 PCK 연구는 실제 교사들이 사용하고 있는 수업 아이디어를 명료화하여 그 아이디어의 초점에 따라 교수 내용, 교수 대상(학생), 교수 방법, 교사 지식 등의 유형으로 분류하여 제시하는 방식으로 이루어졌다. 2005년에 이루어진 일반사회 영역 교사들의 수업은 '과자를 이용한 합리적 선택 수업', '스피드 퀴즈를 활용한 사회 용어 정리 수업', '솔로몬과 함께 하는 법률 사례 수업', '경제 개념의 체계적 이해를 위한 웹자료 활용 수업', '공익광고로 사회 문제 인식하기 수업' 등이었다. 이러한 수업 아이디어를 명료화하여 제시하는 방식의 사회과 PCK 연구는 교사 내면의 축적된 지식이나 경험을 심층적으로 분석하기보다는 실제 수업에서 명시적으로 나타난 수업 내용과 교수학습 활동을 초점화하여 제시하는 '참신한 아이디어가 있는 수업 자료'를 개발하는 선에서 이루어졌다(이화진 외, 2005).

2006년 사회과 PCK 연구는 학생들의 실질적인 이해와 학습을 위한 수업을 기획・실행・반성하는 것을 목표로 하였다. 일반사회 영역의 핵심적인 주제 및 개념과 관련된 수업 주제 및 활동 내용을 선정하여, 학생들의 실질적인 이해와 학습이 가능하도록 하는 다양한 수업 아이디어와 방법을 개발하는 것을 목표로 하였다. 또한 2006년에는 공통의 개발 범주와 항목을 선정하여 기본 지식과 능력(교과관, 교과 내용 지식, 교수 방법 지식), 수업 기획 능력(수업 설계), 수업 실행 능력(수업 실행), 전문성 제고 노력(수업 반성) 등의 범주와 항목에 따라 일반사회 영역 교사로서 자신의 신념 및 지식 체계와 수업 내용 및 활동을 드러내도록 하였다. 그리고 이러한 항목에 따라 일반사회 영역의 경우 '문화의 다양성과 문화 이해 태도' 수업, '지위와 역할' 수업, '시장과 가격 결정' 수업 등을 PCK 사례로 발굴하여 분석하였다(이화진 외, 2006).

그러나 2006년 연구는 교사의 신념이나 지식 체계를 드러내고자 시도했지만, 2005년 연구와 마찬가지로 수업 아이디어를 기획・실행・반성하는 수준에서 진행되었다. 이러한 연구 방식은 앞에서 언급한 바와 같이 '참신한 아이디어가 있는 수업 자료 개발'이지 교사의 PCK 그 자체를 심층적으로 분석・추출했다고 보기 어렵다. 즉 PCK 사례 개발 연구이지, PCK 사례 분석을 통해서 해당 교사가 지닌 교과 수업 전문성의 정수(精髓)를 추출하는 연구는 아니었다.

2007년 사회과 PCK 연구는 선행 연구들을 토대로 하되, 이와는 차별화하여 교사의 수업 아이디어를 단순히 초점화하여 제시하는 것을 넘어서서 왜 해당 교사가 그렇게 수업하고 있는지에 대해서 근본적인 질문과 대답을 하려고 하였다. 이를 위해서 수업 내용과 교수 활동 같은 명시적인 PCK와 더불어 이러한 수업 내용과 교수 활동의 배후가 되는 암묵적인 PCK를 발굴・분석하려고 하였다(강대현, 2007).

2) 사회과 지식 교수 PCK 분석 결과

(1) 경험과 연계한 지식 교수 PCK

일반적으로 사회과 교사들은 일상생활이나 학교 및 교실 경험과 연계하여 지식을 가르치려고 노력한다. 사회과 교사들이 전공에 상관없이 개념과 일반화 등 지식을 가르치면서 가장 많은 노력을 기울이는 것은 학생들의 경험과 관련시키는 것이지만, 동시에 가장 많은 실패를 맛보는 부분이기도 하다. 학교나 교실은 제도적으로 사회 현상이나 문제 등 경험으로부터 고립되어 있는 측면이 강하고, 이는 학교 제도가 학생들을 사회로부터 격리시켜서 보호하는 역할도 하기 때문이다. 특히 추상적인 개념이 많은 일반사회 전공 교사들이 지리나 역사 전공 교사들에 비해 지식과 경험을 연계하여 개념과 일반화를 성공적으로 가르치기는 쉽지 않다.

지리 교사들의 경우, 대부분의 교사들이 학생들의 일상 경험이나 학교와 교실의 경험을 교과 내용과 연결하여 가르치는 것을 중요시한다. A교사의 경우에도 자신이 자주 사용하는 지리 개념의 교수학습 및 평가방법으로 가장 먼저 '학생들이 경험한 지리적 사실(fact)을 끄집어내어 교과 내용(개념)과 연결하기'를 들면서 실제 수업에서도 이러한 방식을 자주 사용하였는데, 특히 수업 도입 부분에서 이를 많이 활용하였다. 예컨대 학생들의 여행 경험과 지형을 연결시켜서 수학여행을 다녀온 해안 지형 사진으로 시작하는 수업 도입은 학생들로 하여금 해안 지형과 관련된 여러 개념을 보다 생동감 있게 배우도록 유도하였다.

반면에 일반사회 교사들의 경우는 지리 교사들과 달리 학생들의 일상 경험을 개념과 관련시켜 가르치는 사례를 찾기가 쉽지 않았다. 다만 I교사는 개념(시장가격, 균형가격)이나 일반화(균형가격의 결정 원리)를 가르치기에 앞서 교사나 학생의 경험에서 사례와 활동을 찾는 데 많은 노력을 기울였다. I교사의 경우, 시장 가격의 결정을 다루면서 학교 축제 때의 경험과 연관시켜, 팥빙수에 대한 공급량과 수요량을 통해 균형가격이 결정되는 사례를 학생들에게 활동 과제로 제시하였다. 다음은 저자가 기록한 해당 수업 관찰 노트의 일부이다.

〈수업 분석 초점 중에서〉

중략

- 본시학습 3: 수요와 수요량, 공급과 공급량을 구분해서 설명하고, 수요곡선과 공급곡선을 그리도록 함. 학생들이 축제 때 판매한 팥빙수를 가지고 수요·공급량을 조사하고 그래프를 그리게 함. 학생별로 작성한 그래프를 디지털 카메라로 찍어서 보여줌

* 교수 방식의 장점 1: 학생들의 실제 경험한 축제 속에서 사례를 들어 시장 가격에 대하여 쉽게 접근할 수 있도록 유도함. 관련해서 질의가 이루어져 학생 답변도 자연스럽게 이어짐

* 교수 방식의 장점 2: 학생들이 직접 작성한 수요 곡선과 공급 곡선 그래프를 가지고 설명함으로써 학생들의 이해 정도 파악에 효율적임

중략

〈교육적 변환 중에서〉

중략

- 가격의 결정을 가르치면서 축제 때 판매한 팥빙수에 대한 공급량과 수요량에 대한 의사결정을 다룬 것은 좋은 교수 전략임
- 팥빙수에 대한 수요곡선, 공급 곡선을 각자 그리게 하고, 학생들이 직접 그린 그래프를 가지고 수요 및 공급곡선과 시장 가격의 결정 원리를 설명하는 것은 학생들의 경험과 활동을 중시하는 교수 전략임

중략

이외에도 개념(문화 상대성)이나 일반화(문화 상대주의의 원리와 태도)를 배운 후에 이를 일상생활이나 문제에 적용하도록 하는 시도도 있었다. H교사의 경우 문화의 상대성과 문화 상대주의를 가르치고 나서, '모든 문화를 상대주의로 이해할 수 있을까'라는 문제제기를 했다. 그리고 문화와 도덕과의 관계에 대한 사고와 함께 사회생활 가운데 접할 수 있는 살인과 도둑질 같은 범죄를 예로 들면서 '인간 존엄성이나 권리를 해치는 것과 무관한 문화의 상대성에 대해서만 관용해야 한다.'는 방식으로 문화 상대주의의 원리와 태도를 학생들이 인식하도록 안내하였다. 다음은 저자가 기록한 해당 수업 관찰 노트의 일부이다.

〈수업 분석 초점 중에서〉

중략

• 문제제기: 문화와 도덕(법) – 모든 문화를 상대주의로 이해할 수 있을까? 도둑질, 식인종, 살인 문화 등 모든 문화를 문화의 상대성으로 정당화할 수는 없다. 인간의 존엄성을 훼손하는 것은 문화의 상대성으로 그 정당성을 인정할 수는 없다. 그러나 인간 존엄성을 해치는 것과 무관한 문화에 대해서는 관용해야 한다.

* 교수 방식의 장점: 기본 개념의 전달에서 끝나는 것이 아니라 학생들의 경험과 관련된 문제에 대해 질문함으로써 일상의 경험과 사례와 관련해서 인간의 존엄성에 반하는 문화를 정당화할 수 없다는 사회적 기본 가치를 심어줌

중략

〈교육적 변환 중에서〉

중략

• 문화 개념에 대한 이해로 끝나는 것이 아니라 문화와 도덕(인간 존엄성)을 연결해서 학생들에게 일상생활과 경험과 관련해서 문화를 바라보는 관점과 태도를 제시하고 있음

중략

이렇듯 개념과 일반화 등의 지식을 가르치면서 학생들의 일상이나 경험을 연계하는 것은 개념과 일반화를 배우는 도입이나 전개 활동에서뿐만 아니라 이를 배우고 나서 정리하는 활동에서도 매우 중요한 교수 방식이라고 할 수 있다. 사회 현상을 이해하는 데 기초가 되는 개념과 일반화를 가르치면서, 사회 현상과 경험 → 지식으로서의 개념과 일반화 → 사회 현상과 경험으로 이어지는 학습 과정을 기획하고 실행하는 것은 가장 기본적이고 상식적인 지식 교수 전략이자, 추상적인 개념이 많은 일반사회 영역에서 가장 실천하기 까다로운 교수 전략이라고 할 수 있다.

(2) 자료와 매체를 활용한 지식 교수 PCK

사회과 교사들은 자료나 매체를 활용해서 지식 관련 내용을 보여주거나 재연하려고 노력한다. 어떤 개념과 일반화를 가르칠 때 학생들의 최근 경험과의 연계가 어렵다면 학생들에게 자료나 매체를 활용해서 이를 보여주려는 노력이 필요하다.

이러한 노력은 특히 관찰 대상이었던 사회과 교사들 중에서 지리 교사들에게 가장 두드러지게 나타났다. B, C교사는 지리적 사실과 개념을 교수할 때 다양한 자료를 활용하면서 학생들이 지리적 사실이나 개념을 자료에서 찾도록 안내하였다. 학생들은 B, C교사가 제시하는 지도, 사진, 인터넷 자료 등을 보면서 교사가 설명했던 내용을 확인하도록, 혹은 이후에 배울 내용을 찾도록 요구받았다. 학생들은 수업에서 다양한 지리 관련 자료에 익숙해져서 스스로 지리적 현상을 자료를 통해 분석하는 데까지 이를 수 있었다. 구체적으로 B교사는 기후(날씨)를 가르치면서 기상청 홈페이지에 들어가서 위성 사진을 통해 학생들이 날씨를 예측해 보도록 했고, C교사는 지형을 가르치면서 구글어스를 활용하여 지표면의 상태를 보여주면서 학생들에게 질문하였다.

역사와 일반사회 교사들의 경우, 이런 교수방식을 일상적인 수업에서 찾아보기는 쉽지 않았다. 다만 역사 전공의 G교사는 시대적 상황에 맞는, 생동감 있고 적절한 사례를 자료로 제시하여 학생들로 하여금 역사를 아는 동시에 역사를 느끼도록 유도하였다. 해방 8년사 첫 수업에서 당시 상황을 담은 다큐멘터리 동영상을 보여주는 것이나 6·25수업에서 '태극기 휘날리며' 영화를 편집해서 보여 주는 것을 통해 역사가 단순히 앎의 대상일 뿐만 아니라 공감의 대상임을 학생들에게 상기시켜주었다.

일반사회 전공의 I교사도 '시장 가격의 결정'과 '공익광고로 세상보기' 수업에서 교사나 학생들에게 자료와 매체를 활용하여 개념(시장 가격, 사회 문제 등)과 일반화 등의 지식 관련 내용을 보여주거나 재연하려는 노력을 기울였다. 이러한 자료와 매체는 수업을 보다 생동감 있게 만들고, 학생들의 흥미와 관심을 유발하는 데 효과적이었다. I교사의 수업에서 다뤄지는 시청각 자료, 예컨대 CF, 뉴스, 사진들은 교사나 학생들이 쉽게 접할 수 있는 현실성 높은 것들이었다.

예컨대 I교사는 '공익광고로 세상보기' 수업을 다음과 같은 의도로 기획하여 학생들로 하여금 공익광고를 통해서 사회 문제를 인식하도록 안내하였다. I교사의 말처럼 공익광고의 내용은 광고의 사회·문화적 의미를 파악하고 사회 문제를 이해하는 데 도움이 된다. 교과서에 기술된 사회 문제의 내용보다 공익광고로 표현된 사회 문제가 학생들의 흥미와 관심을 불러일으킬 개연성이 훨씬 높다고 할 수 있다. 다음은 I교사가 자신의 수업을 기획하면서 작성한 글의 일부이다.

> 공익광고는 대체로 사회적으로 문제가 되고 있는 내용을 한 컷의 사진이나 동영상을 통해 제시하고 있는데, 사진과 동영상의 의미를 해석하게 함으로써 학습자의 의식을 각성시킬 수 있다. 현대 사회에서 공공의 이익에 부합된 정보를 제공하고 설득하는 내용의 공익광고는 정부기관, 공공단체, 자선단체 등에 의해 행해진다. 공익광고는 사회현상이나 문제에 대한 비판적 분석과 쓰기의 자료로 충분히 활용될 수 있는 가치를 지니고 있다. 공익광고의 내용은 광고의 사회・문화적 의미를 파악하고 사회 문제를 이해하는 데 도움이 된다. 또한 비판적 광고 분석과 쓰기 활동은 단순히 주어진 미디어에서 정확한 정보를 찾아내는 과정을 넘어 올바른 가치관 확립과 같이 가치 태도의 함양도 도모할 수 있다는 가능성이 보였다.

다만 시장 가격의 결정이 아닌 변동 사례에 해당하는 뉴스처럼 일부 사례의 경우에는 가르치려는 개념과 관련되지 않아 학생들에게 오(誤) 개념을 심어줄 수 있는 소지가 있었다. 다음은 저자가 기록한 수업 관찰 노트의 일부와 I교사의 수업에 대한 자평이다.

〈수업 분석 초점 중에서〉

――――― 중략 ―――――

• 본시학습 5: 돼지고기 가격 상승 관련 뉴스 동영상 제시 – 시청 후 발문 – 돼지고기 가격 상승 원인은? – 실생활의 뉴스를 통해 돼지 폐사로 공급이 감소하고 월드컵 특수, 휴가철 예상으로 수요가 증가하여 이에 따라 가격이 상승하는 것을 파악할 수 있도록 함. 또한 가격 변동으로 수요자, 공급자의 의사결정에 변화가 올 수 있음을 설명함

* 자료 제시와 설명에서 생각해 볼 점: 돼지고기 가격의 상승 원인은 공급량의 변화가 아니라 '공급의 변화'이며, 수요량의 변화가 아니라 '수요의 변화'임. 또한 가격 변동으로 수요자와 공급자의 의사결정에 변화가 나타남을 설명하고 있는데 이는 오늘 수업에서 배운 '수요량과 공급량에 의해서 시장 가격이 결정된다.'는 일반화의 현실적인 사례로 적절하지 못함. 그리고 가격 변동에 따라 수요자와 공급자의 의사결정 변화는 추가적인 설명이 필요한 부분임

* 이 부분에서부터 교사의 설명이 조금 혼란스러워지고 설명이 꼬리에 꼬리를 물면서 복잡하게 이루어짐

――――― 중략 ―――――

〈교육적 변환 중에서〉

――――――――― 중략 ―――――――――

• 교과 내용에 대한 오개념이 일부 나타남

• 수업에 시청각 자료를 적절히 활용함 – CF, 뉴스 동영상 활용

――――――――― 중략 ―――――――――

사회과교육은 사회 현상을 파악하고 사회생활에서 나타나는 여러 가지 문제를 합리적으로 해결하기 위한 능력을 기르는 것을 목표로 한다. 그러나 사회 현상은 매우 다양하고 복잡하며 참으로 많은 변수가 나타난다. 사회 교과서 속의 내용만을 다루다 보면 이러한 사회 현상을 인식하는 데 한계를 느끼게 된다. 시장 경제에서 특정 재화의 정형화된 수요–공급 곡선을 통한 가격 결정은 설명하기에는 명료하지만 아이들의 흥미를 유발하고 가격 결정을 인식하기에는 역부족이다. 따라서 아이들이 친숙하게 접할 수 있는 축제 등의 소재나 시사 자료를 활용하는 것이 필요하다. 돼지고기 가격 상승과 관련한 뉴스 자료는 최신의 우리 지역사회 이야기이므로 학생들의 흥미를 유발하는 것이 가능하다. 이때 단순히 공급량과 수요량의 변화를 통해 가격이 결정된다는 것만 다루어야 하는데, 이런저런 이야기와 함께 설명이 가지치기를 하게 되고 그것이 오히려 수업의 독(오개념)이 되었다. 따라서 좀 더 섬세한 수업 자료의 선정과 재구성이 필요함을 느끼게 된다. 사회과 수업에 유용한 시사 자료를 찾아내고 수업 자료로 재구성하는 것은 상당한 시간과 노력이 필요하며 부담스러운 일이다. 그러나 복잡하고 변수 투성이의 사회 현상을 인식하고 합리적인 선택을 하도록 가르치기 위해서는 다양한 소재의 학습 자료를 개발하고 재구성하여 수업에 활용하는 노력이 필요하다고 본다.

이렇게 매체를 활용한 자료 제시 및 분석을 통해 개념과 일반화를 보여주고 재연하려는 노력은 사회 현상을 이해하는 기초를 제공하는 사회과 지식 교수에서 매우 효과적인 실천 지식이라 할 수 있다. 학생들의 일상생활과 경험과의 연계가 어렵다면 자료나 매체를 통해서라도 접할 수 있도록 하는 것이 지식의 생명력과 전이성을 높이는 차선의 방법이라 할 수 있다.

그러나 I교사의 경우에서와 마찬가지로, 일반사회 영역에서 가르치려는 개념에 맞지 않은 시사 자료를 활용하는 경우, 사회과학과 사회생활과의 괴리로 오개념을 가르칠 수 있는 개연성이 있다는 점을 반드시 유의해야 한다.

(3) 맥락과 사례 설명을 통한 지식 교수 PCK

사회과 교사들은 구체적인 맥락이나 사례 제시를 통해 지식을 가르치는 경향을 보인다. 교사들이 개념과 일반화를 가르치면서 여러 설명을 많이 하는데, 그 중에서 많은 부분을 차지하는 것이 그러한 개념과 일반화가 나온 배경과 맥락에 대한 것이다. 물론 어떤 교사들은 이를 과감히 생략하고, 개념 및 용어 정의 등 요약 위주로 가르치기도 한다. 일련의 수업 관찰 결과, 일반사회 전공의 세 교사들은 이러한 요약 중심의 교수 경향이 강한 편이었다.

반면에 지리 전공의 A교사는 지리 개념을 구체적인 맥락, 상황, 사례, 이야기 속에서 가르치려고 노력하였다. 즉, A교사는 추상화된 지리 개념이 아니라 구체적인 지리적 상황, 사례, 이야기 속에서 지리 지식을 가르쳤다. 예컨대 A교사는 해안 지형 수업에서 석호를 가르치면서 대학생 시절의 추억(사진)과 만화를 활용하여 석호의 형성 과정을 하나의 이야기로 만들어서 학생들로 하여금 석호라는 개념을 어떤 맥락, 사례, 이야기 속에서 배우게 함으로써 학생들이 단순히 석호라는 개념을 단순히 암기하는 것이 아니라 하나의 이야기로 이해하도록 가르쳤다.

역사 영역도 이러한 특징이 잘 나타나는 편이다. 역사 전공의 E교사는 토론이나 역할극 수업을 하면서, 예컨대 신라를 의인화하여 모의재판을 하는 수업에서 국가(신라)를 의인화하여 재판한다는 수업 기획 및 실행을 통해 학생들이 신라에 대한 종합적인 이해와 평가를 할 수 있도록 안내하였다. 역사에 대한 해박한 지식과 체계적인 설명으로 이루어진 역사 전공 F교사의 수업 역시, 학생들에게 명료하게 역사 관련 지식을 효과적으로 전달하였다. 특히 눈에 띄는 것은 학생들을 등장인물로 삼아 적절하게 가상의 이야기를 만들어 설명하면서 효과적인 지식 교수 능력을 보여주었다.

일반사회 영역의 경우, H교사가 '문화 개념과 문화에 대한 수용 자세'(문화 상대주의의 원리)를 적절한 사례를 들어 설명하면서 가르쳤다. 구체적으로 의식주(주로 집)와 결혼 및 장례 의식, 특히 조장(鳥葬) 문화 사례를 통해서 '자연 환경에 적응한 생활양식'이라는 문화의 개념과 '문화의 상대성에 기초해서 다른 문화에 대해서 관용해야 한다.'는 원리를 효과적으로 가르쳤다. 다음은 저자가 기록한 해당 수업 관찰 노트의 일부이다.

〈수업 분석 초점 중에서〉

―――――― 중략 ――――――

• 본시학습 4: 티베트의 조장(鳥葬) 문화를 소개함. 티베트의 조장 문화 사례를 설명함. '왜 이런 조장 문화가 생겼을까?'라고 질문함. 학생들의 답변을 토대로 자연환경의 적응한 결과라고 설명함 – 지대가 높고 기후가 한랭해서 시신이 썩지 않고, 병균이 생길 수 있음. 화장을 생각할 수도 있지만, 땔감이 귀함. 조장 문화가 미개하다고 판단할 수는 없음. 문화상대주의적 태도가 필요함

* 매우 독특한 사례로서 문화가 생기는 메커니즘을 보여주고 설명하는 교수 방식 – 학생들도 매우 주의 깊게 들음

―――――― 중략 ――――――

〈교육적 변환 중에서〉

―――――― 중략 ――――――

• 문화와 문화 발생의 원리를 구체적으로 보여줄 수 있는 적절한 자료(집과 조장 문화 등)를 선정해서 설명함.

―――――― 중략 ――――――

일반사회 전공의 J교사는 자신이 사회과에서 학생들이 배워야 할 가장 중요한 능력으로 '구체적인 사회현상과 추상적인 사회과학 지식을 관련짓는 것'이라고 이야기하였다. 이러한 J교사의 생각은 수업에 그대로 반영되어 J교사 수업의 핵심 아이디어와 내용은 추상적 사회과학 개념의 설명과 이를 구체화하여 현실 사례에 적용하여 가르치는 것이었다. J교사가 학문적 개념과 구체적 사례를 연결시킬 때 항상 유념하는 것은 학생들의 흥미나 수준에 맞게 단순화시키는 것이었다. 사회적 지위와 역할을 학급이나 가정에서의 지위와 역할로, 문화의 다양성과 상대성을 요리와 음식의 다양성과 상대성으로 단순화시켜서 가르침으로써 학생들은 추상적인 개념이 아니라 구체적인 사례를 통해 흥미 있게 수업에 임할 수 있었다. 다음은 J교사가 수업을 하면서 작성한 지위와 역할 수업과 문화의 다양성과 상대성 수업 계획안의 일부이다.

표 8-3 지위와 역할 수업 계획안(일부)

지도 항목	지도 내용 및 방법
(사회적) 지위에 대한 설명	• '학생 좌석 배치도'를 확인하고 자리를 임의로 바꾼 학생들이 있는지 확인한다. • '학생회 조직표'를 참고하여 학생들의 학급에서의 지위를 확인한다. • 학생들이 앉아 있는 좌석은 '물리적' 공간에서의 위치이지만 학생회에서의 지위는 개인들이 모여 만든 '사회' 속에서 차지하는 추상적인 위치임을 설명한다.
(사회적) 역할에 대한 설명	• 학생 좌석 배치도를 통해 어떤 자리에 누가 앉아 있을지를 추측할 수 있음을 확인함. 이와는 달리 학생회 조직표를 통해 추측할 수 있는 것이 무엇인지 학생들에게 질문한다. • 학급공동체 구성원들이 기대하는 학급회장의 행동 방식, 체육부장의 행동 방식 등에 대해 질문함. 학생회 조직표를 통해 각각의 개인들에게 사회적으로 기대되는 행동들이 있음을 확인한다.
학생 활동	• 활동지를 배부한다. • 학생들이 생각하는 남편 혹은 아내로서의 사회적 지위에 맞는 사회적 역할에 대해 쓰도록 지도한다. • 활동지를 수합한다. • 활동지에 적혀 있는 내용을 익명으로 전체 학생들에게 읽어주고 이에 대한 평가를 하도록 한다. • 남학생들이 쓴 내용에 대해서는 여학생들이, 여학생들이 쓴 내용에 대해서는 남학생들이 평가하도록 한다. • 활동지에 쓰인 사회적 역할이 맘에 들 경우(적절하다고 생각되는 경우) 손을 들도록 하여 활동지에 손을 든 학생의 수를 써준다. (이 경우 수업도우미 학생을 한 명 선정하여 수업을 진행한다)

표 8-4 문화의 다양성 수업 계획안(일부)

학습단계	교수·학습활동	자료/지도 및 평가상의 유의점
문화의 다양성에 대한 확인	• 다양한 음식 문화가 존재함을 설명하여 문화의 다양성을 확인한다. - 양, 말, 고래 등과 같이 음식 재료로 사용되는 특이한 동물들을 소개하면서 음식 문화의 다양성을 확인한다. - 개 역시 다양한 음식 재료 중 하나로 사용되고 있는 현실(사실관계)에 대해 설명한다.	• 동영상 자료 시청 시 학생들이 수업에 집중할 수 있도록 한다.
문화의 상대성에 대한 이해	• 소고기, 돼지고기 등에 대한 입장이 각국의 문화에 따라 상대적으로 다르게 나타남을 확인한다. - 소와 돼지와 같이 우리가 일상적으로 접하는 음식 재료들 또한 문화에 따라서는 금기시되고 있음을 설명한다. - 문화의 상대성에 대한 개념을 확인하고 개고기 문화 또한 문화에 따라 다른 의미로 받아들여짐을 확인한다. • 개고기에 대한 찬반론자의 주장을 구체적으로 확인하여 보신탕 문화에 대한 입장 차이를 확인한다. - 개고기 먹는 것을 찬성하는 사람들의 입장을 요약·제시한다.	• 멀티자료 (2차시 분)

	- 개고기 먹는 것에 반대하는 사람들의 입장을 요약・제시한다. - 제시된 자료를 참고로 학생들로 하여금 개고기에 대한 자신의 입장을 정리해보도록 한다.	
문화 이해를 위한 올바른 태도	• 우리나라의 보신탕 문화에 대한 프랑스인들의 서로 다른 반응을 통해 문화 이해를 위해 바람직한 태도가 무엇인지 생각해 보도록 한다. - 보신탕 문화에 대해 자문화 중심적인 태도를 가진 브리짓 바르도의 입장을 살펴본다. - 보신탕 문화에 대해 문화 상대주의적 관점에서 접근하는 프랑스 학생들의 입장을 살펴본다. • 인터넷 게시판에 올바른 보신탕 문화 이해를 위한 자신의 생각을 정리해서 올리도록 한다.	• 인터넷을 활용하여 학생들이 자신의 입장을 정리하고 표현할 수 있도록 한다.

그러나 때로는 이러한 J교사의 노력이 개념과 일반화 등의 지식 교수에 있어 양날의 칼이 되기도 한다. 너무 특정 사례에 매몰된 나머지, 학생들이 지위와 역할이나 문화가 내포하는 다의성이나 다중성을 전반적으로 이해하는 데 방해를 받을 수도 있기 때문이다. 단적인 예로, 교사는 지위와 역할을 가르쳤는데 학생들은 남편과 아내에 대해서 배웠다고 하고, 교사는 문화를 가르쳤는데, 학생들은 음식과 요리에 대해서 배웠다고 할 수 있다.

5. 결론

이미 언급한 대로 사회과에서는 지식을 가르치는 것보다 어떻게 가르치는 것이 문제이다. 특히 사회과의 주요 지식 유형인 개념과 일반화는 그 성격상, 사회 현상 이해의 기초가 되기 위해서는 그 의미나 정의와 함께 구체적인 사례나 사실과 연계하여 가르치고, 관련 현상에 적용할 수 있도록 해야 한다. 물론 일반사회 영역은 일반적으로 지리나 역사 영역에 비해서 추상적인 개념이 많아서, 이러한 교수의 실천이 어렵다.

그럼에도 불구하고, 저자가 수년 동안 관찰한 수업에서는 개념과 일반화 등의 지식 교수와 관련해서 상식적이지만 매우 의미 있는 실천 지식들을 확인할 수 있었다. 첫째, 경험과 연계해서 지식을 가르치는 전략을 찾아볼 수 있었다. 이는 개념과 일반화의 의미를 찾아내는 과정에서도 활용할 수 있고, 개념과 일반화의 의미를 적용하는 과정에서도 활용될 수 있는 매우 기본적인 지식 교수 전략이자 PCK라고 할 수 있다. 둘째, 자료와 매체를 활용해서 개념과 일반화 등 지식이 포섭하는 현상을 보여주거나 제시하여, 학생들이 스스로 이를 분석하여 개념과 일반화에 도달할 수 있도록 안내하거나 학습한 개념과 일반화의 의미를 확인해보는 지식 교수 전략이자 PCK를 찾아볼 수 있었다. 셋째, 구체적인 맥락이나 사례를 설명하면서 개념과 일반화 진술이 의미하는 바를 이야기로 만들어서 설명하는 지식 교수 전략이자 PCK가 눈에 띄었다.

이러한 세 가지 지식 교수 전략은 사회과 수업에서 상호배타적으로 활용되는 것이 아니라 병행되고 있었다. 다만 관찰 대상에 한정해서 볼 경우, 지리 전공 교사들이 첫째와 둘째 PCK를, 역사 영역이 셋째 PCK를 자주 활용하는 반면에, 일반사회 전공 교사들의 경우에는 세 유형의 PCK가 모두 나타나기는 하지만, 관찰한 다른 전공의 교사들에 비해서 상대적으로 활용 빈도나 강도가 떨어졌다. 이는 일반사회 전공 지식이 갖고 있는 추상성 자체의 문제도 있고, 일반사회 전공의 다양한 배경 학문 영역으로 인한 교과 내용 지식의 부족으로 인해 교사들이 용어 정리 위주의 수업을 하는 것에도 일부 원인이 있는 것으로 보였다.

이 장의 논의를 계기로 일반사회 전공 교사들의 수업에서 개념과 일반화 등 지식 교수에 있어서 경험과 연계하여 가르치려는 노력, 자료와 매체를 통해 보여주려는 노력, 구체적인 맥락과 사례를 가지고 설명하는 노력이 많아지고, 그 기반이 되는 교과 내용 지식이 깊어지고 종합적인 실천 지식으로서의 PCK가 풍부해지기를 기대한다.

참고문헌

강대현(2007). 교육과정 개정에 따른 사회과 내용 교수 지식(PCK) 연구. 한국교육과정평가원 연구보고 RRI 2007-3-1.

강대현(2008). 시민교육과 사회과. 서울: 한국학술정보.

김민수 외(1992). 국어대사전. 서울: 금성출판사.

민 윤(1999). 사회과 교수 내용 지식의 가능성과 한계: 교실 지식과의 관련성. 사회과교육, 32, 409-426.

민 윤(2000). 사회과 역사 수업에 나타난 내용의 변환과 교수 내용 지식. 사회과교육, 33, 173-191.

박영석(2005). 수업장학에 대한 질적 사례 연구: 사회과 교사의 수업장학에 대한 이해를 중심으로. 서울대학교 박사학위논문.

박윤경(2003). 교육과정 변화기 사회과 교사의 교육과정 실행에 대한 연구: 변화 지향적인 교사의 교실 수업 변화에 대한 이해. 서울대학교 박사학위논문.

손병노(1998). 사회과 교사의 전문성 탐색: 교수 내용 지식의 관점. 사회과교육학연구, 2, 110-127.

이대성(2006). 교수 내용 지식의 관점에서 본 중등 일반사회 교원 임용 시험 문항 분석. 사회과교육, 45(4), 133-162.

이화진 외(2005). 2005 KICE교수학습개발센터 콘텐츠 개발・운영: 내용 교수법(PCK) 및 온라인 수업장학 지원 프로그램 개발을 중심으로. 한국교육과정평가원 연구보고 RRI 2005-1.

이화진 외(2006). 수업컨설팅 지원 프로그램 및 교과별 내용 교수법(PCK) 개발 연구. 한국교육과정평가원 연구보고 RRI 2006-1.

이혁규(1999). 한국 중학교 사회과 교실 수업에 대한 일상생활 기술적 사례 연구. 서울대학교 박사학위논문.

이혁규(2001). C고등학교 사례연구 보고서. 한국교육과정평가원 연구자료 ORM 2001-21.

차경수・모경환(2008). 사회과교육. 서울: 동문사.

차조일(1999). 사회과 개념수업모형의 이론적 문제점과 해결 방안: 개념 수업을 위한 일반 모형의 개발을 중심으로. 시민교육연구, 29, 227-249.

Banks, J. A.(1976). *Teaching strategies for the social studies: Inquiry, valuing and decision making (2nd)*. Mass.: Addison-Wesley. 최병모 외 역(1987). 사회과 교수법과 교재 연구. 서울: 교육과학사.

Gess-Newsome, J.(1999). Pedagogical content knowledge: An introduction and orientation. In J. Gess-Newsome, & N. G. Lederman. (Eds.), *Examining pedagogical content knowledge*. Kluwer Academic Publishers.

Grossman, P. L.(1990). *The making of a teacher: teacher knowledge and teacher education*. New York: Teachers College Press.

Marks, R.(1990). Pedagogical content knowledge : From a mathematical case to a modified conception. *Journal of teacher education*, *41*(3), 3-11.

Shulman, L. S.(1986). Those who understand: Knowledge growth in teaching. *Educational researcher*, *15*(2), 4-14.

Shulman, L. S.(1987). Knowledge and teaching: Foundations of the new reform. *Harvard educational review*, *57*, 1-22.

Smith, D.C. (1999). Changing our teaching: The role of pedagogical content knowledge in elementary science. In J. Gess-Newsome, & N. G. Lederman. (Eds.), *Examining pedagogical content knowledge*. Kluwer Academic Publishers.

09 CHAPTER

사회과 기능 및 사고, 어떻게 가르칠까?[1)]

– 일상적인 수업과 고차사고력 학습 –

〈필립스 엑시터 아카데미의 수업 장면〉 The JoongAng.

1. 사회과에서 지식과 기능 및 사고는 어떤 관계가 있는가?
2. 사회과 기능에는 어떤 것들이 있으며, 기능과 사고는 어떤 관계가 있는가?
3. 사회과 기능 중 읽기는 무엇이며, 어떻게 가르칠 수 있을까?
4. 사회과 기능 중 쓰기는 무엇이며, 어떻게 가르칠 수 있을까?
5. 사회과 기능 중 자료 활용(해석)은 무엇이며, 어떻게 가르칠 수 있을까?
6. 사회과 기능 중 사회참여 기능은 무엇이며, 어떻게 가르칠 수 있을까?
7. 고차사고력이란 무엇이며, 어떤 특징을 지니고 있는가?
8. 고차사고력의 유형(양상)에는 어떤 것들이 있으며, 각각의 특징은 무엇인가?
9. 고차사고력의 유형(양상)에 따른 교수학습방법은 각각 어떠한가?
10. 질문 유형을 분류한 모형에는 어떤 것들이 있으며, 각각의 특징은 무엇인가?
11. 블룸이 제시한 질문 유형에는 어떤 것들이 있으며, 각각의 특징은 무엇인가?
12. 고차사고력 함양을 위해서, 어떻게 질문하는 것이 효과적인가?

1) 이 장은 시민교육연구 제47권 4호(2015년 12월)에 실린 '일상적인 수업과 고차사고력 학습: 중등 사회과 수업 사례 분석을 중심으로'를 공동 연구자인 은지용 교수님의 동의하에 재구성한 것이다.

이 장은 사회과 기능 및 사고의 학습에 대한 논의이다. 사회과에서는 지식 교수 못지 않게 기능 및 사고의 학습을 강조한다. 저자가 지식을 교수라고 표현하고 기능 및 사고를 학습으로 표현한 이유는 지식은 일반적으로 교사가 주도적으로 설명하면서 가르친다면 기능 및 사고는 학생들이 주도적으로 활동하면서 배워야 하는 것이기 때문이다.

사회과에서 기능은 다양하게 분류할 수 있다. 저자가 가장 선호하는 분류는 읽기 등을 중심으로 한 기본 기능(학습 기능 혹은 의사소통 기능), 사고 기능, 사회참여 기능(집단 기능과 정치적 기능) 등이다.

기본 기능은 주로 우리가 텍스트나 도표 혹은 기타 자료들의 내용을 읽고 파악하는 것이다. 이러한 기능은 학습이나 다른 사람들과의 의사소통에서도 활용되어 학습 기능이나 의사소통 기능으로 불리기도 한다.

사회참여 기능은 대체로 두 가지 측면에서 이해하는 것이 필요한데, 하나는 인간관계 능력을 중심으로 한 사회성과 관련된 집단 기능이고 다른 하나는 공공 문제에 대한 의사결정에 참여하여 행동하는 정치적 기능이다. 양자는 사회과 교육에서 시민이 갖추어야 할 종합적이고 최종적인 자질이라 할 수 있다. 이러한 사회 참여 기능은 가치 태도 및 행동과도 밀접하게 관련되는 성향이기도 하다.

사고는 기능의 한 유형이라고 할 수도 있지만 별도로 언급되기도 한다. 이유는 일반적으로 기본 기능 등은 눈에 보이는 가시적인 활동으로 나타나지만 사고는 인간 내면의 문제해결 과정으로 이해할 수 있기 때문이다. 대체로 사고 기능은 저차사고와 고차사고로 나눌 수 있는데, 저차사고는 기본 기능의 수행 과정에서 동반된다면 고차사고는 종합적 문제해결 과정에서 나타나는 도전적이고 확장적인 정신 작용이다.

고차사고(력) 유형 혹은 양상에는 탐구력(문제해결력), 의사결정력, 창의적 사고(력), 비판적 사고(력), 메타인지 등이 있다. 탐구력은 논리성과 과학성을 기초로 하여 사회 현상 분석에 활용되고, 의사결정력은 사회 탐구와 가치 탐구를 통해서 개인 및 사회문제에 대한 선택에 주로 활용된다. 창의적 사고는 새롭고 독창적이고 개방적인 형태의 사고로 주로 예술 분야에서 나타나고, 비판적 사고는 진위 여부, 정확성 등을 판단하는 사고로 철학 및 논리학 분야에서 주로 나타난다. 메타인지는 스스로 자신의 사고를 성찰하는 사고로 반성적 활동에 활용된다.

기능 및 사고는 학생들이 주도해서 학습하는 것으로 연습 및 훈련의 과정과 더불어 적절한 질문을 제시하는 것이 중요하다. 블룸, 타바 등은 질문의 여러 유형과 전략을 제시하여 학생들의 기능 및 사고를 자극하는 방법을 제안하고 있다.

이 장에서는 사회과 기능 및 사고의 학습에 대한 개관을 토대로 일상적인 수업에서 어떻게 고차사고력을 기를 수 있는지에 대해서 살펴보려고 한다.

1. 서론

사회과교육에서 길러야 하는 시민 자질은 크게 개인·사회 문제에 대처할 수 있는 문제해결능력[2)]과 국가 및 사회 구성원으로 더불어 살아갈 줄 아는 공동체 의식이라 할 수 있다. 전자가 주로 교과 수업에서 지식과 기능 및 사고 교육, 가치 태도 교육에 대한 인지적 접근을 통해 길러질 수 있다면, 후자는 주로 공동체 생활을 통한 생활 지도, 대인관계 훈련, 가치 태도교육에 대한 정서 및 행동적 접근을 통해 배울 수 있다.

이처럼 문제해결능력은 사회과교육에서 지속적으로 강조되어 온 시민 자질이며, 사회과교육과정 및 교과서 목표와 내용의 핵심 요소이다. 이로 인해 그동안 사회과교육에서는 탐구력(문제해결력), 의사결정력 등을 지속적으로 강조해 왔으며, 1980년대부터 이를 총칭하여 '고차사고력'(higher order thinking)이라 부르며 이를 더 강조하였다(차경수 외, 2008: 269; Banks, 1990; Woolever & Scott, 1988).

그동안 고차사고력은 탐구력, 의사결정력, 비판적 사고, 창조적 사고, 메타인지 등의 유형으로 분류되면서(Woolever & Scott, 1988: 318; 차경수 외, 2008: 272; 박상준 외, 2011: 179; 최용규 외, 2014: 354-355), 현대 사회의 시민이 갖추어야 할 '종합적인 문제해결능력'으로 여겨졌다. 특히 현대 사회의 변동이 급속히 진행되고 세계화로 인해 다양한 문화 간에 접촉이 활발해지면서, 시민은 다양한 사회 문제에 직면해 왔고, 이로 인해 고차사고력은 시민의 핵심 자질로 중요시되었다.

그런데 이러한 사회적·교육적 필요가 증대됨에도 불구하고 우리나라 사회과에서는 고차사고력에 대한 논의와 관련 연구들이 점차 줄어들어 왔다. 추측건대 주요한 이유들 중 하나는 이미 1990년대에 국내에서 한 차례 고차사고력 논의가 유행을 하면서 관련 논의가 충분히 이루어졌다는 판단

2) 여기서 문제해결력 대신에 문제해결능력으로 표현하는 이유는 사회과에서 문제해결력이 종종 탐구력과 동의어로 사용되어 온 경향 때문이다. 여기서 문제해결능력은 사실 또는 가치문제, 개인 또는 사회 문제 전반에 걸쳐 대처하는 종합적인 사고 능력을 의미하며, 탐구력, 의사결정력 등 문제해결에 필요한 혹은 활용되는 모든 능력을 포함하는 것으로 고차사고력이라 부를 수도 있다.

에 기인한 것으로 보인다. 그리고 또 다른 주요한 이유로 세계화와 다문화 사회의 진전과 더불어 시민교육의 강조점이 '다문화교육'에 찍히면서 서로 다른 정체성을 지닌 구성원들 간의 관계적·정서적 태도 형성에 초점을 두는 방향으로 사회과교육 논의가 전환된 데에 따른 것으로 보인다.

그러나 자유주의와 민주주의를 기반으로 하고, 다문화적 상황이 보편화된 현대 사회에서 좋은 시민(good citizen)에게 요구되는 대표적인 핵심 자질은 개인·사회 문제에 대해 종합적으로 대처하는 문제해결능력이라 할 수 있다. 또한 교육과정과 교과서에 기초한 교과교육에서 개념과 일반화 등 기본 지식의 이해와 더불어 고차사고력 함양은 당위성과 실천가능성 측면에서 여전히 중요한 사회과교육의 목표라 할 수 있다.

결과적으로 고차사고력은 사회과교육에서 꾸준히 고민해야 할 연구 주제이다. 이에 저자는 기존의 고차사고력 논의를 돌아보면서, 고차사고력 개념과 교수학습 전략 등을 살펴보려고 한다. 특히 현장수업사례 분석을 통해 교사가 일상적인 수업에서 고차사고력 함양을 위해서 어떤 교수 전략을 택하는지, 혹은 어떤 교수 전략이 고차사고력 함양을 저해하는지를 검토하려고 한다. 이를 통해 사회과 교사가 일상적인 수업 장면에서 어떻게 고차사고력 학습을 유도할 수 있는지에 대해서 탐색하려고 한다.

특히 이 장은 1990년대 이후 고차사고력 논의가 약화된 것에 비해, 고차사고력 학습의 필요성은 지속적으로 증대되었다는 점에 주목하였다. 즉 현대 사회는 자유주의와 민주주의에 더해서, 세계화로 인해 다원주의와 다문화적 상황이 보편화되어 가고 있다. 이로 인해 교육 현장에서 하나의 답과 선택을 강요할 수 없게 되었고, 서로 다른 관점과 입장으로 인해 우리가 합의해서 가르칠 수 있는 기본 지식의 양을 무분별하게 늘릴 수도 없게 되었다. 반면에, 우리가 접하고 처리해야 하는 정보의 양은 엄청나게 많아졌고 이로 인해 여러 정보들은 수집·분석하고 이를 토대로 탐구·선택하는 일은 우리의 일상에서 매우 중요한 부분이 되었다.

따라서 오늘날 이렇게 복잡한 일상을 살아가는 시민에게 사회 문제나 공공 쟁점에 대한 종합적인 문제해결능력이 가장 필요한 자질이며, 고차사고력은 시민교육을 지향하는 사회과의 기본 목표이자 내용이라 할 수 있다. 그럼에도 불구하고 1990년대에 비해, 최근의 사회과에서는 고차사고력에 대한 정형화된 설명을 담은 개론서 내용만 회자되고 있다. 이 장에서는 우선 선행 연구들을 검토하여 고차사고력의 의미와 교수학습 전략을 살펴보려고 한다. 그리고 수업 사례 분석을 통해 교사들이 어떻게 고차사고력을 촉진하거나 방해하는지를 검토하려고 한다.

구체적으로 이 장에서는 <표 9－1>과 같이 3명의 교사가 각각 4차시에 걸쳐서 실행한 총 12차시의 수업[3]을 분석하고 관련 분석 내용을 토대로 해당 교사와 면담하여, 어떤 장면에서 학생들의 고차사고력이 발휘되거나 방해받는지를 살펴보려고 한다. 그리고 3명의 교사가 실행한 교수 전략과 기법을 종합하여 일상적인 수업에서 나타나는 고차사고력의 촉진·방해하는 교수학습 전략과 기법을 범주화하여 제시하려고 한다.

표 9-1 연구 참여자의 경력, 담당 과목, 수업 주제

참여자	경력	과목	수업 일시	수업 주제
A교사	17년차	중3 사회	2009. 4. 7.	정치와 민주주의, 정치과정, 정당
			2009. 4. 8.	여론(輿論), 언론(言論) 그리고 공론(公論)
			2009. 5. 20.	합리적 소비와 바람직한 소비
			2009. 5. 21.	노동의 가치와 노동자의 권리
B교사	25년차	고1 사회	2009. 4. 14.	사회적 쟁점의 의미와 변화
			2009. 4. 17.	사회적 쟁점 해결 절차와 합리적 의사결정 원칙
			2009. 5. 12.	정치의 의미와 사례, 다원적 이익의 정치화
			2009. 5. 19.	정치과제로서의 사회통합, 국가권력과 시민자유
C교사	11년차	고2 사회·문화	2009. 4. 14.	사회적 지위와 역할
			2009. 4. 16.	사회적 상호작용와 관계, 사회실재론과 사회명목론
			2009. 5. 12.	사회집단의 의미와 종류
			2009. 5. 14.	관료제의 특징과 문제점

3) 여기서 제시되는 수업들은 2009년에 촬영된 것으로, 당시 멘토링 연구를 위해서 멘토들이 자신의 일상적인 모습을 공개한 것이다. 수업 촬영 이후 다소 분석 시점이 늦어졌기는 하지만, 그동안의 학교 현장이나 수업 실태에 있어 획기적인 변화가 없었다는 점에서 여전히 우리 교실에서 이루어지는 일상적인 수업의 단면으로 볼 수 있다. 또한 해당 교사들이 비록 회고적 입장이기는 하지만, 고차사고력 함양이라는 목적에 비추어 과거 자신의 수업을 성찰하는 2015년 7월 인터뷰를 담고 있어서, 촬영 시점과 분석 시기 사이의 간극은 크게 문제되지 않는다고 판단하였다.

2. 고차사고력과 교수·학습 전략에 대한 비판적 검토

1) 사회과교육과 고차사고력

1980년대에 미국 교육개혁의 화두는 '고차사고력의 향상'과 '계층, 인종, 민족 간의 학력 차이를 좁히는 것'이었다(Hawley, 1990). 이러한 교육개혁의 영향으로 1980년대부터 미국 사회과에서도 문제해결력, 비판적 사고력 등을 포함한 고차사고력을 강조하였다. 이는 사회과가 현대 사회의 다양한 사회 문제들을 다루면서 기본 지식의 암기나 이해보다 고차사고력을 활용할 필요가 있기 때문이었다(차경수, 1993a: 187-188).

미국에서 고차사고력 관련 연구를 주도한 뉴만(Newmann, F. M.)은 고차사고력을 '일상적이고 기계적이고 제한적인 정신의 사용이 아닌 도전적이고 확장적인 정신의 사용으로 보고, 과거에 학습한 지식의 통상적인 응용으로 해결할 수 없는 문제에 대해서 이를 새롭게 분석·해석하고 관련 정보를 조정할 때 나타나는 사고력'으로 보았다(차경수 외, 2008: 269; Newmann, 1991a: 325-326).

당시 고차사고력의 의미와 관련해서 대체로 두 가지 경향이 존재하였다. 첫째, 기존의 사고력 유형을 포괄하는 개념으로 제시하는 경향이 있었다. 울레버와 스캇은 사회과에서 강조하는 탐구력(문제해결력), 의사결정력, 창조적 사고력, 비판적 사고력, 메타인지 등을 고차사고력의 대표 유형이라고 보았다(Woolever & Scott, 1988: 318). 둘째, 고차사고력을 보다 통합적인 개념으로 인식하는 경향이 있었다. 일단 뉴만의 정의가 그렇고(Newmann, 1991a), 국내에서도 노경주가 고차사고력을 '통합적인 개념이고, 사고자가 직면하는 근접 구성 영역에서 나타나며, 합리성과 보살핌, 객관성과 주관성, 보편성과 상황성 간의 조화를 시도하는 것으로 파악하고, 준거와 상황에 근거하여 온당한 판단을 돕는 역동적, 도전적 정신 과정'으로 보았다(노경주, 1998: 35).

이처럼 고차사고력을 몇 가지의 유형으로 제시하든 하나의 통합적 형태로 인식하든 간에, 한 가지 분명한 것은 고차사고력이 단순한 기억(암기)이나 단편적인 이해처럼 정형화된 단순 사고 유형이 아니라 여러 사고 유형이나 양상이 복합적으로 나타나는 종합적인 문제해결능력이라는 점이다. 즉, 종합적인 문제해결능력으로서 고차사고력을 발휘하는 모습을 살펴보면 사고의 목적 측면에서는 진위 파악을 위한 탐구력이나 선택을 위한 의사결정력으로 나타나지만, 사고 과정에서는 전제와 함의를 찾는 비판적 사고력이나 새로운 아이디어를 생성하는 창조적 사고력이 작동하고, 더불어 전반적인 사고 과정을 조정하는 메타인지가 작동한다고 볼 수 있다.

이런 점에서 고차사고력을 몇 가지 유형으로 분류하고 각각에 주목하기보다는 통합적 사고 형태로 파악하고 고차사고력이 상황에 따라 다른 양상으로 발휘된다고 보는 것이 보다 적절한 이해라 할 수 있다(최용규 외, 2014: 355). 이런 점에서 교과교육 개론서에 등장하는 '고차사고력의 유형 혹은 종류'(최용규 외, 2014: 354; 박상준, 2011: 179; 차경수 외, 2008: 272)라는 표현은 각각의 사고력이 별개라는 오해를 불러일으키기 때문에, '고차사고력의 양상'으로 수정하는 것이 적절하다.

더불어 노경주의 견해(노경주, 1998: 35)에 따라, 고차사고력이 일종의 사고력이므로 인지적인 부분이 중심이 되지만, 이를 오로지 인지적인 성격을 지닌 것으로 인식하는 것은 문제가 있다. 고차사고력을 구성하는 요소를 들여다보면 인지적인 측면만 있는 것이 아니라 호기심, 도전 정신 등 정서적인 요소도 나타나기 때문이다.

2) 사회과 고차사고력의 교수·학습 전략 관련 논의

그동안 우리나라 사회과에서는 고차사고력 학습과 관련해서 선입견이 존재해 왔다. 즉, 고차사고력 함양을 위해서는 특정 내용이나 방법으로 수업을 해야 한다는 것이다. 이는 미국 사회과의 고차사고력 학습 논의에서 기인한 측면보다는 고차사고력 학습 논의가 국내에 들어와서 왜곡된 측면이 강하다. 특히 그동안 우리의 교육 현장에서 단편적인 지식을 주입하는 형태의 교육이 만연한 가운데, 사고력 교육에 대해서 경험이 일천한 현실이 이러한 왜곡을 만드는 데 일조한 것으로 보인다. 즉 지식 교육과 사고력 교육은 완전히 다른 것이며, 사고력 교육을 위해서는 새로운 수업 내용과 방법을 사용해야 한다는 인식이 팽배한 것이다.

그렇다면 고차사고력 학습은 기본적으로 어떻게 이루어지는가? 뉴만은 고차사고력 학습의 원칙을 세 가지로 정리하였다. 첫째, 모든 학습자는 고차사고력을 사용할 수 있다. 둘째, 고차사고력은 문제해결 상황에서 가장 잘 발휘된다. 셋째, 고차사고력을 신장시키는 특별한 이론이나 교수법이 존재하지 않는다(Newmann, 1991a: 326-327). 이러한 원칙들은 고차사고력 학습이 정형화된 수업모형이나 방식으로 이루어지는 것이 아니라 문제 상황에 접한 학습자가 자기주도적으로 문제를 해결하는 과정에서 자연스럽게 이루어진다는 것을 의미한다.

구체적으로 뉴만은 고차사고력 학습이 이루어지는 수업의 특징을 ① 한정된 주제를 집중적으로 논의하는 수업, ② 내용의 연속성이 강한 수업, ③ 학생들이 질문에 반응할 시간을 주는 수업, ④ 교사가 도전적인 질문과 과제를 제공하는 수업, ⑤ 교사가 심사숙고의 모범을 보이는 수업, ⑥ 학생이 자신이 내린 결론을 설명하고 합리적 이유를 제시하는 수업 등으로 제시하였다(Newmann, 1991a: 330-333).

뉴만은 고차사고력 학습의 효과에 대해서도 연구하였다. 70여 개의 고등학교에서 1,300여 명의 학생들을 대상으로 고차사고력을 측정한 실험 연구에서 뉴만은 학년, 성별, 인종, 학급 성적, 학급 사고력 등을 독립변인으로 하고, 민주주의와 관련된 일반적 논술시험 점수를 종속변인으로 하여 양 변인 간의 관계를 분석하였다. 그러나 결과적으로 고차사고력을 자극하는 학습 분위기, 즉 학급 사고력 수준이 논술 성적에 영향을 미치는가에 대해서는 유의미한 결과를 얻지 못했다. 물론 이는 실험 연구에서 수업 내용 및 방법과 평가 문항의 연계성 혹은 일관성을 확보하지 못해서 나타난 것으로 해석될 수도 있었다(Newmann, 1991b: 426-427).

이러한 미국 사회과의 영향으로 1990년대에 들어 우리나라 사회과에서도 고차사고력이 주요 연구 주제로 등장하였고, 그 결과 고차사고력 관련 연구들이 대폭 증가하였다. 대체로 국내 논의 역시 현대 사회에서 지식과

정보의 폭발적 증가에도 불구하고 사고력 향상을 위한 교육은 미흡하다는 현실 인식으로부터 고차사고력 함양의 필요성을 찾았다(노경주, 1998; 구정화, 1995; 차경수, 1993b). 고차사고력 관련 국내 연구들은 뉴만의 고차사고력 개념과 블룸(Bloom, B. S.)의 지적 행동 위계성 논의에 기초하여 기존 인지심리학의 연구 결과가 교수·학습 방법 개선을 위한 처방의 원천이 될 수 있다고 보았다(노경주, 1998: 34).

그리고 이러한 경향에 따라 국내에서는 고차사고력의 학습 방안으로 질문법, 문제해결학습 등이 주요 교수 전략으로 제시되었다. 먼저 사회과의 고차사고력 학습 관련 연구에서는 질문법에 대한 연구가 먼저 관심을 끌었는데, 그 이유는 사고력 교육은 학생이 교사 질문에 반응하는 것에서 출발해야 하고, 교사는 질문에서 출발해서 사고력 관련 학습 활동을 안내한다고 보았기 때문이다. 이광성(1997)은 고등학생을 대상으로 질문 전략과 고차사고력의 관계를 연구하여, 고차 수준 질문이 사고력에 유의미한 영향을 주는 것을 밝혔다. 그러나 초등학생을 대상으로 한 연구(이광성, 2001)에서는 고차 수준 질문이 학업 능력에 미치는 효과가 유의미하게 나타나지 않았다. 김경모(1996)는 고차사고력 함양을 위해 토의수업, 역할놀이, 모의학습 등 소집단 활동을 통해 학생들이 자신이 속한 집단의 문제를 해결하는 과정을 경험하면서 고차사고력이 함양될 수 있다고 주장하였다.

또한 쟁점 중심 교육과정과 논쟁문제수업도 고차사고력 함양의 주요한 방안으로 제시되었다. 노경주(2000)는 쟁점 중심 교육은 고차사고력 함양을 직접적인 목적으로 하고 있으며, 이 목적을 성취하기 위해 사회 구성원 간에 갈등이 존재하거나 모순이 은폐된, 도전적이고 심층적인 탐구를 요구하는 쟁점을 중심으로 교육과정을 구성해야 한다고 주장하였다(노경주, 2000: 89). 김명정(2004)은 논쟁문제수업이 강의식 수업보다 고차사고력을 향상시키는 데 효과적인 수업 방식이라는 것을 검증했는데, 그는 논쟁문제수업이 공공 쟁점이 내포하고 있는 다양한 정보와 가치갈등을 분석하고 해결하는 과정에서 학생들의 고차사고력을 자극한 것으로 추론하였다.

이처럼 우리나라 사회과에서 고차사고력 학습 논의는 질문법과 논쟁문제수업 등 특정 교육 내용이나 방법이 고차사고력 함양에 효과적이라는 것으로 수렴되었다. 이러한 경향에 따라 창의적 사고력과 관련해서 안보형(2012)은 시각 예술을 활용한 사회과 수업이 고등학생의 창의적 사고력 신장에 긍정적인 영향을 미친다는 결과를 제시하였다. 그리고 이 과정에서 뉴만이 제시했던 고차사고력 학습과 관련된 기본 원칙, 즉 1) 모든 학습자는 고차사고력을 사용할 수 있고, 2) 고차사고력은 문제해결 상황에서 가장 잘 발휘되며, 3) 고차사고력을 신장시키는 특별한 이론이나 교수법이 존재하지 않는다는 점은 주목받지 못했다.

물론 국내 연구에도 예외가 없었던 것도 아니다. 사실 이 장에 시사점을 주었을 뿐만 아니라 이 장의 모범으로 삼는 선행 연구가 있다. 노경주(1998)는 미국 학계 연구물에 대한 비판적 논의의 부족과 우리나라 사회과 수업 현장에 대한 연구의 부족을 문제점으로 인식하며 고차사고력에 대한 새로운 개념적 이해와 함께 우리나라 사회과 교실의 살아 있는 목소리를 통하여 고차사고력 함양을 위한 시사점을 찾고자 하였다.

노경주(1998)는 고차사고력을 통합적으로 개념화하고 자연주의적 패러다임에 기초하여 현장 교사의 실천 지식을 탐구함으로써 고차사고력 함양을 위한 시사점을 제시하였다. 그는 고차사고력 학습의 정형화된 방법을 찾기보다는 우리나라 교실에서 교사들이 학생들과 상호작용하는 과정에서 어떻게 고차사고력을 자극하는지를 살펴보고, 이러한 수업의 배경이 되는 교사 실천 지식(practical knowledge)을 분석하였다.

유사한 관점에서 교과서 내용을 가르치는 것과 비판적 사고력 발달이 별개의 과정이 아니라는 점에 주목한 연구도 있다. 옥일남(2012)은 미국 사회과 교과서에 나타난 '비판적 사고' 영역을 분석하여, 미국 사회과 교과서에서 비판적 사고가 기능 영역의 범주로 설정되어 있고, 이의 발달을 위해 교과서 내용 맥락과 연결된 질문을 제기하고 이와 관련된 하위 항목을 부여하여 교과서 학습 이후에도 이를 활용할 수 있도록 하고 있다고 밝혔다. 옥일남(2012)에 따르면, 미국 교과서는 별도의 비판적 사고력 발달을 위해 교과서 내용을 새롭게 구성하는 것이 아니라 기존의 교과서 내용과 관련지어 질문과 기능을 제시하여 비판적 사고력 발달을 도모하고 있다.

이 장은 이처럼 교사의 일상적인 수업이나 기존의 교과서와 관련지어 고차사고력 학습을 촉진하려는 경향에 따라 우리나라 교사들이 어떻게 고차사고력 학습을 수행하고 있는지를 살펴보려고 한다. 동시에 우리나라 교사들이 어떻게 고차사고력을 촉진하는 데 실패하고 있는지도 살펴보려고 한다. 즉, 모든 학생들이 고차사고력의 잠재력을 갖고 있는 상황에서 교사의 어떤 교수학습 전략과 기법이 고차사고력을 자극하거나 방해하는지도 살펴봄으로써 고차사고력 학습이 교사의 일상 언어나 행동으로 촉진될 수도 있고, 방해받을 수 있다는 점을 구체적으로 드러내려고 한다.

3. 사회과 수업 현장의 고차사고력 학습

1) 현장 수업 사례 분석을 통해 본 고차사고력 학습

기존의 고차사고력 학습 논의들은 고차사고력 개념과 학습의 비정형성에도 불구하고, 이에 대해 특정 내용과 방법이 있다는 생각에 기초해 있었고, 특히 국내 사회과 연구들은 질문 전략이나 논쟁문제수업에 초점을 맞추어 왔다. 물론 노경주(1998)는 이러한 주장의 문제점을 지적하면서 교사의 실천 지식과 관련지어 고차사고력 학습이 실제 교실 상황에서 어떻게 이루어지는지에 주목하였다. 그러나 이러한 경향은 국내에서 주된 접근 방식이 아니었고 이후 지속되지도 못하였다.[4)]

이에 이 장에서는 일상적인 수업에서 고차사고력 학습이 어떻게 이루어지는지를 분석하려고 한다. 구체적으로 2009년에 촬영한, 3명의 교사들이 각각 실행한 4차시 수업(총 12차시 수업)을 대상으로 하여, 교사가 어떤 교수학습 전략과 기법, 구체적으로 어떤 언어와 행동으로 학생들의 고차사고력을 자극하거나 방해하고 있는지를 살펴보았다. 이 장에서 분석하는 수업은

4) 이러한 연구 경향은 국내 연구자들의 인식 문제일 수도 있지만, 지식을 설명하는 데 주력해 온 우리나라 사회과 수업의 일반적인 경향 때문에 일상적인 수업에서 고차사고력 학습을 연구할 생각을 하지 못한 점도 있을 것이다.

총 12차시지만, 모든 수업을 동일한 비중으로 다루지는 않았다. 수업 분석 과정에서 지식과 설명 위주의 장면보다는 학생들의 사고력을 자극하는 데 있어 주목할 만한 장면을 찾아 분석하였기 때문이다.

따라서 교사들이 학생들에게 적절하게 문제 상황을 주고 학생들이 스스로 문제해결을 하도록 안내하여 고차사고력을 촉진하는 장면에 초점을 맞추어 분석하였다. 그러나 동시에 교사들이 학생들이 고차사고력을 촉진하는 데 있어 미흡한 부분도 분석하였다. 왜냐하면 미흡한 교수 전략과 기법을 탈피하거나 해당 전략과 상반되는 교수 전략과 기법을 선택하는 것이 고차사고력을 유발하는 방법이 될 수도 있기 때문이다.

고차사고력 학습 관련 장면의 포착은 주로 교사의 언어, 행동, 수업 환경 및 분위기와 더불어 학생들의 반응을 살펴보면서 교사가 어떤 교수 전략과 행동을 구사할 때 학생들의 자기주도적인 문제해결이 이루어지거나, 이루어지지 않는지에 따라 판단하였다. 즉, 저자가 수업 분석에서 상정하는 고차사고력 학습 관련 양상이란 결과가 아니라 과정 측면에서 볼 때 수업에서 '학생들이 주도적으로 문제해결에 참여하며 자신의 대답을 찾아가는 모습'이 나타나거나, 나타날 수 있었는데 억제되는 부분이다.

(1) A교사의 현장 수업 사례 분석

A교사의 교육 이력과 교과관은 <표 9-2>와 같다. 그녀는 대학 입시에 다소 거리를 둘 수 있는 중학교에서 근무하는 관계로, 교육과정을 재구성하여 자신의 수업을 독창적으로 기획·실행하고 있었다. 그래서 다른 교사들에 비해 고차사고력 학습과 관련해서 다양한 시사를 줄 수 있는 수업 장면이 비교적 많이 나타났으며, 미세한 방향 수정만 하면 고차사고력 학습이 활성화될 수 있는 수업을 하고 있었다.

표 9-2 A교사의 교육 이력과 교과관

신상	A교사, 여, ㉠ 중학교, 중학교 교직 경력 17년차(2009년 기준)
담당 과목	• 현재(2009년 시점): 중3 사회 • 과거(2009년 기준 과거 3년간): 중2 · 3 사회, 중1 사회, 중3 사회
학력	• 학부: ⓐ 대학교 일반사회교육과 졸업 • 대학원: ⓐ 대학교 사회과교육과 석사 졸업(일반사회 전공)
교과관	수업을 통해 학생들은 사회적 이슈나 현안의 이면에 감추어진 사실들을 밝혀내는 것이 올바른 사회 인식을 위해서는 매우 중요한 일임을 안다. 지금 바로 여기서 일어나고 있는 여러 가지 현상들을 비판적으로 검토하면서 함께 사는 세상을 위해 사회 당면 문제들의 해결 방안들을 모색한다. 수업을 통해 사고력을 함양하며 사회에 대해 비판적 인식과 동시에 따뜻한 시선을 기르며 개인적 · 사회적 실천과 행동하는 삶을 실현하도록 한다.

A교사의 수업에서 고차사고력 학습과 관련된 국면은 학생들이 스스로 의사결정을 할 수 있는 기회를 가질 때였다. 다음의 두 장면에서는 학생들이 스스로 '정당을 만들고 정책을 개발하는 활동'과 '신문 기사와 광고를 비판하는 활동'이 나타난다. 학생들은 자신들의 견해를 토대로 정당과 정책을 만드는 기회와 신문의 행간을 읽어가면서 언론을 비판적으로 분석하는 기회를 가졌다. A교사 수업의 어떤 부분보다도 이 두 장면에서 학생들이 자유롭게 생각하고 선택하는 문제이자 활동이 나타났다. 이에 대해 A교사도 면담에서 학생들이 '모둠 활동으로 과제를 같이 해결하는 과정'에서 '학생들이 자신의 생각과 느낀 점을 자유롭게 표현할 수 있는 분위기를 조성'하는 것이 고차사고력 학습에 효과적이라고 생각한다고 밝혔다.

A교사: 견해에 따라서 정당을 새로 만들거나 기존의 지지하는 정당 멤버들끼리 모이거나 하는 활동을 할 텐데 원칙은 이렇습니다. 노트하고 펜을 다 들고, 책을 들고, 자리에서 일어날 겁니다. 그리고 견해가 같은 사람들끼리 모일 것입니다. -〈중략〉- 정책 하나만 마련해서 그 밑에, 당 이름 밑에다 쓰십시오. 본인들의 정치적 견해를 실현시킬 수 있는 좋은 정책을 우선 하나만 만들어서 씁니다. -〈중략〉- (종 친다) 발표, 가희네, 가희네. 무슨 당?

학 생: 모도당.

A교사: 모, 어, 모도당. 자, 주요 정책?
학 생: 모두가 삐까삐까한 수준이 되게.
A교사: 어, 외고, 과학고 없애는 거야? 모두 공평하게 경쟁하지 않는 것, 좋습니다. 현선이네.
학 생: 평등당.
A교사: 평등당, 왜? 자, 무슨 정책?
학 생: 고교등급제 (반대).
A교사: 고교등급제에 지금 다 한 맺혔습니다. 자, 그다음에 은지네 무슨 당? 아, 저기는 좀 다른 게 나왔어요. 사회보장당. 정책은?
학 생: 감기 같은 간단한 질병에는 보험을 들지 않고 암이나 치매 같은 거에...

- 2009. 4. 7. 중3 사회 수업 -

A교사: 자 뉴스를 오늘은, 신문을 오늘은 굉장히 깐깐히 살펴보겠습니다. 자 일명 딴지 걸기입니다. 신문 기사 중에서 또는 신문 편집 중에서 문제가 있다, 또는 이것은 좀 치우치게 보도한 것 같다, 또는 광고가 너무 많이 나왔다, 또는 제목 자체가 너무나 선정적이다 다 좋습니다. -〈중략〉- 자, 치통, 이제 보험으로 달래보세요. 자, 이게 뭐가 어때서요?
학 생: 내용은 라이나히 보험인데, 보험의 장점을 말하고 있는데요, 노골적으로 광고문을요, 기사문으로
A교사: 아, 그리고 실제 기사이군요. 기사인데 이 기자가 치통을, 어 병원에 가서 치료하는 그 치통을 보험을 들면 굉장히 간편하게 치료되는 것처럼 써 놨습니다. -〈중략〉- 자, 성매매 혐의 신문사 대표 소환 여부가 수사 초점. 자, 그 유명한 장자연 리스트입니다. 자 이게 왜?
학 생: 아직 확실한 것도 아닌 것을 너무 단정적으로
A교사: 아직 확실하지도 않은 것을 너무 단정 짓고 그리고 성매매 혐의 이 단어가 들어간 것도 맘에 안 들고, 차라리 그 리스트를 보여주든지 너무 관심을 끌려고 이런 식으로 보도하고 있다는 거죠?

- 2009. 4. 8. 중3 사회 수업 -

그러나 A교사 수업에서 이루어지는 모든 활동에서 학생들이 고차사고력을 발휘하는 것은 아니었다. 다음 두 장면에서 A교사는 학생들이 동영상

을 보고 모둠 활동을 통해서 우리의 경제적 선택이 어떤 파급 효과를 지니는지에 대해서 토의하는 기회와 학생들이 스스로 바람직한 소비에 대해서 개념화하는 기회를 제공하였다. 그러나 A교사는 학생들이 동영상을 토대로 특정 방향으로 답변하도록 안내하여, 학생들이 다양한 사고를 할 수 있는 기회를 제공하지 못했다. 이에 대해서 A교사는 면담에서 '학생들이 내용 정리를 하는 과정에서 기계적으로 (정보를) 채워 넣을 때' 고차사고력이 발휘되지 않았다고 이야기하였다.

A교사: 오늘은 이걸 보면서, 햄버거 가격이 얼마야? 3000원, 2500원, 4000원 등인데, 단지 우리는 그 비용을 지불했을 뿐이고, 기업에서는 3000원을 받아도 기업에 이윤이 나니까 그만큼 회사를 운영하는 것일 텐데, 그 회사도 지불하지 않고, 우리도 지불하지 않은 대가를 누군가가 치르고 있대. 그 누군가가 어디에 있는 사람들인지, 그리고 그 대가를 우리도 치르고 있는지 한번 꼼꼼히 살펴볼 거예요. -〈중략〉- 그 대가가 무엇인지. 자 지금 영상을 본 것을 바탕으로 해서 넷이서 의논해서 두 개만 딱 발표를 합니다. 가장 먼저 손들고 발표하는 모둠한테 사인이 갑니다. 자 시작! (토의 시작을 알리는 종을 친다)

A교사: 자, 넷이서 의논을 합니다. 넷이서. 자 어떤 비용을 치르고 있을까? 우리 말고 누가 치르고 있을까, 그리고 지구 공동체 또는 지구 환경에 어떤 영향을 끼치고 있을까? 자 두 개를 씁니다. 제일 먼저 손드는 모둠한테 사인이 갑니다. 칠판에다가 써야지. 빨리 씁니다. 자, 하나, 둘, 셋! (토의 종료를 알리는 종을 친다)

학 생: (토의 내용을 정리한 모둠은 손을 든다)

A교사: 자, 지아 네가 아까서부터 손들고 있었어. 니 네 거 들고 발표해봐. 너무 코딱지만 하지만, 그래도 한번 봅시다.

학 생: (모둠 대표가 발표한다)

A교사: 어, 기아로 죽어요. 난민들이. 그다음에 다른 사람들 거를 다 펴봅시다. (다른 모둠들의 토의 내용을 작성한 칠판을 보면서) 자, 너희도 사인을 줄 거고. 지구 온난화, 그다음에 밥을 먹지 못함. 아프리카에서도 밥을 먹을까? 여기서 밥이라는 게 뭐야? 음식. 영양실조. 그다음에 아프리카 아이들이 죽는다 등등등. 자 내리십시오. 자, 여러분들이 쓴 게 다 맞죠.

\- 2009. 5. 20. 중3 사회 수업 -

A교사: 자, 그러면 본인이 하나의 기준을 세워봅시다. 최소 비용의 최대 효과 말고, 어떻게 하는 소비가 좋은 소비일까, 또는 바람직한 소비일까, 또는 진정한 소비일까. 본인이 기준 몇 개를 세워봅시다. 예를 들어서 누구한테 부담을 덜 주면 돼? 누구한테?

학 생: 지구요.

A교사: 지구한테 부담을 덜 주면 돼. 또? 또 어떤 방식이 있을까? 잘 생각해서, 본인이 기준을 세워서 한 줄로 빨리 씁니다. 그 밑에다가. 무엇을 생각하는 소비여야 할까? 누구를 고려한 소비여야 할까? 자, 지구, 또는 환경을 고려하기도 하고. 그리고 아까 커피 한잔 생산되는데, 또는 소를 사육하는데 사람들이 굶으면 안 되잖아. 누구를 생각하는 소비이기도 해야 돼?

학 생: 사람.

A교사: 그렇지, 사람을 생각하는 소비이기도 해야겠지? 그리고 우리가 지금 있는 거 다 먹고 끝내고, 피부에 좋다고 태평양에 있는 심층 암반수 다 먹어버리면, 그다음 세대들이 어떻게 돼?

학 생: 못 먹어요.

A교사: 못 먹어. 그러면은 뭘 남겨놔야 돼? 미래 세대들한테 필요한 자원을 남겨놔야 되지. 지속 가능한 사회를 만들 수 있도록 해야 돼.

- 2009. 5. 20. 중3 사회 수업 -

또한 A교사는 수업의 상당 부분을 학생들의 호응을 유도하는 질문을 던지면서 진행했는데, 다음 장면들도 그 전형적인 사례들이다. 먼저 첫 번째 장면에서 A교사는 학생들이 읽기 자료를 읽었는지를 확인했지만, 정작 현대 국가에서 정당 없이 국가를 운영하거나 정치를 실행하면 어떤 일이 벌어질지에 대해서 질문하지 않았다. 대신에 학생들은 대표와 여당을 묻는 의례적인 확인 질문에 대해 답했다. 두 번째 장면에서도 A교사는 학생들에게 언론의 의의와 역할, 언론과 여론의 관계에 대해서는 설명하고, 단지 여론이 누구의 의견인지에 대해서만 질문을 하였다. 따라서 학생들이 언론의 의의와 역할, 언론과 여론의 관계에 대해서 스스로 생각할 기회가 없었다. 이러한 부분은 질문의 초점과 내용만 바꾸어도 고차사고력이 발휘될 국면으로 보인다. 이에 대해서 A교사도 면담에서 '질문하고 틈을 주지 않고 무엇보다 질문의 초점이 단순한 것을 묻는 경우가 많다.'고 밝혔다.

A교사: 자, 여러분들의 교과서 21페이지를 펴세요. 교과서 21페이지. -〈중략〉- 이게 정당에 대한 설명입니다. 수영이 삼촌이 비록 긴장하셔서 빠르게 말씀하시긴 하셨지만, 제대로 설명하셨죠? 자, 여기서 보니까 정당은 견해를 같이 하는 사람들이 모이고, 그 견해를 실현시키기 위해서 선거에서 누구를 많이 배출해야 된대요?

학 생: 대표.

A교사: 대표, 후보자를 많이 당선시켜야지 된대요. 그래서 그들이 정책을 형성하고, 국민들의 요구에 따라서, 그것을 실현하는 것입니다. 예를 들어서, 지금은 집권 여당이 어디죠?

학 생: 한나라당.

A교사: 왜 그들이 집권 여당입니까?

학 생: 대통령이 있어서.

- 2009. 4. 7. 중3 사회 수업 -

A교사: 선거는 본래, 민주주의 본래의 뜻은 아니었을지도 모릅니다. 즉 모두들 모여서 쟁점이나 견해에 대한 본인의 생각, 사회적 이슈에 대한 본인의 생각을 정리해야 되는데, 그럴만한 공간이 없었고 여러 가지 제약 때문에 우리가 대표를 뽑은 것이었죠. 원래는 우리 모두 사회적으로 중요한 정책이나 이슈에 대해서 본인의 생각을 정리해야 합니다. 견해를 가져야만 합니다. 그러려면 사회에서 일어나고 있는 일들을 잘 알아야 되겠죠. 그것을 연결시켜 주는 것이 언론입니다. 여러분들은 오늘 언론과 여론이 뭐가 다른지 꼭 알고 넘어가셔야 됩니다. 여론은 그야말로 누구의 뜻입니까? 여론은 누구의 뜻이에요?

학 생: 국민들.

A교사: 어, 국민들. 예, 시민의 뜻입니다. 그에 따른 정치를 하는 게 정치 본래의 목적입니다. 시민의 요구를 잘 듣고 그에 따른 정치를 해야 되는데 시민들의 의견을 집결하거나 또는 의견을 형성시키는 데 가장 중요한 역할을 하는 게 현대 사회에서는 뭡니까? 언론입니다. 그래서 언론은 무척 중요합니다. 언론은 자유롭게 사실을 보도해야 되고, 비판할 수 있어야 되고 정부가 잘못하고 있는 것에 대해서 고발할 줄 알아야 됩니다.

- 2009. 4. 8. 중3 사회 수업 -

또한 A교사는 수업의 여러 부분에서 설명을 활용했는데, 여기서 또 하나 주목할 점은, 이때 주요 내용에 대해서는 학생들에게 질문하기보다는 교사가 완결된 자료를 제공하고 상세히 설명한다는 것이다. 다음의 첫 번째 장면에서 A교사는 현대 사회에서 정당이 왜 만들어지고 정당이 적은 것이 좋은지, 많은 것이 좋은지에 대한 생각을 학생들에게 묻지 않았다. 대신에 A교사는 완결된 자료의 관련된 부분을 읽으면서 특정 저자의 '정당이 많은 게 낫다'라고 입장을 지지해서, 학생들이 왜 정당이 많은 게 나은지에 대해 스스로 생각할 기회를 제공하지 않았다. 두 번째와 세 번째 장면에서도 정당을 정의 내리거나 언론의 문제점을 설명할 때도 교사가 주요 내용을 완결된 자료를 가지고 상세하게 설명함으로써 학생들이 스스로 정당에 대해 생각하고 정의 내리는 기회와 언론의 문제점을 분석하는 기회가 없었다. 이러한 방식은 지식을 가르칠 때는 타당하지만 고차사고력 학습을 위해서는 오히려 완결되지 않은 자료와 여지를 남기는 설명이 필요하다. 이에 대해서 A교사는 면담에서 '설명을 상세히 하고 구체적 자료를 완결성 있게 제시하는 것'이 문제라고 말하면서 '설명을 줄여야 한다고 생각하지만 실천이 잘 안 된다'고 답하였다.

A교사: 이 글은 프랑스 인권 변호사가 초등학생들을 위해서, 프랑스의 초등학생들을 위해서 집필한 정치 관련 교양도서의 한 부분입니다. 이 부분에 나와 있는 정당에 대한 설명이 우리나라와 좀 많이 다르기는 하지만 정당의 본래 의미를 잘 설명하고 있기 때문에 선생님이 가져왔습니다. 자, 현선이가 맨 위에 글을 읽을 거고, 은혜가 우파에 관련된 글을 읽을 거고, 민지가 좌파에 관련된 글을 읽을 것입니다. 마지막 단락은 선생님이 읽을 겁니다. 다들 집중해서 보십시오. 자, 현선이 읽기 시작.

학 생: (현선이 프린트 내용 읽기 시작)

A교사: 아 됐어, 우파, 은혜.

학 생: (은혜가 프린트 읽음)

A교사: 어, 민지.

학 생: (민지가 프린트 읽음)

A교사: 네, 그렇습니다. 그리고 이 좌파나 우파에는 극단적인 사람들도 있을 수 있습니다. 또는 환경 보호를 위해서 당을 만들 수도 있습니다. 마지막 문단을 읽겠습니다. (마지막 문단 읽기 시작) 이렇게 다양한 정당들 때문에 나라가 혼란스러워질까 걱정되십니까? 그렇지만 정당이 없거나 하나만 존재하는 것보다는 차라리 지나치게 많은 편이 더 낫습니다. 정당은 사회를 자신들이 원하는 방향으로 변화시키고자 하는 사람들에게 합법적이고 능률적인 수단을 제공해 주기 때문입니다.

- 2009. 4. 7. 중3 사회 수업 -

A교사: 자, 정당의 의미와 기능에 대해서 살펴볼 것입니다. 여러분들은 선생님이 제일 처음 정치에 대해 이야기를 하면서부터 시작된 우리 사회의 두 가지의 중요한 가치관의 충돌에 대해서 보고 계신 겁니다. 즉, 우리 사회를 보는 시각 중에서 하나는 자유를 되게 중요시 여기고, 또 하나는 무엇을 중요시 여긴다고 했어요?

학 생: 평등.

A교사: 평등을 중요시 여긴다고 그랬었죠. 고교등급제에 대한 논란도 마찬가지였었습니다. 고교등급제처럼 자유 경쟁을 시키고 능력에 따라서 좋은 학교에 가는 것을 그냥 놔두는 것, 그게 사회를 발전시킬 수 있다고 보는 사람도 있는 반면, 고등학교까지는 뭐를 할 필요가 없다? 경쟁을 할 필요가 없고, 서열화시킬 필요가 없다라고 주장하는 사람들도 있습니다. 주요 정책에서는 이렇게 두 가지 가치관이 충돌하는데, 역시 사회에서 정치적 견해도 이렇게 두 가지 입장으로 대별해서 볼 수가 있는 것입니다. 자, 그러면 우선은 프린트 13에 1번, 질문의 순서를 막 바꿔서 할 거니까 정신을 차리시고 쓰셔야지 됩니다. -〈중략〉- 자, 같이 모여앉아 있는 이유가 있죠? 자, 그러면 첫 번째, 문제도 바꿉니다. 정당은 무엇입니까? 자, 정당은 무엇입니까? 자, 내가 말하는 단어들이 들어가야 될 것 같습니다. 정치적인 견해, 그리고 또 뭐를 획득해야 되죠?

학 생: 정권.

A교사: 그렇죠, 정권을 획득해야 되죠. 자, 문장으로 한번 써 봅시다.

- 2009. 4. 7. 중3 사회 수업 -

A교사: 언론은 하나의 매체일 뿐입니다. -〈중략〉- 정치 과정에서의 언론의 역할, 은혜가 읽겠습니다.
학 생: (한 학생이 프린트를 읽는다)
A교사: 그러나 자유로운 사기업과 그들의 경쟁에 기초한 언론이라고 해도 그 효과를 과신해서는 안 됩니다. 무엇보다 매스 미디어를 소유한 사기업이 금전에 기초를 두고 있기 때문입니다. 매스 미디어는 국가로부터는 자유롭지만 돈에 있어서는 자유롭지 못합니다. 왜냐하면 기업의 경영 조건 자체에서 오는 결과이기 때문입니다. 모든 매체가 광고에 의지하고 있는 것이지요.

- 2009. 4. 8. 중3 사회 수업 -

전반적으로 A교사의 수업에서는 학생들이 스스로 생각하고 판단하는 문제 상황과 기회가 학생 활동의 형태로 주어지고 있었고, 특히 몇 가지 수업 장면에서는 고차사고력 학습을 유도하고 있었다. 그러나 학생들의 자기주도적 활동이 이루어진 몇몇 장면을 제외하고, 의례적인 질문, 완결된 자료, 상세한 설명으로 인해 학생들이 고차사고력을 발휘할 수 있는 기회가 많지 않았다. 때로는 자기주도적 활동이 될 수 있는 상황에서도 제시된 자료나 설명에 의존해서 답하도록 안내함으로써 학생들의 고차사고력 발휘가 억제되었다.

(2) B교사의 현장 수업 사례 분석

B교사의 교육 이력과 교과관은 <표 9-3>과 같다. 그는 교사 중심의 강의식 수업을 운영했지만, 학생들이 수업 주제와 내용을 쉽게 이해할 수 있도록 명료하게 설명하였다. 나아가 개념을 설명하더라도 학생들이 학습한 개념을 새로운 상황에 적용하거나 각자가 생각하는 바를 점검하게 하였고, 특히 문제 상황에서 학생들이 문제의 핵심이 무엇인지 발견할 수 있도록 질문을 던졌다.

표 9-3 B교사의 교육 이력과 교과관

신상	B교사, 남, ㉡ 고등학교, 중학교 5년, 고등학교 20년, 총 25년차(2009 기준)
담당 과목	• 현재(2009년 시점): 고1 사회, 방과 후 학교 고2 사문, 경제, 법과 사회 • 과거(2009년 기준 과거 3년간): 고2 정치, 고3 경제, 고3 사회·문화, 고2 법과 사회
학력	• 학부: ⓑ 대학교 사범대학 사회교육과 졸업 • 대학원: ⓑ 대학교 사범대학 사회교육과 석사과정 졸업(일반사회 전공)
교과관	사회과에서는 학생들로 하여금 사회현상을 이해할 수 있는 안목을 길러주어야 한다. 날로 복잡해지는 사회현상들 속에서 학생들이 주인(시민)으로 살아가기 위해서는 무엇보다도 눈 앞에 펼쳐지는 사회현상을 직시할 수 있는 통찰력과 비판적 사고력이 무엇보다도 필요하기 때문이다. 사회과의 일반적인 목표로 제시되는 합리적 의사결정도 그 출발점은 현실에 대한 올바른 이해가 있어야 한다.

B교사의 경우, 교과 내용에 대한 전문성을 바탕으로 수업 내용과 깊게 연관되면서도 학생들의 흥미와 관심을 끌 수 있는 사례나 자료를 소개함으로써 학생들의 사고력을 자극하였다. 그러나 적어도 분석 대상 수업에서는 학생들이 자기주도적으로 문제해결을 하는 활동을 수행하지 않아서, 학생들이 고차사고력을 가시적으로 발휘하는 장면은 나타나지 않았다. 다만, 학생들에게 학습의 주도권을 넘길 경우 학생들이 고차사고력을 발휘할 가능성이 높은 장면은 종종 포착되었다.

즉, B교사는 설명 과정에서 학생들에게 도전적인 질문을 제기하여, 학생들이 고차사고력을 발휘할 수 있는 단초를 제공하였다. 특히 B교사는 종종 학생들에게 수업 내용과 관련된 동영상 자료를 제시하고, 학생들이 사례에 담긴 문제 상황의 핵심이 무엇인지 생각하도록 질문하였다. 이 과정에서 단순히 표면적인 문제만 다루지 않고 문제 상황을 심층적으로 파고들어서 문제의 본질을 포착하도록 하였다.

구체적으로 B교사는 다음의 첫 번째 장면에서 동영상을 통해 표면적으로는 커피 산지 국가와 커피 제조 국가 간의 빈부격차 문제로 보이는 상황이지만, 심층적으로 탐구하면 커피 생산, 제조, 소비에 이르는 과정에서 '커피 농장 노동자와 커피 제조 기업 및 판매자 간의 커피에 대한 이익 분배 문제'가 핵심 쟁점임을 학생들이 발견하도록 하였다. 물론 이 장면에서 학생들이 자기주도적 활동을 수행하지는 않았지만, 학생들이 커피라는 친숙한 소재에서 이익 분배라는 핵심 쟁점을 도출하도록 안내했다는 점에서 부분적으로 학생들의 고차사고력을 자극하는 모습이 나타났다. 다음의 두 번째 장면에서도 B교사는 학생들이 사전적 혹은 일상적 의미로 이해하는 다수결 개념을 넘어서서, '합리적인 집단적 의사결정 방식으로써 다수결 원칙의 기본 전제와 이와 관련된 의사결정자의 자질 요소'를 성찰하도록 함으로써 학생들의 고차사고력을 촉진하는 모습을 보였다. 이에 대해 B교사는 면담에서 '동영상을 보거나 게임 활동을 바탕으로 무엇이 일어났는지에 대한 학생들의 의견 교환을 통한 활동지 완성(1단계), 고차사고력 학습을 위한 활동지 완성(2단계)을 통해 학생들의 사고력을 자극'한다고 하였다.

B교사: 오늘날 브라질이 커피 생산 1위에요. 커피 소비 1위는 어딜까?
학 생: 미국.
B교사: 미국? 맞아요. 자, 미국은 독립전쟁을 할 때 홍차를 마시지 말고, 커피 마시자. 이게 영국에 저항하는 애국심의 발동이었어요. 애국 운동으로 커피 마셨다. 예, 미국이 1위에요. 현재 우리나라 커피 소비량 세계 11위에요. 1년 동안 4000억 잔을 마신대요. 전 세계 무역 거래량 1위가 석유, 2위가 커피에요. (동영상 자료: 동아프리카의 커피 발견, 남미의 커피 농장에서의 재배, 커피 가공 및 판매, 소비자의 소비 활동, 커피 생산 및 소비를 통한 이윤 규모 소개)
B교사: 자, 여기에서 제기하는 쟁점이 뭘까?
학 생: 빈부격차.
B교사: 빈부격차에요? 단순히 빈부격차인가?
학 생: 이익 분배.
B교사: 이익 분배? 무엇에 대한 이익 분배?
학 생: 커피.
B교사: 커피 이윤의 분배 문제에요.

- 2009. 4. 14. 고1 사회 수업 -

B교사: 자, 다수결을 한다고 할 때 어떤 사람은 굉장히 해박한 지식을 가지고 고차원의 고민을 다 한 다음에 정말로 현명한 판단에 따라 A라는 주장을 했어요. 그런데 어떤 사람은 자기의 감각으로 그냥, 감정상 기분이 좋다 나쁘다에 따라서 아무렇게나 B라는 주장을 했어요. A라는 주장과 B라는 주장을 똑같이 놓고 다수결 할 수 있는 거야?

학 생: 아니요.

B교사: 안 돼요? 응? 왜 안 돼요?

학 생: 정확한 정보가 아니어서.

B교사: 정확한 정보가 아니니까. 아니, 송진경 어떻게 생각하냐? 너의 의견은 정말로 공부를 많이 해서 막 내린 결론이고, 옆에 짝의 의견은 아무렇게나 기분상 내키는 대로 말한 거야. 그러면은 두 개 의견을 똑같이 취급해서 다수결 할 수 있냐고? 돼요? 안돼요? 너의 의견이 수준이 높다면, 어떻게 할래?

학 생: 안 돼요.

- 2009. 4. 17. 고1 사회 2차시 수업 -

B교사는 학생들이 문제 상황을 인식하고, 예상되는 문제점을 추론하는 기회를 제공하지는 않았다. 다만 쟁점을 제기하면서 학생들에서 어떤 주장마다 근거가 있고 각 근거는 어떤 가치나 사실을 내포하고 있다는 점과 다양한 관점이나 입장에 따라 사고하는 내용과 방식이 달라진다는 점을 인식할 수 있는 기회를 제공하였다. 예컨대 다음의 첫 번째 장면에서 B교사가 고교 평준화 정책을 다루면서, 고교 평준화의 의미를 설명하고, '찬성과 반대의 근거와 각 입장이 담고 있는 가치나 사실에 대해 생각하도록 질문' 하는 부분은 인상적이었다. 또한 두 번째 장면에서 B교사가 소규모 학교 통폐합 정책을 다루면서, '학교 통폐합의 문제점을 이해 당사자별로 다양한 관점에서 생각하도록 질문'하는 부분도 인상적이었다. 이에 대해 B교사도 면담에서 '쟁점 상황에 맞는 교사의 발문이 학생들이 창의적 사고와 문제해결 욕구를 자극하도록 다단계로 문답이 진행되는 경우가 비교적 (고차사고력 학습에) 효과적'이라고 말하였다.

B교사: 자. 고등학교 입학시험 안 치고 다 똑같이 추첨받아서 갑시다. 어떤 가치를 추구한 거예요?

학 생: 평등.

B교사: 예, 평등이에요. 반면에 고교 평준화에 반대하는 사람은? 남의 간섭 안 받는 거 뭐라 그래요?

학 생: 자유.

B교사: 예, 자유에요. 한 마디로 자유에요. 그래서 고교평준화에 반대하는 사람은 학습 선택권을 강조하게 돼요. -〈중략〉- 그러면 각자 개인플레이로 시험공부 해가지고 가자 이 얘기에요. 그러면은 학습 선택권을 보장하라 요 말은 찬성의 근거야, 반대의 근거야?

학 생: 반대.

B교사: 반대의 근거지, 너는 오른쪽에다 써야 될 것을 왼쪽에 쓴 거야. 왼쪽에다가는 뭐를 써야 되느냐. 교육의 평등한 기회 보장 이런 걸 써야 돼요. 예, 그래서, 이게 평등을 추구하는 거 자유를 추구하는 거를 어떻게 하면 조화롭게 할까, 요게 최근의 평준화 지역을 확대하면서 특목고를 만든 이유 중의 하나에요. 근데, 특목고 만들어서 자유와 평등의 조화는 이루었어요. 근데 문제점이 뭐지? 특목고 했더니.

학 생: 사교육.

- 2009. 4. 17. 고1 사회 수업 -

학 생: 1999년 6월 16일. 흐리고 비. 나는 요즘 우울하다. 교육부의 소규모 학교 통폐합 정책으로 인해, 나의 모교인 OO초등학교가 훼손될 위기에 처해 있기 때문이다.

-〈중략〉-

B교사: 이와 같은 식으로, 소규모 학교 통폐합 정책이 발표되었더니 좋아지는 쪽은 누굴까? 이런 정책 발표하면 좋아지는 쪽?

학 생: 정부.

B교사: 정부, 뭐가 좋아져요?

학 생: 예산이 절감되어요.

B교사: 예, 예산이 절감되어요. 또 누가 좋아질까?

학 생: 선생님들.

B교사: 선생님들 좋아져요? 왜 좋아져요? 선생님이 왜 좋아져요? 왜 좋아지니?

학 생: 몰라요.

B교사: 예, 서로 다른 학년을 가르치는 수업보다는 아무래도 같은 학년 가르치는 것이 더 편리하겠지. 그지? 수업의 효율성은 높아질 거예요. 가르치는 데 있어서는. 나쁜 점은 뭘까? 소규모 학교 통폐합하면은 나쁜 점. 뭘까? 누가 나쁠까?

학 생: 학생이.

B교사: 학생, 다니는 학생, 왜?

학 생: 멀리 다녀야 하니까.

B교사: 멀리 다녀야 하니까, 또 누가 나빠지지?

학 생: 교장.

B교사: 교장, 왜 교장이야?

학 생: 운영할 학교가 없어져요.

B교사: 운영할 학교가 없어져요. 예, 교장 자리 없어지겠다. 맞겠다. 어. 상당한 아이디어야. 또? 안 좋아지는 쪽 누굴까? 누가 안 좋아질까? 소규모 통폐합하면. 누가 안 좋아져?

학 생: 학생.

B교사: 학생 지금 나왔고, 학생 말고,

학 생: 학부모.

B교사: 학부모는 왜? 학부모는 왜 안 좋아져요? 학부모는 왜 안 좋아져? 우선 당장 교통비 들어가겠지.

- 2009. 5. 12. 고1 사회 수업 -

그러나 전반적으로 B교사는 핵심 주제나 개념에 대해 학생들이 사고할 수 있는 기회를 제공하기보다는 직접 해당 내용을 상세하게 설명하는 데 주력하였다. 다음 수업 장면의 경우, B교사는 '오늘날 정치 과정에서 투입이 중요한 이유가 현대 사회에서 시민들의 여론을 모아 정책을 만드는 일이 중요해졌기 때문'이라고 설명함으로써 학생들이 현대의 정치 과정과 주체에 대한 종합적인 판단에 기초해서 투입 기능의 의의나 역할에 대해 생각할 기회를 제공하지 않았다. 물론 이는 B교사의 면담 내용처럼 '교사 차원의 문제가 아니라 사회과 내용 구성이 학생 활동을 중심으로 구성하기 어려울 정도로 단위 시간에 많은 개념과 원리를 담고 있음'에 원인을 찾을 수도 있다.

B교사: 여론이 뭐지? 하는데, 국민의 다양한 의견이 집약되어 나타난 것. 이렇게 얘기해야 돼요. 어느 정도 걸러지고 모여야 돼요. 그게 여론이다. 여론이 모이게 되면 이 안의 기계에서 커피포트처럼 끓어가지고 우당탕탕 하다가 팡 튀어나와요. 이 튀어나온 것을 정책이라고 그런다. 이때 커피포트 같은 기계를 정책 결정 기구라고 그러고, 대개 한 나라의 정책 결정 기구는 누가 할까?

학 생: 국회.

B교사: 국회, 또?

학 생: 대통령.

B교사: 대통령, 그러니까 정부나 국회가 하는 거예요. 정부나 국회가 하는 것이 여기에 나오는 정부 결정 기구니까 여기다가 정부, 국회 이렇게 하면 된다 이거에요. 자 이 중에서 그림을 잘 보면 어떤 것은 집어넣는 과정이고 어떤 건 튀어나오는 과정이에요. 어디가 집어넣는 과정이지?

학 생: 여론 형성.

B교사: 여기지 그지? 여론 형성하는 거. 이거 집어넣는 과정이에요. 여기는 튀어 나오는 과정이에요. 그래서 이 두 개를 나눴을 때 여기는 인풋(IN-PUT) 투입이라 그러고 이쪽은 아웃풋(OUT-PUT)해가지고 산출이라고 불러요. -〈중략〉- 그런데 오늘날에는 시민이 주체가 되는 사회이기 때문에 민주화된 사회에서는 사람들의 여론을 모아 가지고 정책 만드는 일이 아주 중요해졌다. 그래 가지고 인풋과 아웃풋 중에 어디가 중요하다는 거예요?

학 생: 인풋.

B교사: 인풋이다 이거에요. 이 인풋 과정이 매우 중요해져 가지고, 여기에 기여하는 이렇게 깔때기 역할하는 게 매우 중요해졌는데, 깔때기 역할을 하는 여론 형성에 기여하는 거, 제일 중요한 거부터 정당, 이익집단, 그다음에 여기에 또 시민단체…

- 2009. 5. 12. 고1 사회 수업 -

B교사의 수업은 전반적으로 학습 주제, 내용, 사례 등에 대해 학생들이 쉽게 이해할 수 있도록 친절하게 설명한다는 점에서는 매우 안정감 있는 수업이었다. 그러나 교사의 친절한 설명이 오히려 학생들의 다양한 방식의 열린 사고나 분석적 사고의 기회를 제한하는 결과를 초래하기도 하였다. 그리고 B교사의 수업에서도 학생들이 수업 내용에 대해 관심을 가지고 집중할 수 있도록 학습 내용 이해 여부에 초점을 맞추는 질문들이 자주 등장하였다. 그래도 일부 수업 장면에서는 도전적인 질문을 통해 학생들이 문제 상황의 핵심 논점을 파악하고, 어떤 개념의 전제가 되는 조건을 찾아보고, 어떤 현상이나 정책을 다양한 입장과 관점에서 생각할 수 있도록 유도하였다.

(3) C교사의 현장 수업 사례 분석

C교사의 교육 이력과 교과관은 <표 9−4>와 같다. 그는 입시 준비에 일정 정도 초점을 맞출 수밖에 없는 일반고에서 근무하는 관계로, 주로 지식 중심의 설명식 수업을 진행하였다. 그렇지만, 고등학교 수업임에도 불구하고 비교적 입시에 얽매인 인상을 주지는 않았으며, 학생들이 수업에 흥미를 갖고 참여할 수 있도록 안내하면서 학생들과 친근한 관계를 맺으며 수업을 진행하였다.

표 9−4 C교사의 교육 이력과 교과관

신상	C교사, 남, ⓒ 고등학교, 고등학교 11년차(2009년 기준)
담당 과목	• 현재(2009년 시점) : 고2 사회 · 문화, 고3 경제 • 과거(2009년 기준 과거 3년간) : 고1 사회, 고2 사회 · 문화, 고3 경제
학력	• 학부 : ⓒ 대학교 사범대학 사회교육과 졸업 • 대학원 : ⓒ 대학교 사범대학 사회과교육과 석사과정 졸업(일반사회 전공)
교과관	사회과에서는 개방적 사고와 비판적 사고, 즉 합리적 사고를 갖춘 민주 시민을 양성하는 것이 그 무엇보다도 우선하여야 한다고 생각한다.

C교사의 경우, 교과서 진도와 시험 문항 등에 신경을 쓰며 수업을 진행하는 일반고의 전형적인 수업 방식을 따르면서도 수업 중간 중간 다소 여유를 가지면서 학생들의 흥미와 관심을 제고하려고 노력하였다. 구체적으로 학생들의 수업 내용 이해도를 높이기 위해 가급적 일상생활의 사례나

소재를 끌어와서 학생들의 사고력을 촉진시키는 발문 수업을 진행하려고 노력하였다.

C교사는 다음 장면에서 우리 생활 주변에서 흔히 접할 수 있는 역할 갈등 소재인 육아와 회사 일을 병행하는 직장 여성의 사례를 제시함으로써 학생들의 공감을 불러일으키고자 하였다. 그러나 정작 직장 여성의 역할 갈등 문제에 대해 학생들이 스스로 생각해서 해결 방안을 모색하는 기회는 제공하지 않았다. 대신에 역할 갈등에 따른 개인적·사회적 어려움에 대해 환기시키고, 사회적으로 이에 대한 제도적 장치를 마련해야 한다는 원론적 수준의 해결책을 제시하였다. 이에 대해 C교사는 면담에서 '교과 지식과 관련된 사회 현상을 던져주고 그에 대해서 교사가 질문하고 그에 대해 학생들이 자유롭게 답하는 것이 효과적이라고 판단하지만 현실에서 그렇게 할 만한 시간이 충분히 확보되지 못하는 상황'임을 토로하였다.

C교사: 자, 보세요. 10개월 된 아이를 키우고 있는 31세의 직장 여성입니다. 자, 이 여성의 역할 갈등은 뭐겠어? -〈중략〉- 자, 그러면 이 여성은 그러면 직장을 때려치워야 할까? 때려치워야 돼?

학 생: 아니요. 휴가 내요.

C교사: 휴가를 내? 휴가 내는 것도 한두 번이지. 야, 그래서 학교에서, 나라에서 만든 게 뭡니까? 여자들한테 뭘 줘? 출산 휴가를 주잖아요. 출산 휴가를 줍니다. 이게 왜냐하면 역할 갈등이 꼭 개인적인 문제만 아니라는 거야. 이 개인적인 문제로 치부해 버리고 역할 갈등을 방치해 버리면 어떻게 되겠어? 수많은 능력 있는 여성들이 어떻게 돼? 일을 못 하게 될 것 아니야. 그럼 사회적으로 뭐야?

학 생: 손실.

C교사: 손실이잖아요. 대학까지 나오고, 대학원까지 나온 여성들이 유학까지 갔다 왔는데, 애 키우는 것 때문에 집에 있어야 된다면, 그럼 사회적으로 손실인 거예요. 그래서 사회적으로 뭡니까? 제도적 장치를 마련해줘서 역할 갈등을 해결할 수 있도록 해 줘야 되는 겁니다. 알겠습니까?

학 생: 네.

- 2009. 4. 14. 고2 사회·문화 수업 -

C교사는 다음 장면에서도 도덕적 딜레마가 내재된 역할 갈등의 배경과 요인을 생각해 볼 수 있는 적절한 사례를 제공하였다. 구체적으로 C교사는 아프리카 전쟁 난민의 실상을 대중에게 알린 유명 기자의 사례를 제시하여 역할 갈등의 요인에 대해 생각하도록 안내하였다. 그러나 C교사는 이를 관련 개념과 도식적으로 연결시켜 설명하는 데 주력할 뿐, 당시 기자의 역할 갈등 사례를 보면서 학생들이 기자가 겪었을 역할 갈등, 가치 판단, 사회적 평가 등에 대해 생각할 수 있는 기회를 제공하지 않았다. 이에 대해 C교사도 '사고력 학습은 과거 또는 현재의 사회 현상을 제시해 주고 질문을 던지는 형태로 유도하는 것인데, (이 점에 비추어 볼 때) 자신의 수업에서는 학생들의 고차사고력이 거의 발휘되지 않았다'고 보았다.

C교사: 그렇죠, 자, 여기 보면 케빈 카터 얘기입니다. 아는 친구도 있는데, 이, 그림이 굉장히 유명한 그림이어서, 사진이어서, 그렇지요?

학 생: 역할 갈등이네요.

C교사: 어, 사진을 찍었는데 이것이 퓰리처상을 받았습니다. 받은 이유는, 그렇죠. 이게 어떤 상황이냐면, 독수리가 이 아이가 죽기만을 기다리고 있는 겁니다. 굶어 죽기만을. 아이는 굉장히 배고픈 상태에서 기어가고 있다가 이렇게 쓰러져 있는데, 독수리는 저 아이가 죽으면 잡아먹으려고, 그거를 이 기자가 우연히 발견하고서는 사진을 찍고서는 이걸 전시를 했는데, -〈중략〉- 그래서 이 사람은 그러한 비난들은 견디지 못하고 33살의 젊은 나이에 자살을 했습니다. 33살에. 우리는 여기 내용을 통해서 보면, 여기에 보면, 이 사람 이렇게 되어 있죠? 카터 또한 사진을 찍을 당시 고민하지 않았던 것은 아니었다. 이 사람은 뭡니까? 역할 갈등을 처음에는 했어요. 근데 어떤 역할을 선택한 거야?

학 생: 기자.

C교사: 기자로서의 역할을 먼저 선택했고, 그것이 비난의 근거가 되어 가지고 결국 자살하게 되었다는 얘깁니다. 여기에서 ㄱ, ㄴ을 붙여 놨는데 보면, 자, 보겠습니다. 자, 이 사람이 프리랜서 기자는 뭐야? 성취 지위죠. 그죠? 그리고 그 사람이 셔터를 누르고 독수리를 내쫓고 소녀를 구해준 것은 뭐가 되는 거야? 역할 행동이고, 퓰리처상을 받게 된 것은 뭡니까? 역할 수행에 따른 사회적

> 보상이고, 근데 비난은 뭡니까? 역할 수행에 따른 사회적 제재가 되고, 이 사람이 고민했던 것은 뭐냐, 역할 갈등이 되는 겁니다. 자, 알겠습니까?
>
> \- 2009. 4. 14. 고2 사회 · 문화 수업 -

C교사는 주요 개념들을 학생들이 쉽게 이해할 수 있는 생활 주변의 사례를 제시하면서, 학생들과 빈번하게 문답을 하였다. 그러나 지나치게 개념 이해에 초점을 맞추다 보니 학생들이 사례에 대해 숙고하면서 관련 내용을 추론할 수 있는 기회가 없었다. 구체적으로 다음 장면에서 학생들은 왜 내집단이 다른 집단에 대해 '적대적'이 되는지에 대해서 생각해 볼 수 없었다. 즉, 내집단과 외집단을 구분하는 핵심 속성인 소속감이 적정 수준일 경우 집단 결속력을 강화하지만, 지나치면 외집단에 대한 우월감이나 배타성으로 나타나 분파주의나 집단이기주의가 심화된다는 점을 발견할 기회가 없었다. 이에 대해 C교사는 '교과 진도와 시험을 위한 일방적인 강의 방식이 (고차사고력 학습을 방해하는) 일차적인 문제라고 판단'하였다.

> C교사: 내집단은 첫 번째로, 다른 집단에 대해서 어떻게 되겠어? 우리 집단 외에 다른 집단에 대해서? 어떨 것 같아? 다른 집단에 대해서는? 굉장히, 좀 적대적입니다. 안 그러냐?
>
> 학 생: 네. / 그래요.
>
> C교사: 우리도 보면 왜, 자기가 예를 들어 힙합반이다. 어? 록밴드반이다 그러면 다른 동호회에 대해서 좀 어때?
>
> 학 생: 힙합이랑 록밴드랑 동맹이에요.
>
> C교사: 어, 동맹이야? 아, 그러면 힙합이랑 안 좋은 다른 동호회가 뭐지? 중창부가?
>
> 학 생: 아니요.
>
> C교사: 그러면? 그러면 뭐야? 예를 들면, 축구 동호회, 우리 축구 동호회가 뭐야, 이름이? 동아리가?
>
> 학 생: 축구, 축구반.
>
> C교사: 농구는?
>
> 학 생: 아폴로.

C교사: 아폴로가, 아폴로 너희들 같은 경우는 어떻습니까? 축구동호회가 조금 자기들한테는, 뭐, 그런 게 스포츠냐, 스포츠는 농구지, 이런 식의 어떤 적대감 보일 수 있는 거예요. 뭐, 반대로 될 수도 있지만. 안 그런가? 어, 굉장히 좋은 동호횐데? (다 같이 웃는다) 그래서 이 내집단의 특성은 첫 번째가 뭐냐 하면, (계속 판서) 다른, 다른 집단에 대해서 야, 이거, 칸이 너무 작지, 얘들아, 다른 집단에 대해서 적대적입니다.

- 2009. 5. 12. 고2 사회·문화 수업 -

그래도 학생들은 C교사를 신뢰하고, 먼저 질문을 제기하기도 하였다. 다음 수업 장면에서 학생들은 징병제 하의 우리나라에서 군인이 귀속지위인지, 성취지위인지를 묻는 매우 의미심장한 질문을 하였다. 그런데 C교사는 단순하게 병역거부자의 사례를 들어 성취지위라고 답변하였다. 오히려 이 경우 사회적 상황이나 맥락에 따라 같은 군인이라도 귀속지위가 될 수도 있고, 성취지위가 될 수도 있고, 때로는 양자의 속성을 함께 지녀 구분하기가 어려울 수 있다는 점을 설명하는 것이 필요하다. 이렇게 해야 학생들이 개념과 현실과의 관계를 인식하고 이를 토대로 개념이 지닌 의의와 한계를 파악하는 등 다양한 사고를 할 수 있다.

학 생: 군인은 성취지위에요, 귀속지위에요?
C교사: 뭐?
학 생: 군인.
C교사: 뭐?
학 생: 군인이요.
C교사: 군인?
학 생: (질문한 학생에게 다들 한 마디씩) 성취지, 성취지.
학 생: 근데 우리 남자로 태어나면 가야 되잖아. (웅성웅성)
C교사: 자, 성취냐, 귀속이냐를 구분하는 것은 선천적으로 주어지냐, 주어지지 않느냐를 생각해야지. 근데 군인들 봐. 선천적 지위들의 특징이 또 뭐냐 하면 쉽게 바꿀 수가 없어. 한번 주어지면. 군인 같은 경우는 뭡니까? 자기가 하기

서 가장 기초적인 부분이다. 때로는 많이 가르쳐서 혹은 적게 가르쳐서, 때로는 핵심을 숨기지 않아서 혹은 힌트를 주지 않아서, 때로는 학습 단계가 잘 제시되지 않아서 혹은 지나치게 명확하게 제시되어서 고차사고력이 발휘되지 못할 수 있기 때문이다.

이 장에서는 이런 관점과 접근 방식을 통해 3명의 교사 수업에서 고차사고력 학습과 관련해서 다음의 몇 가지 특징들을 발견하였다. 그리고 이러한 특징들은 고차사고력 함양을 위한 전략으로 재구성해 보았다. 여기서 재구성이라고 표현을 사용한 것은 대부분의 수업에서 고차사고력 발휘가 방해받고 있었기 때문에 기존의 교수 전략이나 기법을 재구성했을 때 고차사고력이 촉진된다는 판단에 따른 것이다.

(1) 의례적 질문에서 탈피하기: 무엇을 어떻게 질문할지 준비하자

세 교사의 수업에서 가장 많이 등장하는 질문 유형은 수업 내용 설명과 수업 진행을 위한 질문들이었다. 물론 이러한 질문들은 지식의 암기나 이해 여부를 확인하는 기능도 있다. 그러나 대부분은 교사가 수업 내용을 전개하는 과정에서 학생들이 수업 주제에 대해 지속적인 관심을 가지고 집중할 수 있도록 학생들의 호응을 유도하기 위한 것이다. 이는 수업 진행 과정에서 학생들의 반응을 유도하기 위해 필요할 수 있지만, 학생들의 고차사고력을 촉진하는 교수 전략이나 기법으로 보기 어렵다.

물론 교실 수업의 진행 과정에서 수업 전개와 학생들의 주의 환기를 위해 호응을 유도하는 질문을 활용하는 것이 필요하다. 그러나 사건이나 상황의 주체나 대상 등에 대한 이해 여부 확인이나 호응을 유도하기 위해 정보나 힌트를 명시적으로 제시하는 의례적인 질문 관행에서 벗어날 필요가 있다. 학생들의 고차사고력 발휘에 도움이 되도록 사건이나 상황의 배경이나 발생 요인, 관련 사항들 간의 관계 등을 숙고해서 대답할 수 있는 질문을 사용할 필요가 있다.

그리고 실질적으로 의례적이고 습관적인 질문을 탈피하기 위해서는 수업 전에 무엇을 어떻게 질문할 것인지를 준비하는 것이 필요하다. 대부분의 교사들은 수업에 앞서 설명 내용과 교수 방법을 준비하지만, 질문 내용과 전략을 준비하지는 않는다. 그러나 고차사고력 함양을 위해서는 질문에 대한 준비가 필수적이다. 가급적이면 수업의 핵심적인 주제나 내용에 대한 질문을 준비하는 것이 필요하다. 그리고 정답이 있는 것이 아니라 여러 개의 답이 가능한 질문을 준비하는 것이 필요하다.

예를 들어 수업의 도입, 전개, 정리 과정에서 학생들의 고차사고력을 자극할 수 있는 좋은 질문 세 가지를 준비한다면 그 수업은 다소 혼란스러워 보일 수 있지만 효과적일 수 있다. 예컨대 B교사의 수업 분석에서 나온 질문 유형 가운데서 표면적인 쟁점 밑에 있는 핵심 쟁점을 찾도록 유도하거나, 다양한 입장에서 생각해 보도록 유도하거나, 어떤 개념의 전제가 되는 조건을 따져보도록 유도하는 질문은 도전적이어서 학생들의 고차사고력을 자극하는 데 효과적일 수 있다.

(2) 지나친 설명에서 벗어나기: 가르칠 것과 숨길 것을 구분하자

세 교사는 단순한 암기와 이해를 확인하며 학생들의 호응을 유도하면서 수업 진행을 위한 질문과 함께 설명을 주로 활용하고 있는데, 이때 문제가 되는 것은 정작 중요한 수업 내용을 학생들에게 질문하기보다는 교사가 설명한다는 점이다. 이는 그동안의 수업 관찰 경험에 비추어 볼 때 우리 교실에서 자주 반복되는 일이다. 교사들은 대체로 지나치게 많이 설명하고, 주요한 힌트를 너무 쉽게 제공하여 학생들이 교사가 의도하는 답을 하도록 유도하는 데 주력한다.

특히 제한된 수업 시수에 비해 다수의 개념이나 원리 등을 다루다 보니 학생들이 충분히 사고하도록 기회를 제공하면 좋은 상황에서도 교사가 학생의 사고 과정 및 결과를 기다리지 못하는 경우가 많다. 대신에 교사가 직접 해당 내용을 상세히 설명하면서 개념이나 원리의 다양한 적용이나 관련 문제에 대한 탐구로까지 이어지지 못하고 개념 자체를 이해시키는 데 몰두하는 모습을 보인다.

따라서 고차사고력을 촉진하기 위해서 친절하고 상세한 설명이 항시 좋은 수업의 전제 조건이라는 고정 관념에서 벗어나서, 학생들 스스로 인과 관계를 도출하거나 예상 결론을 추론하거나 혹은 문제점이나 해결 방안이 무엇일지 탐색할 수 있도록 해야 한다. 설명 과정에서 일정 정도의 여백을 만들고 학생들이 행간이나 행간을 넘어 생각할 수 있는 사례나 자료를 제시하면서 관련 설명을 제한할 필요가 있다.

그래서 수업을 준비하면서 교사는 어디까지 설명할 것인지, 무엇을 설명하고 무엇을 숨길 것인지에 대해서 고민해야 한다. 물론 내용이나 사례의 첫 부분부터 숨기기는 어려울 것이다. 그러나 중간이나 그 이후는 충분히 학생들의 사고에 맡겨도 되는 부분들이 있다. 미완결 자료를 제시하고 아이들에게 내용이나 사례를 완성하도록 해도 된다. 그렇게 해야 학생들이 여백을 채우며 고차사고력을 발휘할 수 있다.

이런 측면에서 세 교사는 주로 완결된 자료를 제시하고 핵심 내용을 직접 설명하고 있다는 점에서 아쉬움이 있다. 종종 지식은 가르쳐야 배우지만 사고력은 가르치지 않을 때 길러진다. 수업과 설명, 자료와 사례에 여백이 있어야 학생들이 스스로 사고를 통해 이를 채울 수 있다.

(3) 학생들의 자기주도적 활동 유도하기: 짧은 활동이라도 하자

고차사고력은 교사가 학습 내용 전체를 직접 설명하는 방식으로 길러질 수 없고, 학생들이 갖고 있는 사고력을 촉진하는 문제나 활동을 통해서 길러질 가능성이 높기 때문에, 이러한 문제나 활동이야말로 학생들이 고차사고력을 발휘할 수 있는 좋은 기회가 된다. 즉, 학생들의 고차사고력은 교사가 학생들이 스스로 탐구와 의사결정을 할 수 있는 문제나 활동을 안내할 때 발휘될 수 있다.

전반적으로 A교사의 중학교 수업에서는 학생들이 스스로 생각하고 판단할 수 있는 문제와 활동이 주어지고 있어서 나름 고차사고력 학습을 유도하고 있다고 판단할 수 있는 부분이 있었다. 그러나 B, C교사의 고등학교 수업에서는 설명이 주가 되면서 문답이 보충적으로 진행되는 부분이 많다 보니 A교사의 수업에 비해 상대적으로 학생들의 자기주도적인 활동을 유도하는 시간이 부족하였다.

그러나 강의 중심의 설명식 수업으로 운영되는 고등학교의 경우에도 일부 수업 장면에서 교사가 학생들이 단편적인 사고로 접근하기 어려운 학습 소재나 사례, 혹은 문제 상황을 제시하였다. 그리고 기존의 관점과 다른 새로운 관점에서 사고해 보도록 하거나 문제 상황을 파고 들어가서 그 속에 내재된 문제의 본질적인 양상을 깊게 사고해 보도록 안내하는 모습이 나타났다. 이러한 점에서 고등학교에서도 학생들의 자기주도적 문제해결 활동을 유도하는 것이 충분히 가능하다.

고등학교의 경우, 입시교육으로 인해 중학교처럼 수업 전체 혹은 상당 부분을 고차사고력을 함양하는 활동으로 기획·실행하기 어려운 환경이라고 하더라도 교사가 어떤 수업 자료를 구안하고, 발문을 포함한 교수학습 전략을 어떻게 계획해서 적용하느냐에 따라, 짧은 시간이지만 학생들의 사고의 깊이와 폭이 달라질 수 있는 활동을 기획·실행할 수 있다.

예컨대 B교사가 좋은 질문들을 사례 밑에 제시하여 학생들이 그 질문에 해당되는 답변을 적게 하거나, C교사가 사례의 일부를 생략해서 학생들에게 채우도록 하거나 혹은 사례의 주요한 분석 초점을 질문으로 준비해 온다면 간단한 질문과 답변 활동으로도 학생의 자기주도적 문제해결을 이끌 수 있다.

4. 결론

이 장은 고차사고력 개념처럼 고차사고력 학습이라는 것도 정형화된 내용과 방법으로 접근하기 어렵다는 생각에서 출발하였다. 지식, 단순 기능, 저차사고와 달리 고차사고력은 학생들이 스스로 도전적이고 확장적인 사고 활동을 하는 것이기 때문에, 특정 내용과 방법으로 고차사고력을 기른다는 것은 실상 정형화된 지식을 가르치거나 단순 기능과 저차사고를 가르치고 있는 경우일 수 있다.

그래서 이 장에서는 고차사고력 학습 전략을 특정 내용이나 방법보다는 교사들의 수업 사례와 실천 지식에서 찾으려고 하였다. 교사의 말, 행동 등이 학생들로 하여금 문제해결에 주도적으로 참여하도록 유도할 수도 있고 문제해결 과정에 참여하는 것을 방해할 수도 있기 때문에, 학교 현장의 실제적인 교수학습 과정에서 정형화되지 않은 고차사고력 학습 전략들을 포착하고자 한 것이다.

그리고 현실적으로도 고차사고력 함양에 효과적인 방법은 새로운 교육 내용이나 방법을 적용하는 것보다 현재의 수업에서 어떤 부분을 개선하는 것이라고 판단했기 때문에, 현장수업사례 분석을 통해 고차사고력 학습을 위한 교수 전략과 기법을 찾은 것이다.

물론 이는 고차사고력에 대한 새로운 접근 방식은 아니며, 기존 연구(노경주, 1998)에서도 나타났던 방식이다. 그러나 고차사고력에 대한 최근의 관심 부족 속에서 더 이상 학교 현장수업사례에서 고차사고력 학습이 어떻게 이루어지는지에 대한 연구가 미진한 관계로, 이 장은 이러한 연구의 맥을 이어보려고 한 것이다.

이 장은 2009년에 촬영한 3명의 교사가 실행한 총 12차시의 일상적인 수업을 분석하고, 이를 토대로 고차사고력 학습을 촉진하거나 방해하는 전략과 기법들을 검토하여 이를 세 가지로 종합하여 제시하였다. 추가적인 연구 기회가 주어진다면 장기적인 수업 관찰과 심층 면담을 통해 교사들의 언어와 행동에 내재된 실천 지식에 좀 더 초점을 맞추어 연구를 진행하여, 사회과 교실에 나타나는 고차사고력 학습과 관련된 수업양상에 대해 보다 체계적인 연구를 수행할 수 있기를 기대한다.

참고문헌

구정화(1995). 사회과 고급사고를 위한 메타인지 전략. 사회와교육, 21, 278-292.

김경모(1996). 경제교육에서의 고급사고력 함양 방안: 인지심리학의 연구결과를 중심으로. 사회와교육, 22, 1-29.

김명정(2004). 사회과 논쟁문제수업이 고차사고력 향상에 미치는 효과. 서울대학교 대학원 석사학위 논문.

노경주(1994). Higher order thinking in the teaching of social studies: Korean secondary social studies classrooms. 사회와교육, 18, 271-305.

노경주(1998). 사회과교육과 고등사고능력의 함양: 교사 개인의 실천적 이론을 중심으로. 사회과교육학연구, 2, 34-53.

노경주(2000). 초등 사회과에서의 쟁점중심교육. 시민교육연구, 31, 83-107.

박상준(2011). 사회과교육의 이론과 실제. 제4판. 서울: 교육과학사.

박상준(2006). 비판적 사고력의 신장을 위한 초등 사회과의 질문법에 관한 연구. 사회과교육, 45(1), 121-152.

안보형(2012). 사회과 시각 예술 활용 수업이 창의적 사고력에 미치는 영향. 시민교육연구, 44(3), 75-110.

옥일남(2012). 미국 사회 교과서에 나타난 비판적 사고의 이해. 시민교육연구, 44(3), 131-172

이광성(1996). 사회과 수업에서 고급수준질문의 활용에 관한 연구. 사회와교육, 22, 41-58.

이광성(1997). 고급사고력향상을 위한 교수-학습방법에 관한 연구. 사회와교육, 25, 369-388.

이광성(2000). 수업환경 결정요인과 사회과 고급사고력의 관계에 관한 연구. 시민교육연구, 30, 147-164.

이광성(2005). 초등학교에서 고급사고력 신장을 방행하는 요인 연구. 시민교육연구, 37(3), 177-204.

이종일(2009). 적극적 의미의 비판적 사고하기를 통한 반편견 교수방안. 사회과교육, 48(4), 47-62.

이해주(1994). 고급사고력 향상을 위한 교수방법에 관한 논의: 직접교육과 간접교육을 중심으로. 사회와교육, 18, 23-42.

차경수(1993a). 미국 중고등학교의 시민교육: 최근의 개혁과 변화를 중심으로. 서울대학교 사대논총, 46.

차경수(1993b). 개념학습과 고급사고력 함양: 21세기 한국 시민사회의 발전과 한국병 치료를 위한 사회과교육의 처방. **사회와교육**, 17, 1-17.

차경수 · 모경환(2008). **사회과교육**. 서울: 동문사.

최용규 · 정호범 · 김영석 · 박남수 · 박용조(2014). **사회과교육과정에서 수업까지**(2차수정판). 서울: 교육과학사.

Banks, J. A.(1990). *Teaching strategies for the social studies, 4th ed.* New York: Longman.

Hawley, W. D.(1990). Preparing students from today's families for tomorrow's cognitive challenges. In S. B. Bacharach (ed.), *Education reform: Making sense of it all.* 213-233. Boston: Allyn and Bacon.

Newman, F. M.(1991a). Promoting higher order thinking in social studies: Over-view of a study of sixteen high school departments. *Theory and research in social education*, *19*(1), 324-340.

Newman, F. M.(1991b). Classroom thoughtfulness and students' higher order thinking: Common indicators and diverse social studies courses. *Theory and research in social education*, *19*(1), 410-433.

Woolever, R. & Scott, K. P.(1988). *Active learning in social studies*. Glenview, IL: Scott, Foresman and Company.

사회적 행동 교육 등이 있는데, 각각의 방법은 가치 태도에 대한 서로 다른 이론적 관점을 지니고 있어서 수업 목표 및 내용과의 정합성을 고려할 경우 각각을 병행하거나 종합하기 어렵다는 것이다.

예를 들어 언어적 교훈주의는 가치의 절대성과 보편성을 인정하지만 가치명료화는 가치의 상대성과 특수성을 강조하기 때문에, 두 접근법은 가치교육에 있어 양립할 수 없다는 것이다. 또 기존의 인지 중심 가치교육에 대한 대안으로 등장한 배려와 감사의 윤리 교육은 주체나 자아의 사고력보다는 타인과의 관계를 중시하고 정서를 강조한다는 점에서 기존의 인지 중심 가치교육 접근법과 접목이 어렵다는 것이다.

그러나 이는 사회과 가치교육 방법의 차이점을 지나치게 부각하여 방법들 간의 연계 및 종합적 활용 가능성을 낮게 평가한 데서 기인한 측면이 있다. 역으로 사회과 가치교육 방법들 간에 존재하는 가치교육 내용 및 양상의 유사성과 가치교육 효과 측면의 상호보완성 등에 주목하게 되면 여러 방법을 종합적으로 활용할 수 있는 여지가 생긴다. 특히 어떤 가치 교수 전략들은 방법상의 강조점만 다를 뿐 유사한 이론적 입장을 띠고 있는 경우도 있어서 충분히 병행하거나 종합적으로 활용할 수 있다.

다른 한편으로 여러 가치교육 전략들의 종합적 활용 가능성을 낮게 판단하는 것은 사회과에서 다루는 가치 태도를 하나의 성격과 유형으로 단순하게 인식한 결과로도 보인다. 사회과에서 가르치는 가치 태도는 여러 차원에 걸쳐 있어 그 중에는 공동체 구성원들이 기본적으로 인정하는 사회적 기본 가치(primary value)도 있고, 공동체 구성원으로서 더불어 사는 데 필요한 기본적 태도도 있다. 또 개인이나 집단이 선택적으로 추구하는 부차적인 가치(secondary value)나 태도도 있고 개인 내부에서 혼란을 불러일으키며 심리적 갈등을 유발하는 개인적인 혹은 주관적인 가치나 태도도 있다.[3] 따라서 사회과에서 다루는 가치 태도의 다양한 성격과 유형을 고려할 경우, 상이한 관점을 지닌 교수 전략들도 가치 태도 교육의 내용 및 양상에 따라 적절한 조정을 통해 병행하거나 종합적으로 활용할 수 있는 가능

3) 물론 이러한 구분 자체를 부정하는 상대주의자나 회의론자들도 있을 수 있다.

성이 생긴다.

이 장의 목적은 교과 수업에서 가치교육의 다양한 접근법을 조화롭게 사용하는 것이 가능한가를 확인하는 데 있다. 즉, 이 장에서는 학문적·이론적 전제 혹은 패러다임 등의 차이에도 불구하고 교과 수업이라는 실천적인 국면에서 다양한 가치교육 방법의 연계 및 종합적 활용 가능성에 대해서 검토하려고 한다.

이 장에서 다양한 가치교육 모형의 종합적 활용을 주장하는 것은 결코 철학적 배경이나 원리 등이 다른 모형들을 억지로 섞자는 것이 아니다. 기존 모형들이 가지고 있는 경계를 허물자거나 그러한 경계가 무의미하다는 것도 아니다. 또한 이 장은 무언가 획기적이고 포괄적인 가치교육의 통합 혹은 종합 모형을 새롭게 만들자는 것도 아니다. 어디까지나 기존 모형을 활용하되, 가치교육의 내용 및 양상과 효과 측면에서 여러 모형들이 기여할 수 있는 부분이 있으므로, 어떤 모형만을 독자적·배타적·분절적으로 활용하기보다는 각 모형의 장점이 최대한 나타날 수 있는 교과 수업의 다양한 국면을 포착하여 거기에 맞게 다양한 방법을 두루 활용하자는 것이다.

이 장의 문제의식은 가치교육 방법에 대한 국내외 논의에서 기인한다. 특히 현대 다원주의 사회에서 적합한 가치교육 방법을 모색해 온 국내 선행 연구에 대한 비판적 검토에서 출발하고 있다. 구체적으로 저자는 국내 선행 연구를 고찰하면서 상당수의 연구들에서 강조하고 있는 특정한 가치교육 방법이나 전략이 현대 다원주의 사회에서 가치교육을 하는 데 적합한, 유일한 혹은 최선의 방법일까 하는 점에 대해 의문을 가졌다. 달리 말하자면 저자는 가치교육 내용 및 양상에 따라 다양한 가치교육 방법을 유연하게 활용하는 것이 다원주의 사회에서 보다 적합한 전략이라고 생각했다.

가치교육 관련 선행 연구들을 살펴보면, 가치주입이나 교화에 대한 반발로 나타난 인지(사고력) 및 주체(자아) 중심의 접근이 주를 이루고 있고, 더불어 이러한 인지 및 주체 중심 접근에 대한 비판적·대안적 논의들도 상당한 비중을 차지하고 있다. 선행 연구들이 지적하듯이 일반적으로 가치교육에 대한 인지 및 주체 중심 접근은 동기화, 내면화, 행동화 등에 있어 문제점을 노출한다. 반면에 비판적·대안적 논의들은 기존 접근법에 대한 비판 측면에서는 설득력이 있지만 실천 측면에서는 교과 교육과정과 수업에서 구현하기 힘든 타인과의 관계, 정서와 행동 측면을 강조함으로써 교과교육 실제에 적용하는 데 있어 한계가 있다.

이에 이 장은 교실 수업을 기획·실행하는 사회과 교사들이 가치교육을 위해 교과 수업 속에서 무엇을 해야 하고, 어떻게 할 수 있는지에 대해 좀 더 실질적이고 구체적인 안내를 제시하기 위해 다음과 같은 문제에 대해서 답을 하려고 한다. 과연 사회과 교사는 그가 매일 기획·실행하는 교과 수업에서 가치를 어떻게 다루어야 하고, 실제로 어떤 가치 교수 전략을 쓸 수 있을까? 그래서 장점뿐만 아니라 단점도 지닌 기존의 가치교육 접근법들을 현대 다원주의 사회에서 어떻게 활용할 수 있을까?

이 장에서는 이러한 문제의식에 따라 기존의 가치교육 관련 논의의 의의와 한계를 살펴보고 가치교육 방법의 특징과 상호관계를 분석함으로써 다양한 가치교육 방법을 어떻게 종합적으로 활용할 수 있는지를 검토하려고 한다. 그리고 현대 다원주의 사회에서 다양한 가치교육 접근법들을 어떻게 연계하여 종합적으로 활용할 수 있는지에 대해서도 구체적인 방안을 제시하려고 한다. 이러한 논의는 주로 기존의 가치교육 관련 문헌에 기초하여 이루어질 것이지만, 추후 교육과정, 교과서, 학교 수업 등 교과교육의 실제를 통해 구체화될 필요가 있다.

2. 가치교육의 방법과 국내 연구 동향

1) 가치교육의 방법

(1) 가치교육 방법의 주류: 가치탐구의 전통

사회과에서 가치교육과 관련된 주된 흐름은 가치주입과 교화에 대한 반발로 등장한 가치탐구의 전통이다.[4)] 그리고 이러한 가치탐구의 전통은 사회탐구와 가치탐구를 종합한 의사결정모형과 논쟁문제수업모형에서 주요 한 부분을 차지한다.

사회과 초기에 가치탐구 요소를 갖춘 의사결정모형으로서 가장 광범위하게 논의된 것은 철학 분야의 콜롬비아협회(Columbia Associates in Philosophy, 1923)에서 개발한 모형이다. 이 모형은 합의가 이루어질 수 있는 상위 가치를 전제로 하여 하위 가치들을 평가하고 사회 문제를 조정할 수 있다고 보았다. 이와 관련하여 라우프 등(Raup, R. B. et al., 1950)은 집단의 합의 과정을 통해 가치 진술의 확실성을 확보하는 모형을 고안하였는데, 이 역시 집단이 합의할 수 있는 목적 가치나 상위 가치가 있다는 것을 전제한다(Banks et al., 1977; 최병모 외 역, 1987: 425-426 재인용).

사회과에서 가치탐구의 전통이 확립된 것은 올리버, 쉐이버, 뉴만(Oliver, D., Shaver, J., & Newmann, F.)의 법리모형부터이다. 올리버 등은 인간 존엄성, 정의, 평등과 같은 민주주의와 미국 사회의 신조를 기본적으로 전제하고, 논쟁 형성과 가치화 과정의 방법을 구조화했다.[5] 특히 쉐이버는 사회과교육 전반에 초점을 둔 법리 모형을 설명하면서 이를 가치교육과 연계시켰다. 쉐이버는 근거확립모형(the rationale building model)을 통해 교사들이 가치 함축적인 쟁점들에 대하여 명확한 근거를 확립하는 것을 돕고자 했다. 근거확립모형에서 강조하는 것은 교사가 민주사회의 본질을 이해하고, 그 사회 내에서 교사의 역할과 가치의 본질을 이해하는 것이다(Hirsh et al., 1980; 이석호 외 역, 1989: 58). 이 역시 목적 가치와 상위 가치가 있음을 전제한다.

한편 래쓰, 하민, 사이몬(Raths, L., Harmin, M., & Simon, S., 1978)은 주로 개

4) 이는 사회과 기원의 배경이 된 진보주의 교육 사조에서 기인한다. 듀이는 도덕교육이 성격 혹은 심성 훈련이 아니라 반성적 사고에 집중되어야 한다고 보았다. 따라서 학문적 또는 지적인 교육이 적절히 행해졌을 때 그것이 직접적으로 학생에게 개인적이며 아울러 사회적인 중요성을 지니는 문제를 제기한다는 점에서 그것 자체가 도덕교육이라고 보았다(Hirsh et al., 1980; 이석호 외 역, 1989: 33).

5) 이들에 따르면 공공 논쟁은 미국적 신조와 갈등하는 가치 및 그 가치들에 대한 다양한 해석에서 주로 발생한다. 법리모형에서 가치문제를 해결할 수 있는 교수 전략에는 어떤 특정한 가치와 그보다 높은 수준의 가치 사이의 관계를 밝히는 과정, 개인적 입장에서 불일치점이 있기 때문에 발생하는 가치갈등을 해결하는 과정, 그리고 병존할 수 있는 가치들을 처리하는 과정이 포함된다(Oliver, D. W. & Shaver, J. P., 1966: 126-130).

인적 가치갈등에 관심을 가지고 가치명료화모형을 개발하였다(Raths et al., 1978; 정선심 외 역, 1994: 17). 그들은 민주 사회에서 학생들에게 일련의 가치들을 부과하는 것은 비윤리적이라고 보고, 이에 개인의 선택을 보장하는 민주 사회에서 가치명료화를 통해 개인의 가치 선택을 돕고자 했다(Banks et al., 1977; 최병모 외 역, 1987: 434). 래쓰 등은 가치문제를 개인의 가치 결핍으로 보고, 가치문제를 겪는 사람의 징후를 무관심, 변덕, 자신감 부족, 일관성 없음, 방황, 순응, 반항, 가식 등의 8범주로 설명하였다(Raths et al., 1978; 정선심 외 역, 1994: 21-23). 가치명료화는 이러한 가치 혼란의 행동 징후들을 줄이는 교육적 해결 방법으로, 선택・존중・행동으로 이어지는 일련의 가치화 과정을 제공한다(Raths et al., 1978; 정선심 외 역, 1994: 48).

반면에 콜버그(Kohlberg, L., 1981)는 다른 문화에 속한 아동들의 도덕성 발달 연구를 통해 각 문화에 속한 아동들이 표현이나 형식은 비록 다를지라도 동일한 도덕성 발달 단계를 경험한다는 것을 발견하여 발달단계접근법(도덕추론 혹은 가치추론모형)을 제안하였다(Kohlberg, 1981; 김민남 외 역, 2000: 56-62). 콜버그의 이론에서 모든 문화의 도덕 발달은 세 단계를 거치는데, 기본적으로 자기 중심적인 것에서 사회적인 것을 거쳐 세계적인 시각에 이르게 된다(Hirsh et al., 1980; 이석호 외 역: 137). 이러한 발달단계접근법의 핵심은 학생들이 각자의 경험을 보다 높은 수준의 사고와 접하도록 하여 가치갈등을 깊이 성찰하는 기회를 제공하는 데 있다.

의사결정모형 논의와 자주 관련되는 가치분석모형은 근거확립모형처럼 가치갈등을 중심에 놓고, 이성을 가치에 관한 논쟁의 주요한 중재자로 간주하고 공공문제를 다룬다. 그러나 가치분석모형은 근거확립모형보다 교수법에 더 많은 주의를 기울여 학생들이 가치문제들을 다루는 데 도움을 주기 위해서 점진적 절차를 제공한다(Hirsh et al., 1980; 이석호 외 역, 1989: 111). 또한 가치분석모형은 근거확립모형과 달리 사회적 기본 가치를 전제하여 접근하기보다는 학생들이 가치판단에 관련된 사실들을 수집하고 깊이 고찰하는 것에 초점을 둔다. 대표적으로 뱅크스(Banks, J.)의 가치분석모형은 학생들이 그들의 가치 원천과 다른 사람들의 가치 원천을 인식하게 하고 가치들이 어떻게 충돌하는지 살펴보게 한다. 그리고 가치들에 대한 대안을 인식하도록 하고 대안이 되는 가치의 결과를 예측한 후 그들이 인식 가능한 여러 가치들로부터 자유롭게 선택하도록 돕는다(Banks et al., 1977; 최병모 외 역, 1987: 439-440).

이처럼 미국 사회과에서 가치교육 논의는 주로 가치갈등이나 혼란을 해결하기 위한 가치탐구 전통의 인지 중심 접근이 주를 이루고 있다. 소위 가치주입과 교화에 대한 비판을 토대로 가치탐구의 전통을 따라 의사결정과정에서 근거확립모형, 가치명료화모형, 발달단계접근법, 가치분석모형 등의 방법을 활용하여 가치문제에 대한 사고력을 기르는 데 주안점을 두어 온 것이다. 이러한 가치탐구 전통에는 가치명료화처럼 개인의 가치혼란과 주관적 선택에 초점을 맞춘 논의도 있지만 근거확립모형, 발달단계접근법처럼 민주 사회와 미국 사회의 기본 신조를 전제로 하거나 인간의 보편적 이성을 전제로 하여 공적 토론과 판단력 증진을 가치교육의 핵심에 놓는 논의도 있다. 또한, 사회적 기본 가치를 강하게 전제하지 않고 여러 가치들을 관련 사실들과 결과들을 평가하여 판단하는 가치분석모형 같은 논의도 있다.

(2) 보완적 · 대안적 가치교육 방법: 정서와 행동의 강조

사회과 가치교육 방법은 주로 인지 중심 접근에 초점을 두고 있지만, 그동안 인지 중심 접근의 한계를 인정하고 정서와 행동에 관심을 기울여 온 논의도 있다. 이러한 경향의 대표 사례로 맥페일의 '돌봄 학습', 콜버그의 '지역사회학교', 뉴만의 '사회행위모형'이 있다. 그리고 1980년대 후반부터 주목을 받은 배려와 감사의 윤리 교육과 친사회적 행동 교육도 정서와 행동을 강조하는 접근법이다.

먼저 맥페일 등(Mcphail, P. et al., 1975)은 가치교육에서 정서, 즉 도덕적 감정을 가장 중시하였다. 맥페일 등은 영국의 학교 도덕 교육과정을 기반으로 해서 라이프라인(lifeline) 시리즈[6]를 저술하여 영국과 미국에서 출판

6) 라이프라인(lifeline) 시리즈는 "타인을 위해 사는 것은 보람이 있고 동기 부여적인 일이며 현실적 의미에서 자신을 위해 사는 것이라고 묘사될 수 있다."는 점을 강조한다(Hirsh et al., 1980; 강두호 역, 2013: 90). 이런 점에서 여기서는 '고찰모형' 혹은 '주의학습' 대신에 '돌봄 학습'으로 번역하였다.

하였다. 라이프라인을 접한 교사들은 그것을 '돌봄 학습'(learning to care)이라고 명명했는데, 맥페일 등이 주로 관심을 가진 것은 이성적 판단보다는 정서적 돌봄에 관한 것이다(Hirsh et al., 1980; 이석호 외 역, 1989: 63). 맥페일 등은 라이프라인을 통해 실제 생활에 있어서 다른 사람을 위해 사는 것은 보람 있는 일이고 진정한 의미에서 자기 자신을 위한 삶이라는 것을 알리고자 했다. 맥페일 등에 따르면, 도덕교육은 개인에게 두려움과 불신으로부터 자유를 주어야 하며, 학생들에게 형제애와 같은 사랑을 주고받을 수 있게 하는 것이다(Hirsh et al., 1980; 이석호 외 역, 1989: 84).

콜버그의 연구에서도 행동과 참여를 강조하고, 정의로운 공동체를 지향하는 '지역사회학교'라는 발달단계접근법과 다른 경향이 나타난다. 이는 학교 환경을 개선해서 학교 운영에 있어서 학생들이 민주적으로 참여하도록 허용하자는 것이다. 콜버그는 도덕추론 프로그램이 도덕적 성장을 자극하는 데 성공할 수 있지만, 그것만으로는 도덕교육이 완성될 수 없다고 보았다. 그래서 학교의 중요한 사건이나 일이 교사, 학생, 직원 등 학교 구성원들의 참여 속에서 해결되는 것에 주목하였다(문용린, 1992: 193-194).[7] 이처럼 콜버그는 도덕추론과 병행해서 사회 분위기와 학교의 구조를 개선하려고 노력하였고, 학교의 잠재적 교육과정이 학생들을 도덕 학습으로 이끄는 데 좋은 기회를 제공한다고 보았다(Hirsh et al., 1980; 이석호 외 역, 1989: 149).

뉴만(Newmann, F.)도 '사회행위모형'을 통해 사회 변화를 위한 시민 참여를 강조했다. 물론 인지 중심 접근에서도 일부 행위 요소가 있지만, 사회행위모형은 특히 시민 행위와 참여에 초점을 맞추고 있다. 이 모형에서는 공공문제에 대해 심의하거나 적극적 관심을 갖는 정도에 머물지 않고 공공문제에 대한 직접적이고 의미 있는 영향력을 발휘하는 것이 시민의 권리임을 강조한다(Hirsh et al., 1980; 강두호 역, 2013: 231). 뉴만은 기존의 시민교

7) 콜버그는 잠재적 교육과정을 활성화하는 '정의로운 공동체' 모형을 매사추세츠주와 뉴욕주 등의 학교에서 실행에 옮겼고 민주적 학교 운영을 통해 학교의 정의로운 공동체화가 가능하다는 점을 확인하였다. 문용린은 이러한 모형을 우리나라 학교에도 적용가능하다고 보았다. 현재 운용되고 있는 학칙을 통해 학생, 교사, 직원, 관리자 등 다양한 구성원 사이의 상호작용을 규제하되, 학교 구성원이 참여하는 각종 위원회를 통해 학칙을 수정・보완하여 집행하도록 하자는 것이다. 그는 그 과정에서 참여민주주의도 경험하고 도덕교육도 자연스럽게 이루어질 수 있다고 보았다(문용린, 1992: 194-195).

육이 실제 행위를 다루지 않고 사회 문제에 대한 이해와 관심과 같은 다소 수동적인 측면에만 주의를 기울여 왔다고 비판하면서, 이러한 수동성을 바꾸기 위해서 환경적 역량(environmental competence)에 초점을 맞추었다. 그리고 환경적 역량 중에서도 특히 공공 업무에 영향을 미치는 시민 능력을 강조하면서 중등학교 교육과정의 지역사회 문제 프로그램을 통해 그런 능력을 기르고자 하였다(Hirsh et al., 1980; 강두호 역, 2013: 245-250).

1980년대 후반에 주목을 끌기 시작한 배려와 감사의 윤리[8](ethics of caring and appreciation)는 다른 사람들을 배려하고 사랑하며 감사하게 여기는 윤리를 교육해야 한다는 입장이다(Lickona, 1991; 박장호 외 역, 1998: 78). 여기서 배려는 정서적·도덕적 개념으로 '실천'을 수반한 성향이자 행동으로, 타인에게 진실한 관심과 사랑을 가지고 헌신하는 것이다(차경수 외, 2008: 325-326). 배려와 감사의 윤리교육을 위한 교수학습 방법과 프로그램으로, 감정이입훈련, 역할놀이, 모의학습 등이 효과적인 것으로 평가되며, 문학 및 예술교육 등 심미적인 내용을 다루는 것도 적절하다고 여겨져서 이러한 것들이 교수학습 과정에서 강조된다. 이때 타인과의 만남과 관계에서 배려를 실천하는 것이 중요하며, 구체적인 교수학습 방법으로 배려자와 피배려자 간의 몰입, 공감, 수용 등과 같은 정서적인 방식을 강조한다(차경수 외, 2008: 327).

한편 최근의 가치교육에서는 사회규범을 따르며 다른 사람들의 복지를 증진시키는 행위를 친사회적 행동(prosocial behavior)이라고 부르고, 이를 증진하기 위한 연구도 수행되고 있다. 친사회적 행동은 사회학습 이론에 의하여 잘 설명될 수 있으며, 생물학적 요인, 문화적 요인, 개인의 인성, 사회화 과정, 대중매체, 가족배경 등 다양한 요인과 관련되어 있다(차경수 외, 2008: 328). 특히 감정이입과 모범사례 학습이 친사회적 행동 증진에 효과적인 것으로 나타난다. 친사회적 행동과 감정이입의 관계에 대한 연구에

8) 배려와 감사의 윤리 교육은 특히 길리건(Gilligan)과 나딩스(Noddings)의 입장에 기반을 두고 있다. 길리건은 인간을 기본적으로 서로 연결되어 반응하는 존재로 보고, 끈끈한 인간관계와 자연적인 반응을 매우 중요시한다. 나딩스는 보살피는 사람(one-caring)이 보살핌을 받는 사람(cared-for)에게 몰입되어 그의 목소리와 자세한 이야기를 경청하면서 감정을 함께 나누는 배려적 관계를 강조한다(Gilligan, 1982: 164; Noddings, 1984: 19).

따르면 감정이입 훈련을 받은 학생들은 문제해결 훈련을 받은 학생들보다 더 친사회적 행동을 많이 보인다. 또, 친사회적 행동과 모범사례 학습의 관계를 다룬 연구에 따르면 다른 사람의 모범 행동을 관찰하거나 실천할 기회를 가졌던 학생들은 다른 학생들보다 지속적으로 친사회적 행동을 많이 보인다(차경수 외, 2008: 329-330).

이처럼 사회과 가치교육 논의 중에는 가치갈등과 관련된 문제해결이 아니라 다른 사람들과의 관계 속에서 정서적 교감과 시민으로서의 행위와 능력을 기르는 데 초점을 둔 논의들도 있다. 돌봄 학습과 배려 및 감사 윤리 교육이 상대적으로 정서 측면을 강조한다면, 지역사회학교, 사회행위모형, 친사회적 행동 교육은 행위와 능력 측면을 보다 강조하는 접근법이다. 그러나 이들 모두는 타자나 공동체에 대한 관심과 실천을 강조한다는 점에서 정서 및 행동 중심 접근으로 분류할 수 있다.9)

2) 가치교육의 국내 연구 동향

(1) 가치교육에 대한 인지 중심 접근

국내의 가치교육에 대한 논의도 대체로 가치주입 및 교화 등 전통적인 가치교육 접근을 비판하면서 그 대안으로 가치명료화, 가치분석, 가치추론(발달단계접근법) 등의 방법을 소개하고 그 효과를 분석하는 연구들이 주를 이루어 왔다.

강용옥(1993)은 가치주입 및 교화의 방법이 다원적 현대 사회에 부적절한 방법이라고 비판하면서, 가치명료화의 원리와 방법을 적용했을 때 인지적·정의적 측면에서 나타나는 효과를 분석하였다. 그는 학급 집단 구성원

9) 물론 가치교육에 대한 정서 중심 접근과 행동 중심 접근은 구분될 수 있다. 이 장에서 이 두 가지를 하나의 범주로 묶은 것은 두 접근이 인지 중심 접근에 대한 보완적·대안적 논의로 함께 등장했다는 점과 함께, 정서를 강조하는 입장에서는 행동적 경험을 중시하고 실천적 행동을 강조하는 입장에서는 공감 등 정서적 방법이 중시되기 때문에 사회과 가치교육 방법을 크게 구분하는 경우에는 충분히 함께 묶일 수 있다고 보았기 때문이다. 즉 사회과에서 전통적으로 인지와 정서 및 행동 중심접근으로 양분하는 경향이 있고, 인지 중심 접근에 비해 정서 및 행동 중심 접근이 서로 밀접한 관련성을 띠기 때문에 양자를 하나의 접근으로 분류한 것이다.

과 교과 담당 교사가 바뀌는 학년 초에 가치명료화 전략을 도입하여 학급 분위기를 개방적이고 자유스럽게 만듦으로써 교사와 학생 간에 신뢰감을 형성할 수 있으며, 이후 지속적으로 사회과 내용과 관련된 주제를 가지고 가치명료화 전략을 적용하면 인지적·정의적 측면에서 효과를 거둘 수 있다고 보았다.

김해성(2003)은 콜버그의 견해를 따라 덕목주의와 교화로서의 가치교육에 반대하면서, 도덕적 행동의 고취를 궁극적인 목적으로 하는 가치교육은 행동의 동기를 유발하기에 적합한 설득력 있는 판단기준, 즉 도덕 원칙을 찾아 이를 제시하고 그에 맞는 행동을 유도해야 한다고 주장하였다. 그는 콜버그의 가치추론이 보편적 정의 원칙에 호소함으로써 판단의 문제를 부각시켰으며 가치교육의 지향점을 정의교육(justice education)에 둘 논거를 마련하였다는 점에서 가장 설득력 있는 가치교육 접근으로 보았다. 다만 콜버그가 의거하고 있는 정의의 원칙은 롤즈(Rawls)의 정의관에 치중하고 있어 일정한 한계를 지닌다고 비판하면서, 이를 보완하는 정의관에 입각한 가치교육이 이루어져야 한다고 보았다.

정호범(2008)은 가치교육의 주된 방법으로 가치명료화와 가치분석을 제시하고, 양자가 바라보는 가치판단의 의미와 정당화 방식을 비교·분석하였다. 가치명료화는 주로 개인적 가치를 다루기 때문에 이때의 가치판단은 개인의 가치선택이나 의사결정을 가리키고, 그러한 선택이나 결정을 정당화하는 조건으로는 자율성, 합리성, 유용성, 일관성 등이 활용된다고 보았다. 가치분석은 주로 사회적 가치를 다루기 때문에, 이러한 경우에 가치판단은 어떤 대상에 대해 평가하는 것이며, 그러한 평가를 정당화하는 조건으로는 추론의 형식적 타당성, 사실적 근거의 관련성, 규범적 근거의 수용성 등이 활용된다고 보았다. 그는 가치명료화와 가치분석에서 가치판단의 의미, 정당화의 근거 등을 대조하면서 가치교육 방법으로서 두 모형이 지닌 의의를 강조하였다.

이수경(2012)은 합리적 가치판단 능력을 함양하는 방법으로서 가치분석 수업을 실행하고 그것이 초등학생의 가치판단 능력 신장에 미치는 효과를 살펴보았다. 그녀는 가치교육을 덕목 중심의 인격교육, 개방적 형태의 가치명료화, 합리적이고 정당화 가능한 가치분석으로 구분하였다. 이 중 합리적 가치판단 능력 함양에는 가치분석이 적합하다고 보고 문제 상황 제시, 문제 상황 명료화, 사실적 지식 파악, 잠정적 가치판단, 가치원리 검사, 최종 가치판단의 6단계 학습과정을 통한 가치분석 수업을 실시하여 학생들의 가치판단 측정 점수가 향상되었음을 확인하였다.

홍남기(2013)는 기존의 가치명료화, 가치분석, 가치추론 등을 비판하고 '가치재구성'을 제안하였다. 가치명료화와 가치분석은 학습자 자신의 가치를 명료하고 통합적으로 재구성하도록 돕지만 정립된 가치를 지속적으로 개선하는 것을 요구하지 않고, 가치추론은 학습자가 보편적인 정의 원리에 따라 자신의 부적절한 가치관을 비판적으로 검토하도록 돕지만 학습자 자신의 욕망을 보다 이성적으로 숙고된 형태로 만들어가는 것을 요구하지 않는다고 비판하였다. 그는 학습자는 보편적 도덕기준이 아니라 자신의 욕망에 기초해 가치관을 형성하고 이런 욕망과 가치관을 끊임없이 재구성해 나간다는 듀이(Dewey)의 견해에 따른 가치탐구 방안으로 '가치재구성'을 제안하였다.

이러한 연구들은 가치교육에 대한 인지 중심 접근을 취한다는 점에서 일맥상통하는 측면이 있다. 즉, 가치교육의 요체는 가치갈등 상황에서의 판단력 신장이며, 이러한 목적은 자신의 가치를 명료화하거나 합리적 근거를 가지고 분석하거나 보편적인 도덕성에 기초하여 반성함으로써 얻을 수 있다고 보았다. 가치교육을 가치갈등이나 가치문제 상황에 대응하는 일종의 문제해결력 신장으로 본 것이다.

(2) 인지 중심 접근에 대한 비판적 · 보완적 논의

가치교육에서 주류를 차지해온 가치명료화, 가치분석, 가치추론 등의 인지 중심 접근을 비판적으로 검토하면서 이를 보완하거나 대안을 제시하는 연구들도 있다.

이병호(1999)는 가치명료화, 가치분석, 가치추론 등이 개인의 자율성을 신장시키고자 하는 자유주의적 의무 윤리에 근거를 두고 있다고 주장하면서 자유주의 철학은 전통의 실천들에 내재되어 있는 공동선을 간과하여 도덕적 해이 현상과 공동체의 붕괴를 가져왔다고 비판하였다. 그는 이러한 문제를 해결하기 위해 덕의 윤리가 필요함을 주장하였는데, 공동체주의에 기초한 덕의 윤리도 다원적 현대 사회에서 여러 약점을 지니고 있으므로 의무의 윤리와 덕의 윤리는 상호보완적으로 활용해야 한다고 보았다. 따라서 그는 바람직한 가치들 간의 갈등을 해소하는 데 관심을 갖는 가치교육 방법과 덕의 함양에 관심을 지니면서 교화적이라는 이유로 비판받아 왔던 전통적인 방법이 함께 사용되어야 한다고 주장하였다.

길현주(2005)는 가치교육의 궁극적 목표가 도덕적 행동의 실천임을 강조하고 인지 중심 접근만으로는 가치교육 목표를 달성하는 데 한계가 있음을 밝히고, 도덕적 실천력 제고를 위한 방안으로 감정이입 중심의 가치교육을 제안하였다. 그는 인지 중심 접근에서는 도덕적 행위의 실천보다 도덕적 판단력을 향상시키는 데 목적을 둠으로써, 도덕적 실천의 문제를 소홀히 한다고 비판하였다. 이에 비해 감정이입 중심의 정서 교육은 타인이 경험하는 감정에의 이입만을 의미하는 것이 아니라 타자의 삶의 맥락을 고려하여 감정이입하는 것으로, 구체적인 맥락을 출발점으로 하는 상향식 접근이기 때문에 도덕적 행동에 대한 동기화를 높일 수 있다고 보았다.

이러한 논의들은 기존의 인지 중심 접근을 비판하면서 전통적인 교화 방식의 덕목 교육 전략과 감정이입 중심의 정서 교육을 제안하고, 부분적으로 인지 중심 접근과의 병행이나 절충을 주장한다. 그러나 양자의 접근을 어떻게 병행하거나 절충할 것인가에 대한 구체적인 답을 하지 않아서, 사실상 이러한 논의들은 인지 중심 접근에 대한 비판이자, 덕목 교육 및 감정이입 교육에 대한 복원 노력으로 해석할 수 있다.

(3) 가치교육에 대한 종합적 접근

인지 중심 접근에 대한 비판이나 보완 논의를 넘어서 다양한 가치교육 방법의 종합을 주장한 논의도 있다. 즉, 교과 수업에서 활용할 수 있는 가치교육 접근은 다양할 수 있다는 전제하에 여러 방법의 종합을 논의한 연

구들이 있다.[10)]

정세구(1979)는 가치교육 논의가 일천하던 시기에 미국의 사회심리학과 교육학 등의 논의를 토대로 교과에서 활용할 수 있는 가치교육 전략으로 가치탐구와 가치주입을 제시하였다. 가치탐구는 어떤 가치나 태도에 관한 문제에 대해 학생이 자유롭게 판단을 내리고 그것을 내면화하는 과정으로서 ① 감수 · 반응 → ② 선택 → ③ 존중 · 확인의 단계로 이루어진다. 가치주입은 교사의 능동적 기획과 활동을 통해 학생이 어떤 가치나 태도를 받아들이고 표현하도록 하는 과정으로서 ① 주의 · 이해 → ② 수용 → ③ 유지의 단계로 이루어진다. 가치탐구의 ① 단계는 중립적 입장에서 시작하는 것이고 가치주입의 ① 단계는 의도적 차원에서 시작되며, 이후 단계인 ②와 ③도 서로 확연하게 구분된다. 정세구는 가르치려는 가치의 성격에 따라 이 두 전략을 달리 사용할 수 있다고 본 점에서 연계보다는 병행을 주장했다.

김재형(1989)도 가치교육의 목표를 크게 바람직한 가치 태도 함양과 합리적인 가치 태도 함양으로 구분하고, 전자는 국가적 · 사회적 요구와 당위에 개인이 적응하는 것이고, 후자는 개인이 갈등 상황에서 합리적 결정을 내리는 것으로 보았다. 그는 바람직한 가치 태도 함양을 위한 모형으로는 가치수용 모형(사실상 가치주입), 합리적인 가치 태도 함양을 위해서는 가치탐구 모형을 각각 활용할 수 있다고 보았다. 그는 각 모형을 실제로 적용하는 경우 단원의 내용 요소에 따라 맥락적으로 선택해야 하며 본질적으로 어떤 모형이 더 우수한 것은 아니라고 보았다. 다만, 대체로 초등학교 저학년일수록 설득 · 모범 제시 · 예화 활용 등과 같은 가치수용 모형, 고등학교 고학년일수록 가치명료화 · 가치토의 · 가치분석 등과 같은 가치탐구 모형을 상대적으로 많이 활용할 수 있다고 보았다.

---

10) 이러한 시도는 해외에서도 이미 이루어지고 있다. 대표적인 가치명료화 옹호자로 알려져 있는 커센바움(Kirschenbaum)은 포괄적 가치교육(comprehensive value education)을 제시한다. 이러한 접근법은 가치교육에 대한 여러 가지 상이한 접근법들이 각각의 차이에도 불구하고 가치교육에 기여할 수 있는 많은 장점을 가지고 있다는 가정에 근거하고 있다. 커센바움은 전통적 가치 및 그러한 가치를 주입하는 방법을 비판하며 가치명료화 등 새로운 방법에 대한 주장이 대세였던 1960~70년대를 반성하면서 어느 하나의 접근법이 다른 것보다 훨씬 낫다는 상투적 경향에서 벗어나야 한다는 점을 강조하였다(Kirschenbaum, 1995; 추병완 외 역, 2006: 29-30).

추정훈(2005)도 특정 가치교육 방법에 몰두하는 것은 부작용을 낳을 수 있다고 비판하면서 가치교육 방법들을 계열화하여 함께 활용하는 방안을 모색하였다. 그는 가치교육 유형을 크게 둘로 구분하였는데, 특정 가치를 직접적으로 주입하거나 내재화시켜서 바람직한 행동을 이끌어 내고자 하는 내용주의와 특정 가치와 연계하지 않고 합리적인 가치 선택과 판단력 함양을 통해 합리적 행동을 유도하는 형식주의로 구분하였다. 그러나 그는 이러한 구분은 어디까지나 이념형일 뿐 실제의 가치교육은 내용주의에서 형식주의에 이르는 연속선상에 있다고 보고, 이에 따라 내용주의와 형식주의를 종합하여 단계적으로 가치교육을 실시하는 방법을 제안하였다. 그래서 그는 기본 가치의 주입과 수용, 이해를 통한 가치의 형성과 자발적 행동을 유도하는 1차적 가치 내재화, 보편적 원리의 체득과 주체적 자아의 자유로운 판단에 따른 선택과 행동을 유도하는 2차적 가치 내재화 등 이원적 체계로 가치교육을 계열화하였다.

정원규(2011)는 가치명료화, 가치분석 등 기존의 사회과 가치교육 접근법을 다원주의, 포괄적인 가치관 교육, 종합적 인성·사회성 고려, 수업 내용과 방법의 정합성이라는 4원칙을 가지고 비판적으로 분석하고 현대 사회에 적합한 가치교육의 대안으로 학교생활 전반에 걸친 종합적 교수 전략을 제시하였다. 즉 학교 전체가 다원 민주주의적 공동체로 운영된다는 조건하에, 개별 교과 수업은 가치관이나 윤리론에 대한 이해 및 비판적 검토, 현실에의 적용과 반성, 상황에 따른 토론 및 숙의 등을 중심으로 운영하고, 다른 한편으로 개별 상담을 통해 학생들의 가치관과 이를 실현하기 위한 기능 태도 등을 점검하는 종합적인 형태로 이루어져야 한다고 주장하였다.

정호범(2014)은 가치관 형성을 위한 통합적 접근을 시도하였다. 그는 한 개인의 가치관 형성을 위해서는 가치문제에 대한 지식이나 판단력도 중요하지만 도덕적 행동을 실천하고자 하는 욕구와 동인도 중요하다고 보았다. 이처럼 자신이 판단하고 선택한 행동을 일관되게 실천하기 위해 첫째, 가치판단 및 평가 과정이 필요하다고 주장하였다. 여기서는 실천 이전에 무엇이 바람직하고 합리적인 가치인지를 판단한다. 둘째, 가치판단 후에는 자신이 선호하는 행동을 선택하여 실천하려는 감정과 욕구가 필요하다고 보았다. 여기서 강한 동기화와 같은 정의적 요소가 작동한다. 셋째, 도덕적 행동을 일상생활 속에서 직접 실천함으로써 습관화해야 한다고 보았다. 사회생활을 통해 자신이 판단하고 선택한 가치를 반복 실천하는 것이 중요하다는 것이다. 이 모형은 가치판단 → 가치선택 → 행동 실천이라는 3단계를 통해 바람직한 가치관을 형성하는 것을 목적으로 하는데 그 과정에서 각각 가치분석, 가치명료화, 행위·습관 이론이 주도적으로 작동한다.

이러한 논의는 가치교육의 다양성을 인정한다는 점에서 중요한 의의가 있으나 교과 수업에서 어떤 방식으로 종합적 활용이 이루어져야 하는지에 대해서는 다소 미흡한 측면이 있다. 김재형(1989)은 국가·사회적 요구와 개인 가치갈등으로 구분했을 뿐 세부적으로 어떤 가치와 태도에 대해서 가치수용 모형과 가치탐구 모형을 각각 활용해야 하는지에 대한 구체적인 언급이 부족하였다. 추정훈(2005)은 전반적으로 종합적인 형태를 띠지만 단계적 전략을 채택함으로써 단계별로는 사실상 단일 전략을 채택하는 모습을 보였다. 정원규(2012)는 기존의 가치교육 방법들의 한계에 대해 엄격한 잣대를 가지고 비판함으로써, 종합적 전략을 채택할 때 기존 가치교육 방법을 활용하기보다는 학교 공동체의 다원 민주주의적 운영과 같은 다소 추상적인 대안을 제시하였다. 정호범(2014)은 각 단계별 세부 전략과 그 사례를 구체적으로 소개하고 있지만 주로 가치 판단과 선택을 강조한다는 점에서 인지 중심 접근법에 가까우며 단계별로 특정 전략을 상정하고 있어서 추정훈처럼 하나의 통합 모형을 제시한 것이지 교과 수업 맥락에 따른 종합적 활용으로 보기 어렵다.

지금까지 살펴본 것처럼 기존에도 가치교육 방법들을 종합하려는 시도들이 있었지만, 전반적으로 다음과 같은 한계를 지녔다. 첫째, 기존 모형들과 구별되는 새로운 차원의 통합을 제시하거나 특정 단계에서는 특정 접근법이 더 적합하다는 인식이 전제되어 있어, 각 단계나 국면에 따라 특정 접근법이 사실상 결정되어 있는 셈이다. 둘째, 구체성이나 현장 적용성 측면에서 좀 더 보완이 필요해 보인다. 어느 하나의 접근법만으로는 가치교육이 추구하는 바를 모두 달성하기 어렵다는 점을 지적하면서 각기 다른 전통에 기초하고 있는 방법들을 활용할 것을 제안하지만 어떤 방식으로 종합적 활용이 이루어질 수 있는지에 대한 생각이 구체화되어 있지 않다.

따라서 이 장은 위와 같은 시도들을 토대로 하여, 가치교육의 특정한 국면에 특정 모형을 일대일로 대응하기보다는 맥락적으로 유연하게 활용할 수 있도록, 그리고 교과 차원의 가치교육 방법 활용 측면에서 좀 더 구체적인 시사점을 줄 수 있도록 좀 더 진전된 논의를 제공하려고 한다.

3. 가치교육 방법의 특징 및 관계와 종합적 활용 전략

1) 가치교육 방법의 특징 및 관계

사회과 가치교육 방법은 크게 전통적 접근, 인지 중심 접근, 정서 및 행동 중심 접근으로 구분할 수 있다. 전통적 접근은 이론적으로 배척되어 왔지만 현실적으로 학교에서 사용되고 있고 사회과 개론서에서도 '언어적 교훈주의'가 주요 방법으로 소개되고 있기 때문에 여기서는 인지 중심 접근 및 정서 및 행동 중심 접근과 함께 전통적 접근도 살펴보려고 한다. 지면 관계상 모든 가치교육 방법을 다룰 수 없기 때문에 <표 10-1>에서 제시한 것처럼 현재 사회과에서 주요한 방법으로 소개되는 접근을 중심으로 그 특징과 관계를 검토하려고 한다.[11)]

11) 이 표의 구분 방식은 이 장에서 독자적으로 설정한 것으로 절대적이거나 유일한 것이 아니며, 일부 방법의 경우 그 특징이 다소 복합적이어서 그 경계가 유동적일 수 있다. 그래서 실제 분류한 부분의 경계는 점선으로 표시하고 있다. 예를 들어 가치분석은 학자에 따라 가치 태도의 상호주관성을 인정하는 입장도 있어 근거확립모형과 함께 배치할 수도 있다. 또한, 가치명료화는 학자에 따라 인지 중심 접근뿐만 아니라 정서 및 행동 중심 접근으로도 보는 경우가 있다. 한편, 돌봄 학습은 관점에 따라 전통적 접근으로 볼 수도 있고 정서 및 행동 중심 접근으로 볼 수도 있다. 또한 정서 및 행동 중심 접근에 속한 모형들도 정서와 행동 중 어느 한쪽에 좀 더 초점이 맞추어져 있어 정서 중심, 행동 중심으로 세분할 수도 있다.

표 10-1 가치교육 방법의 구분

구분		접근 방식		
		전통적 접근	인지 중심 접근	정서 및 행동 중심 접근
내용(또는 기준)	절대적/보편적/상호주관적 가치	언어적 교훈주의	근거확립모형 발달단계접근법	지역사회학교 사회행위모형 친사회적 행동 교육
	상대적/특수적/주관적 가치	없음	가치분석모형 가치명료화모형	돌봄 학습 배려와 감사의 윤리 교육

언어적 교훈주의는 학생들이 가치갈등을 경험한다는 점에 주목하지 않으며 사실상 가치교화나 주입의 방법이므로 다원적 현대 사회에 적합하지 않다(차경수 외, 2008: 314-315). 그러나 현대 사회에서도 언어적 교훈주의가 어느 정도의 역할을 할 수 있는 부분이 있다. 공동체 구성원들이 합의하는 가치, 특히 공동체 생활에서 기본적으로 지켜야 할 규칙의 준수나 더불어 살아가는 데 필요한 기본 태도의 함양을 위해 최소한의 범위 내에서 이를 활용할 수 있다. 이렇게 사회적 기본 가치나 태도에 국한시켜 언어적 교훈주의를 활용할 경우, 적절한 역할 분담을 통해 다른 가치교육 접근과의 종합적 활용을 모색할 수 있다. 또한 가치의 내면화와 행동화를 위해서 정서 및 행동 중심 접근과 연계할 수도 있다.

근거확립모형은 가치갈등을 다루는 교사가 학생들에게 가치갈등 해결을 가르치면서 주요한 근거들을 제공하는 방법으로, 이때 교사는 주로 언어적 방법으로 학생들에게 민주사회의 기본 원리 등의 근거를 설명하게 된다. 이 점에서 근거확립모형은 적어도 사회적 기본 가치에 대해서만큼은 언어적 교훈주의와 일맥상통한다. 학생들이 어떤 가치갈등을 겪고 있다면 교사가 그 갈등의 상위에 있는 사회적 기본 가치를 언어적으로 설명하고 그 가치에 근거해서 학생의 가치갈등을 해결하도록 돕기 때문이다. 따라서 근거확립모형은 언어적 교훈주의와 유사하게 공동체 구성원들이 합의한 기본 규칙이나 태도에 대해서 활용할 수 있다. 그리고 이러한 범위에 국한하여 근거확립모형을 활용할 경우 가치교육의 여타 부분에 대해서는 다른 가치교육 접근법과 연계될 수 있다. 또한 가치의 내면화와 행동화를 위해서는 정서 및 행동 중심 접근의 보완이 필요하다.

발달단계접근법은 보편적인 도덕성 발달을 전제하여 다원적 현대 사회에 적합하지 않고, 학생들에게 갈등 상황(딜레마)을 제시하는 것만으로 도덕성 발달을 촉진할 수 있는지에 대해서도 의문이 제기된다(차경수 외, 2008: 315-317). 그러나 사회적 기본 가치와 관련된 갈등에 대해서는 발달단계접근법을 활용한 추론과 토론이 충분히 이루어질 수 있다. 그리고 합의된 사회적 기본 가치와 관련하여 언어적 교훈주의나 근거확립모형을 통해 그 가치를 관습적 형태로 받아들일 수도 있지만, 다소 비판적 검토가 필요한 사회적 기본 가치 관련 논의에 대해서는 발달단계접근법을 통해 후관습적 형태로 성찰해 볼 수도 있다. 이 역시 사회적 기본 가치에 국한할 경우 다른 접근법들과 종합적으로 활용될 수 있다. 또한 가치의 내면화와 행동화를 위해서는 정서 및 행동 중심 접근의 도움을 받을 수 있다.

가치명료화는 가치 상대주의를 인정한다는 점에서 사회적 기본 가치의 학습이 필요한 상황에서는 적합하지 않고, 가치의 공개로 인해 학생의 사생활이나 자유를 침해할 수 있다는 문제점도 제기된다(차경수 외, 2008: 318-320). 그러나 역으로 가치명료화는 기본적으로 개인의 가치 선택을 존중한다는 점에서 다원적 현대 사회에 매우 적합한 방식이다. 물론 가치명료화가 다원주의를 부정하는 가치나 태도까지도 인정하게 된다는 비판도 있는데, 이는 가치명료화를 주장한 사람들이 개인 내부의 가치혼란에 초점을 두었다는 점을 간과한 데서 비롯된 것이다. 가치명료화의 주요 초점은 개인 내부의 가치갈등과 심리적 혼란이지 공동체의 기본 질서 확립이 아니다. 물론 사회적 기본 가치나 태도를 다루는 국면에서도 진정성을 확인하는 측면에서 초기 전략으로서 가치명료화를 활용할 수 있지만 사회적 기본 가치나 태도의 실질적인 함양을 위해서는 다른 인지 중심 혹은 정서 및 행동 중심 접근으로 보완되어야 한다.

가치분석은 가치의 공표로 인해 개인의 사생활이나 자유 침해의 위험성이 있고, 다른 인지 중심 접근처럼 가치를 내면화하고 행동으로 옮기는 데에는 약점을 보인다(차경수 외, 2008: 321, 324). 한편, 가치분석도 학생 스스로 가치를 인식하고 판단한다는 점에서 다원적 현대 사회에 적합하다고 볼 수 있으나, 다른 한편으로 사회적 기본 가치나 보편적인 도덕성에 대한 입장이 불명확하여 궁극적으로 어떤 방식으로 가치갈등이 해결되는지에 대해서는 의문이 제기된다. 가치의 원천과 이유를 따져보거나 대안의 결과를 예측하는 등의 과정을 밟는다고 하더라도 목적 및 상위 가치 혹은 보편적인 도덕성에 기대지 않은 채 가치갈등이 해소되기는 쉽지 않기 때문이다. 물론 가치분석은 개인 간에 발생하는 가치갈등이나 첨예하지 않은 소규모의 집단 간 가치갈등에서는 합리적 협상을 가능하게 하는 방식이므로 주로 이러한 가치갈등에 적용하면 나름의 역할을 할 수 있을 것이다. 이 역시, 가치의 내면화와 행동화를 위해서는 정서 및 행동 중심 접근의 도움이 필요하다.

돌봄 학습은 규칙과 금기에 대한 분석이 아니라 타인과의 관계 속에서의 정서와 성향, 행동을 포함하는 삶의 방식을 강조하는 형태로 이루어진다(Hirsh et al., 1980; 강두호 역, 2013: 100-112). 돌봄 학습을 강조하는 사람들은 각자의 가치관이 다르더라도 인간관계 속에서 기본적인 정서나 태도, 예의나 행동은 있다고 본다. 이 점에서 돌봄 학습은 다원적 현대 사회에서도 충분히 활용할 수 있는 접근 방식이라고 할 수 있다. 그러나 본래 의도와 달리 전통 사회의 보수적인 가치나 태도에 대한 인지적 성찰 없이 정서 및 행동 중심으로 접근하는 방식이 될 수도 있어 가치교화나 주입의 위험성도 있다. 이 점을 보완하기 위해서는 자신의 정서와 행동에 대한 인지적 성찰이 요청된다. 따라서 현대 사회에서는 모든 구성원들이 공감하는 기본적인 정서와 태도에 국한하여 돌봄 학습을 활용하는 것이 적절하다.

콜버그의 지역사회학교는 실생활의 사회·도덕적 문제를 다루면서 공동체 생활에 참여하는 경험을 도덕추론의 기반으로 본다는 점에서 정서와 행동을 강조하는 방법이다(Hirsh et al., 1980; 강두호 역, 2013: 217-222). 시민의 능력과 참여를 강조하는 뉴만의 사회행위모형도 공공 정책에 영향을 미치는 방법과 능력을 가르친다는 점에서 정서 및 행동 중심 접근으로 볼 수 있다(Banks et al., 1977; 최병모 외 역, 1987: 482-486). 이 두 방법은 주로 통합적 프로젝트나 잠재적 교육과정의 성격을 띠기 때문에 교과 수업과 교과 외 활동이나 학교생활을 연계해서 활용하는 것이 좋다. 또한 사회적 기본 가치와 무관한 행동이나 능력을 강조할 경우 문제의 소지가 있다. 따라서 두 방법 모두 다원적 현대 사회에서 공동체 구성원으로서 반드시 지켜야 할 원칙이나 지녀야 할 태도에 초점을 맞추면서 콜버그와 뉴만의 주장대로 기존의 인지 중심 접근과 함께 사용하는 것이 효과적이다.

배려와 감사의 윤리 교육은 사랑의 관계와 그 속에서 주고받는 행위를 강조하는 방법이다(Lickona, 1991; 박장호 외 역, 1998: 77-79). 배려와 감사는 특정의 원칙이 아니라 관계적인 태도라는 점에서 다원적 현대 사회에서도 적합하다. 다만 학생들이 왜 타인을 배려해야 하는지, 어떻게 배려하는 것이 적절한지 등에 대해 질문한다면 인간 존재의 관계적 특성이나 타인에 대한 공감의 의의를 제시하는 것 이외에는 별다른 답이 준비되어 있지 않다. 따라서 배려와 감사의 윤리를 실천하는 동시에 인지적인 반성을 통해서 배려와 감사의 동기를 재확인하고 이를 실천하기 위한 적절한 방법을 계획하는 노력이 필요하다. 특정 가치를 주입하는 것이 아니라 더불어 사는 태도를 형성하는 것이므로 이 관점은 다른 가치교육 접근법들과 직접적으로 충돌할 가능성이 크지 않다. 다만, 공동체 생활에서 사회적 기본 가치 등과 관련하여 목적 및 상위 가치 혹은 보편적 도덕성에 대한 강조가 없어서 소극적이라는 비판을 받을 수도 있다.

친사회적 행동 교육은 자신이 사랑을 받고 자란 경험, 친사회적 행동을 하는 모범적 인물에 대한 관찰과 모방, 친사회적 행동을 하는 실천의 기회 등을 중시하는 방법이다(차경수 외, 2008: 328-330). 친사회적 행동 교육도 일종의 정서 및 행동 중심 접근이지만 배려와 감사의 윤리 교육이 관계적 태도 형성에 초점을 두는 것에 비해, 구체적인 행동에 방점을 둔다는 점에서 정서보다는 행동을 중시하는 방법으로 볼 수 있다. 특정 행동 유형을 강조한다는 점에서 다원적 현대 사회에 적합하지 않을 수 있다. 물론 사회적 기본 가치 및 태도 관련 행동에 대해서는 전통적 접근이나 다른 인지 중심, 정서 및 행동 중심 접근들과 함께 활용될 수 있다.

지금까지의 논의를 정리하면, 전통적인 가치교육은 가치교육의 목표와 내용을 강조할 뿐 방법이라는 것이 특별히 없었고, 단지 가르치고자 하는 가치를 설명하고 설득하기 위해 언어나 의식을 활용했을 뿐이다. 한편, 인지적인 가치교육은 가치교육에서 논리성을 강조하고 아동의 발달을 고려하여 사고력을 함양하는 등 개인문제 및 공공문제와 관련된 가치갈등 해결을 모색해 왔다. 반면, 정서 및 행동 중심 접근은 아동 발달의 다양성을 인정하고 가치교육에서 정서와 행동 측면을 강조하며 개인뿐 아니라 타인과의 관계를 통한 상호작용을 중시하였다. 이러한 방법들은 가치교육의 내용 및 양상 등의 과정과 가치교육의 효과라는 결과를 고려하여 적절하게 연계될 경우 상호보완적으로 활용될 수 있다.

2) 가치교육 방법의 종합적 활용 전략

(1) 가치교육 방법의 종합적 활용 방안

가치교육 방법의 특징과 관계를 살펴보면, 선입견과 달리 각 접근법들 사이에 종합적으로 활용할 여지가 있다.

첫째, 가치교육 내용의 유사성에 기초하여 연계될 수 있는 접근법들이 있다. 통상 사회과 가치교육 내용은 크게 사회적 기본 가치를 기반으로 한 공적 문제해결과 개인들의 서로 다른 가치를 인식하고 존중하는 태도 형성으로 나뉜다. 전자는 사회 구성원 간에 합의된 원칙이나 목적을 가르치고 그것을 기준으로 공적 문제나 가치갈등을 해결하고 이에 따라 행동하도록 하는 데 초점을 두면서, 다분히 가치의 절대성이나 보편성 혹은 상호주관성을 전제로 하여 원칙, 판단, 행동을 강조한다. 후자는 서로 다른 개인들이 더불어 살아가는 데 필요한 태도 형성에 초점을 두면서, 가치의 상대성, 특수성, 주관성 등을 염두에 두고 진정성, 관계성, 공감 등을 강조한다.

전자와 관련해서 언어적 교훈주의, 근거확립모형/발달단계접근법, 지역사회학교/사회행위모형/친사회적 행동 교육 등은 어떤 원칙이나 행동, 혹은 그런 행동을 할 수 있는 사고력과 실천 능력 등을 보편적으로 가르치고자 하는 점에서 공통점을 가지고 있다. 바로 이 점에서 적어도 민주사회의 기본 원칙을 가르칠 때 이 접근법들은 어떤 가치를 설명하거나 설득하고 (언어적 교훈주의), 이를 기반으로 하여 공적 문제의 가치갈등 해결을 모색하거나 도덕적인 판단을 내리고(근거확립모형/발달단계접근법), 선택된 대안을 행동으로 옮기거나 옮길 수 있는 능력을 기르는(지역사회학교/사회행위모형/친사회적 행동) 등 교과 수업 장면에서 서로 연계하여 활용하는 것이 가능하다.

후자와 관련해서 가치의 상대성과 특수성을 존중하는 가치명료화나 가치분석을 주장하는 사람들 간에는 견해차가 그리 크지 않다. 가치분석을 선호하는 사람은 가치명료화 과정을 당연히 거치며, 가치명료화를 지지하는 사람은 가치분석에서 자신이 왜 그런 가치를 선택하는지 이유와 근거를 따져 보는 것에 대해서 거부감을 갖지 않는다. 또한 양자 모두 학습자 개인의 가치를 인정하고 특정 가치를 강요하지 않는다는 점에서 유사하다. 그리고 가치명료화나 가치분석을 주장하는 사람들과 사랑 등의 정서를 강조하는 돌봄 학습 및 타인에 대한 배려와 감사의 윤리를 주장하는 사람들 간에도 조화 가능성이 있다. 왜냐하면 돌봄 학습과 배려와 감사의 윤리를 주장하는 사람은 기본적으로 타인의 입장에 대해서 공감하는 경향이 강하고, 가치명료화나 가치분석을 주장하는 사람은 기본적으로 가치 상대성과 다양성을 존중하는 입장이기 때문이다.

둘째, 가치교육 양상(접근 방식)의 유사성에 기초하여 연계될 수 있는 방법들이 있다. 가치명료화, 가치분석, 발달단계접근법은 가치에 대한 사고 과정에 초점을 맞추고 있고 가치갈등을 해결하는 과정에서 일종의 합리성을 추구한다는 점에서 일맥상통하는 측면이 있다.[12)] 즉, 세 가지 접근법 모두 개인의 자율성과 합리성 신장을 추구하면서 가치갈등을 해결하는 사고 과정에 초점을 둔다는 점에서 함께 연계하여 활용할 수 있는 여지가 있다. 예를 들어, 어떤 도덕적 딜레마 상황에서 개인 내부의 가치 혼란이나 개인 간 갈등 국면은 가치명료화를 통해 서로 선호하는 가치나 원칙을 확인하고 가치분석을 통해서 가치의 원천과 근거를 찾아보고 자신의 선택한 가치가 어떤 결과를 낳을지 성찰해 볼 수 있다. 그래도 가치갈등이 해소되지 않는다면 사회적 기본 가치와 관련된 사안일 수 있으므로 발달단계접

---

12) 근거확립모형도 공공문제해결 과정에서 합리성을 추구하지만 사회적 기본 가치를 전제하는 방식이어서 적어도 가치갈등 상황에서만큼은 가치에 대한 사고를 강조한다고 보기는 어려워 오히려 가치 교육 양상 측면에서는 전통적 접근인 언어적 교훈주의와 일맥상통한다고 볼 수 있다.

근법을 통해서 보편적인 도덕성이나 원칙을 찾아볼 수 있다.

또한, 언어적 교훈주의, 돌봄 학습, 배려와 감사의 윤리 교육, 친사회적 행동 교육은 가치교육의 문제가 가치갈등에 대한 사고 과정을 통해서 이루어지는 것이 아니라 특정 가치나 태도를 각각 이야기로, 타인과의 관계로, 행동으로 기르고자 하는 측면을 지닌다는 점에서 일맥상통하는 측면이 있다.[13] 이러한 접근법 모두 가치교육의 주된 양상(접근 방식)이 가치갈등의 해결이 아니라 특정 가치나 태도의 내면화와 인격화에 있음을 강조하고 있다. 예를 들어 타인에 대한 배려는 감동적인 이야기로 설명하고 행동으로 경험할 때 길러질 수 있으며, 역으로 배려하는 마음이 행동으로 이어져 결실을 맺을 때 모범적인 이야기를 남길 수도 있다.

셋째, 가치교육의 내용과 양상(방법)이 유사하지 않아도 서로 연계될 수 있는 접근법들이 있다. 물론 이를 주장하기 위해서는 가치에 대한 존재 및 인식론의 차이와 이로 인한 가치교육 내용의 차이에도 불구하고 가치교육 방법의 종합적 활용 가능성이 있고, 가치교육을 사고력 향상으로 보는 입장과 정서적 교감이나 태도 형성으로 보는 입장 사이에 가치교육 방법의 종합적 활용 가능성이 있다는 점을 확인할 필요가 있다. 이 경우 기본적으로 철학 및 윤리학 등 이론 및 학문적 관점에서는 이들 사이의 화해나 종합 가능성은 매우 희박하다. 그리고 이것이 오늘날 현대 사회의 특징이라고 할 수 있는 통약불가능하고 양립불가능한 다원성의 핵심적인 측면이다. 그렇다면 교과교육 및 수업 등 실천이라는 측면에서는 어떨까?

이에 대해서 검토하려면 과연 사회과에서 가르치고자 하는 가치 태도의 성격과 유형이 무엇인지에 대한 검토가 필요하다. 만약 사회과에서 가르치고자 하는 가치가 모두 절대적이고 보편적인 것이라면 구태여 가치명료화나 가치분석, 배려와 감사의 윤리 등의 방법을 활용할 필요가 없다. 반면, 사회과에서 가르치고자 하는 가치가 모두 상대적이고 주관적인 것이라고 하면 언어적 교훈주의, 발달단계접근법, 친사회적 행동 교육은 설 자리가 별로 없다. 또한, 사회과 가치교육이 오로지 사고의 과정을 가르치는 것이라면 언어

13) 지역사회학교나 사회행위모형도 전반적으로 이러한 접근법들과 유사한 양상으로 가치 교육이 이루어지지만 특정 가치, 태도, 행동을 적극적으로 내면화하는 방식이 아니어서 제외하였다.

적 교훈주의, 배려와 감사의 윤리, 친사회적 행동 교육 등에 기대할 것이 별로 없으며, 사회과 가치교육이 오직 정서와 태도 형성만을 목적으로 한다면 가치명료화, 가치분석, 발달단계접근법 역시 그 효용이 거의 없다.

그러나 다원적 현대 사회에서도 가르치고자 하는 가치들 중에 소위 사회적 기본 가치처럼 최소한의 상호주관성을 갖고 있는 것들이 있고 그것이 사고의 과정과 정서적 태도 형성을 통해 상호보완적으로 가르칠 수 있는 것이라면, 적어도 사회적 기본 가치에 대해서는 언어적 교훈주의, 발달단계접근법, 친사회적 행동 교육의 방법이 활용될 여지가 있다.[14] 또한 사회과에서 사회적 기본 가치에 더해서 개인적·집단적 갈등과 이에 대한 의사결정 및 행동과 관련하여 개인적·집단적 가치에 대한 판단과 고려를 중시하고 서로 다른 가치를 가진 사람들에 대한 관용과 배려를 요구한다면 가치명료화, 가치분석, 배려와 감사의 윤리 등도 충분히 활용될 수 있다.[15]

이 경우, 교수 전략의 관점에서 볼 때 인지 중심 접근은 대체로 가치명료화에서 출발할 필요가 있다. 가치명료화를 통해서 서로 자신의 가치를 명확히 하고 진정성 있게 행동하는 것으로 개인의 심리적 혼란뿐만 아니라 사회적 갈등도 해소된다면 적어도 그 문제에 국한해 볼 때 가치교육은 거기서 끝나도 무방하다.[16] 반면, 그렇게 해도 해소되지 않는 첨예하고 공

---

14) 흔히 다원적 현대 사회에서는 더 이상 합의 가능한 가치가 없기 때문에 사회적 기본 가치와 태도 등에 대한 교육이 불필요하고 불가능할 것이라는 주장이 제기된다. 과연 그러한가? 사실은 오히려 가치갈등 해결이라는 현실적 필요로 인해 가치 태도 교육이 더욱 활성화될 수밖에 없다. 적어도 서로 다른 가치관과 세계관을 가진 사람들 간의 관계 맺음의 태도가 중요해지면서 관용, 연대, 존중 등의 태도가 강조될 수밖에 없을 것이다. 이러한 태도는 정의의 원칙이나 공공선과 달리 내용적 합의가 필요한 것이 아니라 그야말로 관계 맺음과 관련되는 기본적인 태도와 행동 양식이며 이것은 인지, 정서, 행동을 통해 강조되어야 하는 덕목이다. 또한, 극히 최소한이겠지만 다원적 현대 사회에서 합의할 수 있는 사회의 기본적인 원칙이나 최소한의 공공선이 헌법 등에 기술되어 있고 이 역시 인지, 정서, 행동을 통해 강조되어야 하는 가치임에 틀림없다.

15) 개인 혹은 집단 간 갈등의 경우에 자신을 아는 것과 상대방을 인정하는 과정이 모두 필요하다. 무엇보다도 나와 다른 타인을 관용, 공감, 존중하는 태도를 배울 필요가 있다. 인지적으로는 갈등하되 정서나 행동 측면에서 갈등하지 않는다면, 충분히 개인 간, 집단 간의 타협점을 찾을 수 있다. 타협점 자체가 도덕적인 것이 아니라 타협점을 찾기까지 상대방을 인정하는 태도를 형성하는 것이 도덕적인 것이다. 물론 이 과정에서 자신의 가치를 명확히 확인하는 것도 도덕적으로 중요하며 그 이전에 자아에 대한 존중감이 형성 여부도 중요하다. 인지적 혼란은 정서적 결핍에서 출발하는 경우도 많으며, 사랑의 경험이 있는 사람이 자신 내부의 인지적 갈등에 대해서도 수용적일 수 있기 때문이다.

적인 갈등이라면 사회적 기본 가치 혹은 보편적인 원칙에 의거하거나 집단적 합의 과정을 거칠 필요가 있다. 이 경우 가치교육은 가치명료화에서 시작하여 가치분석을 넘어 발달단계접근법이나 근거확립모형의 순서로 나아가게 된다. 결국 우리 사회가 합의하는 최소한의 규범(예를 들어 헌법적 가치)에 근거하여 문제해결을 도모할 수밖에 없다.

그리고 정서 및 행동 중심 접근들은 기본적으로 정서적 교류나 관계 맺음 속에서 출발할 필요가 있다. 즉, 정서와 행동 중심 접근법의 경우 돌봄 학습이나 배려와 감사의 윤리처럼 정서적인 교류와 교감에서 시작하는 것이 바람직하다. 정서적 교감을 통해서 공동체 구성원으로서 타인과 연대하며 공적 활동에 참여하고 행동하게 될 것이기 때문이다. 정서적인 교감 없는 행동은 많은 경우에 타인의 오해를 불러일으킬 수 있으며 공감과 지지를 얻기 어렵기 때문이다.

넷째, 가치교육의 효과 측면에서 전통적 접근, 인지 중심 접근, 정서 및 행동 중심 접근은 일정 부분 종합적 활용이 요청되거나 종합적으로 활용될 수 있다. 이때 종합적 활용이 요청된다는 것은 가치교육이 인지나 정서 및 행동 어느 한쪽 측면에만 치중해서는 온전히 이루어질 수 없다는 점을 전제한다. 이와 관련해서 인지 중심 접근과 정서 및 행동 중심 접근 방식을 모두 강조한 콜버그와 뉴만은 중요한 시사점을 제공한다. 가치갈등과 관련한 문제해결력과 도덕적 판단력의 신장은 정서나 행동을 수반한 경험에 기초할 때 더욱 동기화되고 행동화될 수 있다. 그리고 정서와 행동에 기반한 경험의 기초 위에서 진정성 있는 도덕적 반성과 성찰이 이루어질 수 있다.

따라서 가치교육을 통한 실질적인 변화를 원한다면 인지, 정서, 행동 측면을 모두 변화시키는 것이 효과적이며 이를 위해서는 인지 중심 접근과

---

16) 이와 관련하여 가치명료화 모형에 대한 커센바움의 회고적 성찰을 참고해 볼 수 있다. 커센바움은 가치명료화 모형이 교사나 부모가 어떤 특정 가치를 학습자에게 명시적으로 부과하는 것은 아니지만, 가치명료화 모형을 실행하는 과정 속에는 중요한 시민적・도덕적 가치가 내재해 있다는 점을 인정한다. 예컨대 학생들 상호 간에 타인의 이야기를 경청하도록 하는 데서 '존중'이라는 가치를, 각자의 입장에 대해 서로 주목하도록 하는 데서 공정과 공감이라는 가치를, 말과 행동의 불일치를 줄이도록 하는 데서 정직이라는 가치를 함축하고 있다는 것이다(Kirschenbaum, 2000). 이 같은 관점에서, 어느 하나의 모형이 오로지 가치교육의 어느 한 측면에만 관여하는 것은 아니라는 점을 고려할 필요가 있다.

정서 및 행동 중심 접근을 종합적으로 활용하는 것이 필요하다. 기본적으로 가치가 인지, 정서, 행동 측면을 동시에 지니고 있다면, 뉴만의 근거확립모형과 사회행위모형, 콜버그의 발달단계접근법과 지역사회학교뿐 아니라 대부분의 인지 중심 접근과 정서 및 행동 중심 접근은 종합적으로 활용될 수 있다. 심지어 언어적 교훈주의로 대표되는 전통적 접근 역시 사회적 기본 가치나 공동체 구성원 간의 기본적인 태도 교육에 국한해서 볼 때 인지, 정서 및 행동 중심 접근과 종합적으로 활용될 수 있다.

전반적으로 전통적 접근, 인지 중심 접근, 정서 및 행동 중심 접근을 아울러 생각할 경우에는, 그리고 그것이 개인의 선호 확인으로 해결되는 것이 아니라 공공문제나 협동적인 사회생활과 관련된 것이라면 전통적 접근과 함께 정서－인지－행동 중심 접근의 순으로 학습하는 방식을 생각해 볼 수 있다. 인지적인 판단보다는 정서적인 교류에 기반을 두고, 그것을 토대로 인지적인 반성을 하고 행동으로 나아가는 것이 훨씬 자연스럽고 부드러울 수 있기 때문이다. 이와 같이 정서적인 교감 위에 인지적 반성을 거친 신중한 행동이 협동적인 공동체 생활에 기여하는 바가 적지 않을 것으로 기대된다.

(2) 가치교육 방법의 종합적 활용 실제

여기서는 가치교육의 종합적 활용 방안의 구체적인 사례를 제시하려고 한다. 이 장에서는 종합적인 가치교육을 위한 포괄적이고 새로운 모형을 개발하는 방식이 아니라, 가치교육이 이루어지는 상황과 맥락을 고려하여 기존의 가치교육 방법들을 의미 있고 효과적인 배열 혹은 조합으로 만들어내는 방식을 취하였다. 이는 앞의 종합적 활용 논의 중에서 네 번째인 가치교육의 효과 측면에서 인지 중심 접근과 정서 및 행동 중심 접근의 종합적 활용 방식을 택한 것으로, '정서적 공감과 동기화', '인지적 판단과 성찰 및 확정', '행동의 실천 및 반복'이라는 과정을 거치도록 하였다. 물론 이러한 과정은 기존의 종합 논의에 나타난 통합 모형들에 나타난 단계처럼 고정된 것이 아니라 교사가 학습자, 학습 내용, 학습 환경 등으로 고려하여 스스로 판단하여 재조정할 수 있다.

저자는 이러한 기획에 따라 <표 10－2>와 <표 10－3>을 통해 종합적 가치 교수 전략의 실제를 제시해 보았다. 추후 체계화, 정교화되어야 하는 과제를 안고 있지만, 이 장에서 제안하고 있는 종합적 가치 교수 전략의 한 단면을 거칠게라도 구체화할 필요가 있다고 판단되어 사례를 제시하였다.

표 10-2 종합적 가치 교수 전략의 예 1: 사회적 기본 가치 관련

가치교육 유형	정서 중심 (또는 전통적) ⇨	인지 중심 ⇨	행동 중심
예시 상황	빈곤, 사고 등의 이유로 어려움을 겪는 우리 사회의 일부 계층 사람들이 사회 전체 구성원에게 도움의 손길을 요청하고 있다.		
활용 가능한 방법	돌봄 학습 (언어적 교훈주의)	근거확립모형	친사회적 행동 모형
방법의 초점	'어려움에 빠진 사람들을 돕고 싶다'는 마음을 가진다.	어려움에 빠진 사람들을 돕는 것이 어떤 이유나 근거 때문에 타당한지 확인한다.	어려움에 빠진 사람들을 돕는다. (유사한 상황에서 빈곤, 사고 이외에 다른 종류의 어려움을 겪는 사람들에게도 동일한 행동을 실천한다.)
세부 전략 예시	"어려울 때 돕는 친구가 진짜 친구이다."라는 경구 활용	어려움에 빠진 사람들을 돕는 것이 우리 사회가 지향하는 기본 가치(인권 보장 등)에 부합하는지 탐색	자신의 어려운 처지에도 불구하고 친구나 이웃을 도운 사람들의 행동을 모방

<표 10－2>에서는 사회적 기본 가치와 관련한 가치교육을 다루고 있다. 우리 사회에서 타인을 돕는 행위는 일반적으로 바람직한 것으로 여겨지는 사회적 기본 가치 중 하나라고 할 수 있다. 특히 어려움을 겪는 사람을 돕는 것은 어려서부터 강조되는 중요한 행위 덕목의 하나에 해당한다. 그와 같은 기본적인 가치에 대해 정서적 접근에 속하는 돌봄 학습을 통해 그러한 이타적 행위의 가치 및 필요성을 역설할 수 있다. 이 과정에서 묵직한 메시지를 담고 있는 경구, 명언 등을 활용할 수도 있고 아름다운 예화를 활용할 수도 있다. 다음으로는 근거확립모형을 통해 타인을 돕는 행위의 타당성을 살펴본다. 그러한 과정 속에서 타인을 돕는 행위는 우리 사회의

기본 가치, 예를 들어 헌법 등을 통해 보장하는 인권(기본권)에 부합한다는 점을 발견할 수 있다. 이것은 타인을 돕는 행위가 정당성을 확보하고 있음을 증명하는 것이고 타인을 돕겠다고 하는 결정이 가치가 있다는 것을 보여주는 과정이기도 하다. 이러한 확신 속에서 타인을 돕는 행위를 실천하는 것은 탄력을 받을 수 있다. 그 과정에서 우리에게 잘 알려진 실제 인물의 자선이나 구제 행위 등을 살펴보고 그것을 일종의 롤 모델로 삼아 모방하는 방식도 가능하다. 그리고 이후에 유사한 상황에서도 동일한 판단 및 실천을 하는 데까지 나아갈 수 있다. 이처럼 <표 10-2>에서는 사회적 기본 가치를 가치교육의 주요 내용으로 삼을 경우 정서 중심 접근(전통적 접근도 가능), 인지 중심 접근법, 행동 중심 접근법을 두루 사용할 수 있음을 보여주고 있다.

표 10-3 종합적 가치 교수 전략의 예 2: 논쟁적 성격의 가치갈등 관련

가치교육 유형	인지 중심 ⇨	행동 중심 ⇨	정서 중심
예시 상황	학교에서도 점차 이주자 가정 출신의 학생이 늘어나면서 이들과의 적절한 상호작용 여부 및 방식이 과제로 대두되고 있다.		
활용 가능한 방법	가치명료화(가치분석)	지역사회학교	배려와 감사의 윤리
방법의 초점	이주자 가정 출신의 학생이 증가하는 상황에 대해 생각해 보고 그들을 대할 때 취하고자 하는 각자의 방식을 결정한다.	이주자 가정 출신의 학생과 같은 학급에서 더불어 살아가는 방식을 정하여 그에 따른다. (또 다른 사회적 소수자 문제에 대해서도 동일한 방식으로 의사결정한 후 그에 따른다)	사회적 소수자의 하나로 인식되고 있는 이주자 가정 출신 학생이 처한 상황에 눈과 귀를 기울이고 그에 대해 감정이입적 이해를 추구한다.
세부 전략 예시	이주자 가정 출신의 학생이 자신의 짝꿍이 되는 것에 대한 자신의 입장과 관련한 공개 인터뷰 실시	짝꿍을 정하는 방식에 관한 규칙을 학급 내 모든 구성원이 참여하여 결정하고 그 규칙에 따라 짝꿍 결정	짝꿍과 교류하며 이주자와 관련한 일반적인 특징과 그들이 불이익을 받는 상황을 살펴보고 이주자와 나의 관계, 이주자의 복지 등을 역지사지하며 고려

한편, <표 10－3>에서는 사회의 기본 가치라기보다는 다원적 현대 사회에서 어느 정도 논쟁 중이라고 볼 수 있는 가치를 다룰 때의 예를 제시해 보았다. 다문화적 변화를 겪고 있는 한국 사회에서 이주자 가정 출신 학생들의 수와 비율이 학교 내에서 꾸준히 증가하고 있다. 적어도 학교교육을 통해서는 일반적으로 그 학생들을 차별하지 말고 잘 대해야 한다는 차원의 당위적 내용이 많이 다루어지고 있다. 그러나 우리 사회 전체로 놓고 보면, 이주자(혹은 그 가정의 자녀들)의 증가와 그들에 대한 교육 당국의 지원에 대해 일종의 역차별이라는 이유로 불만스럽게 바라보는 시선도 적지 않다. 또한 이주자에 대한 부정적 스테레오타입이 미디어 등을 통해 상당 부분 고착화되어 있는 상황에서 이주자들에 대한 따뜻한 대우만을 일방적으로 강조하는 것은 동기화 및 실천에 도움이 되지 않을 수 있다(설규주, 2013: 70-73).

이러한 상황에서는 처음부터 특정한 방향으로 가치를 주입하거나 교화하는 방식을 취하기보다는 개인의 선택 기회를 제공하는 방식을 고려해 볼 필요가 있다. 우선 가치명료화를 활용하여 예컨대 이주자 가정 출신의 학생과 학급 내에서 짝꿍이 되는 상황이 된다면 그것을 수용할 것인지, 거부할 것인지에 대한 개인의 선택 기회를 제공한다. 학습자는 이에 대해 심사숙고한 후 자신의 선택을 공개 인터뷰 등을 통해 공표한다. 이 과정에서 중요한 것은 어떤 선택을 하느냐, 즉 판단의 내용이나 방향 자체보다도 학습자 개인의 자유로운 판단과 선택이 학급 공동체 구성원에 의해 존중받는 분위기가 형성되어 있다는 사실을 모든 학생들이 인식하는 것이다. 그래야 그다음 단계에서 예컨대 지역사회학교 모형과 같은 방식을 통해 학급 공동체의 의사결정에 적극적으로 참여하고 또 거기서 결정한 사항에 대해 책임감을 가지고 실천할 수 있을 것이다. 지역사회학교 모형은 일반적으로 학교 전체를 단위로 하여 작동하는 것이지만, 사회과 수업의 맥락으로 한정한다면 학급 공동체 내에서의 규칙 제정 등과 같은 의사결정 및 실천으로도 그 모형이 의도하고 있는 결과를 상당 부분 이끌어 낼 수 있을 것이다. 다음으로 이러한 선택 및 행동과 연계하여 배려와 감사의 윤리를 통해 사회적 소수자의 하나로 인식되고 있는 이주자 가정 학생의 목소리와 이야기에 주목하고 감정이입 중심의 이해를 통해 그들의 상황에 대한 공감을 이끌어 낸다.

다시 한번 강조하지만 여기서는 정서－인지－행동(또는 인지－행동－정서) 중심의 접근을 종합적으로 활용하는 방식을 하나의 사례로 제시한 것이다. 만약 학교생활 이전에 다양한 경험을 통해 빈곤 계층과의 정서적 교류를 해 온 학습자들을 대상으로 할 경우 구태여 정서에서 출발할 필요는 없으며, 인지적 반성과 성찰이 우선되는 것이 효과적일 수도 있다. 이 경우 인지적 반성과 행동적 경험에 기초하여 좀 더 세련된 정서의 함양으로 이어지는 것이 효과적일 수 있다. 이처럼 저자가 제시한 학습 과정은 기존 통합 모형 논의의 단계처럼 고정된 것이 아니며 학습자, 학습 내용, 학습 환경에 따라 유동적일 수 있다.

그리고 여기서 제시한 사례는 단지 1차시의 수업을 염두에 둔 것은 아니다. 사회과에서의 가치교육을 긴 호흡으로 바라보면 짧게는 1차시일 수도 있지만, 좀 더 길게는 가치교육과 관련성이 상대적으로 높은 단원 전체의 (반드시 모든 차시는 아니지만) 사회과 수업 장면 곳곳에서 여러 가지 가치교육 방법을 병행하여 활용할 수 있을 것이다. 더 나아가 특정 학년 전체의 사회과 수업이나 특정 학교급 전체에서도 그와 같은 시도가 가능하다. 또는 교육과정상의 특정 단원뿐만 아니라 시사성 높은 소재와 관련지어 가치교육 수업을 구성하는 것도 고려할 수 있다.

4. 결론

국내외의 사회과 가치교육 관련 논의들을 종합하면 인지 중심 접근에 대한 강조와 함께 그에 대한 비판으로서 정서 및 행동 중심 접근이 또 다른 축으로 제시되어 왔다. 특히, 국내의 사회과 가치교육 연구들을 살펴보면, 대체로 가치교육 방법이나 모형을 2~3개의 범주로 구분하여 각각을 차별화하고 비교・대조하는 경향을 보였다. 물론 어느 모형이나 방법이 가장 좋다는 식의 직접적인 평가는 많지 않지만, 대체로 연구자들이 관심 있는 접근법에 방점을 두는 경향을 보였다. 물론 인지중심, 정서 및 행동중심 등 각각의 접근법들을 비판하고 이를 병행, 절충, 혹은 통합, 종합하는 대안을 모색하는 논의들도 상당수 있었다.

물론 기존의 일부 연구에서도 이 장처럼 사회과 가치교육 모형의 연계나 융합을 모색하는 시도들이 있었다. 이러한 논의는 사회과 가치교육의 다양성을 인정하고 풍부히 한다는 점에서 그 자체로 의의가 있으나, 교과 수업에서 어떤 방식과 논리로 모형 간의 종합적 활용이 이루어져야 하는지에 대해서는 다소 미흡한 측면이 있었다. 따라서 각 모형 간의 연계나 융합, 종합적 활용 등이 왜 필요한지, 그리고 어떻게 가능한지 등을 규명하고 이를 토대로 보다 체계적으로 가치교육의 종합적 활용 방안을 조직화할 필요가 있었다.

이를 위해 이 장에서는 각 모형이 지닌 특징을 모형 간의 관계에 초점을 맞추어 살펴보았다. 이 장은 이러한 논의를 통해 사회과 가치교육 접근법 중 유사한 내용과 양상으로 이루어지는 것 사이에는 종합적 활용의 여지가 있다는 것을 설명하였다. 동시에 서로 다른 내용과 양상을 띤 가치교육 방법이라 할지라도 교육의 실천 국면에서는 가르치고자 하는 가치의 성격과 유형에 따라 적절한 역할 분담을 통해 종합적 활용 가능성이 있다고 주장하였다. 그리고 가치교육 효과 측면에서 인지, 정서, 행동의 총체적 변화를 추구한다면 인지 중심 접근과 정서 및 행동 중심 접근이 병행되거나 종합적으로 활용되어야 한다고 보았다.

그리고 이러한 종합적 활용 가능성 논의를 토대로 인지 중심 접근과 정서 및 행동 중심 접근의 종합적 활용 방식을 택하여, 정서적 공감과 동기화, 인지적 판단과 성찰 및 확정, 행동의 실천과 반복을 연계한 종합적인 가치 교수 전략의 실제를 사회적 기본 가치와 논쟁적인 가치갈등 사안과 관련해서 개발하였다. 이러한 실제는 아직까지 매우 개괄적인 수준에 머물러 있으므로 향후 교과 교육과정과 수업에 실제적으로 적용하는 연구를 통해서 보다 구체화될 필요가 있다.

현재 우리에게는 인지, 정서, 행동의 변화를 모두 불러일으킬 수 있는 '완전한' 가치교육 접근법이 없다. 모든 가치관과 세계관, 도덕적 입장을 한꺼번에 가르칠 수 있는 '포괄적' 방법론도 없다. 개인의 가치 혼란에 적용하는 방법과 공적 가치갈등에 적용하는 방법도 다르다. 그러나 인지, 정서, 행동 등 각각의 변화를 자극할 수 있는 방법들은 우리가 이미 가지고 있다. 각각의 가치관과 세계관, 도덕적 입장을 가르치는 방법들도 이미 가지고 있다. 개인 가치 혼란에 적용하는 데 더 유용한 방법도 있고, 공적 가치갈등 해결에 더 유용한 방법도 있다. 물론 함께 사용하면서 이론적·논리적으로 충돌은 일어날 수 있다. 그처럼 충돌할 수 있는 부분도 있지만 다른 한편으로 접점을 찾거나 협력이 일어날 수 있는 부분도 있다.

만약 저자가 철학자이거나 윤리학자라면 이와 같은 주장을 할 리도 없고 이 장을 쓸 이유도 없다. 저자는 교과교육학자라는 정체성을 가지고 여러 가치교육 방법들의 병행이나 종합적 활용을 제시하고 있다. 교과교육학은 실천을 전제로 한다. 그리고 실천은 항상 다양한 시도를 종합하는 장인 경우가 많다. 이는 마치 환자를 치료하는 의사의 입장과 유사하다. 예를 들어 암 치료와 관련해서 항암제에 반응하는 암도 있고 항호르몬제에 반응하는 암도 있다. 수술로 제거가 가능한 암도 있고 그렇지 않은 암도 있다. 만약 항호르몬제에 반응하는 암이라면 항암제를 구태여 쓸 필요는 없지만 수술은 충분히 병행할 수 있다. 수술로 제거가 불가능한 암은 항암제를 사용할 수밖에 없고 이외에 식이요법 등을 병행할 수 있다. 물론 각각의 방법은 장점과 단점을 가지고 있다. 의사는 환자의 의견, 상태, 환경 등을 고려하여 하나의 치료법만을 고집하지 않고 여러 치료법을 병행하게 된다.

다시 가치교육 접근법으로 돌아오자. 개인의 가치 혼란은 비교적 어려운 문제가 아니다. 허용적인 분위기를 만들고 사생활을 지켜주면서 스스로 자신의 가치를 명확히 하면 될 것이기 때문이다. 그리고 그러한 학생들이 타인과 정서적으로 교류하며 서로의 차이를 인정하면 최소한의 공동체 생활은 가능하다. 그러나 공동체 생활에는 항상 개인적인 문제만 있는 것이 아니다. 집단 간의 첨예한 갈등도 자주 나타난다. 이 경우는 가치명료화나 배려와 감사의 윤리 교육으로 해결하기 어렵다. 이 경우에는 결국 공동체의 기본적 가치를 준거로 해결하거나 그러한 준거를 합의하는 등 공적 문제해결 과정을 거칠 수밖에 없다. 특히 공교육에서는 최소한의 헌법적 가치를 가지고 문제해결을 할 수밖에 없고 그것이 교사가 할 수 있는 범위 내의 가치교육이다. 그러나 공적인 문제해결 과정에서도 가치명료화와 배려 및 감사의 윤리 교육은 교육적으로 좋은 출발점 전략이 될 수 있다. 물론 이 경우에는 근거확립모형과 발달단계접근법, 사회행위모형과 지역사회학교, 친사회적 행동 교육 등을 함께 활용해야 문제해결이 가능하고 공적 가치교육도 이루어질 수 있다.

결론적으로, 이 장은 여러 가치교육 방법에 각각 내재한 논리나 원칙 등을 통해 각 방법 간에 경계를 만들고 서로 구분 짓기보다는, 각 방법 사이에 부분적으로라도 존재할 수 있는 접점을 찾거나 최소한 그 거리라도 좁힐 수 있는 방안을 찾고자 하였다. 이와 같은 작업을 시도한 이유는 하나로 압축될 수 있다. 그러한 과정에서 설사 학문적·이론적 엄밀성을 완벽하게 충족시키지 못하더라도 실제 사회과 수업 전반에서 가치교육의 효과를 조금이라도 더 높일 수 있기를 기대한 것이다. 물론 이것이 곧 특정 가치교육 모형의 본질에 충실하려는 노력이 교과 수업 효과의 극대화와 상충함을 의미하는 것은 아니다. 다만, 어떤 모형 자체의 본질과 완결성에만 충실하다 보면 해당 모형의 방법론에 기계적으로 접근할 가능성이 높고 그 과정에서 교과 수업 전반에 걸친 가치교육의 효과 측면이 상대적으로 가려질 수 있음을 지적한 것이다. 그러한 점을 고려하여, 한두 모형을 최선으로 놓고 그 모형에만 주로 의존하기보다는 가치교육의 다양한 국면에서 요구되는 모형을 선택적·맥락적으로 활용해 보자는 것이다.

또한, 이 장은 학교교육의 전반적인 차원에서 이루어지는 가치교육의 필요성이나 효과에 대해 부정하지 않는다. 다만, 교과교육을 담당하는 사회과 교사가 보다 직접적으로 실천할 수 있는 단서를 제시해 보자는 취지에서 교과 수업을 통한 가치교육 국면을 설정한 것이다. 아무래도 교과 외 차원 혹은 학교의 전반적인 차원에서 이루어지는 가치교육보다는 사회과 수업에서 이루어지는 가치교육이 사회과 교사에게는 접근성이 높을 것이기 때문이다.

이 장에서는 종합적인 가치 교수 전략의 대략적인 방향과 얼개만을 제시하였다. 추후 연구가 진행된다면, 그러한 종합적 전략이 실제 사회과 수업에서 어떻게 구현될 수 있는지를 알아보기 위해 교과 수업 사례를 관찰·분석하는 작업을 수행할 필요가 있다. 또한, 종합적인 가치 교수 전략을 활용한 사회과 수업에 참여하는 교사 및 학생들과 면담을 진행하여 교과 수업의 세부 맥락을 파악하고 이해하는 과정도 필요하다. 이와 같은 노력이 꾸준히 축적된다면, 교과 수업에서 다양한 가치교육 방법을 종합적으로 활용하려고 시도하는 교사가 늘어나고 더불어 가치교육 측면에 보다 의미 있는 결실을 맺을 수 있을 것으로 기대된다.

참고문헌

강용옥(1993). 사회과교육에 있어서 가치명료화 전략의 효과에 관한 연구. **사회와 교육**, 17, 215-237.

길현주(2005). 인지발달론적 가치교육의 한계와 보완적 접근 모색: 도덕적 실천력 제고를 위한 방안으로. **시민교육연구**, 37(4), 1-20.

김재형(1989). 사회과 가치교육론. **사회과교육**, 22, 244-260.

김해성(2003). 시민교육에 있어 인지발달론적 가치·도덕 교육의 공헌과 한계: '정의'원칙을 중심으로, **시민교육연구**, 35(1), 69-88.

문용린(1992). 도덕·윤리교육의 문제와 개선 방향. **철학사상**, 2, 167-197.

설규주(2013). 교과서 속 사회적 소수자에 대한 스테레오타입 연구: 2009 개정 교육과정에 따른 중학교 사회 교과서를 중심으로. **다문화교육연구**, 6(3), 55-83.

이병호(1999). 가치교육과 덕의 윤리. **시민교육연구**, 28, 247-266.

이수경(2012). 가치분석 수업이 초등학생의 가치판단력 신장에 미치는 효과. **한국사회교과교육학회 2012 연차학술대회 자료집**, 107-121.

정세구(1979). 가치·태도 수업의 전략. **사회과교육**, 12, 17-19.

정원규(2011). 사회과 가치교육 접근법들에 대한 비판적 고찰: 가치교육의 네 가지 배경원칙을 중심으로. **시민교육연구**, 43(4), 93-116.

정호범(2008). 가치교육에 있어서 가치판단의 정당화. **사회과교육연구**, 15(4), 25-44.

정호범(2014). **자유주의 철학과 가치관 형성 교육**. 서울: 교육과학사.

차경수·모경환(2008). **사회과교육**. 서울: 동문사.

차조일(1999). 사회과 개념수업모형의 이론적 문제점과 해결방안: 개념수업을 위한 일반모형의 개발을 중심으로. **시민교육연구**, 29, 227-249.

추정훈(2005). 가치화의 과정과 가치교육의 문제. **사회과교육연구**, 12(2), 237-261.

홍남기(2013). 듀이의 반성적 탐구와 가치재구성으로서의 가치탐구. **시민교육연구**, 45(1), 147-170.

Banks, J. A. & Clegg, Jr. A. A.(1977). *Teaching strategies for the social studies: Inquiry, Valuing, and decision-making. 2nd.* Reading, Massachusetts: Addison-Wesley Publishing Company. 최병모 외 역(1987). **사회과 교수법과 교재연구**. 서울: 교육과학사.

Gilligan, C.(1982). *In a different voice: Psychological theory and women's development.* Cambridge: Harvard University Press.

Hirsh, R. H., Miller, J. P., & Fielding, G. D.(1980). *Model of moral education.* New

York: Longman Inc, 이석호 외 역(1989). 도덕·가치교육의 교수모형. 서울: 교육과학사. / 강두호 역(2013). 도덕교육의 6가지 모형. 서울: 역락.

Hunt, M. P. & Metcalf, L. E.(1968). *Teaching high school social studies. 2nd.* New York: Harper and Row.

Kirschenbaum, H.(1995). *100 ways to enhance values and morality in schools and youth settings*. Allyn & Bacon. 추병완 외 역(2006). 도덕·가치교육을 위한 100가지 방법. 서울: 울력.

Kirschenbaum, H.(2000). From value clarification to character education: A personal journey. *Journal of humanistic counseling, education & development,* 39 (온라인판)

Kohlberg, L.(1981). *The philosophy of moral development: Moral stages and the idea of justice*. New York: Harper & Row, Publishers. 김민남 외 역(2000). 도덕발달의 철학. 서울: 교육과학사.

Lickona, T.(1991). *Educating for character*. New York: Bantam Books. 박장호 외 역(1998). 인격교육론. 서울: 백의.

Noddings, N.(1984). *Caring: A feminine approach to ethics & moral education.* Berkeley: University of California Press.

Oliver, D. W. & Shaver, J. P.(1966) *Teaching public issues in the high school.* Boston: Houghton Mifflin Company.

Raths, L. E., Harmin, M., & Simon, S. B.(1978). *Values and teaching: Working with values in the classroom. 2nd.* Columbus: Charles E. Merrill Publishing Company. 정선심 외 역(1994). 가치를 어떻게 가르칠 것인가: 가치명료화 이론과 교수전략. 서울: 철학과현실사.

11 CHAPTER

사회과 논쟁문제수업, 어떻게 할까?[1)]

– 사회과 논쟁문제수업 개선을 위한 제언 –

〈영국 의회〉 조선일보 2018.2.7 사진 참조

1. 사회과에서 논쟁문제를 어떻게 정의하는가?
2. 사회과에서 다룰 논쟁문제를 선정하다면, 어떤 것이 좋을까?
3. 사회과에서 논쟁문제수업을 하면 어떤 부분에서 논쟁과 갈등이 벌어질까?
4. 사회과의 대표적인 논쟁문제수업모형인 하버드・차경수모형은 어떤 특징을 지니는가?
5. 사회과 논쟁문제수업모형에서 가치갈등 해결을 위한 기준은 무엇인가?
6. 사회과 논쟁문제수업에서 교사는 어떤 역할을 수행하는 것이 좋을까?
7. 사회과 논쟁문제수업 내용은 어떻게 구성하며, 논쟁문제 선정 시 유의사항은 무엇인가?
8. 사회과 논쟁문제수업의 단계는 어떻게 구성되며, 어떤 활동이 이루어지는가?
9. 사회과에서 논쟁문제수업을 하는 것에 대해 여러분은 어떻게 생각하는가?

1) 이 장은 시민사회와 NGO 제14권 2호(2016년 11월)에 실린 '사회과 논쟁문제수업 개선을 위한 제언: 토의민주주의 경험을 중심으로'를 공동 연구자인 오현철 교수님의 동의하에 재구성한 것이다.

이 장은 사회과 논쟁문제수업에 대한 논의이다. 사회과 논쟁문제수업은 문제 중심 혹은 쟁점 중심 사회과라는 전통 속에서 나온 교수학습방법이다. 그래서 반성적 탐구 혹은 사회비판의 전통(교과 모형)에서 주로 활용하는 수업 방법(수업 모형)이다.

논쟁문제는 사회적으로 찬성과 반대로 의견이 나뉘고 그 결정이 사회의 다수와 관련되며, 여러 대안 중에서 어느 하나는 선택해야 하고 선택할 수 있는 문제를 말한다.

사회과 논쟁문제수업은 사회과 도입 이래 지속적으로 논의되어 왔다. 특히 하버드대에서 올리버와 쉐이버가 개발한 하버드 모형(법리모형)이 가장 대표적인 수업모형이다. 이 모형은 개념의 명료화, 경험적 증거에 의한 사실의 증명, 가치갈등의 해결 등을 통해서 논쟁 문제를 해결하고자 한다. 이 중 가치갈등의 해결이 가장 중요하며, 이 모형은 사회의 기본 가치, 가치의 위계적 차이 등을 통해서 이를 해결하고자 한다.

논쟁문제수업에서 사회의 기본 가치를 전제하고 옹호하는 것에 대해서 신교육사회학자, 재건론자, 저항론자들은 이의를 제기한다. 이런 점에서 하버드 모형은 온건한 반성적 탐구의 전통 속에 있다고 볼 수 있고 하버드 모형을 비판하는, 보다 진보적인 사람들은 사회비판의 전통 속에 있다고 볼 수 있다.

사회과 논쟁문제수업에서 중요한 것은 수업 단계나 절차보다는 교사가 교실에서 어떤 입장을 보이며 어떤 역할을 수행하느냐이다. 이에 대해서 켈리는 '신념을 가진 공정형'을, 하우드는 '공정한 의장형'이 바람직한 교사의 입장과 역할이라고 주장한다.

논쟁문제수업 내용을 구성하는 방식은 크게 주제접근법, 역사적 위기접근법, 문제 중심 접근법 등이 있는데, 수업에서 구체적으로 논쟁문제를 선정할 때는 논쟁성, 사회적 중요도, 흥미, 탐구 가능성 등을 고려해야 한다.

논쟁문제수업의 단계는 올리버와 쉐이버의 하버드 모형과 이를 번안한 차경수모형을 따르는 경우가 많은데, 올리버와 쉐이버의 하버드 모형은 주로 가치갈등 해결에 초점을 맞추고 있고, 차경수모형은 논쟁문제수업의 전반적인 과정을 염두에 두고 있다. 국내에서는 주로 차경수모형을 많이 활용하고 있다.

이 장은 하버드 모형 혹은 차경수모형에 대한 생각을 담고 있다. 이 장을 읽고 논쟁문제수업에 대한 구상을 해보기를 권한다.

1. 서론

지금까지 토의민주주의에 대한 국내 연구는 주로 국가 정책 결정과 시민 의견 조사의 방법과 수단이라는 측면에서 이루어졌다. 이처럼 정치적 의사결정이나 공론 영역에 초점을 맞춘 연구는 토의민주주의 이론의 기본적 적용 영역에 해당하는 것이다. 이와 달리 이 장은 지금까지 축적된 연구 성과를 확장하여 토의민주주의를 학교 교육에 적용하는 논의이다. 이 장에서는 시민교육에서 직접적이고 효과적인 정치사회화 과정인 학교 교육, 특히 시민교육의 중핵 교과인 사회과에서 토의민주주의를 효과적으로 활용할 수 있는 방안을 찾아보려고 한다.

그동안 사회과에서는 크게 사회적으로 '합의된 것'을 가르치는 전통과 '합의되지 않는 것'을 가르치는 전통이 병존해 왔다. 교과와 학문 등으로 대표되는 '합의된 것'을 가르치는 전통에서는 공동체의 문화유산과 관련된 기본 가치와 지식 혹은 체계화된 사회과학 지식과 사고를 가르치는 것을 목표로 상정해 왔다. 반면에 일상생활과 경험, 사회문제와 쟁점 등으로 대표되는 '합의되지 않는 것'을 가르치는 전통은 '문제'와 '활동'을 통해서 학생들이 사회생활의 실제를 경험하는 것을 목표로 해 왔다.

사실 다양한 경험을 모두 가르칠 수 없는 학교와 교실의 여건상 '문제'와 '쟁점'은 매우 효과적인 교육 내용이라 할 수 있다. 그래서 사회과에서는 문제와 쟁점 중에서도 시민교육에 적절한 '문제'를 논쟁문제(controversial issue) 혹은 공공문제(public issue)라 보았다. 사회의 다수에게 영향을 주고, 찬반으로 나뉘어 논쟁이 벌어지고, 실천 가능한 대안이 있고, 그중에서 선택을 해야 하고 할 수 있는 논쟁문제 혹은 공공문제가 가장 효과적인 교육 내용이라는 것이다(노경주, 2000; 차경수, 1994).

그런데 토의민주주의 이론과 경험에 비추어 봤을 때, 논쟁문제를 가르치는 기존의 사회과 수업모형, 특히 국내에서 논쟁문제수업의 기본 형태로 받아들여져 온 하버드 모형은 비판적으로 검토할 필요가 있다.[2)] 왜냐하면 하버드 모형은 미국 사법부의 배심원 제도 등을 포함한 재판 과정을 모델화한 것으로, 분쟁 해결과 명확한 결론을 지향하는 성격을 띤 모형이기 때문이다.

이 장에서는 토의민주주의 논의에 기초하여 사회과 논쟁문제수업과 하버드 모형에서 제시하는 논쟁문제수업의 목표와 논쟁 과정에서의 교사 역할에 대해서 비판적으로 검토하려고 한다. 이를 통해 학생들의 판단력 제고를 위해 사회과 논쟁문제수업의 목표를 재설정하고, 토론 과정에서 교사가 어떤 역할을 수행해야 하는지에 대해서 논의하려고 한다.

이를 위해 이 장에서는 우선 사회과 논쟁문제수업과 하버드 모형에 대한 논의들을 토의민주주의 이론과 경험에 근거하여 검토·분석하려고 한다. 그리고 이러한 논의들을 바탕으로 토의민주주의 관점에서 사회과 논쟁문제수업의 목표와 교사 역할 유형을 탐색하고, 사회과 논쟁문제수업에 대한 비판적 함의를 찾고자 한다.

사회과 논쟁문제수업과 하버드 모형에 적용할 만한 토의민주주의 경험 사례는 매우 다양하다. 이를 열거하면 합의회의, 시나리오 워크숍, 시민배심원, 시민자문위원회, 규제협상, 포커스 그룹(참여연대시민과학센터, 2002), 시민포럼, 국민 패널, 이슈 포럼, 기획배심제, 공론조사, 공론의 날(주성수, 2006) 등이 있고, 이 외에도 도덕적 불일치 토의, 참여 예산제, 공동체 대화, 시민의회 등이 있다.

이 장에서는 두 가지 이유로 공론조사, 합의회의, 도덕적 불일치 토의, 시민의회를 선정하였다. 첫째, 평등한 시민들이 동등하게 참여하는 토의포럼을 선정하고, 자발적 지원자들로 구성되거나 추첨이 아닌 인위적 선발로 구성되는 토의포럼을 제외하려고 한다. 둘째, 토의 목적을 유형화할 수 있는 사례들을 선정하여, 토의의 목적을 편견의 교정, 인지적 불확실성을 내포한 문제에 대한 대응, 도덕적 불일치 문제에 대한 대응, 정치·사회적 문제에 대한 집단적 대안 마련으로 구분하고 이에 적합한 사례들을 활용하였다.

2) 여기서는 하버드 모형과 이를 국내에 소개한 차경수 논의를 중심으로 하버드 모형의 주요 특징을 수업 목표와 내용, 교수학습 과정과 교사 역할 측면에서 살펴보려고 한다. 여기서 검토하는 것은 엄밀한 의미에서 하버드 모형의 원형이 아니라 차경수에 의해 수정된 것으로, 우리나라 사회과에서 일반적으로 사용하는 모형이다.

다시 말해서 모든 시민들이 평등하게 선발되어 토의할 수 있는 포럼이 민주주의와 시민교육에 가장 적합하다고 판단하고, 또 교사가 토의 수업을 준비할 때 적절한 토의 목적을 구분하는 것이 토의에서 다룰 문제를 결정할 때 필수적인 요건이라고 판단한 것이다. 이러한 판단에 따라 선별된 사례들 중에서도 수업에 활용할 수 있는 것을 중심으로 논의를 전개하려고 한다.

2. 사회과 논쟁문제수업과 하버드 · 차경수모형의 특징

1) 사회과 논쟁문제수업 논의

(1) 사회과 논쟁문제수업의 등장과 전개

듀이(Dewey, 1910; 1916; 1938)가 민주사회의 학교교육은 사회문제에 초점을 두어야 한다고 강조한 이래, 사회과에서는 지속적으로 문제 혹은 쟁점의 탐구를 강조해 왔다. 사회과교육의 목적은 시민교육에 있으며, 시민성의 함양은 문제나 쟁점에 대한 학습을 통해서 가능하다고 본 것이다(노경주, 2000: 84).

이러한 관점에 따라 그동안 사회과에서는 탐구와 의사결정과 관련된 여러 문제를 다루어 왔으며, 논쟁문제(controversial issues)가 그 대표적인 전형으로 여겨졌다. 그리고 이때 논쟁 곧 이견의 근원은 편견과 오해, 인지능력의 불완전성, 가치갈등 등으로 다양한데, 이 중 논쟁문제의 해결을 어렵게 만드는 가장 심각한 근원은 가치갈등이라고 보았다(조영제, 1998: 191-192).

미국에서는 듀이(Dewey, J.), 러그(Rugg, H.) 이후 논쟁문제 교수에 대한 연구가 지속적으로 이루어졌다. 특히 올리버(Oliver, D. W.)와 쉐이버(Shaver, J. P.)는 교실에서 논쟁문제를 가르치는 수업모형을 체계적으로 제시하였다. 이들은 1956년에서 1961년까지 5년 동안 하버드대 대학원 사회과교육 프로그램의 연구 결과를 토대로 책을 출판하였다. 그들은 사회과에서 다룰 수 있는 논쟁문제를 추출하여 교육과정을 구성하고, 이를 세 학교에서 실험적으로 교수한 후 실험집단과 통제집단을 비교하여 그 결과를 발표하였다(Oliver & Shaver, 1966).

이 모형에서 올리버와 쉐이버는 교실 수업에서 논쟁문제를 1) 개념의 명료화, 2) 경험적 증거에 의한 사실의 증명, 3) 가치갈등의 해결 등 세 가지 초점으로 해결하고자 하였다. 이 모형은 특히 가치갈등의 해결을 가장 어려운 논쟁의 국면으로 보고, 인간 존중이라는 사회의 기본 가치, 헌법에 제시된 여러 가지 민주적 원리, 가치의 위계적 차이 등의 기준을 통해 이를 해결하고자 하였다(Oliver & Shaver, 1966; 차경수, 1994: 227 재인용).

이후 1970년 뉴만(Newmann, F. M.)과 올리버(Oliver, D. W.)는 이 모형을 교실 현장에서 사용할 때의 구체적 과정을 상세히 서술한 '사회과에서 공적 논쟁문제의 명료화'를 출판하여 그 적용 사례를 제시하였다. 이 모형은 윤리·법률적 원칙을 가치갈등 해결의 기준으로 한 점에서 윤리 법률 모형 혹은 법리모형이라고도 하고, 하버드대에서 개발하였기 때문에 하버드 모형이라 불리기도 한다(차경수, 1994: 227).

(2) 국내의 사회과 논쟁문제수업 논의

국내에서는 차경수(1994)가 처음으로 논쟁문제수업을 사회과의 중요한 주제로 제기하면서 하버드 모형을 소개하였다.[3] 이후 논쟁문제수업의 이론과 실제에 관한 연구들이 활발히 진행되었다. 국내에서는 주로 논쟁문제수업에 대한 철학적 논거, 교수모형, 교사 및 학생 인식 조사 등을 중심으로 연구가 진행되었다. 특히 초기에는 논쟁문제수업의 이론적 근거나 절차 등에 관한 것이 많았던 반면에, 점차 구체적인 수업모형, 교육적 효과, 다른 모형과의 통합적 적용 등의 주제로 그 외연이 확대되었다.

국내 연구들을 시기별로 살펴보면, 민주화 운동의 결과로 과거 권위주의

3) 직전에 경제문제를 예로 한 논쟁문제수업에 대한 논문이 발표되어 관심을 끈 바 있으나(조영달, 1992: 97-124), 이는 포괄적인 논쟁문제수업모형에 대한 소개는 아니었다.

정권 시대에 금기시되었던 영역들에 대한 자유로운 토론이 허용된 1990년대부터 논쟁문제수업에 대한 관심이 높아졌다. 우선 차경수(1994)는 하버드 모형을 토대로 우리 교육 현실에 적합한 논쟁문제수업모형을 제안하고, 바람직한 교사 역할을 제시하였다. 정문성(1996)은 존슨과 존스(Johnson & Johnson, 1994)의 협동학습모형에 기초하여 협동학습에서의 논쟁문제수업모형을 제안하였다. 조영제(1998)는 논쟁문제를 자유주의의 맥락에서 검토하고 그 시민교육적 함의를 제시하였다. 구정화(1998, 1999)는 논쟁문제에 대한 학습자들의 이해 및 관심도와 학습 능력 수준을 고려한 연구를 진행하여 학습자 중심의 논쟁문제수업 활용을 위한 기초를 제공하였다.

2000년대에도 논쟁문제수업 관련 연구들이 활발히 이루어졌다. 노경주(2000)는 초등 사회과에서 쟁점(논쟁문제) 중심 교육의 개념, 의의, 교육과정 원리, 교사 역할, 교수학습 방법 등에 관하여 종합적으로 성찰하였다. 구정화(2000; 2002; 2003; 2009)는 사회과 논쟁문제수업에서의 성 차이, 사회과 논쟁문제에 대한 웹 기반 토론 수업의 효과, 초등 교사가 인식한 사회과 수업 환경과 논쟁문제수업, 논쟁문제 중심 사회과교육 관련 연구 동향 등 다양한 주제로 논쟁문제수업에 대해 연구하였다. 이광성(2001; 2002)은 사회과 논쟁문제수업에서의 교사 역할과 고차사고력, 교사 역할에 따른 논쟁문제수업의 효과에 대해 연구하였다. 주은옥(2001)은 논쟁문제수업을 위한 '찬반 협상 모형'을 개발하는 연구를 수행하였다. 은지용(2001)은 반성적 사고력 함양을 위한 논쟁문제 중심 교육과정 시안을 개발하였다. 설규주(2001)는 사회과 논쟁문제수업모형을 통일교육에 적용하는 연구를 수행하였다. 이순재(2004a; 2004b)는 중학교에서 사회적 쟁점을 활용한 엥글 오초아(Engle-Ochoa) 모형의 효과와 고등학교에서 존슨과 존스의 프로콘(Johnson & Johnson Pro-Con) 모형 효과를 연구하였다.

이후에도 다양한 연구들이 이루어졌다. 이미나・최욱・배종규(2005)는 사회과 논쟁문제의 해결 과정에 인터넷을 활용한 문제 중심 학습이 경제 이해력과 논변 능력에 미치는 효과를 연구하였다. 오연주(2005a; 2005b)는 공공 쟁점 중심 사회과의 사회적 구성주의 토대와 이념적 다면성을 연구하였다. 박윤경(2006)은 사회과에서 사회적 논쟁문제를 다루는 방식을 연구하였다. 임경수(2006)는 금기 주제를 활용한 사회과 논쟁문제수업에 대해 연구하였다. 한광웅(2007)은 논쟁문제 중심 교육에서 내용과 방법의 딜레마와 적정화 문제를 연구하였다. 전제철(2008)은 법 교육 관점에서 사회과 논쟁문제수업모형을 연구하였다. 이흥열・손병노(2008)는 논쟁문제 중심 사회과 전통 속의 평가관을 검토하였다. 모경환・안효익(2009)은 온라인 공론장의 의제 설정을 활용한 사회과 논쟁문제수업모형을 개발하였다.

이러한 연구들을 종합해 볼 때 그동안 우리나라에서 수행한 연구들은 주로 논쟁문제수업모형과 그 효과에 초점을 맞추어 왔음을 알 수 있다.

2) 하버드・차경수모형의 주요 특징

(1) 수업 목표와 내용

논쟁문제수업의 궁극적 목표는 논쟁문제해결 자체보다는 학생들의 비판적 사고력과 의사결정력을 함양하는 것이다. 그런데 국내에서 논쟁문제수업의 가장 기본적인 형태로 받아들여져 온 하버드와 차경수모형에서는 심각한 논쟁의 근원인 가치갈등 해결을 도모하기 위해 사회의 기본 가치, 가치의 위계 등을 전제하여 논쟁을 가급적 종결하고자 하는 경향을 보인다. 즉 논쟁문제수업이 이상적으로는 문제해결에 필요한 '학생들의 능력' 향상을 추구하면서도 실제 수업모형에서는 '논쟁문제 해결'을 현실적인 목표로 상정하고 있는 것이다.

한편 하버드와 차경수모형에서는 논쟁문제 내용 선정의 대표적인 방식으로 주제 접근법, 역사적 위기 접근법, 문제 중심 접근법 등을 제시하고 있다. 주제 접근법은 자유와 평등, 종교와 정치, 성장과 분배 등과 같은 주제를 중심으로 논쟁문제수업 내용을 조직하는 것을 말한다. 역사적 위기 접근법은 역사의 흐름 속에서 위기와 전기가 된 사건을 중심으로 논쟁문제를 구성하는 것이다. 문제 중심 접근법은 실제로 논쟁이 되고 있는 시사적인 쟁점을 중심으로 수업 내용을 구성하는 것이다. 물론 이러한 세 가지 접근 방식은 배타적으로 사용할 필요는 없고 함께 활용하면서 논쟁문제수업 내용을 구성하는 것도 가능하다(차경수 · 모경환, 2008: 350-351).

이러한 접근 방식을 통해 만들어지는 논쟁문제의 범주(주제)가 어떤 것이어야 하는가의 문제는 시대적 상황, 학습자의 특수성, 교사와 학자의 관심 등에 따라 조금씩 달라질 수 있다.[4] 물론 이러한 논쟁문제의 범주가 수업에서 바로 다루어질 수 있는 것은 아니며, 실제 수업 현장에서는 이러한 범주 내에서 세부 쟁점(질문)이 선정되어야 한다. 그리고 교사들은 이러한 세부 쟁점과 관련된 주요 이론, 사실과 가치 등을 상세히 준비해야 한다. 또한 사회과 수업에서 다루어야 할 쟁점은 사회적으로나 학생들에게나 의미 있는 것이어야 한다. 따라서 세부 쟁점을 선정하는 데에도 분명한 준거가 있어야 한다.[5]

(2) 교수학습 과정과 교사 역할

일반적으로 논쟁문제수업모형[6]은 문제제기, 가치문제 확인, 분석, 선택 및 결론 등의 네 가지 주요 단계를 거친다. 이 중 분석 단계가 핵심이며, 분석 단계는 다시 정의와 개념의 명료화, 사실 확인과 경험적 증명, 가치갈등의 해결, 비슷한 다른 경우와의 비교, 대안 모색 및 결과 예측의 다섯 단계로 나뉜다.

이를 구체적으로 살펴보면 정의와 개념의 명료화, 사실 확인과 경험적 증명은 논쟁문제 해결의 출발점이다. 정의와 개념을 명확히 하기 위해서는 학문의 도움을 받을 수도 있고, 당사자들끼리의 약속을 통해 새롭게 정할 수도 있다. 또한 사실 관계를 분명히 할 때는 경험적 증거를 통해 주장하는 내용을 증명함으로써 해결할 수도 있고, 사회과학 탐구 방법의 절차를 활용할 수도 있다(차경수 · 모경환, 2008: 355-356).

그러나 이는 어디까지나 가치갈등이라는 논쟁문제의 핵심에 접근하는 과정일 뿐이다. 논쟁문제수업모형은 가치갈등 해결을 위해서 다음과 같은

4) 이에 대해서는 노경주가 만든 '쟁점의 영역'(2000: 93)과 차경수 · 모경환에 제시한 내용(2008: 351)을 참고하기 바란다.
5) 이에 대해서는 노경주가 제시한 '질문 선정의 준거'와 관련 논의(2000: 95-96)를 참고하기 바란다.
6) 여기서는 주로 국내에서 일반화된 차경수모형에 초점을 맞추어 논의하려고 한다.

원칙을 두고 있다. 첫째, 인간의 존엄성은 사회가 지향하는 기본 가치라고 할 수 있고, 우리가 추구하는 가치가 이러한 기본 가치와 관련이 있는지 검토한다. 둘째, 민주주의적 가치, 예컨대 권력 분립, 각종 기본권, 법 앞의 평등 등 민주주의 사회가 지향하는 기본적 가치와의 관계가 검토되어야 한다. 셋째, 보편적 가치, 사회적 가치, 추상적 가치와 특수적 가치, 개인적 가치, 구체적 가치의 관계가 검토되어야 한다. 넷째, 이상에서 제시한 가치들은 인간의 존엄성이라는 기본 가치와 깊은 관계를 가지고 있는 것으로 생각될 수 있다. 즉 가치가 서로 충돌하는 경우 인간의 존엄성 등 기본 가치를 가장 잘 존중하거나 덜 침해하는 가치를 선택해야 한다(차경수 · 모경환, 2008: 357-358).

이처럼 논쟁문제수업모형은 사회의 기본 가치, 가치의 위계에 대한 전제를 통해 논쟁문제 해결을 도모한다. 가치갈등의 해결이 이루어지면 비슷한 다른 경우와의 비교, 대안 모색 및 결과 예측을 거쳐서 분석을 마무리 짓고, 선택 및 결론을 하게 된다. 선택 및 결론은 가설적으로 제시된 여러 대안 및 결과 중에서 원하는 가치와 대안을 선택하고 정당화하는 것으로 논쟁문제 해결의 마지막 단계이다. 이때 중요한 것은 학습자는 처음부터 끝까지 일관성을 갖고, 자기가 선택한 입장을 명백히 하면서 왜 그러한 입장을 선택했는지 정당성을 밝힐 수 있어야 한다.

따라서 사회과 논쟁문제수업에서 교사 역할은 매우 중요하다. 기존의 논의들을 살펴보면, 교사 역할을 공정한 사회자로 상정하면서도 가치 교육 측면에서 다소 적극적인 역할을 수행할 것을 주장하는 경향을 보여 왔다. 물론 일방적으로 교사의 의견을 강요하는 것도 문제지만 학생들에게 학습의 모든 절차와 최종 결론을 맡긴 채 방임하는 것도 좋지 않기 때문이다. 여기서는 그동안 논의되어 온 논쟁문제수업에서 교사가 취할 수 있는 몇 가지 역할 유형을 살펴보려고 한다.

우선 켈리(Kelly, T. E.)는 논쟁문제에 대하여 교사가 자신의 입장을 어느 정도 표현하며 교수하느냐에 따라서 교사 역할 유형을 ① 논쟁문제의 교수 자체를 반대하는 배타적 중립형, ② 어느 한쪽 입장만 교수하고 다른 입장에 대해서는 다루지 않는 배타적 편파형, ③ 다양한 시각에서 논쟁문제를 교수하되 교사가 어떤 입장을 취해서는 안 된다고 보는 중립적 공정형, ④ 다양한 시각에서 논쟁문제를 교수하되 교사가 교육적으로 바람직하다고 하는 방향에서 지도하는 신념을 가진 공정형 등 네 가지로 구분하였다(Kelly, 1986; 차경수 · 모경환, 2017: 327 재인용).

켈리의 교사 역할 유형은 논쟁문제수업에 임하는 교사들에게 매우 유용한 시사를 준다. 먼저 앞의 두 가지 역할 유형은 논쟁문제 자체를 다루지 않거나 논쟁문제를 논쟁이 없는 것처럼 다루는 것이기 때문에 사실상 배제될 수밖에 없다. 따라서 켈리의 선택은 중립적 공정형과 신념을 가진 공정형 중에 하나일 수밖에 없다. 켈리는 이 중에서 신념을 가진 공정형이 논쟁문제수업에 있어 가장 적절한 교사 역할 유형이라고 본다. 이러한 켈리의 선택은 아동 및 청소년을 가르치는 학교 교육과 교실 수업의 상황을 고려한 것이라고 볼 수 있다.

하우드(Hawood, D.)는 교사가 자기의 의견을 얼마나 표현하느냐에 따라서 ① 교사가 자유롭게 자신의 의견을 내세우는 신념형, ② 교사가 다양한 시각을 모두 서술하되 자신의 의견은 말하지 않는 객관형, ③ 교사 자신의 의견과는 상관없이 학생들의 의견에 대해 반대 입장만 취하는 악마옹호형, ④ 다양한 시각을 제시하고 이를 종합하여 교사 자신의 의견을 말하는 옹호형, ⑤ 교사와 학생이 다양한 시각에 대해 토론하되 교사가 자신의 의견을 말하지 않는 공정한 의장형, ⑥ 교사가 먼저 자기의 입장을 말하고 난 후 다양한 의견을 객관적으로 소개해 주는 관심형 등 여섯 가지의 교사 역할 유형을 제시했다(차경수 · 모경환, 2008: 328 재인용).

하우드는 이 중에서 공정한 의장형이 가장 적절하다고 주장했는데, 이는 토론의 과정에서 교사 개입이 불러올 문제점을 감안한 선택이라 볼 수 있다. 그러나 하우드의 입장은 가치교육 측면에서 교사 역할을 소극적으로 제시한다고 비판받아 왔다.

3. 사회과 논쟁문제수업과 하버드 · 차경수모형의 문제점

1) 수업 목표의 경직성

사회과 논쟁문제수업의 궁극적인 목표는 사회적 쟁점 자체를 해결하는 것보다는 논쟁문제 해결 과정에서 요구되는 지적 분석 능력을 함양하는 것이다. 즉 학생들이 사회적으로 제기되는 논쟁문제에 대해서 관련 지식과 이론을 학습한 후 자신의 입장을 선택하고 그것을 정당화하며 옹호할 수 있는 능력을 갖추도록 하는 것이다. 이러한 목표를 달성하기 위해 논쟁문제수업을 통해 사실과 가치 및 의견을 구분하고, 상위의 가치와 하위의 가치의 관계를 인식하며, 추상적 가치를 구체적 상황에 맞게 해석하는 등의 활동을 통하여 논쟁문제 해결에 필요한 학생들의 지적 분석 능력을 길러주는 것이다.

그런데 우리나라에서 논쟁문제수업의 기본 형태로 받아들여져 온 하버드모형과 차경수모형에서는 심각한 논쟁의 근원인 가치갈등 해결을 도모하기 위해 사회의 기본 가치, 가치의 위계 등을 전제하여 논쟁을 가급적 종결하고자 하는 경향을 보인다. 즉 논쟁문제수업을 통해 원칙적으로 학생들의 문제해결능력을 추구하면서도 실제 수업모형에서는 논쟁문제 해결 자체를 구체적인 목표로 상정하고 있다. 이러한 논쟁문제수업의 본래 취지와 수업모형과의 괴리는 논쟁문제수업의 목표를 협소하게 설정한 것에서 기인한 것으로 보인다.

따라서 이러한 논쟁문제 해결을 상정하는 수업 목표에 대한 근본적인 검토가 필요하다. 과연 사회 내에 내재하는 다양한 가치갈등이 해결될 수 있는가? 찬반으로 대립되면서도 선택 가능한 대안이 있는 문제들이 사회적으로 더 중요한가? 기존의 관점과 다른 제3의 시각을 대변하고 검토하는 토의는 배제되어야 하는가? 토의민주주의의 이론과 경험에 의하면 위와 같은 논쟁문제 해결에 집착하는 수업 목표 설정은 현실 삶이나 사회 문제에서 다소 유리된 것으로 판단된다.

토의민주주의 이론과 경험에 따르면 토의의 목적은 최소한 네 가지 이상이다. 편견의 교정, 인지적 불확실성을 내포한 문제에 대한 대응, 도덕적 불일치 문제에 대한 대응, 정치·사회 문제에 대한 집단적 대안 마련 등이 그것이다. 따라서 모든 사회문제들에 대한 토의에서 하나의 해결 방안을 도출하는 것은 어려우며, 토의의 목적은 문제의 성격에 따라 각각 다르게 추구되어야 한다. 즉 논쟁문제 해결을 항상 수업의 목표로 설정하는 것은 지나치게 목표를 경직되게 설정하는 것이다.

2) 교수학습 과정에 대한 우려: 배심원단 토의의 한계

(1) 배심원단 평결의 내재적 결함

샌더스(Lynn M. Sanders)는 미국의 배심원단 토의를 경험적으로 분석한 연구 결과들을 토대로 배심원단 평결 과정을 비판하였다. 이에 따르면 배심원단 토의에서는 사회경제적 불평등과 함께 인종적·성적 불평등 등 다양한 요인이 토의를 좌우하는데, 토의를 주도하는 이들의 발언이 다른 배심원들에게 영향을 미쳐서 민주적이고 평등한 토의를 어렵게 만든다. 사회의 위계질서와 억압 패턴이 배심원단 토의의 목표를 손상시키며, 배심원들이 자율성이나 공동체성보다 오히려 소외감을 느끼도록 만들어서 토의에 악영향을 미친다는 것이다(Sanders, 1997). 따라서 하버드모형과 차경수모형에 기초한 논쟁문제수업의 교수학습 과정에 대해서도 몇 가지 우려가 있을 수 있다. 왜냐하면 하버드 모형이 의지하고 있는 미국 재판 제도, 구체적으로 배심원단 평결은 내재적·제도적 결함이 있기 때문이다.

우선 배심원단 평결은 사람들 간의 사회경제적 편차(socio-economic bias)로 인해 토론 과정이 민주적이지 않다. 어떤 사람들은 타인보다 더 설득력 있게 표현하는 능력을 갖추고 있지만, 그들의 능력은 그들이 사용하는 언어 표현의 실제적 가치나 진정성과 무관하다. 단지 그들은 자신들의 주장을 합리적인 것으로 믿게 만드는 방법을 배웠을 뿐이다. 반면에 그들과 다르게 이성적인 관행에 맞게 자신의 의견을 주장해도 무시당하는 소수자들이 있다. 이로 인해 여성, 소수인종, 빈민 등은 배심원단 토의에서 자신의 주장을 민주적인 방식으로 표현하지 못하게 된다.

다음으로 내면화된 편향성이 작용한다. 사회 계급, 인종, 성과 관련된 불평등에 주목해도, 토의에 필요한 자원을 재분배하기 위해 수입과 교육을 평준화해도, 모든 사람들이 토의하고 논거를 제시하는 방법을 익힌다 해도, 몇몇 사람들의 생각은 여전히 다른 사람들보다 더 중요하게 다루어진다. 특정 편견이 사람들로 하여금 어떤 주장은 듣고 다른 것은 무시하도록 만들기 때문이다. 이러한 내면화된 편향성은 개개인의 내면에 내재된 것이어서 무시당하는 본인들도 인식하지 못할 수 있다. 내면화된 편향성이 야기하는 무시는 무시당하는 사람과 편견을 가진 사람들 모두에게 인식되지 않기 때문에 이성적 토론에서도 거의 도전받지 않는다.

배심원장 직위의 선점도 나타난다. 배심원단 토의는 지위의 불평등한 상황과 분리되지 않기 때문에 토의 과정은 위계질서와 복종이라는 일상적인 관행에서 벗어날 수 없다. 대부분의 배심원단 토의는 배심원장 선출에서 시작되는데, 배심원장으로 선출된 사람들은 대체로 대학을 졸업한 백인 남성이다. 대학 학위, 직장의 높은 지위, 이전의 배심원 경험이 있다면 배심원장으로 선출될 가능성이 높아지고, 대체로 이러한 경험이 없는 여성들이 배심원장으로 선출될 가능성은 낮아진다(Hans & Vidmar, 1986). 이러한 배심원장의 선출은 배심원단 토의 과정에서 반복되는 패턴을 보여준다. 배심원장은 남성일 가능성이 높고 다른 배심원보다 토의에 더 적극적으로 참여한다. 심지어 배심원장이 토의 과정에 말을 많이 하지 않더라도 그가 남성일 경우에 상당한 정도로 토론을 지배한다(Hans & Vidmar, 1986).

또 말 많은 주도자가 토론을 좌우한다. 모두가 자신의 의견을 말할 수 있다면 몇몇 사람들이 더 많이 말하는 것은 문제가 되지 않는다고 볼 수도 있다. 그러나 배심원단에 대한 경험 연구는 누구의 생각이 제대로 표현되었는지, 집단이 이를 이해했는지, 토의에 성공했는지 여부가 '말 많은 주도자(talkative promoter)'의 존재 여부에 의존한다는 사실을 보여준다. 그리고 이 '말 많은 주도자'는 지배집단의 구성원일 가능성이 높다. 그래서 관련 연구에서도 백인 학생들이 다른 인종 학생들보다 더 활동적이고 더 큰 영향력을 발휘하는 것이다(Cohen, 1982: 210-211). 이러한 연구 결과는 사회적으로 높은 지위를 가진 개인이 토론을 지배하면 토론 스타일뿐만 아니라 결과도 좌우할 수 있다는 결론에 이르게 된다. 따라서 이성적 토의 기술을 확산시켜도 토의 참여 정도와 영향력의 불평등을 해결할 수 없다. 집단 토론이 참여자들의 이성과 '논증의 힘'에 기반하지 않고, 지배집단 구성원이라는 사회적 지위에 좌우되기 때문이다.

더불어 평결을 따르는 배심원들이 나타난다. 사회심리학자들은 배심원의 토의 스타일을 증거를 따르는 방식(evidence-driven)과 평결을 따르는 방식(verdict-driven)으로 구분하는데, 평결을 따르는 배심원은 초기부터 다수가 지지하는 방향으로 표를 던지려고 한다. 반면에 증거를 따르는 배심원들은 초기에 쉽게 표를 던지거나 특정 배심원과 시각을 공유하는 대신에, 특정 증거를 채택했을 때의 장점을 논의하려고 한다. 배심원단 토의가 사건 자체보다 사건에 대해 제기된 의견들의 타당성에 초점을 맞출수록, 배심원들은 더 사려 깊게 토론한다. 따라서 증거를 따르는 배심원이 평결을 따르는 배심원보다 일을 더 잘 수행한다(Hans & Vidmar, 1986; Brown, 1986).

따라서 하버드모형과 차경수모형을 기본 형태로 하는 사회과 논쟁문제수업은 기본적으로 미국 배심원단 토의에 기초하기 때문에 이러한 내재적 결함으로부터 자유로울 수 없을 것이다. 즉 교실 상황이라고 하더라도 학생들 가운데 사회・경제적으로 우위에 있는 아이들이 여러 측면에서 토론을 주도할 수 있다.

(2) 배심원단 토의의 제도적 결함

배심원단의 딜레마를 극복하기 위해서는 토의 과정을 재구성해야 한다. 그러나 미국 사회에서 지배적 지위에 있는 백인, 남성, 중산층, 대학 졸업 등의 특성을 갖는 사람들을 배제하고 배심원단을 구성할 수는 없다. 그들을 배제한다면 일반 시민들로 배심원단을 구성한다는 본래의 취지를 정면으로 위반하는 것이다. 그리고 누가 어떤 성향을 가졌는지 사전에 알 수 없기 때문에, 시민의 내적 성향에 주목하여 평결이 아닌 증거를 따를 사람들을 배심원으로 선별할 수도 없다.

따라서 배심원단의 딜레마를 해결하기 위해서는 배심원 개개인들의 성향이나 인구통계학적 특성보다 배심원단의 의사결정 구조에서 답을 찾아야 한다. 배심원단 토의의 문제점을 배심원 평결의 의사결정 구조 측면에서 분석하면 다음과 같다.

첫째, 빅마우스(big mouth)를 통제할 장치가 없다. 배심원들의 자율적 결정에 의해 배심원단 토의가 진행되기 때문에, 사회의 지배집단에 속한 인물이 말이 많고 경험도 풍부하다면 그는 자연스럽게 토의 과정에서 빅마우스가 되는데 배심원단 토의에서는 이를 견제할 제도적 방법이 없다.

둘째, 전문가와 토론할 기회가 주어지지 않는다. 토론 과정에서 많은 의문점이 제기될 수 있지만 외부 전문가의 도움을 받기 어려워 배심원단 내의 좁은 의견풀(pool)에 의존하여 판단할 수밖에 없다. 이러한 좁은 의견풀은 빅마우스의 의견을 반박하기에 충분한 정보를 제공해주지 못한다.

셋째, 만장일치와 신속한 평결이 소수자의 의견 개진을 방해한다. 배심원들은 빠른 시간 안에 평결을 마치고 일상으로 돌아가려고 하기 때문에, 다수와 의견이 다른 소수는 난처한 입장에 빠진다. 이러한 상황이 소수 의견을 지닌 배심원 개인에게 다수의 평결을 따르도록 압박한다. 특히 사회적으로 우월한 사람들이 다수를 이루고 소수자들이 반대 의견을 갖는 경우에 소수는 배심원단 내에서 고립된다.

하버드모형과 차경수모형을 기본 형태로 하는 사회과 논쟁문제수업도 배심원단 토의와 유사할 수 있기 때문에, 관련된 의사결정 구조 측면의 문제점을 해결해야 한다.

4. 사회과 논쟁문제수업 개선을 위한 제언

1) 논쟁문제수업에 유용한 토의민주주의 경험

사회과 논쟁문제수업에 활용할 만한 토의민주주의 경험들은 다양하다. 여기서는 논쟁문제수업의 목표와 교사 역할 측면에서 검토할 만한 토의민주주의 경험을 소개하고 그러한 경험들이 논쟁문제수업에 주는 함의를 찾고자 한다.

(1) 편견 교정을 위한 공론조사

대표적 토의 포럼인 공론조사(deliberative polling)는 토의가 사회적·경제적·인종적·성적 편향성에 경도되지 않도록 토의 과정을 구성한다. 공론조사는 과학적 확률 표집 방식인 층화무작위 추첨을 통해 통계학적으로 대표성 있는 시민들을 선발한 다음, 쟁점에 대한 정보를 충분히 제공하고 참여자들이 깊이 있게 토론한 후, 참여자들의 변화된 의견을 조사하고 그 결과를 공개하는 방법이다(Fishkin, 2003: 10).

공론조사 의사결정 구조의 특징은 다음과 같다. 첫째, 토의 참여자들을 지역, 성, 계급, 종교, 인종 등 사회의 모든 영역에서 층화 무작위 추출하여 선발하기 때문에, 특정 집단 구성원이 일방적인 다수를 차지하지 못한다. 둘째, 사전에 충분히 자료를 제공하여, 토의 참여자들이 선입견을 버리고 정보에 입각하여 합리적으로 판단하도록 유도한다. 셋째, 토의를 진행하는 조정자를 배치하여 빅마우스가 토론을 지배하지 못하도록 하며, 모든 참여자들이 발언하면서 토론이 원활하게 이루어지도록 유도한다. 넷째, 참여의 다양성이 보장되고 참여자들의 발언권이 보장되기 때문에 토의 과정에 다양한 의견이 제시되어 참여자들의 인식의 폭을 넓혀준다. 다섯째, 토의 과정에서 관련 전문가에게 질의응답을 요구하거나 전문가와 토론도 할 수 있기 때문에 참여자들의 인식의 깊이를 더해 준다.

지금까지 공론조사는 미국, 영국, 호주, 캐나다, 대만, 덴마크, 불가리아, 헝가리, 중국 등에서 전국적·지역적으로 여러 쟁점에 대해 실시되었다. 각국의 공론조사 결과를 보면, 토의 이후에 참여자들의 의견에 통계학적으로 의미 있는 변화가 있었음을 알 수 있다. 예컨대 2001년 호주에서 실시된 '토착 원주민과의 화해 정책' 공론조사에서는 화해 문제가 호주가 직면한 중요한 쟁점임을 인식한 사람이 31%에서 60%로, 원주민들의 불이익을 인식한 사람이 52%에서 80%로, 원주민 문제·정부 서비스·정치 지도자들에 대한 지식이 11%에서 50%로 높아졌다. 호주가 원주민들의 동의 없이 점령된 사실을 인지한 사람이 68%에서 81%로, 원주민들이 땅과 물의 원소유자임을 인지한 사람이 73%에서 81%로 높아졌다(http://www.ida.org.au, 검색일 2007.7.8.).

(2) 인지적 불확실성을 다루는 합의회의

합의회의(consensus conference)는 사회적으로 논란이 되는 과학기술적 문제를 평가하는 공개포럼으로서, 보통 10~16명의 시민들이 전문가들과 질의·응답하고 토론한 후에 합의한 결과에 따라 보고서를 작성·공개한다. 합의회의는 과학기술 정책 입안 과정에 시민의 의견을 적극적으로 반영하려는 새로운 형태의 기술영향 평가방법으로 환영받고 있다(김명진·이영희 2002: 45). 특히 새로운 과학기술 정책이 인간과 환경에 미치는 영향을 평가할 때 많이 활용되기 때문에 인지적 불확실성 문제에 집단적으로 대처하는 토의포럼이라고 할 수 있다.

합의회의는 시민 패널의 이견을 좁혀 합의안을 도출해야 하는 만큼 원활한 진행과 균등한 발언권 행사가 필요하다. 이를 위해 촉진자를 두어 토의를 돕는다. 촉진자는 시민 패널을 지원하고 토의를 진행하는 역할을 담당하므로, 사회자 역할과 공동작업 촉진에 뛰어난 사람을 선정한다. 촉진자는 구성원들의 토의 과정에 영향을 주므로 해당 주제에 대해 특정한 이해관계를 가져서는 안 되며, 촉진자의 개입은 토의의 효율성 및 진행 절차에만 한정해 최소한으로 이루어져야 한다(김명진·이영희, 2002: 67; Grundahl,

1995). 따라서 합의회의의 촉진자는 대화를 촉진하고 합의를 유도하지만 자신의 의견을 주장하지 않는 면에서 조정자라고도 할 수 있다.

한편 촉진자가 토론에 과도하게 개입하면 구성원들의 토의가 실패할 수도 있다. 실제로 영국의 식물생명공학에 관한 1차 합의회의에서는 촉진자와 시민 패널 간에 마찰이 있었고, 시민 패널은 촉진자가 토의 과정에 지나치게 개입한다고 느꼈다. 시민 패널은 본회의 둘째 날에 촉진자를 배제한 채 토의와 보고서 작성을 하겠다고 결정하고 패널 중 한 사람을 사회자로 선출하여 토의를 진행하였다(김명진 · 이영희, 2002: 68). 이 사례에서 시민 패널은 촉진자의 역할에 대한 분명한 경계를 그었다.

(3) 도덕적 불일치 문제에 대한 토의

도덕적 불일치(moral disagreement)란 사회문제에 대해서 구성원들의 서로 다른 도덕적 입장 때문에 의견이 일치하지 않는 현상을 의미한다. 포르노그래피, 동성애, 낙태, 사형제도 등이 대표적인 사례이다. 토의민주주의에서는 도덕적 불일치 상태에 있을 경우에, 구성원들이 서로 수용할 수 있는 결론에 도달하기 위해 지속적으로 토의할 것을 주장한다. 그러나 이러한 주장을 현실에 적용하는 것은 단순하지 않다. 다음은 인종, 여성, 문화, 윤리, 복지 등의 분야를 연구한 거트만과 톰슨이 제기하는 구체적인 사례이다(손영우, 2004: 174; Gutmann & Thompson, 1996).

> 의견 1: 여덟 명의 심장 이식에 드는 비용은 백오십만 달러다. 반면에 가난한 임산부를 돌보는 데 드는 비용은 한 사람당 이천 달러다. 여덟 명의 심장 이식에 드는 비용이면 칠백 명의 임산부들에게 혜택을 줄 수 있다. 재원이 한정되어 있다고 할 때, 누구를 선택해야 하는가? 의학 분야의 타이타닉 원리에 의하면 임산부들이 우선이다.
>
> 의견2 : 다이애나 브라운은 애리조나주에서 새로운 예산법에 의해 '사형'된 첫 번째 인물이다. 애리조나주는 과거 심장 이식에 지급하던 비용을 임산부를 돌보는 비용으로 전환하였고, 가난한 다이애나는 지원금을 받지 못하여 심장을 이식하지 못했다. 이 여성의 죽음은 어쩔 수 없는 것인가?

애리조나 주의회가 직면한 딜레마는 토의 후에도 의견이 일치되지 않는 '토의적 불일치' 상태를 보여준다. 심장 이식 예산을 지키고자 한 사람들은 '최소 수혜자에게 최대의 혜택'을 부여하는 '차이의 원리'를 지지하였다. 반면에 심장이식 기금을 감축하고 빈민 임산부와 아이들의 복지 재원을 확충한 사람들은 공리주의 원리를 따라 더 많은 사람들에게 혜택을 주는 선택을 하였다.

거트만과 톰슨에 따르면, 토의 참여자들이 상대방을 고려하고 존중하는 상호성(reciprocity)의 원칙하에서 의견이 불일치하는 '토의적 불일치'인 경우에, 토의자들은 자기 자신의 도덕적 신념을 손상시키지 않은 채로 반대자의 도덕적 신념을 최대한 수용하기 위해 노력해야 한다. 이들은 다이애나 사례에서 애리조나 주의회가 상호성을 고려하지 않은 결정을 내렸음을 비판한다. 애리조나 주의회는 장기이식과 임산부에게 동시에 혜택을 제공할 수 없다는 재정 문제를, 두 혜택 중에서 하나를 고르는 선택 문제로 간주하였다. 그리고 세금을 최고로 '옳게' 사용하는 방법으로 임산부와 태아의 입장을 옹호하는 것을 선택했는데, 그들은 '옳다'는 것의 기준을 충분히 살피지 않았다(손영우, 2004: 196).

따라서 도덕적 불일치 문제를 '해결'하려는 태도를 버려야 한다. 이러한 문제들은 정책결정 이후에도 논란이 지속된다. 자신들의 관점이 정책으로 채택되지 않은 사람들이 그들의 도덕적 입장을 버리지 않기 때문이다. 그래서 새로운 정책은 새로운 논쟁을 불러오며, 이에 대한 논쟁은 많은 포럼에서 다양한 형식으로 전개될 것이다. 따라서 이러한 문제들에 대한 토의 그 자체를 존중하고 참여하는 사람들의 결정을 용인해야 한다.

(4) 집단적 대안 마련을 위한 시민의회

시민들이 스스로 의제를 통제하여 외부 간섭 없이 새로운 선거법을 입안한 경우도 있다. 캐나다 브리티시컬럼비아 주의회에는 의석수를 득표수에 비례하여 배분하지 못하는 소선거구 단순다수대표제가 야기하는 고질적인 문제가 있었다. 선거제도 개혁이 필요했지만 정치인들은 나서지 않았고, 의원과 정당의 이해관계 때문에 의회가 합리적인 개혁안을 만들기 어려웠다(Carty, 2005: 2). 이런 상황에서 수상이 선거제도 개선을 위한 시민의회를 제안하였고, 이에 따라 주정부가 층화무작위 추첨으로 선발한 시민들로 시민의회(British Columbia's Citizens' Assembly)를 구성하였다. 시민의회에는 주의회 의원 선거 방법을 결정하는 권한이 부여되었고, 시민의원들은 11개월 동안 거의 매주 모여 토의한 후 새로운 선거제도를 제안하였다(오현철 · 강대현, 2013: 153).

시민의회는 2003년 4월 연령, 지리적 분포, 성별 균형을 보장하는 층화무작위 추출 방식으로 79개의 선거구에서 각 2명으로 구성되었다. 시민의회의 임무는 다양한 선거제도들을 평가한 후 기존의 단순다수대표제를 유지하는 결정을 내리거나 새로운 선거제도를 제안하는 것이었다. 시민의회가 새로운 선거제도안을 작성하면 그 안을 주민투표에 회부하여 최종 결정하도록 하였다. 시민의원들은 2004년 1월부터 11월까지 학습, 공청회, 토의 등 세 단계로 나누어 활동하였다. 시민의회 활동기간 중에 시민의회를 조직한 관계자들은 자신들이 선호하는 선거체제를 시민의원들에게 드러내지 않았고, 시민의원들은 주어진 시간, 공간, 권한을 활용하였다(Lang, 2007: 52).

시민의회 토의는 더 나은 결과를 도출하기 위해 면밀하게 구성되었다. 이 토의에 전문가와 촉진자가 참여하지만 이들은 공정성을 유지하고 시민의원들의 토의에 간섭하지 않는 원칙을 지켰다. 여기에서의 촉진자는 공론조사의 조정자와 같은 역할을 하여, 시민의원들이 공정한 발언 및 청취 기회를 누릴 수 있도록 하였다. 또 시민의회에서 성적 · 문화적 · 인종적 차이가 구성원들의 지위의 평등성을 해치지 않도록, 구성원들 간 지위의 대칭성을 유지하기 위해 노력하였다(Chambers, 2007: 8).

일반 시민들에게 중요한 공공 정책을 검토할 권력을 맡겼던 민주 정부가 거의 없었다는 점에서, 시민의회는 하나의 혁명적 시도였다. 시민의회가 독자적으로 제시한 선호이전식 투표안[7]이 주민투표에서 부결되었지만,

7) 시민의회의 최종 결론은 선호이전식 투표제였다. 시민의원들은 비례대표제는 비례대표 후보 순위를 정하는 정당 간부의 권력이 강화되지만, 선호이전식 투표제는 유권자가 후보자들의 우선순위를 결정하는 유권자 중심의 제도라고 판단하였다(Carty, 2005: 9).

많은 학자들은 추첨이라는 평등한 참여 수단을 통해서 선택된 일반 시민들이 토의를 바탕으로 선거제도 개혁 방안을 결정했다는 사실과 시민의원들이 편향성에 기울지 않고 진지한 자세를 유지하는 시민의 덕성을 발휘했다는 점에서 시민의회 실험을 성공한 것으로 평가한다.

2) 논쟁문제수업에 주는 함의

토의민주주의 경험들이 논쟁문제수업에 주는 함의는 여러 측면에서 찾을 수 있다. 여기서는 수업 목표와 교사 역할에 초점을 맞추어 토의민주주의 경험들이 논쟁문제수업에 주는 시사점을 제시하고자 한다.

(1) 수업 목표의 다양화

토의민주주의 경험에 기초하면 하버드모형과 차경수모형처럼 결론과 선택, 문제해결 자체를 논쟁문제수업의 목표로 추구해서는 안 된다. 왜냐하면 모든 사회문제에서 항상 하나의 해결 방안을 찾아야 하는 것은 아니기 때문이다. '가난한 사람은 게으른가?', '한반도 통일은 어떤 방법으로 이루어져야 하는가?', '양심적 병역 거부자를 처벌해서는 안 되는가?', '핵에너지를 포기하고 재생에너지를 도입해야 하는가?' 등의 문제에서 모든 사람이 동의하는 단일한 해결책을 찾기 어렵다.

앞에서 살펴본 토의민주주의 경험들이 추구한 토론의 목적은 기존의 사회과 논쟁문제수업 목표 설정에 시사하는 바가 크다. 즉, 논쟁문제 유형에 대해서 좀 더 심도 깊은 검토를 통해 논쟁문제수업에서 다루고자 하는 논쟁문제가 어떤 성격인지 혹은 어떤 성격이 강한 것인지를 확인하는 작업에 기초하여 논쟁문제수업의 목표를 다양하게 설정하는 것이 필요하다.

편견이 만들어낸 논쟁이라면 개념이나 용어를 명료화하여 오개념이나 상투 개념으로 인한 문제점을 해소하는 데 주력해야 한다. 불확실성을 내포하는 문제라면 객관적이고 타당한 정보를 수집하면서 불확실성을 해소하는 노력을 기울이는 동시에 다양한 시각을 통해 문제해결을 모색해야 한다. 도덕적 불일치와 같은 논쟁성이 강하여 사실상 문제해결이 불가능한 주제일 경우에는 서로가 어떻게 도덕적 입장이 다른지를 확인하는 것만으로도 논쟁문제수업의 의의가 있다. 그리고 논쟁성이 다소 약하더라도 집단적인 의사결정이 필요한 것이라면 논쟁문제수업의 목적은 다양한 의견이 개진되는 가운데 합의가 이루어질 수 있는 수업을 지향해야 한다.

따라서 논쟁문제수업의 목표는 편견의 교정, 인지적 불확실성의 인식과 합의, 도덕적 불일치의 수용, 집단적 대안 마련 등으로 다양하게 설정하면서 궁극적으로 논쟁문제를 다루는 학생들의 능력을 향상시키는 데 초점을 맞추어야 한다.

(2) 교사 역할의 재구성

배심원단에서 권력관계에 기반한 불평등한 토의가 이루어진다면 교실에서의 토의는 어떨까? 일반적으로 하버드모형과 차경수모형을 중심으로 한 사회과 논쟁문제수업에서는 교사 역할로 '신념을 가진 공정형'을 선호하는 경향을 보였다. 그렇다면 교사가 수업에서 자신의 의견을 개진하면 어떤 결과가 도출될 것인가? 교실에서 교사와 학생은 동등한 지위에 있지 않기 때문에 학생들은 교사와 동등한 입장에서 대화하기 어렵고 교사의 '가르침'을 수동적으로 수용하게 될 가능성이 있다.

교사가 특정 입장을 취하면 논쟁 수업에서 의도했던 교육 효과는 달성하기 어렵다. 교사가 자신의 신념을 드러낸다면 그 수업은 제대로 된 논쟁문제 학습이 아니라 교사에 의한 논쟁문제 교수와 다르지 않게 된다. 따라서 교사 역할에 대한 신중한 고려가 필요하다. 토의를 활용하는 수업이 추구하는 가장 큰 목적은 학생들이 스스로의 내적 반성에 의해 판단하고, 편견을 수정하고, 도덕적 판단을 내리고, 다른 사람과의 차이나 갈등을 의사소통을 통해 확인하고, 집단적 결정을 하는 것이기 때문이다.

공론 조사, 합의회의, 도덕적 불일치 사안에 관한 토의, 시민의회는 배심원단의 딜레마를 극복할 수 있는 다양한 방법을 채택하였다. 토의 과정에서 민주적인 의사결정 구조를 만들고, 조정자나 촉진자가 토의를 동등하고 이성적으로 조정하는 역할을 수행하였다. 구체적으로 살펴보면 첫째, 사회적 지위가 민주적인 토의를 지배하는 현상을 방지하기 위해 토의 포럼이 공정하게 구성되도록 하였다. 자유롭고 평등한 시민들의 이상적인 대화 상황을 만들기 위해 토의 참여자들을 층화 무작위 추첨으로 선발하였다. 이렇게 구성된 토의 포럼은 민주적이고 동등한 토의를 이끌어 소기의 성과를 이루었다. 둘째, 촉진자 및 조정자에 의해 사회적 약자들이 동등한 토의 기회를 제공받는 의사결정 구조를 만들었다. 촉진자와 조정자는 빅마우스가 토의를 지배하지 못하게 하는 동시에 모든 참여자들이 발언하면서 대화가 원활하게 이루어지도록 하였다. 촉진자는 토의 포럼 구성원들의 합의를 유도하기 위해 토의를 조율하고, 조정자는 토의 구성원들이 자신의 의견을 말하고 다른 사람들의 의견에 귀 기울이도록 유도하였다.

이를 학교 수업에 반영하기 위해서는 기존의 교사 역할 논의에 대한 비판과 재평가가 필요하다. 우선 가장 일반화된 켈리의 교사 역할 논의에 대한 재평가가 요구된다. 켈리의 교사 역할 논의는 특정 교사 역할이 논쟁문제수업의 모든 유형과 과정·국면에서 우월하다는 생각에 기초해 있다. 그러나 논쟁의 유형과 과정·국면에 따라 효과적인 교사 역할이 달라질 수 있다. 하우드의 교사 역할 논의도 특정 유형을 바람직한 것으로 인식한다는 점에서 유사하지만 하우드의 경우에는 켈리에 비해 다양한 형태의 교사 역할 유형을 제시하여 각 유형을 다양한 논쟁 국면에 적용할 수 있는 토대를 제공하고 있다는 점에서 차별화되는 부분이 있다.

우선 사회과 논쟁문제수업에서 교사는 토의 과정에 따라 역할을 달리할 필요가 있다. 그동안의 사회과 논쟁문제수업은 주로 공적 혹은 집단 토론 과정을 거쳐 하나의 결정을 내리는 데 집중되어 왔다. 그러나 사회과에서는 집단적 결정의 결과보다는 과정이 중요하고, 그 과정에서 자신의 입장을 보다 체계화하고 합리적으로 변경하거나 수정하는 가운데 사고력을 함양하는 것이 더 중요하다.

구체적으로 논쟁문제수업에서의 교사 역할은 토의 모둠을 구성하는 것에서부터 시작된다. 우선 교실 내 소수자들의 입장을 공정하게 논의할 기회를 부여하는 것이 중요하다. 토의 모둠 구성은 이질적으로 구성하되, 어떤 집단도 다수가 되지 않도록 유의해야 한다. 또한 교사가 촉진자 및 조정자가 되거나 훈련을 통해 학생들을 촉진자 및 조정자로 배치하여 토의를 진행하는 것이 필요하다. 이러한 토의 집단 구성 이후에 교사는 교실에서 어떤 모습으로 서서 어떤 말과 행동을 취해야 할까? 구체적으로 학생들의 의견이 변화하는 몇 가지 단계를 추적할 수 있는데, 합리적인 의견 변화를 유도하기 위해 교사는 무엇을 해야 하는가?

구딘에 따르면, 토의가 참여자들의 선호 전환에 미치는 효과는 토의 참여자들이 생각을 바꾸는 계기들을 구분하여 측정할 수 있다. 그것은 정보 습득, 증언 청취, 관점 변화, 집단 토론이다(Goodin, 2003: 634). '정보 습득'은 해당 문제와 그 영향에 대해 많은 것을 알게 되어서, '증언 청취'는 증언자와 발언한 사람들의 관점을 경청한 후에, '관점 변화'는 내가 좋아하는 방향보다는 지역 공동체에 가장 좋은 것을 찾으려는 관점에서 문제를 보았기 때문에, '집단 토론'은 다른 사람들과 토론하고 나의 주장을 정당화해야 했던 경험 때문에 나의 선호가 전환되었다는 것을 의미한다.

이러한 단계별로 촉진자나 조정자로서의 교사 역할을 다음과 같이 제시할 수 있다. 첫째, 정보 습득에서 교사는 다양한 의견 혹은 찬반의 의견을 충실히 반영하는 자료를 제공해야 한다. 이러한 자료들은 학생들이 알기 쉬운 형태로 작성되어야 한다. 때로는 학생들이 스스로 자료를 만들도록 유도할 수도 있다. 둘째, 증언 청취에서는 학생들이 요구할 때, 교사는 본인의 관점과 반대되는 관점에 대해서도 설명하고 학생들의 질문에 답변해야 한다. 학교 수업 환경이 다양한 전문가들의 의견을 필요한 때에 즉시 들어볼 수 있을 만큼 여유롭지 않기 때문에 교사는 다양한 전문가의 입장을 대신해서 정보를 전달할 수 있어야 한다. 물론 이 경우에도 일부 학생들에게 전문가의 역할을 부여하여 토의에 임하게 할 수도 있다. 셋째, 관점 변화에서 교사는 학생들에게 내적 반성을 통한 관점 변화를 촉구하고 상대방 혹은 공동체의 입장에서 문제를 바라보기를 권고하면서 '중립적 공정성'에 가깝게 행동하거나, 교사가 자신의 관점을 제시하여 '신념을 가진 공정성'에 가깝게 행동할 수도 있다. 이러한 선택은 교사의 직업적 양심에 맡겨진다. 그러나 어느 경우에도 교사는 자신의 생각과 반대되는 의견도 제시하고 그에 대한 학생들의 토의를 유도할 필요가 있다. 넷째, 집단 토론에서 교사는 학생들과 토의를 진행하면서 이질적으로 집단을 구성하고 조정자를 배치하거나 스스로 조정자 역할을 수행하면서 중립적 공정형 혹은 공정한 의장형 입장을 띠어야 한다.

특히 유의할 점은 적어도 집단 토론 과정에서는 교사가 빅마우스가 되지 않도록 중립적 공정형 혹은 공정한 의장형 입장을 취하여 한다는 점이다. 교사는 학생과 비교할 때 지적 능력, 말하기 능력 등에 있어서 사실상 배심원 딜레마에서 나타나는 배심원장, 교육받은 중산층 백인 등과 같은 빅마우스가 될 수 있다. 즉 교사의 말과 행동이 토론에서의 민주적 평등성을 해치며, 이로 인해 학생들은 교사의 의견에 경도되는 편향성을 보일 수 있다. 교사・학생 간 위계질서가 반영되어 학생들이 토론에 적극적으로 참여하기보다 침묵하게 될 수도 있다.

교사가 빅마우스처럼 토론에 개입하면 학생들 간의 평등하고 민주적인 토론은 불가능하다. 교사는 나이, 학력, 지적 수준, 사회적 신분에서 학생들보다 절대적으로 우월한 지위에 있다. 교사의 토론 참여는 학생들의 참여 의욕을 낮출 수 있다. 학생들은 증거를 따르는 결정보다 교사의 판단을 따르는 결정을 할 수 있다. 또한 교사 신념의 정당성 문제도 있다.[8)] 그러므로 집단 토론의 과정에서는 기본적으로 교사의 중립적 역할이 필요하며, 이때 교사는 빅마우스가 아닌 촉진자 및 조정자가 되어야 한다.

5. 결론

지금까지 토의민주주의 관점에서 사회과 논쟁문제수업이 지닌 의의와

8) 교사의 신념이 민주주의, 인권, 평화 등 보편적 가치에 적합한 것일 수 있지만, 반대로 특정한 종교적・인종적・성적 가치에 입각한 것일 수도 있다. 이럴 경우의 교사의 신념이란 교육적으로 부적합한 것이다. 교사들의 신념 그 자체도 사회에서 공적 토의에 의해 정당성을 입증받아야 하는 것이므로, 정당성 입증 이전에 교실에서 우월한 지위에 있는 교사의 신념을 표현하는 것은 문제가 될 수 있다.

한계를 다음의 두 가지 측면에서 비판적으로 고찰하였다.

첫째, 논쟁문제수업의 궁극적인 목적에 비추어 볼 때 세부 수업의 목표를 논쟁문제 해결 자체에 두는 것이 적절한가에 대해서 논의하였다. 때론 무리한 논쟁의 종결이 오히려 갈등을 고조시키거나 의견의 극단화로 귀결될 수 있기 때문이다. 이에 저자는 논쟁문제수업모형의 세부 목표를 ① 사회적 문제에 대해 갖고 있던 편견의 수정, ② 인지적 불확실성을 내포하는 문제의 해결, ③ 사회적 가치갈등의 완화, ④ 토의를 통한 집단적 대안 마련 등 다양한 측면에서 살펴볼 수 있음을 주장하였다.

둘째, 그동안 교사 역할 유형 논의는 이러한 논쟁문제의 다양한 스펙트럼과 논쟁의 다양한 국면을 반영하지 않고 토의·토론의 전 과정에서 특정 유형을 지지하는 단순한 논의로 전개되었다는 점을 비판하였다. 이 장에서는 기존의 교사 역할 유형을 검토하고 논쟁문제의 다양한 유형과 과정·국면(계기)에서 교사가 어떤 역할을 수행하는 것이 적합한 것인지에 대해서 논의하였다. 그리고 이를 토대로 교사 역할을 재구성하여, 적어도 집단 토론 과정에서는 교사가 스스로 빅마우스가 되지 않도록 조정자 및 촉진자로서의 역할을 수행해야 한다는 점을 강조하였다.

이 장은 토의민주주의 경험과 사회과 논쟁문제수업 논의를 연관 지어, 토의민주주의 경험에 비추어 우리나라 사회과 논쟁문제수업의 기본 형태로 받아들여져 온 하버드모형과 이를 번안한 차경수모형을 비판적으로 검토한 것이다. 이 장은 미국의 재판 과정과 제도를 근간으로 가치갈등 해결을 강조하여 만들어진 사회과 논쟁문제수업이 토의민주주의의 관점에서 봤을 때 '배심원단의 딜레마'와 '빅마우스 문제'에 빠질 위험성이 있다는 점을 지적하였다. 더불어 토의민주주의에서 제안하는 대표적인 토의 포럼 유형과 사례에 비추어서 사회과 논쟁문제수업이 수업 목표, 교사 역할 측면에서 새롭게 변화될 필요가 있는 부분을 지적하였다.

그러나 이 장의 비판은 어디까지나 사회과 논쟁문제수업의 부분적인 수정과 보완 혹은 융통성 있는 적용을 목표로 이루어진 것이다. 따라서 비판의 내용이나 수준도 새로운 모형을 만드는 것이 아니라 기존의 모형을 활용하되 논쟁문제수업의 목표, 교사 역할 측면에서 보다 다양한 형태의 변용이 필요하다는 점을 강조한 것이다.

향후 여건이 주어진다면 사회과 논쟁문제수업에 대한 보다 체계적인 검토와 구체적인 분석을 통해서 기존의 사회과 논쟁문제수업을 어떻게 다양한 형태로 변화시켜 활용할 수 있는지에 대해서 후속 연구를 할 수 있기를 기대한다.

참고문헌

구민정 · 권재원(2007). 청소년 민주시민성 교육을 위한 DIE: 논쟁학습모형의 개발과 그 효과에 대한 연구. **사회과교육**, 46(2), 163-181.

구정화(1998). 사회과 논쟁문제수업에 관한 연구. **시민교육연구**, 27, 167-190.

구정화(2000). 사회과 논쟁문제수업에서의 성 차이. **사회과교육**, 33, 137-153.

구정화(2002). 사회과 논쟁문제에 대한 웹 기반 토론수업의 효과 연구. **시민교육연구**, 34(1), 1-24.

구정화(2003). 초등 교사가 인식한 사회과 수업환경과 논쟁문제수업. **시민교육연구**, 35(1), 1-22.

구정화(2009). 쟁점 중심 사회과교육 관련 연구의 동향: 2000년대 '시민교육연구'와 '사회과교육' 학회지를 중심으로. **시민교육연구**, 41(1), 1-20.

김명진 · 이영희(2002). 합의회의. 참여연대시민과학센터 엮음, **과학기술 · 환경 · 시민참여**. 서울: 한울 아카데미, 43-84.

김비환(2013). **이것이 민주주의다**. 서울: 개마고원.

김원용 역(2003). **민주주의와 공론조사**. 서울: 이화여대출판부.

노경주(2000). 초등 사회과에서의 쟁점 중심 교육. **시민교육연구**, 31, 83-108.

모경환 · 안효익(2009). 온라인 공론장에서의 의제설정을 활용한 사회과 쟁점중심 수업 모형 개발. **시민교육연구**, 41(3), 25-50.

박윤경(2006). 사회과 교과서에서 사회적 논쟁문제를 다루는 방식 연구: 호주제를 중심으로. **시민교육연구**, 38(2), 67-100.

설규주(2001). 사회과에서의 논쟁문제를 활용한 갈등해소 중심의 통일교육 방안. **시민교육연구**, 33, 163-190.

손영우(2004). 도덕적 불일치와 토의민주주의 : 에이미 굿만과 데니스 톰슨의 '민주주의와 불일치'를 중심으로. **정치비평**, **하반기**, 170-202.

오연주(2005a). 공공 쟁점 중심 사회과의 사회적 구성주의 토대. **사회과교육**, 44(1), 125-147.

오연주(2005b). 공공 쟁점 중심 사회과의 이념적 다면성. **사회과교육**, 44(4), 111-127.

오현철, 강대현(2013). 교육정책 결정에 적합한 의사결정 모형 탐색 : 정부 주도 및 이익집단 경쟁에서 시민의회 모형으로. **시민교육연구**, 45(4), 139-166.

은지용(2001). 반성적 사고력 함양을 우한 쟁점 중심 교육과정 시안 개발. **시민교육연구**, 33, 245-268.

이광성(2001). 사회과 논쟁문제 학습에서 교사 역할과 고급사고력. **사회과교육**, 34, 383-400.

이광성(2002). 교사 역할에 따른 논쟁문제 학습의 효과 연구. **시민교육연구**, 34(1), 229-250.

이순재(2004a). 중학교 교실에서 사회적 쟁점을 활용한 Engle-Ochoa 모형 효과. **시민교육연구**, 36(1), 181-208.

이순재(2004b). 고등학교 교실에서 Johnson & Johnson Pro-Con 모형이 정의적 영역에 미치는 효과. **시민교육연구**, 36(2), 165-193.

이미나 · 최욱 · 배종규(2005). 사회과 논쟁문제의 해결 과정에 인터넷을 활용한 문제중심 학습이 경제 이해력과 논변 능력에 비치는 효과 연구. **시민교육연구**, 37(1), 101-126.

이홍열 · 손병노(2008). 쟁점 중심 사회과 전통 속의 평가관 검토: 고유성과 한계. **사회과교육**, 47(4), 231-258.

임경수(2006). 금기 주제를 통한 사회과 쟁점 수업에 대한 고찰. **사회과교육**, 45(4), 163-181.

장경석(2002). 시민배심원. 참여연대시민과학센터 엮음, **과학기술 · 환경 · 시민참여**. 서울: 한울 아카데미, 111-146.

전제철(2008). 법교육 측면에서 본 사회과 논쟁문제수업모형. **사회과교육**, 47(4), 183-203.

조영달(1992). 논쟁적 경제문제와 경제학습: 한 · 일 기술이전 문제의 교수-학습 방법 탐색. **시민교육연구**, 16, 97-124.

조영제(1998). 자유주의와 논쟁문제 학습. **시민교육연구**, 27, 191-208.

주성수(2006). **시민참여와 민주주의**. 서울: 아르케.

주은옥(2001). 논쟁 수업을 위한 '찬반 협상 모형' 개발에 관한 연구. **시민교육연구**, 32, 325-351.

차경수(1994). 사회과 논쟁문제의 교수모형. **시민교육연구**, 19, 225-240.

차경수 · 모경환(2008). **사회과교육**. 서울: 동문사.

차경수 · 모경환(2017). **사회과교육**. 제2판. 서울: 동문사.

참여연대시민과학센터 엮음(2002). **과학기술 · 환경 · 시민참여**. 서울: 한울 아카데미.

한광웅(2007). 쟁점 중심 교육에서 내용과 방법의 딜레마와 적정화. **사회과교육**, 46(4), 117-146.

Brown, R.(1986). *Social psychology 2nd* ed. New York: Free Press.

Carty, R. K.(2005). *Turning voters into citizens: The citizens' assembly and reforming democratic politics*. Institute of Intergovernmental Relations, Queen's University.

Chambers, S.(2007). Quantity vs quality: Dilemmas of mass democracy. CSDI Working Paper, *2007 Citizen Engagement, 3.*

Cohen, E. G.(1982). Expectation states and interracial interaction in school settings. *Annual review of sociology*, *8*, 209-235.

Elster, J.(1998). Introduction. Jon Elster(ed.). *Deliberative democracy.* Cambridge University Press.

Fishkin, James S. & Robert C. Luskin(2005). Experimenting with a democratic ideal: Deliberative polling and public opinion. *Acta politica, 40*, 284-298.

Freeman, S.(2000). Deliberative democracy: A sympathetic comment. *Philosophy and public affairs,* Fall.

Grundahl, J.(1995). The danish consensus conference model. In S. Joss and J. Durnat(ed.) *Public participation in science: The role of consensus conference in Europe.* London: Science Museum.

Gutmann, A. & Dennis T.(1996). *Democracy and disagreement*. Cambridge: The Belknap Press of Harvard University Press.

Habermas, Jürgen(1992). Further reflections on the public sphere. Thomas Burger(trans.). Craig Calhoun(ed.) *Habermas and public sphere*. MIT Press.

Hans, V. P., and Neil J. Vidmar(1986). *Judging the jury*. New York: Plenum.

Kelly, T. E.(1986). Discussing controversial issues: Four perspectives on the teachers' role. *Theory and research in social education*, *25*(2), 113-136.

Lang, A.(2007). But is it for real? The British Columbia's citizens' assembly as a model of state-sponsored citizen empowerment. *Politics & society*, *35*(1), March 2007, 35-70.

Marsden, N.(1987). Note: Gender dynamics and jury deliberation. *Yale law journal*, *96*, 593-612.

Muessig, R. H.(1975). Some thoughts on controversial issues. Muessig, R. H. ed. *Controversial issues in the social studies: A contemporary perspective*, Washington, DC: National Council for the Social Studies.

Oliver, D. W. & Shaver, J. P.(1966). *Teaching public issues in the high school.* Boston, MA: Houghton Mifflin Company.

Pitkin, Hannah Fenichel, & Sara M. Shumer(2001). On participation. Blaug/Ricardo/ Schwarzmantel, J.(eds.) *Democracy. A reader,* 452-457.

Robert E. Goodin & Simon J. Niemeyer(2003). When does deliberation begin? Internal reflection versus public Discussion in deliberative democracy. *Political studies, 51*, 627-649.

Sanders, Lynn M.(1997), Against deliberation. *Political theory*, *25*(3), 347-376.

Smith, B.(1982). Racism and women's studies. In Gloria T. Hull, Particia Bell Scott, and Barbara Smith. ed. *But some of us are brave.* Old Westbury. NY: Feminist Press.

Sunstein, C. R.(2003). The law of group polarization. Fishkin, James S. & Peter Laslett, eds. *Debating deliberative democracy*. Blackwell Publishing.

Sweeney J. A. C. & Parsons, J. B.(1975). Teacher preparation and models for teaching controversial social issues. Muessig, R. H. ed. *Controversial issues in the social studies: A contemporary perspective.* Washington, DC: National Council for the Social Studies.

Warren, M.(2002). Deliberative democracy. In Carter, April and Geoffrey Stokes(eds.). *Democratic theory today-Challenges for the 21st century*. Polity

12
CHAPTER

사회과에서 왜 협동학습이 필요한가?

〈카테우라 재활용 오케스트라〉 뉴데일리 2017.9.15

1. 협동학습이란 무엇인가?
2. 협동학습의 목적과 효과는 무엇인가?
3. 왜 사회과에서 협동학습을 사용할까?
4. 사회과에서 유용하게 사용할 수 있는 협동학습모형에는 어떤 것들이 있는가?
5. STAD와 TGT 모형은 어떤 협동학습모형인가?
6. Jigsaw Ⅰ, Ⅱ, Ⅲ 모형은 어떤 협동학습모형인가?
7. LT, GI, Co-op Co-op 모형은 어떤 협동학습모형인가?
8. Pro-Con, DME 모형은 어떤 협동학습모형인가?

이 장은 사회과 협동학습에 대한 것이다. 사회과에서 협동학습을 중시하게 된 것은 지식과 기능 및 사고라는 인지적 영역뿐만 아니라 가치 태도 및 행동 등 정의적 영역에서도 효과적인 수업 방법이기 때문이다. 이처럼 동료들과 함께 협력하는 가운데, 문제해결능력을 기를 수 있을 뿐만 아니라 타인과 더불어 살아가는 데 필요한 의사소통능력이나 사회성을 배울 수 있기 때문에 사회과에서 협동학습이 강조되는 것이다.

일반적으로 협동학습은 소집단이 공동 목표를 성취하기 위해 동료들과 함께 학습하도록 구조화된 수업기법이다. 슬래빈은 협동학습이 잘 이루어지기 위해서는 집단 보상, 개별 책무성, 성공 기회의 균등이 이루어져야 한다고 보았다. 존슨과 존슨은 긍정적 상호의존성, 대면적 상호작용, 개별 책무성, 사회적 기술, 집단 과정이 중요하다고 보았다.

한편 사회과에서 활용할 수 있는 대표적인 협동학습 모형에는 여러 가지가 있지만, 보상 중심, 과제 중심 등을 포함해서 네 가지 범주 정도로 제시할 수 있다.

첫째, STAD(모둠 성취 분담 모형)와 TGT(모둠 게임 토너먼트 모형)는 모두 보상 중심 협동학습 모형으로, 팀 보상을 통해서 협동을 유도하는 전략이다.

둘째, Jigsaw(직소, 과제 분담학습 모형), Jigsaw II, Jigsaw III는 모두 과제 중심 협동학습 모형으로, 과제 분담을 통해서 협동을 유도하는 전략이다.

셋째, LT(함께 학습하기), GI(모둠 탐구 모형), Co-op Co-op(협동을 위한 협동학습 모형)도 사회과에서 자주 활용되는 협동학습모형이다.

넷째, Pro-Con(찬반 논쟁 협동학습 모형), DME(일화를 통한 의사결정 모형)은 논쟁 문제를 다루는 데 적합한 협동학습 모형이다.

이 장은 사회과 협동학습 내용 전반에 대해서 설명하고 있다. 이 장을 읽고, 협동학습을 적용한 수업을 구상해보기를 권한다.

1. 서론

이 장은 사회과에서 중요하게 다루어져 온 협동학습을 개괄적으로 소개하는 것을 목적으로 하고 있다. 저자는 협동학습의 전문가가 아니고, 협동학습과 관련해서 국내외 문헌을 깊이 있게 공부한 경험도 없기 때문에, 이 장은 국내외의 협동학습 전문가들의 견해를 요약하고 정리하는 수준에서 내용이 구성될 것이다.

이 장에서는 먼저 학교 교육에서 왜 협동학습이 필요하며, 협동학습이 무엇인지에 대해서 살펴보고자 한다. 특히 자본주의 체제와 경쟁 지향적인 학교교육의 현실 속에서 왜 협동학습이 요청되는지, 협동학습이 구체적으로 어떤 것인지에 대해서 살펴보고, 이를 통해서 협동학습이 학교 교육과 교실 수업 개혁을 위해서 어떤 역할을 할 수 있을지에 대해서 검토한다.

다음으로 협동학습을 어떤 원리에 따라 운영하는 것인지를 살펴보고자 한다. 협동학습이 이루어지기 위해서 어떤 조건이 필요하고, 또 협동학습을 통해서 어떤 효과가 나타날 수 있는지에 대해서도 검토한다. 특히 인지적·정의적 측면에서 협동학습이 어떤 효과를 지니는지를 살펴봄으로써 협동학습이 학교 교육에 어떤 기여를 할 수 있을지를 가늠해 본다.

다음으로 사회과 협동학습에 대해서 살펴보고자 한다. 시민교육을 지향하는 사회과에서 왜 협동학습이 필요하며, 협동학습을 어떻게 활용할 수 있는지에 대해서 검토한다. 이어서 사회과 목표와 내용에 적합한 협동학습 모형에는 어떤 것들이 있는지를 살펴보고 그런 모형들이 어떤 특징을 띠고 있는지에 대해서 안내한다.

끝으로 저자가 협동학습 관련 내용을 정리하는 과정에서 생각한 바와 이후 협동학습과 관련되어서 하고자 하는 바를 밝히는 것으로 이 장을 마무리할 것이다.

2. 협동학습의 필요성과 개념

1) 협동학습의 필요성

교실에서 학생들은 학습목표 달성을 위해 서로 긍정적 혹은 부정적 상호의존 관계를 맺거나, 전혀 관계를 맺지 않거나 하는 등 협동적·경쟁적·개별적 행동 중 하나를 선택하게 된다. 협동학습 이론가들은 이 중 협동학습구조가 가장 효율적이라고 주장한다. 왜냐하면 학생들 간의 긍정적 상호작용이 인지발달에 가장 효과적이라는 피아제(Piaget) 등의 이론적 근거가 있을 뿐만 아니라, 많은 실증적 연구가 이러한 주장을 뒷받침해주고 있기 때문이다. 협동학습이 중요한 또 다른 이유는 우리 사회의 대인관계가 주로 협동적으로 이루어지는데, 학교에서부터 협동적 대인관계에 익숙한 학생들이 사회에서도 적응하기 쉬울 것이기 때문이다(정문성 외, 2008: 159).

소위 자본주의는 사유재산과 자유경쟁을 원리로 하는 경제 체제인데, 이러한 사회에 성공적으로 적응하기 위해서는 학교에서부터 경쟁적인 환경에 적응하고 아동의 경쟁력을 키워주는 것이 필요하다는 관점도 있다. 그러나 이러한 경쟁학습구조는 인지적·정의적으로 많은 문제점을 노출하고 있다. 상대적으로 낮은 성취를 보인 아동들이 겪는 정서적 폐해는 말할 것도 없고, 경쟁학습구조는 극소수의 승자를 배출하는 대신에 대다수의 패자를 양산하는 비능률의 표본이라 할 수 있다. 뿐만 아니라 경쟁학습구조는 승자와 패자를 가리는 데 중점을 두어, 일정 수준 이상의 지적 능력 개발을 염두에 두지 않는다. 그래서 교육의 인지적 목표는 변별 수단으로 전도되고, 아동의 지적 성장은 한계를 보인다(정문성, 2006: 16; 정문성 외, 2008: 159-160).

그래서 개별학습구조에서는 아동 각자의 개인적인 잠재력을 최대화시키기 위해 많은 교육적·재정적 투자를 통하여 개인에게 적절한 학습 환경을 제시해 주고자 한다. 개별학습구조의 주창자들은 단지 빨리 배우는 아동과 느리게 배우는 아동이 있을 뿐이라는 주장을 하며 적절한 학습 환경의 제공으로 교육이 당면한 문제를 해결할 수 있다고 생각하였다. 그러나 그 결과,

경쟁학습구조가 가지고 있는 문제점들이 해결되기는 하였지만 또 다른 문제들이 나타나게 되었다. 개별학습구조에서는 교사나 동료들의 지적 자극을 거의 받지 못하므로 자신의 지적 능력은 말 그대로 자신의 한계를 벗어나지 못하는 결과를 초래한다(정문성 외, 2008: 160; 정문성, 2006: 16-17).

협동학습구조는 이처럼 경쟁학습구조와 개별학습구조가 가지고 있는 인지적·정의적인 약점들을 동시에 제거할 수 있다. 이러한 협동학습구조는 아동의 지적 발달에 관한 발달 심리학과 집단 구성원의 상호작용에 관한 사회 심리학의 연구 업적에 기초하여 1940년대에 도이치(Deutsch)가 새롭게 제시한 이론이다. 그 후 많은 연구자들이 이를 교실 현장에 실험해 봄으로써 그 효과를 검증하여 확신을 가진 하나의 교육운동으로 전개된 것이다(정문성 외, 2008: 160; 정문성, 2006: 17).

특히 이러한 협동학습 관련 연구는 1970년대 후반부터 활발하였는데 존스 홉킨스 대학의 드브리스(Devries)와 에드워드(Edward)가 체계적으로 협동학습의 실험 연구를 시작하였고, 존슨과 존슨(Johnson & Johnson), 슬래빈(Slavin) 등에 의하여 협동학습 연구들이 활발하게 전개되었다. 또한 캘리포니아 산타크루즈 대학의 애런슨(Aronson)이 협동학습방법인 직소(Jigsaw)모형을 개발하였고, 이스라엘 텔아비브 대학의 샤란(Sharan)과 라자로위츠(Lazarowitz), 캘리포니아 리버사이드 대학의 교수였던 케이건(Kagan), 캐나다의 휴스(Hughes), 노르웨이의 헤르테이커(Hjertaker) 등이 협동학습 연구에 참가하는 등 세계적인 관심을 끌게 되었다(정문성, 2006: 17).

도이치(Deutsch, 1949; 1962)에 따르면, 학생들은 학습 과정에서 경쟁적·개별적·협동적 틀을 가지고 자신의 또래들과 상호작용한다. 이러한 상호작용의 틀은 인간 생존에 나름대로 가치가 있기 때문에 학생들은 이러한 틀을 발달시킬 필요가 있다. 그런데 학교교육의 효과를 극대화시키는 데는 어떠한 학습구조가 바람직할까? 존슨과 존슨(Johnson & Johnson, 1989)에 따르면, 협동학습구조가 경쟁학습이나 개별학습구조에 비하여 학생들의 고차사고력과 학업 성취도를 높일 뿐만 아니라 학생 상호 간의 관계를 긍정적으로 변화시키며, 심리적 건강, 사회적 효능감, 자존감 등을 향상시킨다(전성연 외, 2010: 15 재인용).

그러나 현재의 학교교육은 경쟁 지향적이어서 대부분의 학생들이 지나치게 경쟁적인 틀을 발달시키고 있으며 그에 따라 개인적·사회적 문제가 지속적으로 발생하고 있다. 학생들의 경쟁적 성향은 취학 전부터 형성되지만 학교교육을 받는 과정에서 더 강화된다는 연구는 학생들이 함께 공부하면서 서로의 성취를 격려해 줄 수 있는 풍토 조성에 학교교육이 얼마나 소홀한가를 보여준다(전성연 외, 2010: 16).

이러한 학교 교육의 경쟁 지향적인 상황은 다수의 패자들을 낳을 뿐만 아니라 소수의 승자라 할지라도 사회성이 결여되고 출세 지향적인, 또 다른 의미의 패자를 길러낼 우려가 있다. 따라서 협동학습은 단순히 수업 기법 차원이 아니라 학교 및 교실 문화 차원에서 추구해야 할 교육 이념(철학)이자 운동이라 할 수 있다.

2) 협동학습의 개념

협동(cooperation)이란 공동의 목표를 달성하기 위해 함께 일하는 것이다. 협동이라는 말에는 협동적 행동, 협동적 인센티브 구조, 협동적 과제 구조, 협동적 동기 등과 같은 네 가지 의미를 담고 있다(Slavin, 1983). 협동적 행동이란 함께 일을 하거나 도와주는 것을 의미하고, 협동적 인센티브 구조란 집단이나 개인이 모든 집단 구성원들의 수행을 바탕으로 보상받는 것을 말한다. 또한 협동적 과제 구조는 2명 혹은 그 이상의 구성원들이 과제를 함께 수행해야 하는 상황을 말하며, 협동적 동기란 협동적으로나 이타주의적으로 과제를 수행하려는 성향과 관계가 있다(전성연 외, 2010: 16).

협동학습(cooperative learning)이란 소집단이 공동 목표를 성취하기 위해 동료들과 함께 학습하도록 구조화된 수업 기법이다(Slavin, 1991). 즉 협동학습은 집단 구성원들의 학습을 최적화시키기 위해 소집단을 활용하는 구조화된 수업 형태이다. 협동학습에는 다양한 모형이 있지만, 대부분의 경우 교사가 학습 목표에 대해 개략적으로 소개한 후 학생들은 과제 특성에 따라 4~6명(혹은 2~6명)으로 소집단을 구성해서 학습한다. 또한 일반적으로 집단은 이질적으로 구성되고, 구성원들의 능력은 혼합되어 있다. 학생들은 서로의 생각을 공유하고 서로의 노력에 대해 격려하며 공동으로 학습한다. 이 과정에서 교사는 학습자들이 서로 협동하고 사회적 기술을 활용하여 과제를 숙달할 수 있도록 개입을 최소화한다(전성연 외, 2010: 17).

이와 같이 소집단을 활용하는 수업은 협동학습에서만 이루어지는 것은 아니다. 전통적인 교실에서 볼 수 있는 소집단도 있다. 협동학습은 소집단을 활용한다는 점에서 전통적인 학습 집단(예컨대 분단)과 유사하지만 집단이 추구하는 목표와 보상구조가 전통적인 소집단 학습과는 다르다. 협동학습에서 학생들은 공동 목표를 달성하기 위해 함께 학습하고 집단 구성원 모두에게 유익한 결과를 산출하고자 노력한다. 학생들은 학습과제에 대해 토론하고 서로가 이해하도록 도움을 주며 열심히 학습하도록 격려한다. 그 결과 집단의 성취는 집단 구성원들의 합보다 더 높게 되며 모든 학생들은 개인적으로 학습할 때보다 더 높은 성취를 하게 된다(전성연 외, 2010: 17-18).

한편 협동학습이라는 용어는 협력학습(collaborative learning)이라는 용어와 혼용되기도 하는데, 몇 가지 점에서 차이가 있다. 협동학습은 협력학습에 비하여 더 구조화되어 있다. 즉 협동학습은 학생들이 특정 목표를 달성할 수 있도록 교사가 전체적인 구조를 설계하지만 협력학습에서는 학생들에게 학습에 대한 재량권을 더 많이 부여한다. 이러한 차이로 일부 연구자들은 사회적 기술이 미숙한 초등학생에게는 협동학습이 더 적절하고, 사회적 기술을 습득하고 학습을 함께하는 데 동기화되어 있는 대학생이나 성인에게는 협력학습이 더 적절하다고 주장하기도 한다(전성연 외, 2010: 18).

요컨대 협동학습이란 학생들이 자신의 학습뿐만 아니라 동료들의 학습을 최대화하기 위해 함께 학습하는 구조화된 소집단 형태의 수업이다. 따라서 협동학습구조에서 교사는 어떠한 협동학습모형을 적용할 것인가를 계획하고, 그에 따라 적절한 집단을 구성하고, 학생들에게 모형의 특성과 각 단계에서 해야 할 일을 미리 알려 주어야 한다. 뿐만 아니라 협동학습에 필요한 사회적 기술을 숙달할 수 있는 기회를 다양한 구조를 활용하여 제공해 주어야 한다. 이처럼 협동학습은 독특한 목표와 보상구조를 활용하여 학생들이 개인적 목표와 공동의 목표를 달성하기 위하여 상호 협력하게 만든다(전성연 외, 2010: 18-19).

3. 협동학습의 원리와 효과

1) 협동학습의 원리

알츠와 뉴먼(Artzt & Newman, 1990), 서튼(Sutton, 1992), 레이킨과 자슬라브스키(Leikin & Zaslavsky, 1999) 등은 협동학습의 기본 요인에 대해 다음과 같이 주장하였다. 첫째, 학생들은 소집단에서 2~6명이 함께 학습한다. 둘째, 집단 구성원들이 긍정적으로 서로 의존해야만 해결할 수 있는 과제가 제시되어야 한다. 셋째, 집단의 구성원들이 학습과제에 관해 서로 상호작용할 수 있는 기회가 동등하게 제공되어야 할 뿐만 아니라 자신의 아이디어를 다양한 방법으로 전달할 수 있는 학습 환경이 필요하다. 넷째, 집단의 구성원들은 집단 작업에 기여할 책임이 있으며 집단의 학습 향상에 대해 공동 책임을 진다(전성연 외, 2010: 19 재인용).

슬래빈(Slavin, 1991)은 협동학습의 기본 원리로서 집단 보상, 개별 책무성, 성공 기회의 균등을 제시한다. 첫째, 집단 보상은 집단이 목표를 달성할 때 주어지기 때문에 집단의 구성원들은 자신이 속한 집단의 성공을 위해 최선의 노력을 할 수 있다는 것이다. 둘째, 개별 책무성이란 자신이 속한 집단의 성공적인 수행을 위해 구성원 각자가 학습에 대한 책임을 짐으로써 집단에 기여하는 것을 말한다. 셋째, 성공 기회의 균등이란 학생들이 특정 집단에 속해 있어서 보상을 받는다고 인식하는 것이 아니라 자신의 과거 수행에 비해 향상됨으로써 자신이 속한 집단에 기여할 수 있다는 것을 뜻한다(전성연 외, 2010: 19 재인용).

이러한 논의를 구체화하여 존슨과 존슨은 협동학습의 원리를 긍정적 상호의존성, 대면적 상호작용, 개별 책무성, 사회적 기술, 집단 과정 등 5가지로 제시하였다(Johnson & Johnson, 1989; 1999; Johnson, Johnson & Holubec, 1998; 전성연 외, 2010: 20-21 재인용).

첫째, 긍정적 상호의존성은 '우리들이 성공하기 위해서는 너와 나 모두 성공해야 한다.'는 것을 의미한다. 긍정적 상호의존성이란 학생들 개개인이 집단의 성공을 위해 자신뿐만 아니라 동료들도 성취해야 하기 때문에 서로 도움을 주는 관계를 의미한다. 따라서 상호의존성에는 집단 목표가 명시되어야 하고, 그 목표를 달성하기 위해 자료를 공유하고 서로 돕는 역할을 담당해야 한다.

둘째, 대면적 상호작용은 집단 구성원 각자가 집단의 목표를 성취하기 위해 다른 구성원들의 노력을 직접 격려하고 촉진시켜 주는 것을 의미한다. 학생들은 설명이나 토론과 같은 상호작용을 통해 서로의 학습을 도와주고, 교사는 충분한 시간을 주면서 대면적 상호작용이 일어나도록 얼굴을 마주 볼 수 있게 자리배치를 함으로써 이러한 과정을 촉진시킬 수 있다.

셋째, 개별 책무성은 과제를 숙달해야 하는 책임이 각자에게 있다는 것을 의미한다. 개별 책무성이 존재하기 위해 집단 구성원으로서 개별 학생의 수행에 대한 평가 결과가 그 학생이 속해 있는 집단과 자신에게 적용되어야 한다. 이러한 개별 책무성을 통해 집단 활동에 능동적으로 참여하지 않고 다른 학생들이 이루어 놓은 성취를 취하는 '무임승차 효과'와 일부 우수한 학생들 중에서 자신의 노력이 다른 학습자에게 돌아간다고 인식하면서 학습에 능동적으로 참여하지 않는 '봉 효과'를 방지할 수 있다.

넷째, 사회적 기술은 집단 내에서의 갈등 관리, 의사결정, 효과적 리더십, 능동적 청취 등을 의미하며, 협동적 노력이 성공하기 위해서 이와 같은 사회적 기술이 요구된다. 따라서 집단 내의 갈등 관리, 리더십, 의사결정, 의사소통과 같은 사회적 기술을 학생들에게 가르칠 필요가 있다.

다섯째, 집단 과정은 특정한 집단이 의도한 목표를 성취하기 위해서는 집단 구성원들 각자가 목표를 얼마나 잘 성취하고 공동 목표를 달성하기 위해 얼마나 노력하고 협력했는지에 대한 토론과 평가를 의미한다. 그래서 집단에서는 집단 구성원의 어떤 행위가 유익하고 무익한지에 대해 평가할 필요가 있으며, 어떤 행동이 계속되고 변화되어야 하는지에 대해 결정할 필요가 있다.

2) 협동학습의 효과

협동학습이 경쟁학습, 개별학습과 비교하여 학업성취에 미치는 효과에 대해 많은 연구들이 수행되었다. 이러한 연구들은 지난 100여 년 동안 550여 개의 실험 연구와 100여 개의 상관 연구를 통해 다양한 연령의 피험자들과 교과 영역에서 이루어졌다. 그 결과 협동학습은 거의 모든 학습 과제에서 경쟁학습이나 개별학습보다 학생들의 학업성취 향상에 효과적이라는 것이 규명되었다. 협동학습의 인지적 효과에 대해서는 존슨과 존슨(Johnson & Johnson, 1991)의 메타분석에서도 입증되었다. 이들은 협동학습을 적용한 학생들의 수행과 강의법 등의 전통적인 방법을 적용한 학생들의 수행을 비교했던 120여 개 이상의 연구들을 분석하였고, 그 결과 협동학습은 학습 과제가 언어적, 수학적, 신체적·동적 기능 등 무엇이든 간에 경쟁학습이나 개별학습보다 학생들의 학업성취 향상에 긍정적인 것으로 나타났다(전성연 외, 2010: 25).

또한 협동학습은 학업성취의 향상에 긍정적인 효과가 있을 뿐만 아니라 학생들의 정의적 측면에도 긍정적인 효과가 있는 것으로 보고되었다. 구체적으로 협동학습은 학생들의 자아 존중감, 학습동기, 긍정적 학습태도, 동료 및 대인관계, 자아 효능감, 교과에 대한 학습 태도, 친사회적 태도의 향상에 긍정적인 효과가 있는 것으로 보고되었다. 많은 학생들이 성공의 기회에서 소외되고 자신들의 장점을 활용하지 못하는 경쟁학습과는 달리, 협동학습은 각 학생의 장점이 활용되면서 모두가 성공에 이를 수 있는 학습 전략이다. 따라서 이러한 협동학습을 통해 학생들은 인지적 영역의 학업성취뿐만 아니라 학습동기, 자아 존중감, 학습태도, 대인관계, 정신 건강 등 정의적 영역에서 긍정적인 효과가 있는 것으로 밝혀졌다(전성연 외, 2010: 26).

그러나 모든 형태의 협동학습이 반드시 인지적·정의적 효과와 연결되는 것은 아니다. 즉 협동학습의 긍정적 효과에 대해 학자들 간에 의견의 일치를 보이지만, 협동학습의 효과가 나타날 수 있는 조건에 대해서는 아직도 상당 부분 합의를 보지 못하고 있다. 슬래빈(1995)은 협동학습의 효과와 관련하여 집단 목표와 개별 책무성의 중요성을 강조하였다. 실제로 많은 연구들에서 협동학습에 집단 목표와 개별 책무성이 구조화될 때 학생들의 학업성취에 효과적이라는 결론을 내렸다. 특히 슬래빈(1995)은 협동학습과 학업성취의 관계에 대한 연구들을 메타분석한 결과, 전체 99개의 연구물 중 63개의 연구에서 유의미한 효과가 나타났는데, 이 중 50개의 연구가 집단 목표와 개별 책무성을 구조화한 연구로 나타났다. 이에 따라 슬래빈(1995)은 협동학습의 효과를 이끌어 내는 데 집단 목표와 개별 책무성이 반드시 필요하다고 주장하였다. 하지만 집단 목표와 개별 책무성에 관한 이론적 동의에도 이견이 존재한다. 일부 학자들은 집단 목표와 개별 책무성에 근거한 집단 보상을 피해야 한다고 주장하기도 한다(전성연 외, 2010: 27-28).

한편 슬래빈, 존슨과 존슨, 데이비슨, 스탈 등 협동학습과 관련하여 많은 연구를 수행했던 학자들에 따르면, 협동학습을 계획할 때 소집단의 이질성은 매우 중요한 문제라고 주장하였다. 또한 실제로 다양한 능력 수준으로 이루어진 이질 집단에서 협동학습의 효과가 있는 것으로 보고되었다. 그러나 학습 능력이 서로 다른 학생들이 소집단에서 협동학습을 할 때, 과연 누구에게 이득이 되는가 하는 것도 중요한 문제이다. 슬래빈(1995)은 상위·하위 능력 학생들 모두가 협동학습에서 이득을 본다고 주장하였다. 하지만 협동학습이 상위 능력 학생들과 하위 능력 학생들에게 미치는 차별적 효과에 대한 의견은 일치되지 않는다. 즉 학습자들이 다양한 이질 집단의 협동학습에서 학습자의 학습능력 수준에 따라 누구에게 이득이 되고 누구에게 해가 되는지, 상위능력 학습자들은 피해를 보는지, 혹은 학습능력 수준과 관계없이 모두에게 이득이 되는지에 대해서는 의견이 일치되지 않고 있다(전성연 외, 2010: 28-30).

4. 사회과에서의 협동학습

1) 사회과와 협동학습의 관계

협동학습은 사회과에서 비교적 최근에 주목을 받는 주제이기는 하지만 사실은 이미 오래전부터 사용되어 온 교수학습방법이다. 1920년대 사회과에서 유행하던 존 듀이의 프로젝트법에서도 협동학습이 활용되었는데, 그것도 당시가 처음은 아니었다. 다만 최근에 들어서는 교사들이 매우 다양한 형태로 사회과 수업에서 협동학습을 사용하고 있고, 이러한 추세가 급속히 확장되고 있다(최용규 외, 2014: 335).

왜 사회과에서 협동학습이 유행할까? 우선 사회과에서 협동학습이 필요한 이유는 두 가지로 생각해볼 수 있다. 첫째, 협동학습은 학생들의 학업성취를 높이는 데 효과가 있다. 즉, 인지적 목표를 달성하는 데 도움이 된다는 것이다. 둘째, 협동학습은 협동이나 관용 정신 등 시민적 덕목과 관련된 정의적 목표를 달성하는 데도 효과적이다. 즉, 협동학습은 교과학습과 직접적으로 관련되지 않더라도, 교과에 대한 긍정적 태도를 가지거나, 새로운 내용을 학습할 때 자신감을 가지거나, 학생들 간의 인간관계를 개선하거나, 친사회적인 태도·친절한 마음·이타심·다른 사람과 생산적으로 일할 수 있는 능력을 기르는 등의 여러 목표를 달성하는 데 도움이 된다(최용규 외, 2014: 335).

따라서 협동학습은 인지적·정의적·사회적 목표를 동시에 추구할 수 있는 수업 형태라고 할 수 있다. 그러나 단순히 학생들을 함께 모아 공부시키는 것만으로 협동학습이 되는 것은 아니다. 지난 20여 년간 학교 현장에서 이루어진 실험 연구들을 보면, 교사들이 어떻게 협동학습을 조직·실천하느냐에 따라 결과는, 특히 학업성취는 달라진다. 그래서 사회과에서 협동학습이 효과를 거두기 위해서는 '사회적'(social)인 측면과 '학습'(studies)의 측면을 모두 고려해야 한다(최용규 외, 2014: 335-336).

이때 '사회적'이라는 의미는 협조적인 대인관계 속에서 의미 있고 목적 지향적인 과업을 수행한다는 것을 뜻한다. 즉 개인은 공동체의 핵심 일원이 되어 공동체에 보다 적극적인 공헌을 할 수 있어야 하며, 이를 위해 사회집단과 공동체에서 효과적으로 기능하는 데 필요한 지식, 기능, 태도를 익혀야 한다는 것이다. '학습'이라는 말이 뜻하는 바는, 체계적이고 일관되게 지식을 찾고, 그 찾은 지식을 필요한 곳에 적용하는 활동을 말한다. 학생들은 필요한 지식과 능력을 얻기 위해 탐구활동에 전념해보기도 하고 적절한 연구기법을 적용해 보기도 하는 등 여러 방법을 사용해 볼 수 있어야 한다. 이때, 혼자서든 집단을 통해서든 단순히 프로젝트를 끝내는 정도로 끝나서는 안 된다. 결과적으로 학생들이 '학습' 활동을 마치면서 그들이 이전에 할 수 없었던 것을 할 수 있게 되어야 한다(최용규 외, 2014: 336).

이를 좀 더 구체화해서 사회과가 다른 어떤 교과보다 협동학습에 적합한 이유를 제시하면 다음과 같다(Stahl, 1994). 첫째로 사회과라는 social studies에서 social이라는 용어는 사회과에서 학습자는 한 개인이 아니라 사회 공동체의 한 구성원임을 강조한다. 따라서 학습목표의 달성은 한 개인에 의한 것이 아니라 동료나 교사 등 사회 구성원들과의 상호작용에서 이루어지고, 이러한 수업이 이루어지기 위해서 가장 적합한 학습구조는 협동학습이다. 둘째로 사회과의 기본적 목표는 민주 시민 양성이며, 이러한 목표에 적절한 수업 환경은 기회의 균등, 개인적 복지, 실력 사회의 강조(보상 체제), 개인적 책임과 사회적 책임 등이 포함되어 있는 협동학습이다. 셋째로 사회과의 행동 목표인 지식, 기능, 가치와 태도, 행동 및 참여의 경우 모두 협동학습을 통해 효과적으로 학습될 수 있다(정문성 외, 2008: 161 재인용).

2) 사회과에서 유용한 협동학습모형

학습모형이란 일정한 절차와 절차에 따른 구조화된 활동이 틀을 이룬 것을 말한다. 협동학습모형은 협동학습구조를 만들기 위해 특정 절차와 절차에 따른 활동을 규정한 틀이다. 따라서 수업목표나 내용에 따라 다양한 협동학습모형들이 개발되어 있다.

전반적으로 보면 1970년대 초에 네 곳의 주요 협동학습 연구중심지에서 개발된 다음의 일곱 가지 협동학습모형들이 널리 사용되고 있다. 첫째로 존스 홉킨스 대학에서 슬래빈(Slavin), 메이든(Madden), 드브리스(Devries) 등이 만든 Student Team Learning(STL) 프로그램으로서 Student Teams Achievement Divisions(STAD), Teams Assisted Individualization Math(TAI), Teams Games Tournament(TGT), Cooperative Integrated Reading and Composition(CIRC) 등의 협동학습모형이 있다. 둘째로 미네소타 대학에서 존슨(Johnson) 등에 의해서 만들어진 Learning Together(LT) 모형이 있다. 셋째로 캘리포니아 산타크루즈 대학의 애런슨(Aronson)이 만든 직소(Jigsaw)모형이 있다. 그리고 넷째로 이스라엘 텔아비브 대학의 샤란(Sharon)과 라자로위츠(Lazarowitz) 등이 만든 Group Investigation(GI) 모형이 있다(정문성, 2006: 50).

사회과에서 협동학습을 활용하려면 교사는 다양한 협동학습모형을 알고 있어야 한다. 그리고 그런 모형 중에 수업목표에 부합하는 모형을 택해서 사회과 수업에 적용해야 한다. 사회과에서 유용하게 사용할 수 있는 모형을 소개하면 다음과 같다.

STAD(모둠 성취 분담 모형)와 TGT(모둠 게임 토너먼트 모형)는 모두 보상 중심 협동학습모형이다. 즉 팀 보상을 통해서 협동을 유도하는 전략이다. STAD는 교사의 설명, 모둠 학습, 개별 형성 평가(퀴즈), 모둠 점수의 게시와 보상으로 이루어지는데, 이질적으로 구성된 모둠이 모둠 전체의 향상 점수 합계로 보상받기 때문에 구성원 간의 협동을 유도할 수 있다. TGT는 교사의 설명, 모둠 학습, 토너먼트 게임, 모둠 점수의 게시와 보상으로 이루어지는데, 이질적으로 구성된 모둠 간에 성적이 비슷한 학생들이 게임을 통해 팀 점수를 획득하기 때문에 구성원 간의 협동을 유도할 수 있다.

Jigsaw(과제 분담학습 모형), Jigsaw II, Jigsaw III는 모두 과제 중심 협동학습모형이다. 즉 과제 분담을 통해서 협동을 유도하는 전략이다. Jigsaw는 원 모둠 활동, 전문가 활동, 원 모둠 재소집으로 구성되는데, 전문가 활동을 통해 원 모둠의 다른 구성원들과 협력하여 학습 내용 전체를 이해하도록 유도한다. Jigsaw II는 Jigsaw에 개별 형성 평가와 집단 보상 체제로 특징 지어지는 STAD를 가미하여 과제 분담을 통해서 뿐만 아니라 집단 보상 체제를 통해서도 협동을 유도한다. Jigsaw III는 Jigsaw II가 원 모둠 재소집 후 곧바로 STAD 방식으로 평가와 보상을 하는 것과 달리 수업 내용을 전체 학급에서 토의하고 휴식기를 통하여 원 모둠별 정리 기간을 두고 STAD 방식으로 평가와 보상을 한다.

이밖에도 사회과에서 유용하게 활용할 수 있는 협동학습모형에는 LT(함께 학습하기), GI(모둠 탐구 모형), Co-op Co-op(협동을 위한 협동학습모형)이 있다. LT는 존슨 형제가 개발한 것으로, 이질적 집단들이 배당된 학습 주제에 대해 함께 활동하고, 그 결과에 대해 보상받는 방식으로 독특한 절차나 역할이 있는 조직화된 모형이라기보다는 협동학습 원리에 가까운 모형이다. GI는 과제 중심 협동학습모형으로, 소주제와 모둠 조직, 탐구 계획 수립 및 역할 분담, 모둠별 탐구 실행, 모둠별 발표 준비, 발표, 활동 평가 등으로 구성되는데, 학생들에게는 소주제를 선택하는 자유와 학습 계획을 스스로 만드는 자유가 있어서 학습 활동에 민주주의 요소가 들어간다. Co-op Co-op는 과제 중심 협동학습모형으로, 정교화지 못한 GI 모형을 보완하기 위해 개발한 것이다. 소주제를 중심으로 모인 모둠에서 자신이 하고 싶거나 자신의 재능이나 흥미에 적합한 미니 주제를 선택하여 적극적으로 모둠 활동에 기여할 수 있다.

Pro-Con(찬반 논쟁 협동학습모형), DME(일화를 통한 의사결정 모형)도 사회과에서 활용하기에 유용한 모형이다. Pro-Con은 협동학습을 기초로 하여 또래 집단 간의 토론 과정을 정교화하고 논쟁문제에 대하여 의견을 교환하도록 하는 수업모형이다. 정보 조직과 결론 도출, 자신의 입장 발표, 반대 관점의 경험, 개념 갈등과 불확실성 경험, 지적 호기심과 관점 채택, 재개념화와 종합 및 통합 등으로 구성된다. DME는 학생들이 배워야 할 내용을 하나의 에피소드(일화)로 만들어 그 에피소드를 완성하는 과정에서 수업 목표와 내용을 학습할 수 있도록 한 것이다. 일반적으로 수업 목표 설정, 배경 설명, 학습지 배포, 개인의 의사결정, 모둠 의사결정(만장일치), 각 모둠의 발표, 평가 등으로 구성된다.

5. 결론

그동안 사회과에서 협동학습이 많이 활용되어 왔고, 앞으로도 많이 활용되리라 생각한다. 그런 점에서 사회과를 전공하는 예비 교사들과 현직 교사들이 협동학습을 정확히 이해하고 활용하는 것은 매우 중요하다. 그러나 실제 사회과교육 개론서에서 협동학습과 관련된 내용이 체계적으로 정리되어 소개된 적은 흔치 않다. 또한 특정 협동학습모형의 특징과 효과를 다룬 연구들은 있지만, 사회과에서 유용하게 활용할 수 있는 협동학습모형을 안내한 논문들도 거의 없다.[1)]

그래서 이 장에서는 시민교육을 지향하는 사회과에서 유용하게 활용할 수 있는 교수학습방법으로서 협동학습이 어떤 의의와 특징을 갖고 있는지에 대해서 소개하고, 개괄적으로나마 사회과에서 활용도가 높은 협동학습 모형들에 대해 설명하였다. 물론 협동학습과 사회과 협동학습에 대한 이해가 충분하지 못한 상황에서 협동학습과 사회과 협동학습을 소개하는 내용을 작성하다 보니 여러 면에서 미흡한 점이 많은 것도 사실이다. 그런 점에서 이 장은 미완성이다. 향후 기회가 된다면 협동학습과 사회과 협동학습에 대한 충분한 이해를 거쳐 내용을 다시 쓰기를 기대한다.

1) 아마도 사회과학교육 개론서의 한 장으로 다루기에는 내용이 방대하고, 논문으로 쓰기에는 주제가 너무 일반적이어서 그런 것으로 보인다.

참고문헌

변영계 · 김광휘(1998). 협동학습의 이론과 실제. 서울: 학지사.

전성연 · 최병연 · 이흔정 · 고현정 · 이영미(2007). 협동학습모형 탐색. 서울: 학지사.

정문성 · 김동일(1998). 열린교육을 위한 협동학습의 이론과 실제. 서울: 형설출판사.

정문성(2002). 협동학습의 이해와 실천. 서울: 교육과학사.

정문성(2006). 협동학습의 이해와 실천(개정판). 서울: 교육과학사.

정문성, 구정화, 설규주, 박영석, 이동원, 김학희(2008). 사회과 교수 · 학습법. 서울: 교육과학사.

케이건(1999). 협동학습. 서울: 디모데.

13 CHAPTER 사회과 평가, 어떻게 할까?[1)]

– 사회과 평가 문항 개발의 기본 방향 탐색 –

〈배드 지니어스 영화 장면〉 (주)팝엔터테인먼트, 서울경제.

1. 사회과에서는 무엇을 평가하는가?
2. 사회과에서는 어떻게 평가하는가?
3. 사회과에서 지필평가와 수행평가는 어떻게 활용되는가?
4. 사회과 평가문항은 어떻게 만들고 활용하는가?
5. 사회과 평가문항에는 어떤 종류가 있는가?
6. 사회과 평가 결과, 어떻게 분석할 수 있는가?
7. 사회과에서 타당도와 신뢰도가 높은 평가를 어떻게 할 수 있을까?
8. 사회과 평가에 대한 여러분의 생각은?

1) 이 장은 사회과교육 제52권 1호(2013년 3월)에 실린 '사회과 평가 문항 개발의 기본 방향 탐색: 지식과 기능 및 사고를 종합적으로 측정하는 문항 개발'을 공동 연구자인 이정우 교수님의 동의하에 재구성한 것이다.

우선 사회과 평가 영역과 내용에 대해서 살펴보면, 사회과 평가 영역은 가르친 것을 측정하기 때문에 사회과 목표 및 내용 영역과 연관된다. 사회과 목표는 지식, 기능 및 사고, 가치 태도 및 행동 등으로 분류되고, 사회과 내용은 교육과정에서 내용 요소와 행동 요소로 구성된 성취기준으로 진술되는데, 이 역시, 지식, 기능 및 사고, 가치 태도 및 행동으로 분류될 수 있다. 따라서 사회과 평가 영역 및 내용도 지식, 기능 및 사고, 가치 태도 및 행동 등으로 분류할 수 있으며, 사회과는 각 영역을 골고루 측정하는 균형 잡힌 평가를 지향한다.

사회과 평가방법은 일반적으로 지필평가(필답고사), 수행평가 등으로 나눌 수 있다. 또 평가 주체에 따라 교사평가, 학생평가(자기평가, 동료평가) 등으로 분류할 수도 있다. 지필 평가는 규준 지향 평가(상대평가), 목표 지향 평가(절대평가)로 분류하기도 하고, 교사 제작 검사, 표준화 검사 등으로 분류하기도 한다. 수능 등과 같이 학생 선발에 활용되는 표준화 시험도 있는데 이를 '고부담시험'이라고 부른다.[2] 수행평가에는 관찰(주로 체크리스트 활용), 척도법(관찰과 연계될 수 있음), 일화기록(관찰과 연계될 수 있음), 대화, 집단토론, 자기평가(혹은 동료평가), 포트폴리오(다양한 방법과 연계됨) 등의 방법이 활용된다. 수행평가 중에서 실생활 속의 성취를 측정하는 것을 참평가라 부른다.

사회과 평가 문항은 지필평가 문항과 수행평가 문항을 구분할 수 있다. 지필평가 문항에는 진위형, 선다형, 단답형(기입형), 서술형, 서답형(서술형+단답형) 등이 있다. 지필로 이루어지지만 논술형의 경우 주로 수행평가로 분류된다. 수행평가 문항 혹은 방법 및 도구에는 논술문 작성, 포트폴리오, 일화기록, 체크리스트와 평정척도를 이용한 채점 등이 있다.

사회과 평가 결과는 여러 방식으로 분석될 수 있는데, 여기에서는 평가 문항 분석 관련 기본 개념에 대해서 설명하려고 한다. 우선 타당도는 평가가 본래 목적하고 있는 것을 얼마나 충실하게 평가하고 있는가의 문제로, 일반적으로 지필평가보다는 수행평가와 참평가가 타당도가 높다. 신뢰도는 동일 과제에 대한 평가를 여러 사람이 하거나 또는 여러 번 할 때 그 결과가 얼마나 일관성 있게 나오느냐의 문제로, 일반적으로 지필평가(특히 표준화시험)가 수행평가 및 참평가보다 신뢰도가 높다. 공정성은 평가가 인종, 거주지, 성별 등과 같은 배경 요인에 관계없이 학습자의 능력을 얼마나 잘 평가할 수 있느냐의 문제로, 대개 주류 문화집단 학생들보다 소수 문화집단 학생들이 평가에 불리한 경향을 띠는데 이를 해소하고자 하는 것이다. 표준점수는 검사항목에 배당된 점수를 합한 원점수와 달리 학생의 점수가 집단 평균에서 얼마나 멀리 떨어져 있는가를 표시한 점수로 전체 집단에서 학생의 위치를 확인할 수 있다.

이러한 기초 논의를 토대로 이 장에서는 사회과 평가와 평가 문항에 대한 기본적인 아이디어를 소개하려고 한다.

---

2) 국가/국제 학업성취도 평가도 학교 평가에 적용될 경우 고부담시험이 될 수 있다.

1. 서론

사회과 평가를 어떻게 해야 할까? 어떤 사회과 평가 문항을 개발·활용하는 것이 좋을까? 이는 사회과 평가를 실행할 때 누구나 갖게 되는 실천적인 고민이지만 이에 대해서 구체적인 실천을 통해 얻은 암묵적 답변은 종종 있었으나 사회과 평가론 등의 공식적 논의를 통해 공유된 해답을 찾기는 어려웠다. 이에 답하기 위해서, 이 장에서는 교과 평가 방향과 영역 등을 공식적으로 담고 있는 교육과정의 사회과 평가 논의와 교과 평가 문항의 전형이라 할 수 있는 대학수학능력시험(이하 수능) 문항을 분석하고, 이를 기초로 사회과 평가 문항 개발의 기본 방향을 탐색하려고 한다.

2009 개정 사회과교육과정에서는 사회과 평가의 방향을 크게 ① 사회과 목표, 내용, 방법, 평가의 일관성, ② 지식, 기능 및 사고[3], 가치 태도 영역 평가의 균형, ③ 다양한 평가방법의 활용, ④ 학습 과정을 강조하는 평가(수행평가) 등으로 제시하였다(교육과학기술부, 2012: 32-33). 이러한 평가의 기본 방향과 원칙은 2015 개정 교육과정에서도 대체로 유지되었다(교육부, 2015: 94).

이 중에서 사회과 목표, 내용, 방법, 평가의 일관성이나 다양한 평가방법의 활용, 학습 과정을 강조하는 평가 등은 모든 교과에 적용되는 교육 평가의 일반적 논의라면, 지식, 기능 및 사고, 가치 태도 영역의 균형 있는 평가는 사회과의 특수성이 일정 정도 반영된 논의이다. 즉, 교육과정에서 공식적으로 제시한 사회과 평가 방향 중 교과 차원에서 가장 두드러진 원칙은 '사회과 평가가 지식 영역에만 치우쳐서는 안 되며, 기능과 가치 태도 영역도 균형 있게 평가되어야 한다.'는 것이다. 이는 2015 개정 교육과정에서도 '평가 내용은 지식 영역에만 치우쳐서는 안 되며, 기능과 가치·태도

3) 교육과정 문서에는 '기능 및 사고'가 아니라 '기능'이라고 표기되어 있으나, 저자는 이를 '기능 및 사고'로 표현하려고 한다. 왜냐하면 기능 속에는 사고도 포함되어 있다고 볼 수 있으나, 일반적으로 눈에 드러나는 의사소통 기능이나 참여 기능과 달리 사고는 인간 내면에서 이루어져서 눈에 보이지 않고, 또한 사고 속에는 지식, 가치 태도 등의 요소도 일부 들어 있다고 볼 수 있기 때문이다. 따라서 '기능'이라고 표현하는 것보다는 '기능 및 사고'라고 표현하는 것이 사고의 속성과 중요성을 고려한 용어라 볼 수 있다.

영역을 균형 있게 선정한다.'는 원칙으로 제시되어 있다(교육부, 2015: 94).

이러한 평가 영역 간 균형의 원칙이 중요한 이유는 시민성 함양이라는 사회과 목표에서 기인한다. 왜냐하면 사회과 목표인 시민의 자질에는 사회생활 및 사회 현상 분석에 필요한 지식뿐만 아니라 사회생활에 요구되는 기본 기능, 문제해결에 필요한 자료 수집과 분석 능력, 과학적 탐구 능력과 같은 사고력, 올바른 판단을 위해 수반되어야 하는 가치 태도 등이 모두 포함되기 때문이다.

따라서 사회과 평가에서도 사회 현상에 대한 이해뿐만 아니라 사회 문제 해결 및 합리적 의사결정에 요구되는 다양한 기능 및 사고와 관련된 요소, 민주시민으로서의 자질과 관련된 가치 태도를 포함하는 것이 필요하다. 즉, 사회과 평가에서도 지식, 기능 및 사고, 가치 태도의 측면이 균형적으로 다루어지고 종합적으로 접근되어야 사회과 평가의 타당성도 확보된다.

그렇다면 실제 사회과 평가에서는 이러한 영역 간 균형의 원칙을 어떻게 구현할 수 있을까? 이 장에서는 이러한 문제에 답하기 위해 사회과의 주요 평가 방향인 영역 간 균형의 원칙이 교과 평가 논의와 실제에서 어떻게 구현되어 왔는지를 반성적으로 검토함으로써 사회과 차원의 평가 원리와 문항 개발의 기본 방향을 탐색하려고 한다.

이를 위해 기존 교육과정에 제시된 사회과 평가 영역 설정 논의를 비판적으로 검토하고, 교과 평가 문항의 대표 사례라 할 수 있는 수능의 일반사회 영역 문항을 분석하여 경향성을 살펴보려고 한다. 그리고 이러한 분석을 토대로 사회과 문항 개발의 원리를 탐색하고 '좋은 사회과 문항이 무엇인가'에 대한 시사점을 얻으려고 한다.

2. 평가 영역과 지식, 기능 및 사고, 가치 태도의 관계

1) 교육과정과 사회과 평가 영역

2009 개정 사회과교육과정에서는 평가 내용을 다섯 가지로 제시하였다. 첫째, 지리, 역사, 사회과학의 기본 개념 및 원리, 일반화에 대한 이해이다. 둘째, 지리적 현상, 역사의 흐름, 현대 사회의 현상과 특성에 대한 통합적·종합적 이해와 사회 현상을 탐구하는 데 필요한 기능 및 사고이다. 셋째, 인간 행위와 사회 환경에 대한 다양한 관점의 이해와 수용, 사회의 기본 가치에 대한 이해와 존중이다. 넷째, 사회, 지역, 국가의 당면 문제해결과 관련된 의사결정 능력 및 실천 능력이다. 다섯째, 학습자의 흥미, 관심, 학습 동기와 습관 등이다(교육과학기술부, 2012: 33). 이러한 내용은 2015 개정 교육과정에서도 유사하게 진술되어 있다(교육부, 2015: 94-95).

이를 정리하면 사회과 평가 영역은 대체로 ① 지리, 역사, 일반사회(사회과학)에 대한 지식, ② 사회 현상 탐구에서 요구되는 기능 및 사고, ③ 사회과에서 다루어야 할 가치 태도 및 관련 능력, ④ 사회 문제에 대한 사고 및 행동 능력, ⑤ 학습자 특성 등이다. 이 중 학습자 특성은 사회과 목표 및 내용에 따른 논의가 아니라 학습자에 대한 진단에 초점에 맞추어져 있기 때문에, 사회과교육과정에서 제시하고 있는 평가 영역을 분류하면 크게 지식, 기능 및 사고, 가치 태도 등으로 구분할 수 있다.

사회 현상을 이해하는 데 필요한 지식에는 사실, 개념, 일반화(원리), 이론 등의 유형이 있고, 각 유형은 유기적으로 관련되어 있다. 이러한 지식은 사회과 세부 영역(전공)인 지리, 역사, 일반사회에 고루 분포되어 있다. 특히 일반사회 영역에서 지식에 대한 평가는 바로 사회 현상과 관련된 사실, 개념, 일반화(원리)에 대한 기억 및 이해 정도를 측정하는 것이다. 교육과정에서도 "지식 영역의 평가에서는 사실적 지식의 습득 여부와 함께 사회 현상의 설명과 문제해결에 필수적인 기본 개념 및 원리, 일반화에 대한 이해 정도를 측정하는 것에 중점을 둔다."라고 제시하고 있다(교육과학기술부,

2012: 32). 따라서 사회 현상과 관련된 지식 영역의 평가에서는 지식의 다양한 층위를 고려하여 평가를 설계할 필요가 있으며, 특히 사실과 개념 및 원리에 대한 체계적인 인식과 종합적인 이해에 초점을 둘 필요가 있다.

사회과 학습을 통해 습득하는 기능 및 사고는 자료의 수집 및 분석에서부터 사회문제해결, 합리적 의사결정 등 다양하다. 구체적으로 사회과 학습에서 추구하는 기능 및 사고는 글, 도표, 통계, 지도, 연표 등 다양한 자료를 통해 사회 현상을 분석하고, 비교하고, 추론하는 등의 기본적 측면과 함께 민주 사회에서 시민으로서의 의사결정과 참여와도 관련된다. 교육과정에서도 "기능 영역의 평가에서는 지식의 습득과 민주적 사회생활을 하는 데 필수적인 정보의 획득 및 활용 기능, 탐구 기능, 의사결정 기능, 집단 참여 기능을 측정하는 데 초점을 둔다."라고 제시하고 있다(교육과학기술부, 2012: 32). 따라서 이러한 기능 및 사고 영역은 사회 문제의 체계적인 탐구에서부터, 선택의 문제에서 관련 정보를 평가하고 대안을 모색하고 합리적 방안을 선택하는 의사결정 능력과 같은 고차 사고 기능까지 확대된다. 또한 다른 사람들과 더불어 살아가는 데 필요한 사회 참여 기능도 포함된다.

시민의 역할을 수행하기 위해서는 바람직한 가치 태도를 갖추는 것이 필요하며, 평가에서도 이를 반영할 필요가 있다. 사회생활을 하면서 어떤 행동을 선택할 때, 사회 현상에 대한 지식과 같은 인지적 측면의 정보뿐만 아니라, 행동하는 사람의 가치 태도가 영향을 미치게 된다. 교육과정에서는 "가치 태도 영역의 평가에서는 국가 및 사회의 요구와 개인적 요구에 비추어 바람직한 가치와 합리적 가치의 내면화 정도, 가치에 대한 분석 및 평가 능력, 공감 능력, 친사회적 행동 실천 능력 등을 평가한다."라고 제시하고 있다(교육과학기술부, 2012: 33). 가치 태도 평가에서는 사회 현상의 인식 및 사회 문제해결과 관련된 다양한 관점과 가치를 분석하고 판단 근거를 탐색하는 과정, 타인과 공감하는 능력, 실천 능력 등에 주목하여 평가할 필요가 있다.

그렇다면 지필 평가에서는 어떻게 각 영역별 평가에 충실하며, 동시에 영역 간 균형적 평가를 할 수 있을까? 이와 관련하여 크게 두 가지 접근 방식이 가능하다. 첫째는 하나의 평가 문항에 지식, 기능 및 사고, 가치 태도 요소를 균형 있게 가미하는 방식이다. 둘째는 평가 문항을 각기 지식, 기능 및 사고, 가치 태도 요소를 측정하도록 하되 그 비율을 하나의 평가 도구(검사지)에서 균형 있게 조정하는 방식이다. 그리고 이러한 두 가지 접근 방식 중에 어떤 것이 사회과 성격 및 목표에 비추어 적합한 방향이고 동시에 학습 측면에서도 효과적인 것인지에 대해서 검토하는 것이 필요하다.

이에 대해서 검토하기에 앞서 사회과 평가 영역 간의 관계가 어떠하며, 이를 평가 영역으로 구분하여 설정하는 논의의 문제점에 대해서 살펴보기로 하자.

2) 사회과 평가 영역과 지식, 기능 및 사고, 가치 태도의 관계

사회과 평가 영역은 교육과정의 구성 내용이나 학생의 학습 경험을 의미하며, 주로 구성 내용 측면에서 볼 때는 학습 주제로 다루어지는 지리, 역사, 일반사회 영역이 이에 해당된다. 그러나 여기서 초점을 두고 있는 사회과 평가 영역은 학습 경험 측면으로, 지식, 기능 및 사고 등의 인지적 능력과 가치 태도 등의 정의적 능력을 의미한다.

그런데 실제 사회과 수업에서 지식과 기능 및 사고의 학습은 서로 결부되어 있다. 구체적으로 개념과 일반화의 학습에는 탐구학습이 관련된다. 우선 개념과 일반화를 가르치는 과정에서 구체적인 사례를 많이 활용하는데, 이는 학생들로 하여금 개념의 의미를 암기하도록 하는 것이 아니라, 개념과 일반화를 이해하고 그것을 관련 사례에 적용할 수 있는 능력을 강조한다. 또한, 구체적인 사례나 자료 분석을 통해 개념의 의미와 특징을 추출하는 과정에서 사회과학자와 유사하게 범주화, 분석, 적용 등의 사고를 하게 된다. 또한 일반화 학습 역시 일련의 탐구 과정을 통해 일반화를 도출할 경우 탐구학습과 거의 동일한 과정을 거친다(차경수 · 모경환, 2008).

이와 같은 지식과 기능 및 사고의 연계 또는 종합은 사회과 수업뿐만 아니라 평가에서도 이루어진다. 따라서 지식과 기능 및 사고의 활용 측면에서 좋은 평가 문항의 요건을 이야기한다면, 지식과 기능 및 사고를 별개로 놓고 각각을 평가하기보다는, 한 문항 내에서 지식과 기능 및 사고를 연계하고 이를 함께 동원해야 해결 가능하도록 문항을 구성하는 것이 적절하다. 과거 학력고사에서 개념, 원리(일반화) 등 지식이 강조되었던 것에 비해, 수능에서는 지식과 기능 및 사고의 종합적 평가를 강조하는 것도 이와 같은 맥락에서 기인한다(설규주 · 강대현, 2012).

가치 태도의 경우도 지식과 기능 및 사고와 완전히 별도로 존재하는 것은 아니다. 예를 들어 지필 평가를 통해 사회 현상 인식 및 사회 문제 해결과 관련된 다양한 관점과 가치를 분석하고 그 근거를 탐색하는 과정을 평가하거나, 수행평가를 통해 사회 문제에 대해 관점을 제시하거나 토론하도록 함으로써 지식과 기능 및 사고를 평가하는 것과 동시에 가치 태도를 평가하는 것이 가능하다.

그래서 지식, 기능 및 사고, 가치 태도를 엄밀히 구분하는 것은 과도한 측면이 있다. 사실 사회 현상이나 문제와 관련된 개념과 원리를 이해하는 것은 지식을 습득하는 것인 동시에 기능 및 사고를 수행하는 것이다. 이런 점에서 일반적으로 지식에 대응하는 행동 요소인 기억 및 이해는 일종의 저차사고로 볼 수 있으며, 종합적인 문제해결능력이라고 할 수 있는 탐구, 의사결정, 비판적 사고, 창의적 사고, 메타인지 등을 포함한 고차사고의 경우에도 내용 요소로서의 지식인 개념과 원리 없이, 그리고 행동 요소로서의 저차사고인 기억이나 이해 없이 이루어질 수 없다. 또한 가치명료화나 분석 등의 가치탐구 및 판단 과정에서도 관련 지식과 기능 및 사고가 가치 태도의 결정이나 내면화에 밀접하게 관련된다. 심지어 사회 현상이나 문제에 대한 지식과 기능 및 사고 자체에 가치 태도가 개입되어 있는 경우도 있다. 그러므로 사회과의 지식, 기능 및 사고, 가치 태도의 관계를 나타내면 [그림 13-1]과 같다.

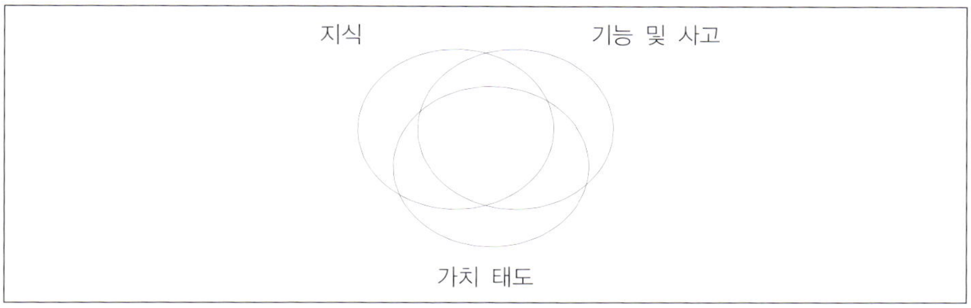

그림 13-1 사회과 지식, 기능 및 사고, 가치 태도 영역의 관계

그런데 기존의 평가 관행에서는 지식, 기능 및 사고, 가치 태도 등을 별도의 평가방법이나 문항으로 측정해야 한다는 인식이 있어 왔다. 예를 들어 사회과 평가 문항의 행동 영역을 일선 학교에서는 지식, 이해, 적용 등으로 나누거나, 학업성취도 평가에서는 기억, 이해, 분석, 활용으로 구분하고(이정우 외, 2012), 수능에서는 개념·원리의 이해, 문제 파악 및 인식, 탐구 설계 및 수행, 자료 분석 및 해석, 결론 도출 및 평가, 가치 판단 및 의사결정으로 나누고 있다(한국교육과정평가원, 2004). 지식이나 기억·이해 혹은 개념 원리의 이해 등을 다른 문항 유형과 별도로 구분하는 것이다. 이를 통해 지식 측정 문항과 기능 및 사고나 가치 태도 측정 문항이 다르다는 인식이 암묵적으로 존재해 왔음을 알 수 있다.

그러나 사회과 평가 영역을 구분하는 것은 일정 정도 필요하지만, 이로 인해 지식, 기능 및 사고, 가치 태도는 별도의 평가방법이나 문항으로 측정하는 영역으로 오해해서는 안 된다. 왜냐하면 사회과에서 인지적 영역인 지식과 기능 및 사고 교육은 학습 및 평가의 장면에서 서로 복합적으로 얽혀 있어서, 개념과 원리를 배우고 측정하는 것과 탐구력을 기르고 측정하는 것은 동전의 양면과도 같기 때문이다. 더불어 가치 태도 평가 역시 교과교육 차원에서 이루어질 경우 지식, 기능 및 사고와 무관하게 다루어지기 어렵다. 따라서 사회과 평가 영역이나 행동 요소의 과도한 구분은 사회과 성격 혹은 정체성에 비추어 볼 때 적절한 것이 아니다.

그렇다면, 실제 사회과의 지필 평가에서 지식, 기능 및 사고, 가치 태도 영역을 종합적으로 평가하는 것이 가능할까? 이 장에서는 수능 사회탐구의 일반사회 영역 문항 분석을 통해 지식과 기능 및 사고를 종합해서 평가하는 것이 가능하며, 이러한 문항이 지식 혹은 기능 및 사고에 편중된 문항보다 사회과의 성격 및 목표에 적합하고 학생의 능력을 측정하는 데 있어서도 유용한 양질의 문항임을 밝히려고 한다.

3. 수능 사회탐구 일반사회 영역 문항 분석

1994학년도에 도입된 수능 사회탐구는 교육과정에 따라 몇 차례 변화가 있었다. 처음에는 수리・탐구 Ⅱ의 하위 영역으로 과목 간 통합에 기반한 문항이 출제되었고, 6차 교육과정기에는 공통 및 선택과목의 이원화된 체제를 기반으로 하였으며, 7차 교육과정기인 2005학년도부터는 선택과목별로 문항이 출제되고 있다(이정우, 2010).

이 장은 사회탐구의 일반사회 영역에서 법과 사회, 정치, 경제, 사회・문화 등 선택과목별로 문항이 출제된 2005학년도 이후, 특히 문항 형식면에서 한 차례 정비가 이루어진 2009~2012학년도 수능 문항을 중심으로 분석을 실시하였다. 이 과정에서 과목별로 지식 중심, 기능 및 사고 중심, 지식과 기능 및 사고의 종합 문항으로 분류하고, 이 중 각 유형을 대표하는 문항을 1개씩 선정하여, 문항 특성을 분석하였다.

이러한 문항 유형의 분류와 대표 문항의 선정은 공식적인 수능 문항 유형을 기초로 하되, 기존 유형화 방식 중 개념・원리의 이해 문항 유형은 기본적으로 지식 중심 문항으로 분류하고, 문제 파악 및 인식, 탐구 설계 및 수행, 자료 분석 및 해석, 결론 도출 및 평가, 가치 판단 및 의사결정 등의 문항 유형은 지식, 기능 및 사고, 지식과 기능 및 사고의 종합 중 강조점에 따라서 지식 중심, 기능 및 사고 중심, 지식과 기능 및 사고 종합 문항 등으로 재분류하였다. 각 유형의 특징은 <표 13-1>과 같다.

표 13-1 수능 문항 재분류

문항 유형	문항 특징
지식 중심 문항	주로 개념·원리의 이해 문항 유형에 해당되는 문항, 다른 문항 유형 중에서 지식 요소가 강한 문항
기능 및 사고 중심 문항	개념·원리의 이해 문항 유형을 제외한 문항 유형 중에서 기능 및 사고 요소가 강한 문항, 지식 요소가 없거나 상대적으로 약한 문항
지식과 기능 및 사고 종합 문항	개념·원리의 이해 문항 유형을 제외한 문항 유형 중에서 지식과 기능 및 사고 요소가 조화를 이루고 있는 문항

1) 지식 중심 문항 분석

지식 중심 문항은 개념이나 원리 등의 지식을 측정하는 것을 목표로 개발된 것으로, 수능에서 주로 '개념·원리의 이해'로 분류되는 문항 유형을 말한다. <예시문항 1~4>는 각각 법과 사회, 정치, 경제, 사회·문화 문항 중 '개념·원리의 이해' 문항 유형에 해당되는 것으로, 지식을 중심으로 학생들의 학습 능력을 측정한 문항이다.

지식 중심 문항은 일반사회 영역 네 과목 중 법과 사회 과목에서 가장 흔하게 발견할 수 있는 유형이다. 이는 법과 사회 과목의 교육과정 특성상 세부적인 법률이나 구체적인 사실(판례) 등과 관련된 지식이 다른 과목에 비해 많기 때문이다. <예시문항 1>은 재산세 납부 고지서의 뒷면 내용을 토대로 행정법과 관련된 개념을 이해하고 있는지 확인하는 문항이다. 이 문항은 자료의 밑줄이 그어진 내용과 관련된 법적 지식을 알고 있는지 확인하고 있으므로 지식 중심 문항이라 할 수 있다.

5. 그림의 ㉠~㉣에 대한 옳은 설명을 〈보기〉에서 고른 것은?

2009년 재산세 과세 근거 및 납부 안내

1. 과세 근거 : ㉠재산세(지방세법 제180조~제195조의3)

…(중략)…

5. 이 ㉡처분에 이의가 있는 경우에는 고지서를 받은 날로부터 90일 이내에 관할 구청장, 군수에게 ㉢이의 신청을 하거나 지방법원에 직접 ㉣행정 소송을 제기할 수 있습니다.

〈보 기〉

ㄱ. ㉠의 부과 및 징수에는 법치 행정의 원리가 적용된다.
ㄴ. ㉡에는 재산세 납부를 권유하는 행정지도도 포함된다.
ㄷ. ㉢은 행정기관에 자율적인 시정 기회를 부여한다.
ㄹ. ㉣의 구체적 소송 형태는 당사자 소송이다.

① ㄱ, ㄴ ② ㄱ, ㄷ ③ ㄴ, ㄷ
④ ㄴ, ㄹ ⑤ ㄷ, ㄹ

〈예시문항 1〉 2009학년도 수능 법과 사회 5번 문항

정치 과목은 세부 지식이 일부 단원(헌법 단원)에 집중되어, 대부분의 단원은 개념과 원리 등의 지식 요소가 상대적으로 적다. 이 때문에 정치 문항은 지식 중심과 기능 및 사고 중심 문항으로 양분된다. 지식 중심 문항은 주로 헌법 관련 지식을 묻는 문항이 많지만, 단원별로 기본 개념과 원리의 이해 여부를 측정하는 문항도 있다. <예시문항 2>는 국제법과 국제 행위 주체에 대한 이해 여부를 측정하는 문항으로, 제시문의 용어와 사례에 밑줄을 긋고 답지에서 이에 대한 옳은 진술을 고르는 형태로 답지 내용이 제시문에서 추론할 수 없는 선지식이어서 지식 중심 문항이다.

7. 밑줄 친 ㉠, ㉡에 대한 설명으로 옳은 것은? [3점]

> 1992년 국제 연합 주도로 열린 리우 회의에서 155개국은 ㉠생물다양성협약에 서명하였다. 협약 체결 이전부터 희귀 동식물 서식지인 아마존 원시 열대림 보호 활동을 펼쳐 왔던 ㉡국제 환경 운동 시민 단체들은 협약 이행을 위해 지속적으로 노력해 오고 있다. 그 예로 2001년 그린피스는 대표적 열대 수종인 마호가니 불법 거래에 다국적 기업들과 부패한 정부가 연루되어 있다는 보고서를 발표하여, 브라질 정부로 하여금 모든 마호가니 벌목을 중지시키는 조치를 이끌어내기도 했다.

① ㉠은 환경 보존 차원에서 국제 관습법으로 인정된다.
② ㉠은 법의 일반 원칙으로서 국제 사회에서 구속력을 갖는다.
③ ㉡은 정부 간 기구로서 이해 당사국 정부에 압력을 행사한다.
④ ㉡은 ㉠ 체결의 비준 주체로서 자격을 갖는다.
⑤ ㉡은 국제 행위 주체로서 ㉠의 이행을 감시하는 기능을 한다.

〈예시문항 2〉 2010학년도 수능 정치 7번 문항

경제 과목은 그 특성상 세부 지식을 묻는 문항보다는 개념과 원리를 이해한 후 이를 새로운 사례에 적용할 수 있는지를 확인하는 문항이 많이 출제되었다. 따라서 지식과 기능 및 사고 종합 문항이 비교적 많고, 지식 혹은 기능 및 사고만 따로 측정하는 문항은 적은 편이다. 물론 일부 지식에 초점을 두는 문항도 있다. <예시문항 3>은 대공황 시기의 뉴딜 정책 관련 지식이 있어야 접근이 가능하며, 자료에 대한 분석과 추론이 요구되지 않는다는 점에서 전형적인 지식 중심 문항이라 할 수 있다.

13. 다음 글의 ㉠~㉣에 대해 옳게 설명한 학생만을 <보기>에서 있는 대로 고른 것은?

미국 정부는 ㉠ 자국에서 나타난 경제적 문제를 해결하기 위해 뉴딜 정책을 실시하였다. 이를 계기로, ㉡ 뉴딜 이전의 지배적인 경제 철학에서 형성되었던 시장과 정부 간의 관계가 근본적으로 바뀌었다. 뉴딜은 ㉢ 경제 정책을 통해 대공황 극복의 계기를 마련함으로써 ㉣ 정부 개입을 통한 경기 조절이라는 새로운 정부의 역할을 제시하였던 것이다.

〈보 기〉

갑 : ㉠은 대량 실업과 인플레이션이었어.
을 : ㉡에서는 정부 간섭의 최소화를 이상적으로 보았어.
병 : ㉢의 과정에서 공공 사업이 확대되었어.
정 : ㉣을 위해 뉴딜 기간 동안 총공급 확대에 주력했어.

① 갑, 을　② 을, 병　③ 병, 정
④ 갑, 을, 병　⑤ 을, 병, 정

〈예시문항 3〉 2009학년도 수능 경제 13번 문항

사회・문화 과목은 사회・문화 현상을 설명하는 개념과 그 현상을 바라보는 관점, 현상을 탐구하기 위한 방법론을 중심으로 교육과정이 구성되어 있다. 따라서 교육과정의 주요 개념이나 관점의 특징을 묻는 문항, 탐구 방법론을 실제 연구 사례에 적용하는 능력을 평가하는 문항을 중심으로 출제가 이루어져, 기능 및 사고 중심 문항의 출제 비중이 높은 편이다. 물론 기본적인 개념과 원리에 대한 지식 중심 문항도 쉽게 찾아볼 수 있다. <예시문항 4>는 관료제의 특징과 순기능 및 역기능에 대한 이해 여부를 확인하는 문항이다. 관료제와 관련된 기본 지식이 있으면 정답을 찾을 수 있다는 점에서 지식 중심 문항이다. 물론 빈 칸에 들어갈 내용에 대해서는 자료에 대한 분석을 통한 추론이 필요하기 때문에 기능 및 사고 측정을 완전히 배제한 문항은 아니며, 지식과 기능 및 사고 중에서 지식이 보다 강조된 문항이라 할 수 있다.

4. 그림은 교사가 관료제의 일반적인 특징과 그에 따른 순기능 및 역기능의 예를 제시한 것이다. (가)~(라)에 대한 옳은 진술만을 〈보기〉에서 있는 대로 고른 것은? [3점]

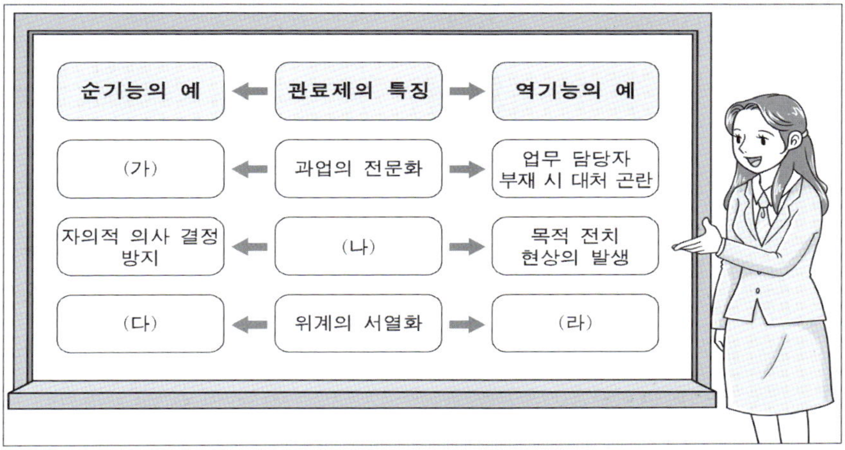

〈보 기〉

ㄱ. (가)에는 '업무의 효율성 향상'이 들어갈 수 있다.
ㄴ. (나)에는 '지위 획득의 공평한 기회 보장'이 적절하다.
ㄷ. (다)에는 '지위에 따른 명확한 권한과 책임'이 들어갈 수 있다.
ㄹ. (라)에는 '소수에 의한 권력의 독점과 남용'이 적절하다.

① ㄱ, ㄷ　② ㄴ, ㄷ　③ ㄴ, ㄹ
④ ㄱ, ㄴ, ㄹ　⑤ ㄱ, ㄷ, ㄹ

〈예시문항 4〉 2011학년도 수능 사회 · 문화 4번 문항

이처럼 지식 중심 문항은 개념이나 원리를 이해하고 있는지를 측정하는 데는 유용하다. 그러나 이러한 유형의 문항은 기능 및 사고와 관련되지 않을 경우 개념의 단편적인 이해 여부만을 측정하게 되어, 사회과에서 학습한 개념을 사회 생활에 적용하여 합리적 의사결정을 할 수 있는 시민의 자질과 능력을 측정한다고 보기는 어렵다. 따라서 지식 중심 문항은 사회과 성격 및 목표에 비추어 볼 때, 사회과 평가에서 지향해야 할 문항이라고 보기는 어렵다.

2) 기능 및 사고 중심 문항 분석

기능 및 사고 중심 문항은 수능에서 '개념 · 원리의 이해'를 제외한 나머지 문항 유형으로 분류되는 문항 유형이다. 수능에서 측정하는 기능 및 사고는 주로 언어 추론 능력이나 수리적 계산 능력인 경우가 많다. 일반적으로 언어 추론 문항은 문제 파악 및 인식, 결론 도출 및 평가 영역으로 분류되고, 수리적 계산 문항은 자료 분석 및 해석 영역으로 분류되는 경우가 많다. <예시문항 5~8>은 기능 및 사고를 중심으로 측정한 문항을 선정한 것이다.

법과 사회는 과목의 성격상 지식 요소가 거의 없는 언어 추론형 혹은 수리 계산형 등 기능 및 사고만을 측정하는 문항을 찾기가 쉽지 않다. 즉 지식이라는 배경 없이 언어적 추론이나 수리적 계산을 통해서 답을 찾을 수 있는 문항은 흔치 않고 대부분의 문항에는 학생들이 기본적으로 학습해야 할 지식 요소들이 포함되어 있다. 그러나 간혹 난이도 조절을 위해서 언어 추론형의 기능 및 사고 중심 문항을 출제하는 경우가 있다. <예시문항 5>는 법과 도덕의 관계에 대한 두 가지 주장을 읽고 이를 적절하게 해석할 수 있는지 확인하는 문항이다. '법의 이념과 권리, 의무' 단원에서 법의 성격을 학습할 때 법과 도덕의 관계에 대해서도 학습하고 있지만, 이 문항의 경우 관련 배경 지식 없이도 제시문에 담긴 핵심 주장을 파악할 수 있으면 답을 찾을 수 있어, 지식보다는 기능 및 사고에 초점을 맞춘 문항이라고 할 수 있다.

1. (가), (나)의 입장에 대한 옳은 설명만을 〈보기〉에서 있는 대로 고른 것은?

(가) 도덕적 이념은 사회를 지탱하는 보이지 않는 끈이다. 확립된 도덕은 좋은 정부와 같은 것이며, 반(反)도덕은 곧 정부에 대한 반역죄와 같다. 국가는 사회 존속에 필요한 도덕을 보호하기 위하여 법을 활용해야 한다.

(나) 도덕적 유대의 상실이 종종 사회 해체의 초기 단계라는 주장은, 동성애가 지진의 원인이라는 유스티니아누스 황제의 주장과 다를 바 없다. 사회가 존속하기 위해서는 도덕이 필요하지만, 국가는 사회의 도덕을 교육시키기 위해서가 아니라 타인의 위해로부터 개인을 보호하기 위하여 법을 활용해야 한다.

〈보 기〉

ㄱ. (가)는 성매매를 처벌하는 법률에 반대할 것이다.
ㄴ. (가)는 형법의 목적이 도덕의 촉진과 악의 예방에 있다고 본다.
ㄷ. (나)는 국가가 부도덕 그 자체를 규제하기 위해 입법할 권한을 가진다고 본다.
ㄹ. (가), (나) 모두 도덕규범의 필요성을 부정하지는 않는다.

① ㄱ, ㄴ ② ㄱ, ㄷ ③ ㄴ, ㄹ
④ ㄱ, ㄷ, ㄹ ⑤ ㄴ, ㄷ, ㄹ

〈예시문항 5〉 2010학년도 수능 법과 사회 1번 문항

정치 과목 문항은 지식 중심 문항과 기능 및 사고 중심 문항으로 양분되어 출제되는 경향이 있다. 기능 및 사고 중심 문항은 주로 정치 현상을 제시한 자료를 읽고 결론을 도출하는 형태인 언어 추론형 문항, 혹은 선거구와 관련된 표를 읽고 수리적 계산을 통해 답을 찾을 수 있는 수리 계산형 문항이 출제되었다. 따라서 지식 요소가 약하고 기능 및 사고 요소에만 초점을 맞춘 문항을 어렵지 않게 찾을 수 있다. <예시문항 6>에서 이익집단과 시민단체는 정치 교육과정의 주요한 내용 요소이며, 이들의 조직화와 관련된 제시문의 요지를 파악하는 데 요구되는 읽기와 언어 추론 능력은 정치 과목에서 강조하는 주요기능 및 사고이다. 그러나 이익집단과 시민단체에 대한 교과 내용 지식 없이도 제시문의 요지를 파악할 수 있으면 답을

찾을 수 있다는 점에서 교과 특성이 부족하다는 비판을 받을 수 있는 문항이다.

4. 다음 글의 요지로 가장 적절한 것은?

> 우유 1리터당 가격이 10센트 인상된다면 수천만 명의 우유 소비자들은 달가워하지 않을 것이다. 그렇다고 그들이 이것에 반대하기 위한 단체를 결성하여 활동하기 위해 여가 시간을 포기하기는 쉽지 않다. 그러나 1리터당 10센트는 수천만 리터로 계산하면 큰 액수가 되고, 이 이익은 전국적으로 수천 명의 낙농업자들에게 돌아갈 수 있다. 낙농업자들은 소폭의 가격 상승만으로도 큰 이익을 볼 수 있는 것이다. 그렇다면 낙농업자들은 여가를 포기하면서도 그 이익을 얻고자 할 것이다.

① 이익 집단 지도자들은 구성원의 이익을 대변하고자 노력한다.
② 이익 집단은 집단 결성의 목적에 따라 다양한 형태로 분류된다.
③ 이익 집단은 목표 달성을 위해 로비 등 다양한 수단을 활용한다.
④ 생산자들이 소비자들보다 자기 이익 실현을 위해 집단을 조직화하기 쉽다.
⑤ 낙농업 관련 이익 집단은 다른 생산자 이익 집단에 비해 강력한 영향력을 행사한다.

〈예시문항 6〉 2010학년도 수능 정치 4번 문항

경제 과목에서는 기능 및 사고 중심 문항을 찾기가 쉽지 않다. 대부분의 문항이 경제의 기본 개념에 대한 이해를 기초로 하여 기능 및 사고를 측정하기 때문이다. 그래서 경제 과목의 기능 및 사고 중심 문항은 일반적인 경제 상식 수준에서 경제적 사고를 할 수 있는지를 측정하는 문항이다. <예시문항 7>은 유가와 승용차의 평균 연비 간 정(+)의 관계가 있다는 정설이 언뜻 보기에는 갑국 사례와 부합되지 않는 것 같지만, 좀 더 깊이 들어가면 갑국 사례도 정설에 어긋나지 않는다는 것을 보여줄 수 있는 변인을 추론하는 문항이다. 문항을 풀 때 경제의 주요 개념이나 원리가 활용되기보다는 경제적 사고가 필요한 문항이라는 점에서 기능 및 사고 중심 문항이라 할 수 있다.

17. 갑국 사례가 정설에 모순되지 않는다는 것을 설명하기 위해, 두 기간 사이에 비교 조사해야 할 항목으로 적절하지 않은 것은? [3점]

> • 정설 : 다른 조건이 일정하다면, 유가와 사람들이 구입하는 승용차의 평균 연비 간에는 정(+)의 관계가 있다.
> • 갑국 사례 : 2005년의 유가가 1975년에 비해 3배 높아졌다. 1975년에는 연비가 높아 경제적인 소형 승용차가 인기였으나, 2005년에는 소형 승용차보다 연비가 낮고 가격이 비싸지만 안전성이 높은 중대형 승용차가 인기이다.
> * 연비 : 연료 1리터로 주행할 수 있는 거리(km/l)

① 물가 상승률과 유가 상승률
② 소득 대비 승용차 가격 비율
③ 승용차의 안전성에 대한 소비자 선호도
④ 소형 승용차와 중대형 승용차의 부품 판매량
⑤ 승용차 연료비 지출이 소득에서 차지하는 비중

〈예시문항 7〉 2009학년도 수능 경제 17번 문항

사회 · 문화 과목의 경우에는 기능 및 사고 중심 문항이 많은 편으로, 이는 다른 과목에 비해 내용 요소가 적은 과목 특성이 반영된 것으로 보인다. <예시문항 8>은 주어진 자료를 통해 농촌과 도시의 인구 구조 특성과 변천에 대해 분석하는 능력을 측정하는 자료 분석 및 해석 문항이다. 사회 · 문화 과목에서 중요하게 다루는 농촌과 도시의 현실, 인구 구조 등을 다룬 표를 분석하는 문항으로 기능 및 사고를 측정하고 있지만 문항을 풀 때 주요 개념에 대한 이해 여부는 중요하지 않은, 수리적 계산 능력을 측정하는 문항이다.

20. 표는 갑국의 인구 부양비를 나타낸 것이다. 이에 대한 분석으로 옳은 것은? (단, 전국은 A 지역과 B 지역으로만 구성됨.) [3점]

(단위: %)

구분 \ 연도		1960	1980	2000
총 부양비*	A	77.9	53.8	37.0
	B	89.5	70.4	50.0
	전국	85.9	60.5	39.4
유소년 부양비**	A	74.0	49.9	29.5
	B	82.4	60.8	28.0
	전국	79.9	54.3	29.2
노년 부양비***	A	3.9	3.9	7.5
	B	7.1	9.6	22.0
	전국	6.0	6.2	10.2

* 총 부양비=[(유소년 인구+노년 인구)/부양 인구]×100
** 유소년 부양비=(유소년 인구/부양 인구)×100
*** 노년 부양비=(노년 인구/부양 인구)×100

① 1960년 유소년 인구는 A가 B보다 적다.
② 1980년 A에서는 유소년 인구와 노년 인구의 합이 부양 인구보다 크다.
③ 2000년 B에서는 노년 인구가 유소년 인구보다 많다.
④ 1960년 대비 2000년에 A에서 부양 인구의 증가율은 노년 인구의 증가율보다 더 크다.
⑤ 1980년 대비 2000년에 유소년 부양비의 감소율은 A가 B보다 크다.

〈예시문항 8〉 2011학년도 수능 사회·문화 20번 문항

이처럼 기능 및 사고 중심 문항은 주로 수리적 계산 능력, 언어적 추론 능력을 평가하고 있다. 이러한 능력은 사회과 학습을 통해서 획득할 수 있는 중요한 기능 및 사고임에는 틀림없지만, 주요 개념이나 원리에 대한 이해를 기반으로 하지 않아도 풀 수 있다는 점에서 교과 특성이 약하다는 비판을 받을 수 있다. 실제로 국어나 수학 과목에서 유사한 문항 유형을 찾을 수 있는 경우도 있다. 사회과 지식과 제대로 결부되지 않은 기능 및 사고를 측정하는 문항은 사회과 성격 및 목표에 비추어 볼 때 사회과에서 지향해야 할 평가 문항이라 보기는 어렵다.

3) 지식과 기능 및 사고 종합 문항 분석

지식과 기능 및 사고 종합 문항은 현재 수능 문항 유형으로 분류하기 어려운 형태의 문항이다. 실제 수능 출제 과정에서는 출제자의 판단에 따라 지식의 비중이 높다고 판단되면 개념·원리의 이해 유형으로, 기능 및 사고의 비중이 높다고 판단되면 그 외 나머지 유형으로 분류되고 있다. <예시문항 9~12>는 지식뿐만 아니라 기능 및 사고도 함께 측정하는 문항을 선정한 것이다.

법과 사회 과목은 지식 중심 문항뿐만 아니라 기본적인 지식을 토대로 구체적인 사례에서 적절한 법적 판단을 이끌어낼 수 있는지 평가하는 문항, 즉 지식과 기능 및 사고 종합 문항을 어렵지 않게 찾을 수 있다. <예시문항 9>는 죄형법정주의와 관련된 형법 해석, 헌법상 기본권 등과 관련된 법적 추론 능력을 확인하는 문항이다. 이는 '법의 이념과 권리, 의무' 단원에서 중요하게 다루는 내용으로 문항 형식면에서는 실제 사회적으로도 관심을 끌었던 유명한 판결문을 제시문에 인용하여 법적 추론을 할 수 있는지 확인하고 있다. 기본 개념 이해와 더불어 추론 능력이 요구되는 문항이어서 지식뿐만 아니라 기능 및 사고도 평가하는 문항이다.

10. 다음은 대법원 판결을 요약한 것이다. 밑줄 친 ㉠~㉣에 대한 옳은 법적 판단만을 〈보기〉에서 있는 대로 고른 것은? [3점]

> ㉠ 사회봉사는 자유형의 집행을 대체하기 위한 것으로서 500시간 내에서 시간 단위로 부과될 수 있는 일 또는 근로 활동을 의미하는 것으로 해석된다. 따라서 ㉡ 법관이 사회봉사명령으로 피고인에게 일정한 금전을 출연하거나 이와 동일시 할 수 있는 행위를 명하는 것은 허용될 수 없다.
>
> 또한, ㉢ 법관이 사회봉사 명령으로 범죄 행위와 관련한 어떤 말이나 글을 공개적으로 발표하라고 명하게 되면, 발표해야 할 말이나 글이 어떤 의미나 내용이어야 하는 것인지 쉽게 이해할 수 없다. 따라서 집행 과정에서 그 의미나 내용에 관한 다툼이 발생할 가능성이 높고, 심지어 ㉣ 유죄로 인정된 범죄 행위를 뉘우치거나 그 범죄 행위를 공개하는 말이나 글을 발표하도록 하는 것으로도 해석될 수 있다.

〈보 기〉

ㄱ. ㉠의 내용에 관하여 법률에 규정이 없으면 법관은 조리에 따라 판단하여야 한다.
ㄴ. ㉡은 법 해석의 한계를 넘은 것이다.
ㄷ. ㉢은 법적 안정성을 침해할 소지가 있다.
ㄹ. ㉣은 헌법상 양심의 자유를 침해하는 것이다.

① ㄱ, ㄴ ② ㄱ, ㄷ ③ ㄴ, ㄹ
④ ㄱ, ㄷ, ㄹ ⑤ ㄴ, ㄷ, ㄹ

〈예시문항 9〉 2010학년도 수능 법과 사회 10번 문항

지식 중심 문항과 기능 및 사고 중심 문항으로 양분되는 출제 경향을 보이는 정치 과목에서 지식과 기능 및 사고 요소가 조화를 이루고 있는 문항을 찾기가 상대적으로 쉽지 않다. 그러나 정치사상이나 정치과정에서 등장하는 주요한 개념이나 일반화와 관련해서 지식과 기능 및 사고 요소를 종합한 문항들이 부분적으로 있다. <예시문항 10>에서 정부 형태의 특징을 이해하고 추론하는 것은 교육과정에서 주요하게 다루는 지식이자 기능 및 사고이다. 문항의 형식면에서는 제시문의 내용을 파악한 후 교과 지식의

요소와 결합하여 옳은 진술을 고르는 형태로 지식 요소와 기능 및 사고 요소가 균형과 조화를 이룬 문항이다.

[5~6] 다음은 우리나라 신문 기사의 일부이다. 읽고 물음에 답하시오.

○○ 신문 2009년 △△월 △△일

국회의장 직속의 ○○○○자문 위원회는 다음과 같은 두 가지 개정안을 담은 보고서를 제출했다.

1안에 따르면 국회에서 선출되는 총리는 내정의 최고 책임자로 법률안 제출권, 법규명령 제정권을 갖는다. 그리고 국회는 총리 불신임권을 갖는다. 한편, 5년 단임 직선제로 선출되는 대통령은 국가 비상 사태 발생 시 긴급 명령권 및 계엄 선포권을 갖고, 직권 또는 총리 제청으로 국회를 해산할 수 있다.

2안은 정·부통령 4년 중임 직선제가 주요 골격을 이룬다. 국회의 임명 동의가 필요했던 국무총리 제도를 폐지하고, 행정부의 법률안 제출권을 없애며, 국회의원의 장관 겸직도 금지하기로 했다.

그리고 1, 2안 모두 '예산 법률주의'를 채택하여, 정부 예산을 현행과 같은 '특별안'이 아니라 '법률'로 다뤄 국회에서 의결된 내용대로 예산이 집행되도록 했다. 또한 대통령 직속 기구인 감사원의 회계 검사 기능을 국회로 이관하도록 했다.

6. 현행 정치 제도와 비교할 때, 위 자료의 1, 2안에 대한 적절한 추론만을 〈보기〉에서 있는 대로 고른 것은? [3점]

〈보 기〉

ㄱ. 1안-입법부에 대한 행정부의 독립성이 강화될 것이다.
ㄴ. 1안-총리는 국회에 대해 정치적 책임을 지며 일상시 행정부 업무 전반을 지휘 통솔할 것이다.
ㄷ. 2안-행정부와 입법부 간의 권력 분립이 강화될 것이다.
ㄹ. 1, 2안-정부 재정에 대한 국회의 견제 장치가 강화될 것이다.

① ㄱ, ㄴ ② ㄱ, ㄹ ③ ㄴ, ㄷ
④ ㄱ, ㄷ, ㄹ ⑤ ㄴ, ㄷ, ㄹ

〈예시문항 10〉 2010학년도 수능 정치 6번 문항

경제 과목은 그 특성상 세부적인 지식을 묻는 문항보다는 개념과 원리를 이해한 후 이를 새로운 사례에 적용할 수 있는지를 확인하는 문항이 많이 출제되었다. 따라서 지식과 기능 및 사고를 종합적으로 평가하는 문항이 가장 많은 편이다. <예시문항 11>은 대체재와 보완재의 개념 및 수요곡선의 이동과 수요곡선상의 이동의 차이를 이해하는 능력을 측정하는 문항이다. 경제 교육과정의 주요 개념인 대체재와 보완재의 개념 및 수요곡선의 이동과 수요곡선상의 이동의 차이를 정확히 알고 있어야 접근이 가능하며, 자료를 통해서 A~C재의 관계를 추론해낼 수 있어야 하므로 지식뿐만 아니라 기능 및 사고 요소가 요구되는 문항이다.

10. 다음의 (가), (나)는 A~C재 사이에 존재하는 대체재 또는 보완재 관계에 대한 설명이다. 이에 기초한 옳은 추론을 〈보기〉에서 고른 것은? [3점]

(가) A재의 생산 기술이 진보하자 B재의 수요가 감소했고, B재를 생산하는 기업의 수가 증가하자 A재의 수요가 감소했다.
(나) C재의 원자재 가격이 하락하자 B재의 수요가 증가했다.

〈보 기〉

ㄱ. (가)에서 A재의 가격 변화와 B재의 수요 변화는 정(+)의 관계에 있다.
ㄴ. A재의 공급이 증가하면, B재의 가격은 하락하고 수요량은 증가한다.
ㄷ. (나)에서 C재의 가격 변화와 B재의 수요 변화는 역(−)의 관계에 있다.
ㄹ. C재의 공급이 증가하면, A재의 가격은 상승하고 수요량은 감소한다.

① ㄱ, ㄴ ② ㄱ, ㄷ ③ ㄴ, ㄷ
④ ㄴ, ㄹ ⑤ ㄷ, ㄹ

〈예시문항 11〉 2010학년도 수능 경제 10번 문항

사회 · 문화 과목의 경우, 지식과 기능 및 사고 종합 문항은 찾기는 쉽지 않다. <예시문항 12>는 거점 개발 방식의 특징을 나타낸 그래프를 읽고, 그 특징에 부합하는 진술을 보기에서 찾는 문항이다. 이 문항을 풀기 위해서는 거점 개발 방식이라는 주요 개념에 대한 이해가 뒷받침되어야 함과 동시에 자료를 분석하여 그것이 거점 개발 방식이라는 점을 파악해야 한다는 점에서 자료 분석 능력을 요구한다. 따라서 지식뿐만 아니라 기능 및 사고 요소도 평가하는 문항이라 할 수 있다.

9. 그림은 지역 개발 방식 중 하나를 나타낸 것이다. 이 방식의 일반적인 특징에 대한 옳은 설명만을 〈보기〉에서 있는 대로 고른 것은?

〈자원의 투자 계획〉

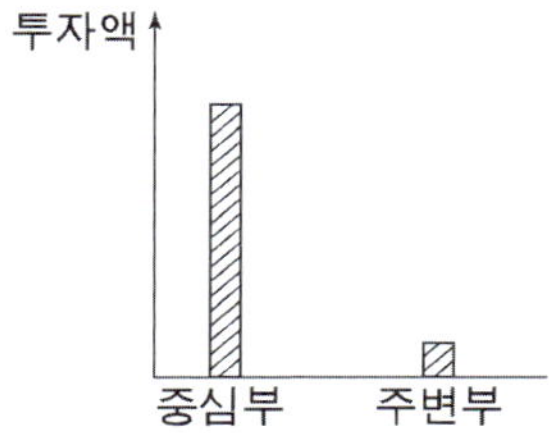

〈개발 전·후 발전 수준〉

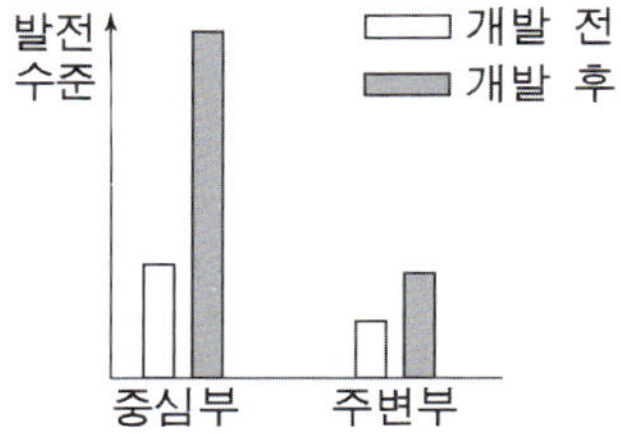

〈보 기〉

ㄱ. 개발로 인한 성장 효과의 확산을 유도한다.
ㄴ. 전국적으로 고른 성장과 발전을 도모한다.
ㄷ. 상향식 의사결정 방식이 주로 나타난다.
ㄹ. 집적 이익의 극대화를 기대한다.

① ㄱ, ㄴ ② ㄱ, ㄹ ③ ㄴ, ㄷ
④ ㄱ, ㄷ, ㄹ ⑤ ㄴ, ㄷ, ㄹ

〈예시문항 12〉 2011학년도 수능 사회·문화 9번 문항

지금까지 살펴본 지식과 기능 및 사고 종합 문항은 사회과 목표가 지식, 기능 및 사고, 가치 태도를 종합하여 현실의 사회 문제 해결에 참여하는 시민을 양성하는 것이라는 점에서 사회과 목표에 가장 적합한 유형의 문항이라 할 수 있다. 이미 언급한 바와 같이, 지식 중심 문항은 사회과 문항으로서의 정체성은 가지고 있으나 실제 사회생활에 필요한 시민의 자질과 능력을 측정하는 것과는 거리가 멀다는 점에서 유용성이 떨어진다. 기능 및 사고 중심 문항은 실제 사회생활에 필요한 능력을 측정한다는 점에서 의의가 있으나 사회과 개념과 원리에 제대로 결부되지 않을 경우 교과 정체성이 약하다는 비판을 받을 수 있다. 반면에 지식과 기능 및 사고 종합 문항은 사회과 정체성과 현실적 유용성 측면에서 모두 적합한 문항 유형이라고 할 수 있다.

4. 결론

이 장에서는 사회과 평가 영역 설정 논의와 수능이라는 교과 평가 실제를 검토하면서, 좋은 사회과 평가 문항의 개발 원리를 탐색하였다. 교과교육론은 실천을 전제로 한 학문으로, 교과 정체성과 관련된 이론적 논의들과 더불어 교과 현장의 경험을 통해 도출되는 실천 논의들이 더해질 때 비로소 현장 교과교육의 변화를 유도할 수 있다. 사회과교육론의 한 분야인 사회과 평가론도 사회과 평가에 대한 이론적 논의와 더불어 현장에서 사회과 평가 문항을 개발·적용하고, 결과를 해석하는 과정 속에서 발견된 구체적인 노하우들이 더해질 때 현장의 교과 평가 관행을 변화시킬 수 있다.

결과적으로 사회과 평가론은 교육 평가 일반 논의를 사회과에 그대로 적용하는 것을 넘어서서 교과 평가 논의와 실제를 종합하여 학교 현장에 적용 가능한 사회과 평가 방향, 내용, 방법 등을 제안할 수 있어야 한다. 그리고 이러한 제안이 실현 가능하기 위해서는 사회과 평가를 수행하는 사람들에게 실질적인 지침과 사례를 제시할 수 있는 구체적인 논의들이 활발하게 이루어져야 한다.

저자는 그동안 사회과 문항 개발에 참여하면서, 사회과학의 주요 개념이나 원리를 단순한 '기억'이나 '이해' 수준에 의존해서 풀도록 하는 문항은 사회생활에서 다양한 문제에 직면해서 문제를 해결하고 의사결정을 해야 하는 민주시민의 자질을 측정하기에는 바람직하지 않다는 것을 확인하였다. 또한 사회과학의 개념이나 원리 등의 지식 요소 없이 기능 및 사고만을 강조하여 제시문의 요지를 단순히 파악하도록 하는 문항의 경우에는 언어 추론적인 성격이 강해서, 언어 문항과의 차별화가 이루어지지 않는다는 것을 보았다. 그리고 개념이나 원리 등의 지식 요소 없이 기능 및 사고 요소만을 강조하여 표나 그래프의 단순한 수치를 파악하도록 하는 것은 수리적 계산에 지나지 않아서, 복잡한 수리(산수) 문제가 되어 버리는 경우를 지켜봐 왔다.

이러한 과정을 거치면서 저자는 하나의 문항을 통해 지식과 기능 및 사고, 혹은 가치 태도를 종합적으로 평가하는 것이 사회과의 성격에 적합한 평가 문항이라고 판단하게 되었다. 물론, 지식, 기능 및 사고, 가치 태도를 각각 평가하고, 각각의 평가 문항이 골고루 출제되는 검사지 혹은 평가에 반대하는 것은 아니다. 하지만 개념 원리 이해 여부만 측정하는 문항은 탐구 요소가 약하여, 과거 학력고사 문항이라는 비판을 받을 뿐만 아니라 현대 사회에서 요구되는 기능 및 사고가 제대로 반영되지 않기 때문에 사회과교육의 입장에서 좋은 문항이라고 볼 수 없다. 반면에 기능 및 사고 중심 문항은 사회과학의 개념 원리 등의 내용 요소가 반영되지 않을 경우 단순 언어 추론이나 수리적 계산, 혹은 지능 검사의 성격을 지녀 '사회과' 문항이라 부르기 어렵다.

이러한 점을 고려해 볼 때 사회과를 성실히 공부한 학생들이 접근할 수 있으면서도, 현대 사회에서 요구되는 기능 및 사고 능력을 측정하는 데도 효과적인 문항은 사회과 지식과 기능 및 사고 요소가 조화를 이룬 문항이다. 교수학습 과정에서 지식과 기능 및 사고가 분리되기 어려운 것처럼, 사회과 평가 문항에서도 지식과 기능 및 사고가 조화를 이룰 때 이상적인 형태의 문항이 되는 것이다. 따라서 저자는 '사회과 평가를 어떻게 해야 할까'에 대한 대답으로 '지식과 기능 및 사고 요소가 적절한 균형과 조화를 이루고 있는 문항을 개발해야 한다.'라는 답을 제시하고자 한다. 물론 좋은 사회과 평가 문항을 개발하기 위해서는 문항 유형 외에도 고려해야 할 요소들이 많다. 하지만 적어도 문항 개발 단계에서 '무엇을, 어떻게 평가할 것인가'를 고민할 때 지식과 기능 및 사고 종합 문항을 지향하는 것이 사회과 목표를 달성하는 데 적절하다는 답을 내리는 것은 가능하다.

이 장에서는 사회과의 선다형 지필평가에 한정하여 지식과 기능 및 사고를 동시에 측정하는 문항이 왜 사회과의 성격에 적합한 평가 문항인지를 밝히고자 노력하였다. 향후 선다형 지필평가뿐만 아니라 서답형 지필평가, 논술평가, 나아가 수행평가에서 지식, 기능 및 사고뿐만 아니라 가치 태도도 종합적으로 측정할 수 있는 평가 문항 개발을 모색하는 후속 작업이 요청된다. 이러한 작업들은 장기적으로 국가수준 학업 성취도 평가에서 핵심 역량을 평가하기에 적합한 방식으로 사회과의 평가 틀을 개선하는 작업이 이루어질 때, 사회과의 정체성을 잃지 않으면서도 미래 지향적인 평가가 가능한지에 대한 해답을 찾는 데 중요한 근거로 작용할 수 있을 것이다.

참고문헌

교육과학기술부(2012). **사회과교육과정**. 교육과학기술부 고시 제2012-14호 [별책7].

교육부(2015). **사회과교육과정**. 교육부 고시 제2015-74호 [별책7].

설규주 · 강대현(2012). 대학수학능력시험 사회 · 문화 문항 분석 연구: 영역 및 과목의 특성 검토와 자료-답지 유형별 문항 분석을 중심으로. **사회과교육**, 51(3), 35-53.

이정우(2010). 대학수학능력시험 '사회 · 문화' 문항 분석. **사회과교육**, 49(3), 135-150.

이정우 · 서민철 · 김미경(2012). **2011년 국가수준 학업성취도 평가 결과 분석-사회-**. 한국교육과정평가원 연구보고 RRE 2012-2-4.

차경수 · 모경환(2008). **사회과교육**. 서울: 동문사.

한국교육과정평가원(2004). **대학수학능력시험 출제 매뉴얼-사회탐구 영역**. 서울: 한국교육과정평가원.

대학수학능력시험 기출문제지 인터넷 검색 http://suneung.re.kr/board.do?boardConfigNo=62&menuNo=238

14 CHAPTER

사회과 교사 전문성은 무엇인가?[1)]

– 사회과 교사의 전문성 발달 분석 연구 –

〈죽은 시인의 사회 영화 장면〉 네이버 영화

1. 좋은 교사란 누구인가?
2. 사회과 교사 전문성을 어떻게 정의할 수 있을까?
3. 교사 역할을 교육과정 전달자, 조정자, 이론가로서 구분할 수 있는데, 세 가지 관점(입장)의 특징은 무엇인가?
4. 교사 효과성 연구, 교과 전문성 연구, 반성적 실천가 논의 등의 연구 경향은 각각 어떤 특징을 띠는가?
5. 교사의 3가지 역할과 교사 전문성의세 가지 연구 경향은 서로 어떤 관련성을 지니고 있는가?
6. 교과 전문가로서 교사는 PCK(Pedagogical Content Knowledge)을 갖는데, 사회과 교사의 PCK는 무엇으로 구성되는가?
7. 반성적 실천가로서 교사가 수행하는 '반성'의 과정은 어떻게 진행되는가?
8. 실행연구란 무엇이며, 어떤 특징과 문제점을 지니고 있는가?
9. 교사 전문성 개발을 위한 접근 방식은 개인, (학교 혹은 교육) 공동체, 국가 수준으로 나눌 수 있는데, 각 접근 방식의 특징은 무엇인가?
10. 여러분은 어떤 교사가 되기 원하는가?

---

1) 이 장은 사회과교육 제52권 4호(2013년 12월)에 실린 '사회과 교사의 전문성 발달 분석 연구: 교사 전문성 논의의 종합과 전문성 분석틀 개발'을 수정한 것이다.

사회과 교사의 역할 유형과 전문성은 교육과정과의 관계 속에서 교육과정 전달자, 교육과정 조정자, 교육과정 이론가로 구분할 수 있다. 물론 앞에서 뒤로 갈수록 교사의 역할을 보다 적극적으로 해석하는 관점이다.

사실 사회과 교사 전문성 논의는 교사 전문성에 대한 전반적인 논의와 일맥상통한다. 초기 교사 전문성 논의는 교육 목적을 효과적으로 달성하기 위해 필요한 교사의 일반적인 특성을 파악하는 데 주력하다가 교사의 구체적인 수업 행동(마이크로 티칭 등)에 관심을 기울이기 시작하였다. 이러한 연구들은 흔히 교사 효과성 연구라 부른다. 이는 교육과정 전달자와 관련되며, 교과별로 차이가 별로 없다. 주로 교사 성격 특성 및 수업 행동과 학업 성취 간의 관계에 초점을 맞추어 연구가 진행되었다.

뒤이어 교과 내용을 수업으로 전환할 때 활용하는 교과교육학 지식에 초점을 맞춘 교과 전문성 논의가 이루어지기 시작했다. 이는 교사의 외형적인 특징과 행동에 초점을 맞춘 교사 효과성 연구와 달리 교사 지식 기반에 초점을 둔 것으로, 교사 지식이 수업에서 어떻게 발현되는지를 파악하고 이를 실질적으로 발달시키려고 했다. 구체적으로 슐만은 교과 내용 지식과 교수법 지식 등이 종합된 PCK가 교사 전문성의 핵심 요소라고 보았다. 그로스만은 학생 이해 등을 포함한 상황 지식까지 포함하여 PCK가 형성된다고 보았다. 이러한 연구는 교육과정 조정자와 관련되며, 교과 특수성을 띤 논의로 교사 전문성을 교사의 축적된 내적 능력에 두는 것이다.

끝으로 교사 전문성을 교과 맥락 속의 교사 지식 기반이 아니라 교사 자신의 지속적인 자기 성찰에 두는 견해가 있다. 쉔은 교사는 반성적 실천가이며, 교사의 전문성은 반성적 실천이라는 역동적인 과정에서 나타난다고 보았다. 쉔은 전문적 실천가의 앎은 행위 속에 녹아 있는 암묵적 앎, 즉 '행위 중 앎'이라고 주장하였다. 이와 같은 논의는 교육과정 이론가와 밀접하게 관련된다.

이 장은 이러한 논의들을 토대로 사회과 교사 전문성에 대한 저자의 견해를 담고 있다.

1. 서론

그동안 사회과에서는 교사 전문성 일반 논의를 따라 교사 효과성, 교과 전문성, 반성적 실천가 논의 등 크게 세 갈래로 교사 전문성 연구가 진행되어 왔다. 그러나 이러한 세 갈래의 논의들 사이에 어떤 관련성이 있는지에 대한 비판적인 검토 없이 시대적 흐름과 외국의 연구 동향에 따라 교사 효과성 연구에서 교과 전문성 연구로, 교과 전문성 연구에서 반성적 실천가 논의로 관련 연구들이 전개되어 왔다.

이 장은 기존의 교사 전문성 연구들이 다분히 외국의 연구 동향을 답습하는 데 머물렀음을 반성하는 것에서 출발하려고 한다. 학교 현장에서 사회과 교사 전문성을 실제적으로 분석하고 발달시키기 위해서는 외국의 연구 동향을 따라 어떤 논의를 다른 논의로 대체하거나 여러 갈래의 논의를 병렬적으로 열거하는 것에서 벗어날 필요가 있다. 즉, 학교 현장에서 사회과 교사 전문성을 실질적으로 제고하기 위해서는 교사 전문성 발달을 보다 실천적인 관점에서 종합적으로 분석하는 노력이 요구된다.

즉, 사회과 교사 전문성 발달에 기여하고 사회과 수업을 변화시키기 위해서는 다양한 차원의 교사 전문성 논의를 종합하여 사회과 교사 전문성 발달을 분석할 필요가 있다. 실제로 사회과 수업을 관찰·분석하고 교사들과 면담하다 보면 학교 현장과 교과 수업과 관련된 교사들의 다양한 인식과 경험을 확인하게 되는데, 이를 분석하기 위해서는 교사 전문성과 관련된 여러 논의를 종합하는 것이 유용하다. 특히 사회과에서는 초·중·고 등의 학교급별로, 혹은 지리, 역사, 일반사회 등의 전공별로 교사들의 수업을 비교·분석할 때, 각 학교급 및 영역별 전공 교사 수업의 특징 및 문제점을 여러 관점을 종합하여 분석하는 것이 보다 효과적인 접근 방식이 될 수 있다.

예를 들어 초등학교의 경우, 초등 교사들은 사회과를 비롯해서 여러 교과들을 담당하여 가르치다보니 중등학교에 비해 상대적으로 교과 내용에 대한 이해가 깊지는 못하지만, 학생들과 소통하거나 수업 분위기를 조성하는 측면에서, 그리고 수업 방법을 활용하는 측면에서 중등 교사에 비해 상대적으로 높은 전문성을 보인다. 다시 말해 전반적으로 초등 교사들은 교과 내용 지식과 교육과정에 대한 이해가 부족하다는 문제점을 지니지만 학생 이해나 수업 방법 이해 및 활용 측면에서 보다 높은 전문성을 보인다(설규주, 2007). 이 경우 초등 교사들은 교과 전문성 측면에서는 미흡하다는 평가를 받을 수 있지만 교사 효과성 측면에서는 긍정적인 평가를 받을 수 있다.

한편 중등 사회과 교사들의 수업은 지리, 역사, 일반사회 전공별로 다른 양상을 보인다. 먼저 지리 교사의 수업은 다른 전공 교사에 비해 상대적으로 매체 활용도가 높은 편이다. 특히 자연지리 등의 내용을 수업으로 하는 경우에는 지도는 물론이고 다양한 사진이나 동영상을 활용해서 학생들이 교과 내용을 간접적으로 경험할 수 있도록 돕는다. 반면 역사 교사의 수업은 교과 내용에 대한 지식이 돋보이는 경우가 많다. 교과서에 없는 내용도 막힘없이 이야기하고 학생들이 모르는 숨어 있는 야사도 설명하면서 흥미를 유발한다. 반면에 일반사회 교사의 수업은 개괄적이고 단편적인 내용 설명이 주를 이루는 경우가 많다. 정치, 경제, 법, 사회·문화 등 다양한 배경 학문을 가르쳐야 하는 일반사회 전공 교사들의 경우 심도 깊은 교과 내용을 가르치는 측면이나 현장감 있는 매체나 자료를 활용하는 측면에서 다른 전공 교사에 비해 상대적으로 낮은 전문성을 보인다.[2)]

이는 일반사회 교사에 대한 성급한 평가일 수도 있지만, 사회과의 다른 영역에 비해 일반사회 교사의 전문성 발달이 여러 측면에서 전반적으로 미흡하기 때문에 나타나는 결과일 수도 있다. 물론 아직까지 일반사회 교

---

2) 이러한 학교급별, 전공 영역별 교사들의 수업에 대한 관찰은 주로 수업 동영상 촬영과 분석이라는 실제적인 작업 혹은 질적 사례 연구 형태로 이루어진 관계로 저자의 주관적 해석 여지가 많다고 볼 수도 있지만, 전반적으로 중등 일반사회 교사의 수업이 무색무취하다는 지적은 충분히 가능하다. 일상생활과 밀접한 정치, 경제, 사회·문화, 법 등을 다루고 있음에도 불구하고 학생들이 일상생활에서 경험할 수도 있는 생생한 사례를 제시하는 경우도 드물고 현장감 높은 자료를 제시하는 경우도 많지 않다. 게다가 경제나 법처럼 체계적이고 심도 깊은 지식이 요구되는 수업의 경우 교과 내용 지식의 미흡으로 인해서 오개념을 심어주거나 잘못된 사례를 제시하는 등의 문제점도 나타난다(강대현, 2008).

사가 초등이나 다른 영역 교사에 비해서 무엇이 부족한지에 대해서 종합적인 비교나 분석이 제대로 이루어지지 않아서 이에 대해서 일반적인 평가를 내리기는 어렵다.

사회과에서 학교급별 혹은 전공별로 교사 전문성에 대한 종합적이고 체계적인 분석이 이루어지지 못한 데는 여러 요인들이 있지만, 그동안 교사 전문성 연구들이 여러 갈래로 진행되어 제대로 종합되지 못한 점도 하나의 요인이다. 즉, 사회과 교사 전문성에 대한 종합적 논의가 이루어지지 않고, 사회과 교사 전문성 발달을 분석하는 데 있어 기본 개념이나 일반적인 틀에 대한 합의가 이루어지지 않은 점이 초등 및 중등 사회과 교사들의 전문성 발달에 대한 체계적인 분석을 어렵게 만들고 있다.

따라서 이 장은 그동안 이루어진 교사 전문성 관련 논의들을 종합하는 것을 일차적인 목적으로 하고 있다. 그리고 이러한 종합의 토대 위에서 사회과 교사 전문성 발달을 분석할 수 있는 일반 틀을 제시하려고 한다. 이를 통해서 학교급·영역별로 초등 및 중등 사회과 교사 전문성 발달을 비교 분석하여 각각이 지닌 장단점을 확인하고 사회과 교사 전문성 발달을 도모할 수 있는 토대를 마련하려고 한다.

2. 교사 전문성 연구 동향과 우리나라의 최근 경향

1) 교사 전문성 연구 동향

일반적으로 교사 전문성은 교육과정 실행 과정에서 교사 역할을 어떻게 바라보느냐에 따라 교사 전문성의 개념이 달라진다. 스나이더, 볼린과 줌월트(Snyder, Bolin, & Zumwalt, 1992)는 교육과정 실행에 관한 20여 년의 연구물들을 충실도, 상호적응, 교육과정 생성 측면(관점)으로 구분하여 정리하였다.[3] 로스

3) 이때 충실도 측면은 개발된 교육과정의 실행을 촉진하거나 방해하는 요인들의 규명에 초점을 맞춘다. 이와 달리, 상호적응 측면은 충실도 측면에서와 같이 최초의 의도나 계획을 중시하면서

(Ross)도 이와 유사하게 교육활동에서 교사가 교육과정과 어떤 관계를 형성하느냐에 따라 교사 역할 유형을 교육과정 전달자, 교육과정 조정자, 교육과정 이론가라는 세 가지로 분류하였다(Ross, 1994).

교육과정 실행 과정에서 나타나는 교사 역할 유형은 교사 전문성 연구 경향과 상호 대응되는 측면이 있다. 교사 전문성 연구의 전개 과정을 살펴보면, 교사 전문성의 초점은 교사 효과성 연구에서는 효과적인 전달자로서의 교사 자질(충실도 측면의 교육과정 전달자), 교과 전문성 연구에서는 교과 내용 및 방법의 전문가로서의 교사 자질(상호적응 측면의 교육과정 조정자), 반성적 실천가 논의에서는 반성적 실천가로서의 교사 자질(교육과정 생성 측면의 교육과정 이론가) 등으로 변화되어 왔다.

그동안의 연구 동향을 정리하면 1960년대 이후 교사 인성이나 수업 행동 중심의 교사 효과성 연구가 활발해졌고, 1970년대 후반 이후 교사의 교과 수업 맥락과 지식 기반을 강조하는 교과 전문성 연구가 발달했으며, 1980년대 이후 현장 교사가 스스로 자신의 자질을 개선하려는 반성적 실천가 논의가 중점적으로 이루어졌다. 이러한 연구 동향을 정리하여 제시하면 <표 14-1>과 같다(차경수 · 모경환, 2008: 126).

표 14-1 교사 전문성 연구 동향

연구 시기	1960년대 이후	1970년대 후반 이후	1980년대 이후
연구 초점	교육 목적을 효과적으로 달성하기 위해 필요한 교사의 특성 파악	교육과정상의 교과 내용을 수업 내용으로 전환할 때 활용하는 교사의 전문적인 지식	교사 스스로의 성찰을 통해 획득한 이론과 실제가 통합된 실천적 지식
연구 결과	교사의 자질 항목, 능력(성과) 중심 교사교육	교과교육학 지식	반성적 실천가의 역할

먼저 교사 효과성 논의의 출발점은 일정한 교육의 목적을 보다 효과적으로 달성할 수 있는 수단으로서 '필수적인 교사 자질이 무엇인가'에 대한

도 실행 과정에서의 변형에 초점을 맞춤으로써 교육과정 개발자들에 의하여 만들어진 교육과정이 학교에 적용되는 과정에서 조정될 수 있다는 것에 유의한다. 한편, 교육과정 생성의 측면에 따르면 교육과정이란 교실에서 교사와 학생이 상호작용을 통하여 만들어가는 교육적 경험으로 해석한다(Snyder, Bolin, & Zumwalt, 1992).

항목별 연구 형태를 띠었다(Oliva & Henson, 1980; 이종일, 2000).

초기 연구 경향을 살펴보면 1940년대에는 교사 특성과 학생들의 장기적 성장 및 변화와의 관계를 탐구하는 연구들이 시행되다가, 1940년대 후반 들어 교사가 지닌 포괄적·일반적·추상적 특성에서 교사가 보여주는 구체적인 수업 행동으로 관심이 옮겨졌다. 그 후 1950년대부터 교사의 수업 행동과 학업 성취 간의 관계를 밝히는 연구들이 이루어졌다.[4] 이러한 연구들을 일반적으로 과정-산출 모형(process-product model)이라 부른다.[5]

이처럼 교사 효과성 연구는 교사의 특성과 학생의 학업 성취 간의 관계 탐색에서 교사의 수업 행동과 학생의 학업 성취 간의 관계에 초점을 맞춘 과정-산출 연구로 이어졌다. 그리고 이후 교사교육의 질적 향상과 교사 효과성 개선을 위한 대안으로서 마이크로티칭(microteaching) 기법 등을 활용한 CBTE(competence-based teacher education) 혹은 PBTE(performance-based teacher education)로 불리는 연구들이 진행되었다(이종일, 2000; 조영남, 2001).

CBTE는 1960년대 초반 스탠퍼드 대학에서 마이크로티칭의 형태로 처음 도입되었다. 이후 교사의 책무성에 대한 강조와 더불어 교사교육 개혁 방안으로 1967년 미 연방정부 교육국의 지원을 받아 CBTE에 근거한 초등 교사교육 프로그램이 개발되면서 널리 확산되었다. 이러한 조류에 따라 1970년대 중반부터 세계 각국의 교사교육은 주로 CBTE에 초점을 두게 되

4) 교사 효과성의 초기 연구들은 주로 교사의 성격 특성과 학생의 학업 성취 간의 관계 탐색에 초점을 두고, 학생들의 견해를 통해 양자 간의 인과관계를 규명하고자 하였다. 이후 교육행정가, 장학사, 교수 등 교육 전문가들을 대상으로 연구를 하였으나 두 가지 접근 모두 기대에 미치지 못하였다. 뒤이어 등장한 방법은 장학사들의 수업 평정이었다. 평정 결과, 학급 관리, 교수 기법, 개인적 적응 능력, 개선 노력, 과업에의 관심 등이 두드러진 특성으로 여겨졌으나, 이러한 특성들은 학업 성취와 상관관계가 부족하고 주관적 평정과 타당성이 결여된 준거 등의 약점이 지적되었다(조영남, 2001; Good, 1996; 배호순, 1992).

5) 던킨과 비들(Dunkin & Biddle, 1974)은 수업 시 교사의 행동은 학업 성취에 직접적인 영향을 주고, 선행변인과 맥락변인은 행동을 통해 학업 성취에 간접적인 영향을 미친다는 전제하에서 과정-산출 모형을 개념화하였다. 이 모형의 기본 가정은 교사의 수업 형태와 같은 비교적 안정성 있는 행동과 학업 성취 간에 정적인 상관이 존재한다는 것이다. 이들 연구는 관심 변인을 비교적 명료하게 정의하고 그 결과를 객관적으로 측정할 수 있다는 점이 특징이다. 과정-산출 연구는 일반적으로 공통적인 패러다임을 따르는 경향이 있다. 각 연구에 있어서 교사 행동(과정)과 교사 효과성(산출, 나중에 결과로 명명)의 측정치가 대규모 표본으로부터 수집된다. 대부분의 연구에서 교실에서의 교사와 학생 간의 상호작용에 대한 체계적인 관찰을 통해 교사 행동에 대한 측정치를 도출한다. 교사효과성의 측정치는 학생의 성취도 점수에 근거한다(조영남, 2001 재인용).

었다. 미국의 경우 한 때 약 400개가 넘은 교사교육 프로그램이 CBTE에 근거할 정도로 영향력이 컸다(조영남, 2001; Houston, 1996).

이 접근에서는 교사 자질을 초기 연구에서처럼 추상적인 모습으로 표현하지 않고 현실에서 확인 가능한 구체적인 항목으로 제시하는 경향을 띠었다. 대표적으로 올리바(Oliva)는 교육학적 지식을 중심으로 교과 내용 지식과 일반 교양 영역을 포함해서 교사가 갖추어야 할 자질을 8가지로 제시하였다. 헨슨(Henson)도 교수 기술적 자질과 인성적 자질 두 가지에 중점을 두고 교사 자질을 10가지로 제시하였는데, 그의 견해도 올리바와 마찬가지로 교과내용지식, 일반교양지식, 교육학적 지식으로 분류할 수 있다. 알렌과 리안(Allen & Ryan)도 모든 교사들에게 일반적이고 공통적인 교수 기술 14개를 자질로 제시하였다(Oliva & Henson, 1980). 이들이 제시한 항목들은 교육학적 지식 외의 다른 영역으로 볼 여지도 있지만, 대체로 대부분의 항목들이 교육학적 지식에 가까운 것이었다(이종일, 2000).

이처럼 전반적으로 교사 효과성 연구들은 교과 특수성을 대체로 인정하지 않아서, 교과 영역의 CBTE 연구는 그다지 풍부하지 않았다. 대체로 교사 효과성 연구들은 행동주의 이론의 영향하에 좋은 교사가 갖추어야 할 자질을 항목별로 제시한 것이었다. 그리고 이러한 항목들은 몇 가지 범주로 제시되기는 하였지만 좋은 교사의 자질과 능력을 병렬적으로 나열한 측면이 강하였다(이종일, 2000).

동시에 이러한 접근이 지나치게 미시적이고 행동주의적으로 여겨졌고, 교육 현장에 비효과적이고 부적합하며 비전이 부족하다는 등의 비판을 받았다. 이에 최근에는 구성주의적 관점에서 학생 이해를 강조하면서 교사 효과성 대신에 성과에 기초한 교육, 숙달지향 교육, 결과에 기초한 교육이란 명칭으로 변경되기도 했으나, 기본 개념은 여전히 동일한 것으로 볼 수 있다.

교사 자질에 대한 기본 방향이나 교사 지식에 대한 체계적인 범주 없이 교사의 특성이나 미시적인 수업 행동들을 병렬적으로 제시한 교사 효과성 연구에 대한 비판이 이루어지면서 1980년대 초에 이르러 '교과 전문성 연구'가 본격적으로 등장하였다. 즉 구체적인 수업 행동의 배후가 되는 교사의 지식 기반에 초점을 두면서 CBTE에서 제시된 여러 교사 자질 항목들은 체계적으로 범주화하는 동시에 교과별 특수성을 인정하여 교과 내용 및 방법 지식에 초점을 맞춘 교과 전문성 연구가 나타났다.

교육 목적의 효과적 달성 수단으로서 교사의 외형적 특징에 초점을 둔 교사 효과성 연구와는 달리, 교사의 지식 기반(knowledge bases for teaching)에 초점을 둔 교과 전문성 연구에서는 교사 지식이 교과 수업 맥락에서 어떻게 발현되는지를 파악하고 이를 실질적으로 발달시키려고 하였다. 1980년대부터 교과 전문성 연구들이 활발히 진행되었으며, 이러한 논의들은 이론적인 수준에서뿐만 아니라 실제적인 적용을 위해 수업 장학 및 평가를 위한 교과 수업 전문성 기준 개발 및 활용으로 이어졌다(임찬빈 외, 2004).

미국의 경우, 1986년부터 '교직의 전문직화'(teacher professionalism)라는 화두 하에 교직의 위상을 보다 존경받고 보람 있고 보상받는 직업으로 높이려는 노력이 이루어졌다. 교직을 전문직으로 보고 개혁을 주도한 사람들은 다른 전문직처럼 교직에도 교수 활동을 뒷받침하는 지식 기반이 존재한다고 보았다. 이의 대표적인 주창자인 슐만(Shulman)은 카네기재단의 요청을 받아 작성한 보고서에서, 전문직으로서 교사가 지닌 교수(teaching)에 대한 고유한 지식 기반을 논하였다(Shulman, 1986).

슐만은 교사 지식의 가설적 영역들에 대한 새로운 모델을 제시하면서, 교과 내용에 대한 교사의 인지적 이해에 대한 연구, 교사의 교과 내용 이해와 교수 활동의 관계에 대한 연구가 그동안의 연구에서 '잃어버린 프로그램'이라고 주장하였다. 슐만은 초기 모델에서 교사의 교과 내용 이해와 그것이 수업 실천에 미치는 영향에 초점을 두고, 교과 내용 지식, 교수법 지식, 교육과정 지식 등 3가지 지식 유형에 대한 연구가 필요하다고 주장하였다. 이후 수정 모델에서는 교과 내용 지식, 교육과정 지식, PCK(Pedagogical Content Knowledge)로 명명하였다(Shulman, 1986).

슐만은 PCK를 내용 표상의 가장 유용한 형태, 가장 강력한 유추, 예화, 사례, 설명, 실연 등 한 마디로 교과 내용을 다른 사람들에게 이해할 수 있도록 재연하는 방식들이라고 기술하였다(Shulman, 1986). 이후 슐만과 동료들은 후속 논문들을 통해서 교사 지식 영역의 진전된 개념을 제공하였다.

1987년 슐만은 교사 지식을 구성하는 7가지 지식 기반의 하나로, PCK를 교과 내용 지식, 일반 교수법 지식, 교육과정 지식, 학습자에 대한 지식, 교육적 상황에 대한 지식, 교육의 철학적·역사적 목적에 대한 지식과 함께 제시하였다(Shulman, 1987).

이후 슐만과 동료들은 후속 연구들에서 PCK를 때로는 내용 지식의 하위에 두기도 했지만, PCK가 다른 형태 지식들이 통합·변형된 것임을 분명히 하였다(Wilson, Shulman, & Richert, 1987). 그리고 이후 연구들에서 교수 활동의 지식 기반에 대한 가장 이해하기 쉽고 명료한 진술은 그로스만(Grossman)에서 찾을 수 있다. 그로스만은 교사 전문성의 핵심으로 일반 교수법 지식, 교과 내용 지식, PCK, 상황 지식 등으로 정의했고, 이러한 네 가지 지식 기반 중에 PCK가 교사의 수업 행동에 가장 강력한 영향을 끼친다고 생각했다(Grossman, 1990).

교과 전문성 연구를 정리하면 소위 수업 전문성을 갖춘 교사, 즉 교수 활동에 대한 지식 기반을 지닌 교사는 교과 내용을 학생들이 이해할 수 있는 형태로 변환시킬 수 있다는 주장으로 귀결된다. 이때 교사는 구체적인 교과 내용 맥락에 맞추어 교수 지식을 변경함으로써 고유의 PCK를 개발한다. 따라서 PCK는 교과 내용 지식, 교수법 지식, 상황 지식 등 교사 지식을 구성하는 다른 지식들이 종합·변형된 결과이다.

교사 효과성 연구와 달리, 슐만이 제시한 전문가로서 교사가 갖추어야 할 지식은 주로 교사의 전공 교과 측면에서 구축된다. 그러나 교사 전문성을 교과 측면에서만 논의하는 것은 교사로 하여금 특정 교과에만 관심을 두게 하고, 교과를 독립적으로 다루게 함으로써 매우 고립된 형태의 교과 전문성을 갖게 할 가능성도 있다. 그래서 교사들이 자신의 교과만을 고집하는 행태를 '분열화'라고 비판할 수도 있다.[6]

또한 교과 전문성 연구 역시 교사 효과성 연구처럼 교사 역할 및 전문성

---

6) 하그리브즈(Hargreaves, 1994)는 교사들의 이러한 분열화 현상은 중등학교 교육의 지배적인 특징이긴 하나 지식기반사회에는 적합하지 않다고 보았다. 교사들이 자신들의 전공 교과에 국한된 지식만을 소유해서는 변화하는 사회의 필요에 부응하는 데 한계가 있다는 것이다. 이 점은 교사 전문성이 교사가 전공하고 있는 교과 지식 이상을 소유하는 방향으로 재개념화될 필요가 있음을 시사한다(소경희, 2003 재인용).

을 지나치게 실행가 측면에서 바라보는 경향이 있다. 교사를 실행가 혹은 행위자로 보는 것은 이론과 실천의 관계에 대한 기술적 합리성의 관점에 토대를 두고 있다. 기술적 합리성의 관점에서는 모든 실천은 이론에 기반을 두며, 실천의 성격은 이론과의 체계적인 관계 속에서 파악된다. 이 관점에서 이론은 실천을 비추는 거울로서, 연구를 통해서 개발되는 것으로 간주된다. 그리고 실천은 이론을 응용한 것이며, 훌륭한 실천은 이론에 기초하는 것으로 본다. 즉 여전히 교사 전문성을 수단적・기술적(technological)으로 보고 있으며, 교육에 있어 실천을 이론의 하위에 두는 경향을 보인다(소경희, 2003).

그래서 근래 들어 교사 효과성, 교과 전문성 연구의 배후에 있는 수단적・기술적 합리성에 대한 비판에 토대를 둔, 교육 현장의 맥락에서 반성적 실천을 강조하는 연구들이 활발해졌다. 사실 교과 전문성에 대한 슐만의 다소 정적인 주장을 보다 역동적으로 해석할 경우 자연스럽게 교육 현장의 '맥락'에서 교사 자질 개선 방법을 찾으려는 쇤(Schön)의 주장으로 이어질 수 있다. 쇤은 이전 시기의 연구자와 달리 교사 자질을 고정된 것으로 보지 않았고, 교육현장 맥락에서 교사에 의해 끊임없이 재구성될 수 있는 것으로 보았다(이종일, 2000).

쇤은 실천가의 전문 지식을 이론적 지식의 실천 문제 적용으로 보는 기술적 합리성 패러다임의 한계를 비판하고 전문적 실천가가 불확실성, 불안정성, 특수성, 가치갈등을 특징으로 하는 실천 상황에서 발휘하는 전문적 실천 행위 기저에 있는 앎에 주목하였다. 쇤은 전문적 실천가의 앎은 행위 속에 녹아 있는 암묵적 앎, 즉 '행위 중 앎'이라고 주장하였다(Schön, 1983; 1987).

쇤에 따르면, '행위 중 앎'은 다음과 같은 특징이 있다. 첫째, 행위는 무의식적으로 일어난다. 즉, 실천가는 행위를 하기 전이나 하는 동안에 행위에 대해 생각할 필요가 없다. 둘째, 실천가는 행위를 하는 것을 배웠다는 사실을 종종 잊는다. 셋째, 실천가는 자신의 행위 기저에 있는 앎을 기술하거나 표현하는 데 어려움을 겪는다. 그래서 실천가는 자신이 무엇을 안다고 말할 수 있는 것보다 훨씬 많은 것을 안다. 이 '행위 중 앎'을 기술하게 되면 이는 행위 중 지식, 즉 실천 지식이 된다(Schön, 1983; 1987).

쉔은 실천가의 '행위 중 앎', 즉 실천적 앎은 '행위 중 반성'을 통해 형성된다고 본다. '행위 중 반성'은 행위가 진행되는 상황에서 행위 기저의 앎을 표면화하여 비판하고 재구성한 후, 재구성한 앎을 후속 행위에 구현하여 검증하는 것이다. '행위 중 반성'을 살펴보면 다음과 같다. 실천가는 무의식적으로 일상화된 행위를 하고, 이런 행위는 실천가의 '행위 중 앎'을 드러내는데, 이는 행위 속에 녹아 있는 암묵적 앎이다. 실천가의 행위가 예상된 결과를 가져왔을 때 실천가는 그 행위와 '행위 중 앎'에 대해 반성하지 않는다. 그러나 실천가의 일상화된 행위가 예상하지 못한 결과를 초래하는 경우가 있는데, 실천가는 이를 새로운 지식을 구성할 수 있는 학습의 기회로 삼는다. 즉 문제를 바라보는 기본 틀을 비판하고 재구성한 후, 즉각적인 실험을 통해 이를 확인한다. 이처럼 실천가는 '행위 중 반성'을 통해 연구자가 된다(Schön, 1983; 1987).

이러한 쉔의 주장은 교사 전문성의 위상을 단순한 실행가가 아니라 이론적 실행가(반성적 실천가)로 높인다. 그러나 동시에 교사 효과성, 교과 전문성 연구를 통해서 손에 잡힐 듯 분명해 보였던 교사의 전문성의 개념과 요소가 쉔의 반성적 실천가 논의에서는 다시 신기루처럼 흩어져 버린다. 교사의 인성이나 구체적인 수업 행동 혹은 교사 지식 기반 등으로 구체화되던 교사 자질이나 전문성이 반성적 실천이라는 역동적 과정으로 대체되어 버리기 때문이다.

2) 우리나라 사회과의 최근 경향

국내에서도 외국의 영향과 국내의 필요가 맞물리면서 교사 전문성에 대한 논의가 이루어져 왔다. 초기 교사 전문성 연구는 일반 교육학 분야를 중심으로 외국처럼 교사 효과성에 초점이 맞추어져서 연구가 진행되었다. 구체적으로 학생들의 학업 성취도를 높이는 교사의 성향, 자질, 능력에 대한 다양한 목록이 마련되었고, 이러한 능력이나 자질을 교사 교육에서 길러줘야 한다는 논의가 이루어졌다.

그러나 교과교육학에서는 교사 효과성보다는 교과 전문성 연구와 반성적 실천가 논의가 주를 이루어 왔다. 사회과의 경우에도 교과 전문성이라는 맥락에 대한 고려 없이 교사의 일반적 특성이나 효과적인 수업 행동 등에 초점을 맞춘 연구들보다 PCK 논의를 중심으로 교과 내용 및 방법 전문가로서의 교사 전문성, '행위 중 앎'을 강조하는 반성적 실천가로서의 교사 전문성에 대한 논의가 보다 활발히 이루어졌다.

우선 교과 전문성 연구의 경우, 사회과에서도 PCK의 개념, 수업 컨설팅 기법, 교실 수업 이해 등의 차원에서 다양한 연구들(설규주, 2009; 강선주 · 설규주, 2008; 한국교육과정평가원, 2008; 강대현, 2007, 2008; 민윤, 1999, 2000; 손병노, 1998)이 이루어져 왔다. 한광웅(2012)은 사회과 PCK 관련 연구들을 PCK의 개념과 특징을 밝히는 연구(민윤, 1999; 손병노, 1998), 수업컨설팅 기법의 차원에서 실행된 연구(설규주, 2009; 강선주 · 설규주, 2008; 한국교육과정평가원, 2008), 교실수업 이해의 차원에서 실행된 연구(강대현, 2007, 2008; 민윤, 2000) 등으로 구분하였다.

그런데 외국 연구들처럼 국내 연구들 간에도 PCK와 다른 지식과의 관계 설정에 대한 상이한 관점으로 인해 PCK 개념에 대한 혼란이 나타났다. 교과 내용 및 방법 중 어디에 초점을 맞추느냐에 따라 어떤 이들은 PCK를 슐만의 초기 논의를 토대로 '교수법적 내용 지식' 혹은 '교수 내용 지식'이라고 직역하고, 특정 내용을 가르치는 것을 전제로 하여 '내용 지식을 학생들의 수준에 맞게 전환한 것'으로 보았다(손병노, 1998). 한편 다른 이들은 슐만 이후의 논의들(특히 그로스만의 논의)을 토대로 PCK를 'Content Specific Pedagogy'라 생각하여 내용 지식보다는 '교과 내용을 고려한 실제적인 교수법'으로 이해하고, PCK를 '내용 교수 지식'으로 의역하였다(강대현, 2007).

또한 교과 전문성 관련 논의를 학교 현장에 구체화하고자 교과 수업 전문성 기준을 개발 · 활용하려는 움직임도 있었다(강대현 외, 2005). 이는 교과 수업 전문성 기준을 가지고 교과 수업을 평가하는 것이 교사 전문성 제고에 도움이 된다는 의견에 따른 것으로, 대체로 이러한 교과 수업 전문성 기준 개발 · 활용 연구들은 교과 내용 및 방법 전문가로서의 교과 전문성 논의에 영향을 받은 것으로 볼 수 있다. 교과 수업 전문성 기준은 교과 내용 및 방법 전문가로서의 교사에게 요구되는 다양한 자질들을 표준화한 것이기 때문이다.

반면에 교과 수업 전문성 기준 등을 활용한 수업평가보다는 수업 비평 등의 방식을 선호하는 입장도 있었다(이혁규, 2006). 교과 수업 전문성 기준을 만드는 것이 교과 전문성 연구와 부분적으로 교사 효과성 연구에 기반을 두고 있다면, 수업 비평 등의 논의는 반성적 실천가로서의 교사 전문성 논의와 관련되어 있다고 볼 수 있다. 왜냐하면 수업 비평은 특정 기준이 아니라 총체적이고 예술적인 관점에서 교사의 전문성과 교수 행위를 바라보기 때문이다. 또한 교사상도 노동자나 실행가가 아니라 예술가로서 파악한다는 점을 볼 때도 반성적 실천가 논의의 연장선에 있다고 볼 수 있다.

이처럼 교사 효과성, 교과 전문성, 반성적 실천가 논의는 사회과 교사 전문성 발달을 분석하는 데 있어서 각각 장단점을 갖고 있으며, 교사 교육에 시사하는 바도 조금씩 다르다. 기본적으로 교사 효과성 연구가 교사 교육에 시사하는 바는 교양이나 교직 과정 등에서 교사의 일반적인 성향이나 자질 혹은 구체적인 수업 행동을 강조하여 가르치는 것이다. 반면에 PCK 논의로 대표되는 교과 전문성 연구는 교과별 교사 교육의 중요성을 부각시키고, 교과별 교사 교육 차원에서 사회과 교사가 배워야 할 실제적인 지식이 무엇인지를 명료화하는 장점이 있다. 한편 반성적 실천가 논의는 교사 전문성이 교육 현장의 실제적 행위에 대한 반성적 성찰을 통해서 발달된다는 측면을 강조하여 학교 현장의 교육 실습을 통한 역동적인 교사 교육의 필요성을 부각시킨다.

따라서 그동안 교사 전문성 논의는 효과적인 교사, 교과 전문성을 갖춘 교사, 반성적 실천을 하는 교사 등 각기 다른 방식으로 전개된 측면이 강하였다. 특히 국가 수준에서 교사 전문성 혹은 교과 수업 전문성 기준을 개발하여 활용하는 노력이 이루어지면서, 주로 교사 효과성 연구의 기초 위에 교과 전문성 연구를 중심으로 '효과적인 수업 행동을 할 수 있는 교과 전문성(교사 지식 기반)을 갖춘 교사'라는 패러다임에 기초하여 교사 및 수업 전문성 기준 개발이 이루어진 측면이 강하였다. 그 결과, 반성적 실천가로서의 교사 전문성 논의의 핵심이라고 할 수 있는 이론과 실천의 경계상에서 실천을 통해 배우고, 배운 것을 토대로 다시 실천하는 교사의 역동적인 성격과 지위, 교사의 주체적인 전문성 개발의 중요성이 제대로 부각되지 못한 측면이 있었다.

최근 들어 교사 전문성 관련 연구자들 사이에 대체로 공감하는 바는 교사가 효과적인 수업 행동을 배우는 것도 중요하지만 그런 행동이 자연스럽게 나타나기 위해서는 교과 내용 및 방법에 대한 지식 기반을 가져야 한다는 점과 '반성적'이라는 측면에서 교과교육 '이론가'로서의 전문성과 '실천가'라는 측면에서 교과교육 실행 주체로서의 전문성을 공히 갖추어야 한다는 점이다. 사회과 교사 전문성 논의 역시 일반적인 교사 전문성 논의에 기초를 두고 있어 유사한 경향을 보이고 있다.

3. 교사 전문성 연구의 종합과 사회과 교사 전문성 분석틀

1) 교사 전문성 연구의 종합

지금까지 교사의 특성이나 수업 행동 등 교사들이 일반적으로 갖추어야 할 기본적인 자질과 능력에 대한 연구들을 살펴보았고, 교과 내용 및 방법 전문가로서 갖추어야 할 자질과 능력에 대한 연구들을 검토하였으며, 반성적 성찰을 통해 교육적 실천을 할 수 있는 전문가로서 갖춰야 하는 자질에 대한 연구들을 살펴보았다. 이러한 3가지 연구 경향들은 각각 초점을 맞추는 것이 다르지만 궁극적으로 수업을 잘 하는 교사를 지향하기 때문에 교사 전문성 측면에서 서로 별개의 것이라고 보기는 어렵다.

물론 3가지 연구 경향들 모두 궁극적으로 수업을 잘하는 교사에 초점을 두고 있지만 각각의 논의가 강조하는 바는 다르다. 우선 교사 효과성 연구는 교사 특성과 함께 효과적인 수업 행동이나 기술을 강조한다. 이 중 효과적인 수업 행동이나 기술은 교과 전문성 연구에서 일반 교수법 지식과 다소 중첩되는 측면이 있다. 반면에 교과 전문성 연구에서는 일반 교수법 지식과 함께 교과 내용 지식, 상황지식, PCK 등 체계화된 교사 지식 기반을 강조한다. 이 중 상황 지식이나 PCK 등은 반성적 실천가 논의와 서로 맞물려 있다. 양자 모두 현장의 맥락과 더불어 교사의 실천 지식을 강조하기 때문이다. 그러나 반성적 실천가 논의는 결과물로서의 상황지식이나 PCK가 아니라 '행위 중 반성'이라는 과정에 보다 초점이 맞추어져 있다. 이런 점에서 3가지 연구 경향들의 관계는 일차적으로 [그림 14-1]처럼 다소 중첩적이라고 볼 수 있다.

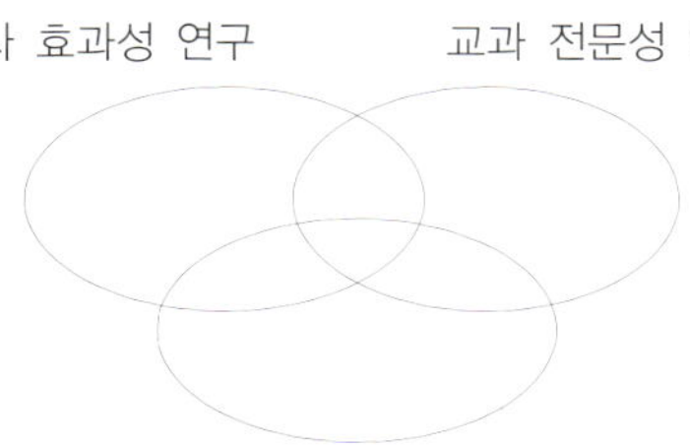

그림 14-1 교사 효과성 연구, 교과 전문성 연구, 반성적 실천가 논의의 관계

따라서 사회과 교사 전문성 발달을 도모하기 위해 이러한 논의들을 실천적으로 종합할 경우, 이러한 중첩성은 3가지 논의들 사이에 연결고리로 작용하여 연계성을 높여 주고 서로 차별화되는 부분은 상호보완적인 성격으로 작용할 수 있다.

또한 이러한 논의들은 서로 중첩되거나 상호보완적인 측면 못지않게 단계적인 측면도 지니고 있다. 우선 교과에 상관없이 교사 특성이나 효과적인 수업 행동으로 대표되는 좋은 교사로서의 기본적인 자질과 능력은 사회과 교사 전문성의 가장 기초적인 차원이라고 할 수 있다. 다음으로 교과 내용 및 방법의 전문가로서의 능력은 사회과 측면에서 요구되는 사회과 내용 지식이나 관련 교수법과 이러한 내용과 방법이 조화를 이루면서 발달한 PCK를 포함하는 것으로, 일반 교수법과 관련해서 좋은 교사로서의 일반적인 자질과 능력과 부분적으로 관련되지만 사회과 교사에게 특수하게 요구되는 전문성이라고 할 수 있다. 다음으로 이론가이자 실천가로서 자신의 경험을 토대로 한 반성을 통해서 새로운 전문성을 쌓아 나가는 반성적 실천가로서의 교사는 누군가에게 배우는 것이 아니라 스스로의 실행 과정에서 반성적 성찰을 통해서 전문성을 쌓아가는 모습으로 가장 고차적인 전문성이라고 볼 수 있다.

이 장에서는 전자의 중첩적이고 상호보완적인 측면과 함께 후자의 단계적인 측면을 고려하여 교사 전문성 연구들의 관계를 새롭게 설정하고 이를 종합하려고 한다. 그리고 교사 효과성 연구, 교과 전문성 연구, 반성적 실천가 논의 등을 사회과 교사 전문성 발달을 분석하는 데 있어 주요한 3가지 차원 및 요소로 설정하려고 한다.

교사 효과성 연구에서 나오는 좋은 교사로서의 기본 자질과 능력은 사회과 교사 전문성 논의의 '1차 요소'라 할 수 있다. 좋은 교사로서의 자질 중 일부는 타고난 기질이나 성향일 수도 있지만, 성장 과정에서 학습된 인성적 부분일 수도 있고, 교사 교육과정에서 효과적인 수업 행동과 관련해서 배운 지식이나 기능일 수도 있다. 이러한 자질과 능력들은 교사가 일반적으로 갖추어야 할 기본 지식과 능력이라고 할 수 있으며, 교과별로 특수화된 것이 아니라 모든 교과에 걸쳐서 적용되는 자질과 능력이라 할 수 있다. 여기서는 이러한 자질과 능력을 범주화하여 제시한 사례 중 미국의 플로리다 주가 중심이 되어 마련한 '교사 자질 목록'[7]을 활용하려고 한다. 플로리다에서는 교사 자질을 의사소통 기술, 기본적 지식, 전문적 기술, 행정적 기술, 대인 관계적 기술 등 5개 범주로 나누는데, 이를 도식화하면 [그림 14-2]와 같다.

〈사회과 교사 전문성의 1차 요소〉				
좋은 교사로서의 기본 자질과 능력				
의사소통기술	기본적 지식	전문적 기술	행정적 기술	대인 관계적 기술

그림 14-2 교사 효과성 연구에 따른 사회과 교사 전문성 요소

7) CBTE 접근으로 대표되는 교사 효과성 연구는 1970년대에 들어오면서 여러 교육기관이나 주 교육국을 중심으로 확대되어 갔는데, 특히 1975년 플로리다 주가 중심이 되어 마련한 '교사 자질 목록'은 이러한 변화의 대표적 사례라 할 수 있다(Oliva & Henson, 1980).

이러한 좋은 교사로서의 기본적인 자질과 능력은 결코 과소평가되어서는 안 된다. 교과 내용 및 방법 지식이 아무리 뛰어나더라도, 반성적 실천가로서 탁월한 전문성을 발휘하더라도, 좋은 교사로서의 기본적인 자질과 능력에 문제가 있을 경우, 실력 있고 연구하는 교사라고 평가받을 수 있지만 아이들과 호흡하며 효과적인 수업을 하는 교사가 되지 못할 수도 있다. 저자가 관찰한 바에 따르면 실제로 모든 교과를 담당하는 초등 교사에게 요구되는 혹은 실제로 나타나는 자질과 능력은 교과 내용 및 방법의 전문가 혹은 반성적 실천가로서의 능력 이전에 '좋은' 교사로서의 기본적인 자질과 능력이다.

그러나 중등 사회과에서 교사에게 요구되는 바는 단순히 좋은 교사로서의 기본 자질과 능력을 넘어서서 교과 내용 및 방법의 전문가로서의 '실력'인 경우가 많다. 이러한 교과 내용 및 방법 전문가로서의 '실력'은 사회과 교사 전문성의 '2차 요소'라고 볼 수 있다. 교과 내용 지식, 교수법(교수학습방법) 지식, 상황(학생 및 수업 환경) 지식에 대한 전문성과 더불어 이를 종합한 PCK는 교과 내용 및 방법 전문가에게 요구되는 핵심 자질이라고 할 수 있다. 이러한 교과 내용 및 방법 전문가로서의 능력은 교과 내용 지식, 교수법 지식, 상황 지식, PCK 등으로 구성되어 있다고 볼 수 있는데 (Grossman, 1990), 이를 도식화하면 [그림 14－3]과 같다.

〈사회과 교사 전문성의 2차 요소〉			
교과 내용 및 방법의 전문가			
교과 내용 지식	교수법 (교수학습방법) 지식	상황 지식 (학생, 수업 환경)	PCK

그림 14-3 교과 전문성 연구에 따른 사회과 교사 전문성 요소

이러한 교과 내용 및 방법 전문가로서의 전문성은 좋은 교사로서의 자질과 능력과 달리 주로 교과 전문가로서의 지식(기능 포함)에 초점이 맞추어져 있다. 그리고 이러한 지식은 교과 내용 지식이나 교수법 지식처럼 이론적인 성격이 강한 것도 있지만, 상황 지식이나 PCK처럼 실천적인 성격이 강한 것도 있다. 물론 부분적으로 교과 내용 지식과 교수법 지식 중에도

실천적인(실제적인) 것이 있을 수 있다.

1980년대 이후 이루어진 교과 전문성 논의의 중요한 초점은 교과 내용과 교수법 지식 혹은 교과 내용, 교수법, 상황 지식 등이 만나서 실천적인 PCK가 형성된다는 것이었다. 그러나 이는 일부 수정이 필요한 부분이 있다. 즉 교과 내용에도 이론적인 부분이 있고 실천적인(실제적인) 부분이 있다. 예를 들어 정치학의 경우에는 정치학 이론과 정치 실제가 있으며, 교수법의 경우에도 교수 이론과 교수 실제가 있다.

따라서 교과 내용과 교수법의 조합으로서 PCK를 논하다 보면 이론적인 교과 내용(사회과의 경우, 사회과학)과 실제적인 교과 내용(사회과의 경우, 사회문제), 이론적인 교수법과 실제적인 교수법 간의 관계에 대한 논의가 필요해 보인다. 이는 이후 전개된 반성적 실천가로서의 교사 논의에서 좀 더 분명해지는 부분이다. 즉 이론가로서의 교사와 실천가로서의 교사에 대한 논의를 좀 더 명료화하는 것을 통해 교과 내용 및 방법 전문가의 전문성을 보다 체계화하는 것이 가능하다.

우선 이에 대한 논의 과정에 두 개의 중요한 축을 발견할 수 있다. 첫 번째는 내용과 방법이라는 축이고, 다음은 이론과 실천이라는 축이다. 초기 효과성 연구가 효과적인 수업을 하는 좋은 교사의 특성을 일반적으로 제시하려고 노력한 것에 비해 교과 전문성 논의나 반성적 실천가 논의는 모두 학교 현장의 교과 수업 등 실제적인 맥락에서 교사 전문성 논의를 하고 있다. 그러나 교과 전문성 논의가 이론적인 교과 내용 지식과 교수법 지식의 종합으로 실천적인 PCK가 형성된다고 단선적으로 이야기한 반면에 반성적 실천가 논의는 교과 내용 지식, 교수법 지식 역시 이론지와 실천지의 성격을 공히 지닌다는 점을 새롭게 인식시켜 준다.

사회과 교사는 실천가임에는 분명하다. 그러나 반성적 실천가이다. 반성적이란 말에는 암묵적으로 교사에게도 이론가의 측면이 있다는 것을 나타낸다. 반성은 실천에 대한 반성이고, 결국 일정 부분 추상화된 이론의 형태를 띠게 될 것이기 때문이다. 그래서 전문가로서의 교사는 이론가와 실천가의 양면성을 모두 지닌 존재라고 할 수 있다. 이러한 반성적 실천가로서의 교사 역할은 사회과 교사 전문성 지평의 또 다른 차원을 제공한다.

그리고 반성의 대상은 교과 내용 및 방법이 될 수도 있고, 좋은 교사로서의 기본적인 자질과 능력이 될 수도 있다.

이러한 반성적 실천가로서의 역할 수행은 교사 전문성 논의의 가장 고차적인 측면이자 교사 전문성 발달의 정수라고 할 수 있다. 즉 반성적 실천가 논의가 강조하는 교사 전문성은 스스로 배우고 변화하는 교사상으로, 반성적 성찰을 통해 자신의 실천을 돌아보는 고차적인 교사 전문성이라고 할 수 있다. 또한 교사 효과성 연구나 교과 전문성 연구와 달리 실체(substance)를 지닌 자질이라기보다는 역동성을 지닌 활동(activity)이라고 할 수 있다(Schön, 1983; 1987). 이를 도식화하면 [그림 14−4]와 같다.

<table>
<tr><td colspan="4">〈사회과 교사 전문성의 3차 요소〉</td></tr>
<tr><td colspan="4">반성적 실천가로서의 활동</td></tr>
<tr><td colspan="2">반성적 성찰</td><td colspan="2">실천적 노력</td></tr>
<tr><td>좋은 교사</td><td>교과 전문가</td><td>좋은 교사</td><td>교과 전문가</td></tr>
</table>

그림 14-4 **반성적 실천가 논의에 따른 사회과 교사 전문성 요소**

이러한 전문성들은 서로 중첩되는 부분이 있지만 상호보완적이고 단계적인 측면이 있기 때문에 사회과 교사 전문성 발달을 실천적으로 분석하는 국면에서는 충분히 종합될 수 있다. 즉 교사는 좋은 교사로서의 기본 자질과 능력을 갖추고, 교과 전문가로서의 전문성을 쌓으면서, 종국에는 좋은 교사 및 교과 전문가로서 수행한 자신의 경험과 실천은 반성하면서 전문가로서 더 성장하게 된다.

이를 도식화하여 나타내면 [그림 14−5]와 같다. 여기서 A, B, C점은 좋은 교사, 교과 전문가, 반성적 실천가의 일면만 갖춘 교사의 모습을 나타낸다. 반면에 D점은 좋은 교사와 교과 전문가의 모습을 갖추고 있으나 스스로 배우는 능력이 부족하여 정체되어 있는 교사의 모습은 나타낸다. 그리고 E점은 좋은 교사에 대한 반성적 실천이, F점은 교과 전문가에 대한 반성적 실천이 이루어지는 반면에, G점은 좋은 교사와 교과 전문가에 대한 반성적 실천이 공히 이루어지는 가장 균형 잡힌 교사 전문성의 모습이라고 할 수 있다. 즉 G점은 궁극적으로 수업을 잘하는 교사가 되기 위해 교사의 일반적인 특성이나 효과적인 수업 행동뿐만 아니라 PCK를 포함한 교사 지식 기반을 다지면서 이에 대해서 반성적으로 실천하면서 스스로 학습하는 교사 전문성의 균형 잡힌 모습을 나타내고 있다.

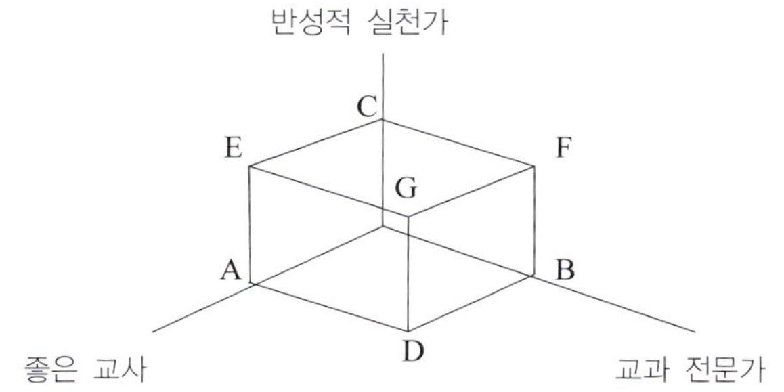

그림 14-5 교사 전문성 연구들의 관계 및 종합

물론 좋은 교사로서의 기본 자질과 능력을 확장할 경우 교과 내용 및 방법 전문가나 반성적 실천가로서의 자질과 능력도 포함될 수 있다. 그러나 교과 내용 및 방법 전문가는 좋은 교사로서의 기본 자질과 능력 측면에서 살펴보는 것보다는 교과 전문성 논의에 좀 더 초점화하여 살펴보아야 할 차원이다. 또한 반성적 실천가로서의 전문성 역시 교과 내용 및 방법 전문가나 좋은 교사로서의 기본 자질과 능력에 부분적으로 포섭될 수도 있지만, 이는 좋은 교사로서 타고나거나 훈련된 자질 및 능력과 교과 내용 및 방법 전문성에 대한 반성적 성찰과 실천을 전제하는 것이므로 교사 전문성의 또 다른 차원 혹은 좀 더 높은 수준으로 이해하는 것이 필요하다.

반면에 '발달과 변화'라는 측면에서는 역의 위계(단계)도 일부 성립한다. 반성적 실천을 하는 교사는 교과 내용 및 방법의 미진한 부분을 채워나가면서, 좋은 교사로서의 기본적 자질과 능력의 문제점을 해소해 나갈 것이기 때문이다. 그러나 역의 관계는 부분적인 측면이 강하고, 전반적으로 교사 교육과 전문성 발달의 측면에서 봤을 때는 좋은 교사의 기본적인 자질 및 능력과 교과 내용 및 방법의 전문성 등을 먼저 쌓고 반성적 실천가의 역량을 키워나가는 것이 보다 일반적인 수순이라 할 수 있다.

따라서 좋은 교사, 실력 있는 교사, 스스로 배우는 교사 등의 특징으로 대표되는 교사 효과성, 교과 전문성, 반성적 실천가 논의는 교사 전문성 발달 정도를 분석하는 데 있어서 종합적으로 고려해야 하는 중요한 초점들이 되며, 교사 전문성 발달을 분석하는 실천적인 국면에서는 충분히 정립(鼎立) 가능한 관점들이 된다. 따라서 이를 하나의 일반적인 분석틀로 구안하여 사회과 교사의 전문성 발달을 세 측면에서 종합적으로 분석할 수 있다.

2) 사회과 교사 전문성 분석틀

여기서는 기존의 교사 효과성, 교과 전문성, 반성적 실천가 논의 등을 종합하여 사회과 교사의 전문성 발달 정도를 분석할 수 있는 일반 틀을 구안하려고 한다. 이러한 틀은 교사 또는 수업 전문성 기준처럼 구체적으로 개별 수업을 평가하는 '미시적' 기준으로 활용하는 것이 아니며 매우 개괄적이고 총체적인 형태로 사회과 교사 전문성 발달 정도를 성찰하기 위한 것이다. 즉, 기존의 교사 전문성 논의의 여러 관점을 종합하여 현장의 사회과 교사들의 전반적인 특징이나 문제점을 지적하는 데 있어 기본적이고 거시적인 관점(초점)을 제공해주는 역할을 하는 형태라 할 수 있다.

<표 14-2>에 제시한 교사 전문성의 주요 항목 및 세부 요소는 주로 기존의 연구들을 토대로 하되, 일부는(특히 반성적 실천가 측면) 그동안 관찰해 온 교사들의 수업과 면담 내용을 토대로 하여 하나의 예시로 개발한 것이다. 이 중 좋은 교사 관련 세부 요소는 교육부가 발표한 '학교 교육력 제고를 위한 교원양성체제 개선방안'의 일환으로 '신규교사의 자질과 능력에 관한 일반기준'을 설정한 것을 참조한 것이다(교육부, 2006). 교과 전문가 관련 세부 요소는 한국교육과정평가원에서 저자가 주도하여 개발한 '사회과 수업 전문성 기준'을 참조한 것이다(임찬빈 외, 2006). 그리고 반성적 실천가 관련 요소는 저자가 앞의 2가지 차원으로 고려하면서 차별화하여 개발한 것이다.

이러한 분석틀은 사회과 교사 전문성 발달을 종합적으로 분석하는 데

기초를 제공하여 사회과 교사 개개인에게 적용하면 교사 개인의 지닌 전문성의 차원과 발달 정도를 종합적으로 판단할 수 있을 것이다. 또한 여러 교사들의 수업을 관찰하고 해당 교사들을 면담하는 과정에서 이러한 교사 전문성의 차원과 항목들이 구체화되어 관련 내용이나 사례가 축적될 경우 보다 체계화된 분석틀이 마련될 수 있을 것이다.

표 14-2 사회과 교사 전문성 발달 분석을 위한 일반 틀(예시 안)

교사 전문성 차원	교사 전문성의 항목(범주)	교사 전문성의 세부 요소
1차원 좋은 교사	의사소통기술 기본적인 지식 전문적 기술 행정적 기술 대인관계적 기술	교사는 건전한 인성과 교직 사명감 및 윤리의식을 갖는다. 교사는 학생들의 학습과 복지를 위해 헌신한다. 교사는 학생과 학생의 학습 발달을 이해한다. 교사는 교과에 대한 전문 지식을 갖는다. 교사는 교과, 학생, 교육상황에 적절한 교육과정을 개발, 운영한다. 교사는 수업을 효과적으로 계획, 운영한다. 교사는 학생의 학습을 모니터하고 평가한다. 교사는 학습을 지원하는 환경과 문화를 조성한다. 교사는 교육공동체 구성원들과 협력 관계를 구축한다. 교사는 전문성 개발을 위해 끊임없이 노력한다.
2차원 교과 전문가	교과 내용 지식 교수학습방법 지식 상황 지식 PCK	사회과 목표 및 내용을 이해한다. 사회과 교수학습 및 평가방법을 이해한다. 사회과 관련 학습자의 발달을 이해한다. 사회과 PCK를 개발하여 실행한다. 사회과교육과정 재구성과 수업 설계를 할 수 있다. 사회과 수업 전략 및 자료를 개발할 수 있다. 사회과 수업을 조직하여 실행할 수 있다 사회과 학습 집단을 조직하고 수업 환경을 조성한다. 사회과 수업 결과를 확인하고 평가한다. 사회과 교사로서 전문성 발달을 위해 노력한다.
3차원 반성적 실천가	반성적 성찰 실천적 노력	자신의 수업에 대해서 변화를 원한다. 자신의 수업에 대해서 기록한다. 자신의 수업의 문제점을 인식한다. 자신의 수업의 문제점을 해결하기 위해 노력한다. 자신의 수업을 동료 교사들과 공유한다. 동료 교사들과 학습 공동체를 운영한다. 동료 교사들과 수업 개선을 위해 노력한다. 자신의 수업을 비평할 수 있다. 동료 교사의 수업을 비평할 수 있다. 자신의 전문성을 스스로 개발하기 위해 노력한다.

4. 결론

이 장에서는 사회과 교사 전문성 논의의 종합 가능성을 모색하고 사회과 교사 전문성을 분석할 수 있는 일반 틀을 구안하였다. 구체적으로 교사 효과성과 교과 전문성 연구에 토대를 두고 있는 기존의 교과 수업 전문성 기준에서 강조되지 못한 반성적 실천가로서의 교사 전문성 논의까지 포함하여 사회과 교사 전문성 발달을 종합적으로 분석할 수 있는 일반 틀을 제시하였다.

저자는 개인적으로 교과교육론은 실천의 학문이자 종합의 학문이라고 생각한다. 이론적으로 일견 중첩되거나 혹은 부분적으로 모순되는 내용도 실천의 국면에서는 충분히 양립 혹은 정립 가능하여 병행하거나 종합할 수 있는 것이 교과교육이라고 생각하기 때문이다. 이런 점에서 사회과 교사 전문성 논의도 예외가 아니다.

물론 이 장은 아직도 출발선상에 있다고 볼 수 있다. 미흡하지만 교사 전문성 논의의 종합이 가능하다는 생각이 이 장의 독창적인 아이디어이고, 부실하지만 각 논의의 종합 가능성을 타진하면서 분석틀을 예시 안으로 마련한 것이 이 장의 중요한 결과물이다. 그리고 이러한 분석틀을 보다 체계화하여 이를 초등 사회과 및 중등 지리, 역사, 일반사회 전공 교사에게 적용하여 사회과 교사 전문성의 발달 정도를 종합적으로 비교·분석하는 것이 향후 지향하는 바이다.

예를 들면 이 장에서 마련된 분석틀을 좀 더 체계화한 후 학교급 및 전공별 교사들이 각 요소에 대해서 스스로 평가하도록 하는 것이 가장 손쉬운 후속 연구가 될 수 있을 것이다. 구체적으로 3가지 차원의 세부 요소들에 대해서 5점 척도를 만들어 초등 사회과 및 중등 지리, 역사, 일반사회 교사들이 자신의 전문성 발달 정도를 스스로 평가하도록 할 수 있을 것이다. 나아가 관련 연구자나 현장 전문가들이 수업 관찰 및 면담 과정에서 각 차원 및 요소별로 전문성 발달 정도를 평가하고 수업 컨설팅을 할 수도 있을 것이다.

현재 매우 개괄적으로 제시된 분석틀이 기존의 교과 수업 전문성 기준과 어떻게 차별화될 수 있는지에 대해서도 아직까지 정확하게 판단이 서지 않는다. 또한 분석틀을 구안하는 과정에서 기존의 연구들을 토대로 주요 항목과 세부 요소를 예시 안으로 만들어 제시하였지만, 이러한 틀을 가지고 개별 교사들의 수업 관찰 및 면담 결과를 분석·종합하는 것이 구체적으로 어떻게 가능할지도 아직은 의문이다.

그럼에도 불구하고 저자가 기존의 교과 수업 전문성 논의를 넘어서 반성적 실천가 논의까지를 포함해서 보다 종합적인 분석틀 구안을 시도한 것은 사회과 교사 전문성 발달에 대한 보다 종합적이고 균형적인 관점을 제공하고 싶은 바람 때문이다. 그리고 그 배경에는 무엇보다도 사회과 교사 전문성 자체가 종합적이고 균형적이라는 생각이 자리 잡고 있다.

교사 효과성, 교과 전문성, 반성적 실천가 논의는 서로가 '대체재'가 아니라 '보완재' 성격이 강한 논의이며, 이 점에서 각기 장단점을 가진 교사 전문성 논의라 할 수 있다. 다소 극단적으로 표현하자면, 마치 마냥 좋거나 효과적이기만 한 교사, 실력만 있는 교사, 실체적인 내용이나 기반 없이 자신의 행위만을 반성하는 교사가 각각의 특징과 문제점을 지니고 있어 불균형한 교사상이듯이 말이다. 비유컨대 이런 점에서 세 갈래의 교사 전문성 논의는 교사의 앞, 뒤, 옆 모습이라고 보는 것이 적절해 보인다.

저자는 세 갈래의 교사 전문성 논의들을 종합해서 교사 교육과 수업 관찰 및 면담 과정에서 이를 강조해야 교사들이 비로소 좋은 교사로서의 기본적인 자질과 능력, 교과 내용 및 방법 전문가로서의 실력, 반성적 실천가로서의 노력을 동시에 추구할 것이라고 본다.

아직 연구라 보기에 매우 미진하고 후속 연구도 불투명하지만, 이 장이 출발점이 되어 후속 연구가 일부라도 진행되고, 이를 통해 사회과 교사 전문성 발달과 교사 교육에 기여할 수 있기를 기대한다. 그리고 이 장을 통해 학교 현장의 사회과 교사 전문성 발달에 있어 구체적인 변화와 실천이 이루어질 수 있기를 바란다.

강대현(2007). 교육과정 개정에 따른 사회과 내용 교수 지식(PCK) 연구. 한국교육과정평가원 연구보고 RRI 2007-3-1.

강대현(2008). 사회과 지식 교수 PCK 분석 연구: 개념과 일반화 교수 PCK를 중심으로. 시민교육연구, 40(2), 1-30.

강대현 · 박영석(2005). 사회과 수업 평가기준 개발 및 활용 방안 연구. 사회과교육, 44(3), 21-46.

강선주 · 설규주(2008). 좋은 사회과 수업을 위한 컨설팅 내용과 방법. 서울: 교육과학사.

교육부(2006). 학교교육력 제고를 위한 교원양성체제 개선방안.

김희용(2007). 좋은 교사의 자질. 교육철학, 38, 27-46.

민 윤(1999). 사회과에서 교수 내용 지식의 가능성과 한계. 사회과교육, 32, 409-426.

민 윤(2000). 사회과 역사수업에서 나타난 내용의 변환과 교수내용지식. 사회과교육, 33, 173-191.

배호순(1992). 교수효과 평가를 위한 준거체제 탐색 연구. 교육학연구, 30(4), 157-172.

설규주(2007). 초등 사회과 수업의 패턴 고찰을 통한 수업 전문성 제고 방안 연구. 사회과교육, 46(4), 59-90.

______(2009). 초등 사회과 수업에 나타난 내용 교수 지식 분석 연구. 사회과교육, 48(2), 29-51.

소경희(2003). '교사 전문성'의 재개념화 방향 탐색을 위한 기초 연구. 교육과정연구, 21(4), 77-96.

손병노(1998). 사회과 교사의 전문성 탐색: 교수 내용 지식의 관점. 사회과교육학연구, 2, 110-127.

이종일(2000). 사회과 교사자질에 대한 CBTE적 접근. 사회과교육, 33, 353-378.

이혁규(2006). 수업비평, 수업을 보는 새로운 눈. 초등우리교육, 2006년 12월호(통권 제202호), 88-91.

임찬빈, 이화진, 곽영순, 강대현, 박영석, 정유진(2004). 수업평가기준 개발 연구(Ⅰ). 한국교육과정평가원 연구보고 RRI 2004-5.

임찬빈, 강대현, 박상용(2006). 수업평가 매뉴얼: 사회과 수업평가기준. 한국교육과정평가원 연구자료 ORM 2006-24-6.

조영남(2001). 초등교사의 교사효과성 평가 준거 개발에 관한 연구. 초등교육연구, 14(3), 243-267.

차경수 · 모경환(2008). 사회과교육. 서울: 동문사.

한광웅(2012). 교수내용지식의 메타적 이해를 통한 사회과교사의 정체성 탐색. 사회과교육, 51(4), 63-76.

한국교육과정평가원(2008). 중등 사회과 내용교수지식 및 초임교사 수업컨설팅 연수. 한국교육과정평가원.

Good, T. L.(1996). Teaching Effects and Teacher Education. In Sikula, J., Buttery, T. J., & Guyton, E. *Handbook of Research on Teacher Education.* New York: Macmillan.

Grossman, P. L.(1990). *The Making of a Teacher: Teacher Knowledge and Teacher Education*. New York: Teachers College Press.

Houston, W. R.(1996). Foreword. In Sikula, J., Buttery, T. J., & Guyton, E. *Handbook of Research on Teacher Education.* New York: Macmillan.

Oliva, P. F. & Henson K. T.(1980). What Are the Essential Generic Teaching Competencies?. *Theory into Practice*, *19*(2), 117-121.

Ross, E. W.(1994). Teachers as Curriculum Theorizers. In E. Wayne Ross(Ed.) *Reflective Practice in Social Studies.* National Council for the Social Studies, Bulletin No.88, 51-58.

Schön, D. A.(1983). *The Reflective Practitioner: How Professionals Think in Action.* New York: Basic Books.

Schön, D. A.(1987). *Educating the Reflective Practitioner: Toward a New Design for Teaching and Learning in the Professions.* San Francisco: Jossey-Bass.

Shulman, L. S.(1986). Those Who Understand: Knowledge Growth in Teaching. *Educational Researcher*, *15*(2), 4-14.

Shulman, L. S.(1987). Knowledge and Teaching: Foundations of the new reform. *Harvard Educational Review*, *57*, 1-21.

Snyder, J., Bolin, F., & Zumwalt, K. (1992). Curriculum Implementation. *Handbook of Research on Curriculum, 40*(4), 402-435.

Wilson, S. M., Shulman, L. S., & Richert, A.(1987). 150 Different Ways of Knowing: Representations of Knowledge in Teaching. In J. Calderhead (Ed.) *Exploring Teachers' Thinking*. Sussex: Holt, Rinehart and Winston.

부록 교과교육학 출제 경향 및 추정 답안

부록은 2011학년도부터 2021학년도 중등임용시험 일반사회 전공의 교과교육학 기출문제의 추정 답안을 정리한 것이다. 사실 교과교육학 기출문제의 추정 답안을 제공하는 것에 대해서 우려가 없는 것은 아니다. 저자가 파악하고 있는 내용이 정확한 답안이나 해설이라고 볼 수도 없고, 이렇게 추정 답안을 제시하는 것이 교육적 측면에서 오히려 학생들에게 독이 될 수도 있다는 생각이 들기 때문이다.

그럼에도 불구하고 저자가 이를 정리하여 제시하는 것은 중등임용시험을 준비하는 학생들이 기출문제를 푸는 데 있어서 일종의 안내가 필요하다고 느꼈기 때문이다. 특히 서답형으로 문항 형식이 바뀐 이후에 모범 답안도 공개되지 않기 때문에 교과교육학자로서 학생들에 최소한의 정보를 제공하는 것이 필요하다고 느꼈다. 다만 모든 답안과 해설은 저자의 견해에 기초한 것이므로 학생들이 이를 참고하여 스스로 답안을 작성해보기를 바란다.

여기서 저자는 교과교육학의 영역을 사회과 정의・역사・전통, 사회과 목표와 내용, 사회과 교수학습방법과 평가, 사회과 교사 전문성 및 기타 등 크게 4개 영역으로 분류하고, 이를 다시 14개 세부 영역으로 나누어서 그동안의 기출문제의 출제 빈도를 분석하고 풀이 내용을 정리하였다. 일부 논술형 문항들은 여러 영역에 걸쳐 있어서 해당 영역에 맞게 추정 답안을 조금 달리 제시하였다.

그동안 교과교육학 영역에서 가장 출제가 많이 이루어진 분야는 우리나라 사회과 역사, 사회과 전통, 논쟁문제수업, 평가로 각각 13회, 12회, 11회, 11회가 출제되었고, 서답형으로 바뀐 이후에도 각각 9회, 6회, 7회, 6회가 출제되었다. 이들 영역들은 매년 출제된다고 보아도 무방하다. 우리나라 사회과 역사와 사회과 전통은 사회과에 대한 전반적인 이해를 측정한다는 측면에서, 논쟁문제수업은 사회과에서 이상적으로 추구하는 교수학습방법이라는 측면에서 자주 출제될 수밖에 없다. 평가도 교과교육학의 여러 영역을 고루 출제해야 한다는 원칙 때문에 자주 출제될 수밖에 없는 분야이다.

다음으로 출제가 자주 이루어지는 분야는 기능 및 사고 학습, 교육과정, 개념 및 일반화학습, 가치교육 방법, 협동학습, 교사 전문성 등이다. 이들 영역 역시 사회과에서 그동안 강조하면서 중요하게 다루어 온 분야라 출제가 자주 이루어지는 편이다.

반면에 사회과 정의, 사회과 목표 등은 한 번도 출제되지 않았거나, 2회 출제되는데 그쳤다. 이유인즉 사회과 정의는 학자들마다 다양하여 문항을 구성하기가 쉽지 않고, 사회과 목표 역시 학자들마다 강조점이 달라서 이를 문항을 출제하기가 여의치 않았기 때문으로 보인다.

교과교육학 출제 경향(2011～2021학년도)

* 괄호 안은 2014학년도의 서답형 출제 이후 빈도

<table>
<tr><th colspan="2">교과교육학 영역</th><th>출제 문항 및 내용</th><th>출제 빈도</th><th>우선 순위</th></tr>
<tr><td rowspan="3">사회과 정의, 역사, 전통</td><td>사회과 정의</td><td>없음</td><td>0(0)</td><td>10</td></tr>
<tr><td>미국 사회과 역사</td><td>2021 전공A－1일부(1960년대, 신사회과/사회과학)
2015 전공A－기입1(1930～40년대, 중핵교육과정)
2015 전공A－서술1(1960년대, 신사회과)
2014 전공A－서술2(1960년대, 신사회과)
2013 전공1차－1(미국 사회과 발달 과정, 시대순)
2012 전공1차－3(미국 사회과 발달 과정)</td><td>6(4)</td><td>7</td></tr>
<tr><td>우리나라 사회과 역사</td><td>2021 전공A－1일부(교수요목기와 1차 교육과정, 사회생활과)
2021 전공B－3일부(교육과정 비교)
2020 전공A－1일부(3차 교육과정)
2019 전공A－14(교육과정 시기별 특징)
2018 전공B－8일부(2015 개정 교육과정, 공통사회/통합사회)
2017 전공A－1(2015 개정 교육과정, 통합사회)
2016 전공A－1(6차 교육과정, 공통사회)
2016 전공B－1(교육과정 비교)</td><td>13(9)</td><td>1</td></tr>
</table>

		2015 전공A－서술1(3차 교육과정, 학문중심) 2013 전공1차－3(교육과정 시기별 특징) 2012 전공1차－4(교육과정 시기별 특징) 2011 전공1차－2(3차 교육과정) 2011 전공1차－8(2007 개정 교육과정)		
	사회과 전통 (교과 모형)	2021 전공A－5(3가지 모형, 반성적 탐구) 2020 전공B－3(3가지 모형, 교사 선호와 3가지 모형의 내용) 2019 전공A－13(3가지 모형, 시민성 전달과 사회과학) 2018 전공A－9(3가지 모형, 시민성 전달과 반성적 탐구) 2016 전공A－2(5가지 모형 비교) 2014 전공A－서술1(3가지 모형 비교) 2013 전공1차－2(5가지 모형 비교) 2013 전공2차－1일부(3가지 모형, 사회과학 모형) 2012 전공1차－6(3가지 모형 비교) 2012 전공2차－4일부(5가지 모형, 사회비판 모형) 2011 전공1차－1(3가지 모형) 2011 전공1차－3(5가지 모형, 사회비판 모형)	12(6)	2
사회과 목표와 내용	목표	2020 전공A－1일부(우리나라 사회과교육 목표의 변천) 2011 전공1차－4(미국 사회과 목표의 변천)	2(1)	9
	내용 (교육 과정)	2020 전공A－5(교육과정 구성/조직 원리, 통합) 2018 전공B－8일부(교육과정 구성/조직 원리, 통합) 2018 전공B－8일부(교육과정 구성/조직 원리, 나선형) 2017 전공B－8일부(교육과정 구성/조직 원리, 나선형) 2014 전공B－논술2일부(교육과정 구성/조직 원리, 나선형) 2013 전공1차－11(교육과정 구성/조직 원리, 환경확대법) 2013 전공2차－4일부(교육과정 구성/조직 원리, 통합) 2012 전공1차－5(교육과정 구성/조직 원리)	8(5)	5
사회과 교수 학습과 평가	개념학습, 일반화 학습	2020 전공A－6(개념학습모형, 원형모형) 2019 전공B－8일부(개념의 의미, 상황모형의 장점) 2018 전공B－1(속성모형) 2017 전공B－8일부(일반화의 정의) 2016 전공A－9(속성모형과 원형모형) 2015 전공B－논술2일부(원형모형) 2011 전공2차－4일부(원형모형)	7(6)	6
	기능 및 사고 학습 (탐구학습, 고차사고력 학습, 질문 유형 등)	2020 전공A－2(고차사고력, 비판적 사고) 2018 전공A－10(탐구학습) 2017 전공B－8일부(탐구문제 성격) 2014 전공B－서술1(고차사고력, 메타인지) 2014 전공B－논술1일부(탐구학습) 2012 전공1차－10(탐구학습) 2011 전공1차－5(탐구학습과 의사결정수업) 2011 전공1차－6(연역과 귀납의 논리) 2011 전공1차－9(블룸의 질문 유형)	9(5)	4

	가치교육 방법	2021 전공B－4(가치교육 방법 비교) 2020 전공B－5(가치명료화) 2017 전공B－1(가치교육 방법 비교) 2016 전공A－10(가치교육 방법 비교) 2015 전공B－서술1(가치교육 방법 비교) 2012 전공1차－7(가치명료화) 2011 전공1차－7(가치교육 방법 비교)	7(5)	6
	논쟁문제 수업	2021 전공A－6(하버드모형) 2020 전공B－4(켈리의 교사 역할 유형) 2019 전공B－5(하버드모형) 2018 전공B－1(하버드모형) 2017 전공A－10(하버드모형) 2015 전공A－기입2(켈리의 교사 역할 유형) 2014 전공A－기입1(하버드모형) 2013 전공1차－4(하버드모형) 2012 전공1차－2(하버드모형) 2012 전공2차－1일부(켈리의 교사 역할 유형) 2011 전공1차－11(하버드모형)	11(7)	3
사회과 교사 전문성 및 기타	협동학습 외	2021 전공B－5일부(직소모형) 2016 전공B－8일부(직소II모형) 2015 전공B－논술1일부(DME 모형/일화를 활용한 의사결정 모형) 2013 전공1차－5(모의학습) 2013 전공1차－6(토의학습, 브레인스토밍) 2013 전공1차－9(협동학습의 특징/장점) 2012 전공1차－1(직소 Ⅱ 모형)	7(3)	6
	평가	2021 전공B－5일부(타당도) 2020 전공A－2일부(수행평가, 신뢰도) 2019 전공B－8일부(수행평가, 포트폴리오 장점과 동료평가) 2018 전공A－10(평가방법 비교, 포트폴리오와 신뢰도) 2017 전공A－10(타당도) 2016 전공B－8일부(자기평가, 동료 평가) 2013 전공1차－8(평가계획표 분석) 2012 전공1차－9(평가문항 분석) 2012 전공1차－11(수행평가 방법) 2011 전공1차－10(수행평가와 참평가) 2011 전공1차－12(평가문항계획표 분석)	11(6)	3
	교사 전문성	2021 전공B－3일부(교육과정과 교사의 관계, 교사의 역할) 2017 전공B－8일부(교육과정과 교사의 관계, 교사의 역할) 2017 전공B－8일부(반성적 실천가) 2016 전공B－8일부(교육과정과 교사의 관계, 교사의 역할) 2016 전공B－8일부(PCK) 2013 전공1차－7(교육과정과 교사의 관계, 교사의 역할) 2011 전공2차－1일부(PCK)	7(5)	6

다문화 교육 외	2021 전공B－1일부(세계시민교육, 다중 시민성) 2021 전공B－1일부(다문화교육, 동화주의) 2013 전공1차－10(다문화교육과정 조직 관점) 2012 전공1차－8(다문화 교사 유형)	4(2)	8

1. 미국 사회과 역사 기출 문제풀이

* 이 책의 2장 '사회과교육은 어떻게 시작해서 변화해 왔는가?: 미국사회과의 역사를 중심으로'를 참고하며 기출문제를 풀어보기 바란다.

• 2021 전공A–1일부(1960년대, 신사회과/사회과학)

- 추정 답안: 사회과학
- 해설: 1960년대 미국에서는 학문 중심 교육과정이 강조되면서 사회과에서도 사회과학 중심의 사회과가 강조되었는데 이를 신사회과라 불렀다.

• 2015 전공A–기입1(1930～40년대, 중핵교육과정)

- 추정 답안: 중핵
- 해설: 주로 1930년대에 유행한 형태로 사회과를 학교 교육과정의 중심에 두고 그 외의 교과를 주변에 두는 교육과정 형태이다. 일종의 통합적, 융합적 교육과정이라 볼 수도 있다.

• 2015 전공A–서술1(1960년대, 신사회과)

- 추정 답안: 사조－학문 중심 교육과정, 학습 내용－지식의 구조와 탐구 기능, 수업 방법－발견학습, 탐구학습
- 해설: (가)는 미국의 1960년대 신사회과 시기에 대한 설명이고, (나)는 우리나라의 3차 교육과정 내용으로 (가)가 (나)에 영향을 주었다. 참고로 (나)에서는 학문 중심 교육과정뿐만 아니라 국가 이데올로기 교육의 성격도 강하게 나타났다.

- 2014 전공A-서술2(1960년대, 신사회과)
  - 추정 답안: ㉠-신사회과, ㉠의 주요 교육 목표-지식의 구조와 탐구 기능의 습득 혹은 사회과학 지식의 구조와 탐구 방법에 대한 학습
  - 해설: 신사회과 시기의 교육 목표와 내용, 수업 방법 등에 대한 문제는 자주 출제되는 경향이 있다.

- 2013 전공1차-1(미국 사회과의 발달 과정, 시대순)
  - 정답: ⑤
  - 해설: (가)는 1990년대 이후 최근까지, (나)는 1960~70년대 초, (다)는 1970년대 중반 이후~80년대, (라)는 1920~30년대, 혹은 40년대 초까지로 볼 수 있다. (마)는 1916년과 그 직후이다.

- 2012 전공1차-3(미국 사회과의 발달 과정)
  - 정답: ⑤
  - 해설: (가)는 1960년대에서 70년대 초로 신사회과 시기, (나)는 1970년대 중반 이후 80년대이다. ㄱ에서 (가)는 학문 중심 교육과정의 개혁으로 분과 성격이 다소 강해 통합 중심이 아니다. 물론 당시에 통합의 일종이라 할 수 있는 학제적(간학문적) 접근도 나타났다. ㄴ은 (가) 신사회과 시기의 발견학습에 대한 내용이고, ㄷ은 (나) 시기의 의사결정력과 고차사고력에 대한 내용이다. ㄹ은 (가) 시기의 지식의 구조 학습과 (나) 시기의 사회 탐구(사회과학 탐구)가 관련된다는 내용으로 적절한 설명이다. 참고로 사회 탐구는 (가)와 (나)시기에 모두 해당된다.

2. 우리나라 사회과 역사 기출 문제풀이

* 이 책의 3장 '우리나라 사회과교육은 어떤 변화를 겪어왔는가?: 한국 사회과교육과정의 변천과 양상'을 참고하며 기출문제를 풀어보기 바란다.

- 2021 전공A-1일부(교수요목기와 1차 교육과정, 사회생활과)
  - 추정 답안: 사회생활과
  - 해설: 우리나라의 교수요목기와 1차 교육과정에서 미국의 social studies는 사회생활과라는 명칭으로 불렸다.

• 2021 전공B-3일부(교육과정 비교)

- 추정 답안: C→A→B, ㉠은 법과 정치로 법과 사회와 정치 과목을 통합한 것이다.
- 해설: A는 2009 개정, B는 2015 개정, C는 2007 개정 교육과정이다. ㉠의 법과 정치 과목은 7차와 2007 개정의 법과 사회와 정치 과목을 통합한 것이다.

• 2020 전공A-1일부(3차 교육과정)

- 추정 답안: ㉡-3차
- 해설: 우리나라에서 사회과학 탐구 등이 강조된 때는 3차 교육과정 시기이다.

• 2019 전공A-14(교육과정 시기별 특징)

- 추정 답안: ㉠-시민, ㉡-수준별 ㉢-6차에서는 개념을 중심으로 단어나 구 형태로 내용을 진술하는데, A(7차)와 B(2015 개정)에서는 내용 요소와 행동 요소를 결합한 문장 형태의 성취기준으로 진술하고 있다. ㉣-6차와 A(7차)는 학년별로 적용되는 반면에 B(2015 개정)는 학년군제에 따라 학교에서 적절하게 (집중) 이수할 수 있도록 적용 대상 학년을 선택할 수 있다.
- 해설: 교육과정 시기별 특징은 여러 내용과 방식을 출제되고 있다. 여기서 A는 7차, B는 2015 개정이다. 참고로 성취기준 진술 방식은 7차부터 도입되었고, 학년군제는 2009 개정부터 도입되었다. 공통교육과정(국민공통기본교육과정)은 7차부터 도입되었고, 그 기간이 고1(10학년)에서 중3(9학년)으로 축소된 것은 2009 개정이다.

• 2018 전공B-8일부(2015 개정 교육과정, 공통사회/통합사회)

- 추정 답안: 2015 개정 교육과정은 창의 융합형 인재 양성을 목표로, 문이과 통합을 추구하면서 통합사회 과목을 신설하였다. 2015 개정 교육과정의 통합사회는 6차 교육과정의 공통사회 과목이 이슈 및 문제 중심의 통합 원리에 따라 사회적 쟁점과 정치, 법, 경제, 사회문화 생활의

문제를 중심으로 교육 내용을 구성한 것과 달리, 개념 및 주제 중심의 통합 원리에 따라 핵심 개념을 선정하고 이를 중심으로 지리, 역사, 일반사회, 윤리 내용을 구성하였다. 한편 2015 개정 교육과정의 사회 과목은 나선형 교육과정 구성 원리에 따라 핵심 개념, 예컨대 민주주의와 국가를 중심으로 관련 내용을 다루되, 초등학교에서 중학교로 학년이 올라갈수록 핵심 개념과 관련해서 심화된 내용을 다루도록 하였다. 즉, 학습자의 발달단계에 맞도록 내용을 폭넓고 깊이 있게 배울 수 있도록 교육과정을 조직하였다.

- 해설: 2015 개정 사회과교육과정의 전반적인 특징, 통합사회 과목의 특징, 핵심 개념과 새로운 형식의 내용체계표에 나타난 나선형 교육과정 구성 원리는 앞으로도 출제 가능성이 있다.

• 2017 전공A-1(2015 개정 교육과정, 통합사회)

- 추정 답안: ㉠-공통과목, (나)-통합사회
- 해설: 2015 개정 교육과정(현행 교육과정)의 경우 교육과정 총론의 주요 내용도 알고 있어야 한다.

• 2016 전공A-1(6차 교육과정, 공통사회)

- 추정 답안: 공통사회, 통합(혹은 통합 교육과정)
- 해설: 6차 공통사회 과목이 통합에서 더 나아가 이슈(쟁점) 및 문제 중심 통합으로 구분하는 문항이 2018학년도에 출제되었으나, 개인적으로 이는 지나친 해석이라고 생각한다. 그러나 문항의 맥락에 따라서 그렇게 답해야 하는 경우도 있다.

• 2016 전공B-1(교육과정 비교)

- 추정 답안: C→A→B, 학생 2-~ 수시(적), 부분(적) 개정 방식으로 변화하였어요.
- 해설: 2007 개정부터 교육과정 개정 방식이 변경되었다.

• 2015 전공A-서술1(3차 교육과정, 학문중심)

- 추정 답안: 학문 중심 교육과정, 지식의 구조와 탐구 기능, 발견학습과

탐구학습

- 해설: 학습 목표 및 내용은 탐구 기능, 학습 방법 혹은 수업 방법은 탐구학습으로 쓰는 것이 좋다.

• 2013 전공1차-3(교육과정 시기별 특징)

- 정답: ④
- 해설: (가) 4차, (나) 5차, (다) 6차, (라) 7차이다. ㄱ은 4차가 아니라 2007 개정 교육과정, ㄴ은 5차에 대한 설명이다. ㄷ은 6차가 아니라 7차, ㄹ은 7차에 대한 설명이다.

• 2012 전공1차-4(교육과정 시기별 특징)

- 정답: ④
- 해설: (가) 2009 개정, (나) 6차, (다) 7차, (라) 2007 개정이다. ①, ②, ③, ⑤는 각각 2009 개정, 6차, 7차, 시대 순에 대한 설명이고, ④는 2007 개정이 아니라 6차에 대한 설명이다.

• 2011 전공1차-2(3차 교육과정)

- 정답: ⑤
- 해설: 자료는 3차 교육과정의 목표, 중학교 학년별 내용 체계, 지도상의 유의점이다. ㄱ에서 사회생활과는 교수요목기와 1차에서만 사용되었다. ㄴ에서 3차는 학문 중심으로 융합형의 통합 사회과로 보기 어렵다. 융합형의 통합 사회과로 볼 수 있는 것은 교수요목기 초등 사회, 6차 공통사회, 2015 개정 통합사회 정도이다. ㄷ, ㄹ, ㅁ은 3차에 대한 설명이다.

• 2011 전공1차-8(2007 개정 교육과정)

- 정답: ②
- 해설: 자료는 교육과정 대강화에 대한 설명이다. ㄱ과 ㄴ은 교육과정 대강화가 추진된 배경이다. ㄴ과 ㄹ은 특별히 연관되는 내용이 없는, 의미 없는 선지이다.

3. 사회과 전통(교과 모형) 기출 문제풀이

* 이 책의 4장 '사회과교육의 전통(교과 모형)은 무엇인가?: 사회과의 성격과 모형에 대한 분석과 종합'을 참고하여 기출문제를 풀어보기 바란다.

• 2021 전공A-5(3가지 모형, 반성적 탐구)

- 추정 답안: ㉠ 의사결정, ㉡ 반성적
- 해설: 반성적 탐구 전통(모형)은 합리적으로 의사결정하는 시민으로 교육 목표로 하고 반성적 탐구를 교육 방법으로 활용한다. 그러나 엄밀한 의미에서 반성적 탐구는 교육 목표, 내용, 방법을 포괄하는 교과 전통(모형)으로 교육 방법으로만 제시한 것은 오해의 소지가 있다.

• 2020 전공B-3(3가지 모형, 교사 선호와 3가지 모형의 내용)

- 추정 답안: ㉠ 입장의 ㉡ 유형 평가-우유부단하다. 비연속적이다. 비효율성을 낳는다. 일관성이 없다 등. A교사-사적으로 의미 있고, 사회적으로 공유되는 문제(개인 문제와 사회문제)를 강조한다. 혹은 가치명료화와 지식 회득 과정을 강조한다. B교사-사회과학의 탐구방법(사고력)과 학문(지식) 구조를 강조한다. C교사-사회의 유지·존속을 위해 필요한 지식과 행위, 전통적인 가치와 신념체계 등을 강조한다.
- 해설: 바아 등이 사용한 교사 선호 전통 분류 방식과 관련된 문항으로, 바아 등은 두 세 모형을 동시에 선호하는 교사들은 일관성이 없다고 보았다. 바아 등의 분류 방식에 따르면 A 교사는 반성적 탐구, B 교사는 사회과학, C 교사는 시민성 전달을 선호하는 유형으로 각 전통에서 강조하는 교육 내용을 서술하면 된다.

• 2019 전공A-13(3가지 모형, 시민성 전달과 사회과학)

- 추정 답안: 교사 1이 지지하는 전통은 시민성 전달 모형으로 이 전통은 강의 등 직접 교수를 강조하고, 교사 2가 지지하는 전통은 사회과학 모형으로 발견학습, 탐구학습 등을 강조한다.
- 해설: 3가지 전통 혹은 5가지 전통의 비교는 자주 출제되는 경향이 있다. 특히 시민성 전달과 사회과학은 서로 대조되는 측면이 있어서 문

항 출제가 용이하다. 각 전통의 목표, 내용, 교수학습 방법의 특징을 이해해야 한다.

• 2018 전공A-9(3가지 모형, 시민성 전달과 반성적 탐구)
  - 추정 답안: 김 교사-시민성 전달 모형, 박 교사-반성적 탐구 모형, 가치교육 측면의 2가지 비판점-1) 전통에만 얽매여 변화하는 시대 흐름에 대응하지 못하고 다원적인 민주주의 가치를 담보하지 못한다는 점에서 보수적이고, 2) 전수하려는 가치 및 신념체계에 대해서 사회구성원의 합의가 전제되어야 하는데 다원적인 현대 사회에서 어떻게 가능한지에 대해서 의문이 제기된다.
  - 해설: 시민성 전달 모형뿐만 아니라 각 모형에 대해서 문제점 혹은 비판점을 묻는 문항은 앞으로도 출제 가능성이 높다.

• 2016 전공A-2(5가지 모형 비교)
  - 추정 답안: 김 교사-시민성 전달 모형, 박 교사-사회비판 모형
  - 해설: 김 교사와 박 교사는 반성적 탐구 전통하에 있는 논쟁문제수업모형(하버드 모형)에 대해서 동의(찬성)하는 바와 반대하는 바를 논하고 있다.

• 2014 전공A-서술1(3가지 모형 비교)
  - 추정 답안: 을-시민성 전달 모형, 갑(반성적 탐구 모형 지지자)이 (시민성 전달 모형에 대해) 제기할 수 있는 비판점-1) 전통에만 얽매여 변화하는 시대 흐름에 대응하지 못하고 다원적인 민주주의 가치를 담보하지 못한다는 점에서 보수적이고, 2) 전수하려는 가치 및 신념체계에 대해서 사회구성원의 합의가 전제되어야 하는데 다원적인 현대 사회에서 어떻게 가능한지에 대해서 의문이 제기된다.
  - 해설: 2018 전공A-9는 가치교육 측면의 비판점으로 제한했으나 이 문항은 전반적인 비판점을 묻고 있다. 고로 1)의 내용을 2가지로 나누어 시대에 뒤떨어진 측면과 다원적이 못하다는 점을 둘로 나누어 써도 맞을 가능성이 있다. 그러나 보다 정확하게 모범답안처럼 작성하기를 권고한다. 그래서 사실상 2018 문항과 차이가 없다고 생각한다.

• 2013 전공1차-2(5가지 모형 비교)

- 정답: ④
- 해설: 자료의 (가)는 시민성 전달, (나)는 사회과학, (다)는 반성적 탐구, (라)는 사회비판, ㄱ에서 시민성 전달은 표준화가 필요하고 용이하며, ㄷ에서 반성적 탐구는 합리적 의사결정을 강조하며, ㄹ에서 사회비판은 차별 문제를 중시한다. ㄴ에서 사회과학이 아니라 반성적 탐구가 학생들의 소질과 흥미를 중시한다.

• 2013 전공2차-1일부(3가지 모형, 사회과학 모형)

- 추정 답안: ㉠-사회과학 모형, 교육 목표-사회과학 지식의 구조와 탐구 기능(방법)의 습득 혹은 사회과학의 탐구 방법과 학문 구조의 습득, 주요 학습 내용-사회과학자의 탐구 방법(탐구 과정), 사회과학 지식의 구조 혹은 사회과학의 학문적 위계와 내용 등, 교수학습 방법 및 절차-탐구학습, 발견학습 등, 문제점-1) 사회과학자의 관심은 실생활의 사회문제를 해결을 위한 정책결정과 무관한 경우가 많고, 2) 사회과학의 연구 성과 활용과 좋은 의사결정은 별개의 문제일 수 있다(의사결정에는 가치가 개입되지만 사회과학은 가치판단을 배제한다).
- 해설: 각 모형별로 목표, 내용, 방법, 문제점 혹은 비판점을 묻는 문항이 계속 출제되고 있어서 각 모형별로 이에 대해서 정리할 것을 권고한다. 현재 개조식으로 모범답안을 작성했으나 논술형의 일부이므로 실제로는 완성된 문장으로 한두 개의 문단을 구성해야 한다.

• 2012 전공1차-6(3가지 모형 비교)

- 정답: ③
- 해설: (가)는 사회과학, (나)는 시민성 전달, (다)는 반성적 탐구, ㄱ에서 투표의 중요성(지식)과 참여(행위)를 독려하는 것은 시민성 전달, ㄴ에서 의무투표제 도입에 대한 찬반 토론(논쟁문제수업)을 실시하는 것은 반성적 탐구, ㄷ에서 실증적 연구방법을 활용하여 자료를 분석하는 것은 사회과학이다. ㄹ에서 투표권 없는 소수자 문제를 다루는 것은 사회비판의 수업 사례라 할 수 있다.

• 2012 전공2차-4일부(5가지 모형, 사회비판 모형)

- 추정 답안: 박 교사는 사회비판 모형의 지지자, 교육 목표－인종, 성, 계층 등 다양한 영역에서 정의와 평등을 실현하기 위해 학생들에게 비판 능력(비판적 사고와 안목)을 길러주는 것, 학습 주제－사회적 소수자 문제, 불공정과 부정의, 소외계층 문제, 인권 문제, 각종 차별 사례 등, 장단점－민주사회의 구성원으로서 비판적 사고력을 증진하는 것은 장점이지만, 전통적인 가치와 신념을 일방적으로 부정하는 태도를 가질 수 있고, 사회과학적 지식의 기초가 약해질 수 있다.
- 해설: 현재 개조식으로 모범답안을 작성했으나 논술형의 일부이므로 실제로는 완성된 문장으로 한두 개의 문단을 구성해야 한다.

• 2011 전공1차-1(3가지 모형)

- 정답: ③
- 해설: (가)는 반성적 탐구, (나)는 시민성 전달, (다) 사회과학, ㄱ에서 반성적 탐구는 듀이의 반성적 사고, 사회의 중요한 문제, 의사결정력 함양 등과 관련된다. ㄴ에서 시민성 전달은 논쟁을 다루지 않거나 (논쟁이 없는 것처럼) 왜곡하는 경향이 있다. ㄷ에서 사회과학은 1960년대 신사회과 운동과 관련된다. ㄹ에서 일반적으로 시민성 전달(1916년 이전부터 존재)이 가장 오래된 전통이고 그 다음에 반성적 탐구(1916년 이후, 20~30년대), 사회과학(1960년대)이 가장 늦게 등장했다.

• 2011 전공1차-3(5가지 모형, 사회비판 모형)

- 정답: ②
- 해설: 자료는 사회비판 모형에 대한 설명이다. ㄱ에서 국민 정체성의 동질화를 추구하는 것은 주류 집단의 이해관계가 반영된 것으로 시민성 전달과 관련된다. ㄴ에서 문화적 다양성과 해방적 관용의 시각은 사회비판과 관련된다. ㄷ에서 개인의 특수성과 소수자 집단의 정체성을 공공 문제로 간주하는 것은 사회비판과 관련된다. ㄹ에서 문화적 차이를 문화 결핍으로 인식하고 사회·경제적 문제와 분리하여 이해하는 것은 주류의 시각이므로 시민성 전달과 관련된다.

4. 사회과 목표 기출 문제풀이

* 이 책의 5장 '사회과교육의 목표는 무엇인가?: 종합적인 시민교육을 위한 사회과 목표 제시 전략'을 참고하여 기출문제를 풀어보기 바란다.

• 2020 전공A–1일부(우리나라 사회과교육 목표의 변천)

- 추정 답안: ㉠ – 시민
- 해설: 미군정에서 도입된 사회과는 초기부터 시민 양성을 목표로 하였다. 그러나 점차 한국적인 사회과를 주창하면서 국민 양성이 강조되다가 6차 교육과정부터 다시 시민 양성이 강조되었다.

• 2011 전공1차–4(미국 사회과 목표의 변천)

- 정답: ①
- 해설: (가)는 초기 사회과(1916년 사회과위원회 보고서)의 시민성 함양, (나)는 신사회과의 지식의 구조, (다) 초기 사회과(1920~30년대)부터 1950~60년대에도 헌트와 메트칼프에 의해 강조된 반성적 사고, (라)는 1980~90년대의 고차사고력 논의이다. ㄱ은 시민성 함양을 강조한 시기에 대한 설명이고, ㄴ은 지식의 구조를 배우는 것의 장점이다. ㄷ은 시민성 전달 전통에서 강조하는 것으로 반성적 사고 촉진을 방해하고, ㄹ에서 배타적 편파성은 논쟁 문제를 다루면서 한 쪽의 입장만을 제시하는 형태로 고차적 사고력 촉진을 방해하는 것이다.

5. 사회과 내용(교육과정) 기출 문제풀이

* 이 책의 6장 '사회과교육과정, 어떻게 구성할까?: 사회과교육과정 개정 논의와 결과에 대한 반성'을 참고하여 기출문제를 풀어보기 바란다.

• 2020 전공A–5(교육과정 구성/조직 원리, 통합)

- 추정 답안: ㉠ – 스트랜드, ㉡ – 학제적(간학문적) 통합 ㉢ – 하나의 주제 또는 이슈에 대하여 다양한 학문이 독립성을 유지하면서 각각의 관점에서 다루는 전문 지식을 결합한 통합 유형(형태)으로, 결합의 정도가 낮아 개별 학문의 전문 지식 자체를 학습하는 데 그칠 우려가 있다.

- 해설: 교육과정 구성 원리 중 통합은 여러 유형(형태)이 있으므로 각각의 명칭과 의미를 기억하고, 다른 유형과 비교하여 어떤 문제점을 지니고 있는지를 파악하는 것이 필요하다. 학문적 형태의 통합은 결합 정도에 따라 다학문적·학제적·초학문적 통합으로 구분되는데, 특히 다학문적 통합과 학제적 통합은 실제로 적용된 경우가 있기 때문에 주목할 필요가 있다. 참고로 4차 교육과정의 중학교 사회 과목은 전반적으로 봤을 때 통합보다는 병합에 가깝지만, 일부 단원(주제)은 다학문적 혹은 학제적 통합으로 볼 여지가 있다.

• 2018 전공B-8일부(교육과정 구성/조직 원리, 통합)

- 추정 답안: 2015 개정 교육과정은 창의·융합형 인재 양성을 위해 문이과 통합을 추구하였다. 이에 따라 사회과에서는 6차 교육과정의 '공통사회' 과목의 경험을 토대로 지리, 역사(세계사), 일반사회, 윤리를 통합한 '통합사회' 과목을 신설하였다. 6차의 공통사회 과목이 사회적 쟁점 및 정치, 경제, 법, 사회 문화 생활의 문제를 중심으로 '이슈(또는 이슈 및 문제) 중심'의 통합을 시도한 반면에, 2015 개정의 통합사회 과목은 핵심 개념을 선정하고 이를 중심으로 지리, 역사(세계사), 일반사회, 윤리 내용을 통합한 '개념(또는 개념 및 주제) 중심' 통합의 형태를 띠었다.
- 해설: 해당 문항 전반부의 모범 답안으로, 작성 방법에 따라 공통사회, 통합사회, 이슈 중심, 개념 중심의 용어를 사용하고, 특히 이슈 중심과 개념 중심의 경우 그 판단 근거를 서술해야 한다.

• 2018 전공B-8일부(교육과정 구성/조직 원리, 나선형)

- 추정 답안: 핵심 개념(민주주의와 국가라는 핵심 개념)을 중심으로 다루는 내용은 동일하되(혹은 반복해서 다루되), 초등학교와 중학교에서 학년이 올라갈수록 핵심 개념과 관련된 내용을 질적으로 심화되고 양적으로 범위가 넓어지는 형태로 교육 내용을 구성하고 있어서, 학습자의 발달 단계에 알맞도록 내용을 폭넓고 깊이 있게 가르칠 수 있다. (나)에서도 민주주의를 지속적으로 가르치되, 지역사회의 공공 기관이나 주민 참여에서 출발해서 국가기관이나 시민참여를 넘어 정부형태와 지방자치

제도와 같은 제도적 측면을 배울 수 있도록 내용이 구성되어 있다.

- 해설: 해당 문항 후반부의 모범 답안으로, 나선형 교육과정으로 판단한 이유와 근거를 작성한 것이다. 나선형 교육과정의 일반적인 의미를 서술하되, 제시된 자료 (나)의 내용을 활용하는 것이 요구된다.

• 2017 전공B-8일부(교육과정 구성/조직 원리, 나선형)

- 추정 답안: 나선형교육과정은 학문의 기본(주요 혹은 핵심) 개념을 선택하여 학교와 학년이 올라가면서 해당 개념을 반복적·심층적으로 학습할 수 있도록 내용을 구성하는 방식이다. 학습내용 조직의 계열성과 학습자의 발달을 고려하여 유의미학습을 가능하게 하고, 깊이 있는 조사와 탐구를 유도하여 학문구조 및 방법 이해에 기여하는 장점이 있다. 하지만 통합적 입장에 보면 학문 정체성을 강조하는 분과형을 기본으로 하기 때문에 특정 분야의 단편적인 내용을 강조하고 학교교육과 생활을 관련짓지 못하며 내용을 교과개념으로 국한해 가르치는 구획화 현상이 나타나는 문제점이 있다.
- 해설: 나선형교육과정의 정의와 장점을 서술하고, 통합의 입장에서 문제점을 지적하는 방식으로 모범답안을 작성해야 한다.

• 2014 전공B-논술2일부(교육과정 구성/조직 원리, 나선형)

- 추정 답안: 나선형교육과정으로, 주요 특징을 제시하면 다음과 같다. 첫째, 모든 학교와 학년에 걸쳐 동일한 내용(기본 개념과 원리)을 반복하여 가르친다. 둘째, 동일한 내용을 다루되, 학습자의 발달 단계를 고려하여 학교와 학년이 올라갈수록 이를 양적으로 확대하고 질적으로 심화시켜 구성한다.
- 해설: 나선형교육과정의 주요 특징을 둘로 구분하면 기본 개념과 원리를 중심으로 동일한 내용을 다룬다는 것과 학습자의 발달단계에 맞게 내용을 확장, 심화시킨다는 것으로 요약할 수 있다.

• 2013 전공1차-11(교육과정 구성/조직 원리, 환경확대법)

- 정답: ④
- 해설: 자료는 환경확대법의 원리를 반영한 교육계획이다. ㄱ과 ㄷ은 나선형교육과정에 대한 설명이고, ㄴ과 ㄹ은 환경확대법에 대한 설명이다.

• 2013 전공2차-4일부(교육과정 구성/조직 원리, 통합)

- 추정 답안: 통합의 근거를 제시하면 다음과 같다. 첫째, 사회과는 시민으로서 필요한 내용을 가르치는 교과로 사회생활에 관한 문제를 종합적으로 고찰하는 통합적 접근이 필요하다. 둘째, 통합적인 일상생활이나 복합적인 현대 사회의 이슈를 해결하려면 통합적 접근이 필요하다. 셋째, 정의적 영역, 집단 기능 및 고차사고력을 육성하려면 통합적 접근이 필요하다. 넷째, 학습 부담 경감 차원에서 교과목수를 축소하는 교육개혁 요구를 반영하려면 통합적 접근이 필요하다. 학문적 형태의 통합 유형을 설명하면 다음과 같다. 첫째, 다학문적 통합은 하나의 주제 또는 이슈에 대하여 다양한 학문이 독립성을 유지하면서 각각의 관점에서 다루는 전문 지식을 결합한 형태이다. 둘째, 학제적(간학문적) 통합은 두 개 이상의 학문을 기초로 하여 그 속에 공통으로 들어 있는 지식, 관점, 사고력 등을 추출하여 구성하는 형태이다. 셋째, 초학문적 통합은 각 학문의 독립된 영역을 초월하여 학생들의 질문이나 관심사를 중심으로 관련 내용을 체계화하여 결합한 형태이다.
- 해설: 통합의 주된 근거는 첫째의 시민교육 목적과 둘째의 일상생활 특징이다. 셋째와 넷째는 상대적으로 부차적이라 할 수 있으나 이를 써도 무방하다고 판단된다. 학문적 형태의 통합 유형과 교육적 형태의 통합 유형은 지속적으로 출제되고 있다.

• 2012 전공1차-5(교육과정 구성/조직 원리)

- 정답: ③
- 해설: 자료의 (가)는 환경확대법, (나)는 통합, (다)는 나선형교육과정이다. ①과 ②는 (가)의 환경확대법에 대한 설명이다. ④는 (다)의 나선형교육과정에 대한 설명이고, ⑤는 (나)의 통합과 (다)의 나선형교육과정

에 대한 설명이다. ③에서 (나)의 통합은 초등학교는 강하고 중학교와 고등학교는 약한 편으로 반대이다.

6. 사회과 지식 교수 기출 문제풀이

* 이 책의 8장 '사회과 지식, 어떻게 가르칠까?: 사회과 지식 교수 PCK 분석 연구'를 참고하여 기출문제를 풀어보기 바란다.

- 2020 전공A-6(개념학습모형, 원형모형)
  - 추정 답안: ㉠-원형 또는 예(사례) 제시, ㉡-예가 아닌 것 제시(검토), ㉢-속성을 나열하여 정의를 내리고 결정적, 비결정적 속성을 골라내는 복잡한 과정을 생략할 수 있다.
  - 해설: 개념학습모형, 특히 속성모형과 원형모형은 차별화될 뿐만 아니라 상호보완적이라 자주 출제되는 경향이 있다. 원형모형의 단계를 외우는 것도 필요하지만, 그 단계에서 이루어지는 활동을 이해하는 것도 필요하다. 이번 문항은 활동을 통해 추론해도 답을 쓸 수 있다. 그리고 원형모형은 속성을 추출하기 어려울 때 유용한데, 이유는 속성을 가지고 정의를 내리면서 결정적·비결정적 속성을 검토하는 과정을 거치지 않고 원형이나 예로부터 바로 학습할 수 있기 때문이다.

- 2019 전공B-8일부(개념의 의미, 상황모형의 장점)
  - 추정 답안: 최 교사는 정보화 사회의 변동 양상 및 문제점과 해결 방안에 대한 수업을 진행하였다. 여기서 밑줄 친 ㉠ 정보화는 지식의 구조를 이루는 구성 요소 중 개념이며, 개념은 사람, 사물, 경험 등을 범주화하여 표상한 것이다. 최 교사는 정보화의 예와 예 아닌 것을 검토하기에 앞서 이에 대한 자신들의 경험을 진술하도록 수업의 단계를 구성한 점에서 상황모형을 활용하였다. 상황모형은 학생들의 경험 맥락을 중시한다는 점에서 학생들의 관심, 흥미, 동기 등을 유발하는 장점이 있다.
  - 해설: 요즘 들어 기본적인 의미와 정의에 대한 문항이 종종 출제되는 경향이 있어서 개념, 일반화 등의 명칭과 정의를 기억하는 것이 좋겠다. 속성모형, 원형모형, 상황모형 등 개념학습모형의 특징과 단계도

자주 출제되는 경향이 있다. 참고로 이 모범 답안은 논술형 문항의 전반부이므로 짜임새 있게 서술하기 위해서는 도입 문장을 배치하는 것이 좋겠다.

• 2018 전공B-1(속성모형)

- 추정 답안: ㉠은 정의와 개념의 명확화이고, (나)에 해당하는 개념학습 모형은 속성모형이고, ㉡은 결정적 속성과 비결정적 속성 검토이고, ㉢은 예와 예 아닌 것 검토이다.
- 해설: 형식은 서술형 문제지만, 사실상 기입형이다. 채점하는 사람이 손쉽게 확인할 수 있도록 명확히 진술해야 한다.

• 2017 전공B-8일부(일반화의 정의)

- 추정 답안: (㉣의) 일반화는 개념과 개념의 관계를 보편성 있게 서술하여 경험적 자료를 가지고 증명한 서술이다.
- 해설: 최근 들어 기본적인 정의를 묻는 문제가 종종 출제되는 경향이 있다.

• 2016 전공A-9(속성모형과 원형모형)

- 추정 답안: (결정적 속성과 비결정 속성의 차이점을 설명하면) 결정적 속성은 그 대상만이 가지고 있는 것으로서 다른 것과 구분되는 중요한 특징이고, 비결정적 속성은 다른 대상에서도 발견할 수 있는 특징이다. (원형과 예의 차이점을 설명하면) 원형은 기본적인 모형으로 학습자의 마음(머리)에서 재구성된 단일한 표상인 반면에 예는 우리가 경험하는 구체적인 대상 그 자체 혹은 그 대상이 학습자의 마음(머리)에 그대로 반영된 다양한 표상들이다.
- 해설: 예의 경우에는 인간(뇌, 마음) 외부와 내부에 존재할 수 있기 때문에 두 가지 성격을 지니고 있다는 것을 유념해야 한다. 원형의 두 가지 양상, 즉 이상적인 원형과 실제적인 원형의 정의도 살펴볼 필요가 있다.

• 2015 전공B-논술2일부(원형모형)

- 추정 답안: 김 교사의 수업은 원형모형에 해당되고, 원형모형의 장점은 대상의 특징을 나열하여 정의내리는 과정을 생략할 수 있어 개념을 이해하기가 쉽고, 특징이 모호하여 개념 이해가 불분명한 경우에 적절한 예를 통해 개념 학습이 가능하다.
- 해설: 정의를 생략하여 간편하고, 특징이 모호한 경우에 적용할 수 있다는 방향으로 진술하면 된다.

• 2011 전공2차-4일부(원형모형)

- 추정 답안: 정당방위 개념의 원형 모형 단계는 제시하면, 정당방위와 관련된 문제제기(정당방위란 무엇인가라는 질문을 던지고), 정당방위의 대표적인 사례를 제시(고민 요망), 정당방위가 아닌 사례 제시(고민 요망), 정당방위의 속성(특징) 검토, 정당방위의 개념 분석, 정당방위인지 아닌지 구분하기 어려운 문제 검토, 정당방위 개념의 이해 여부에 대한 평가 등을 실시한다.
- 해설: 정당방위에 대한 이해에 기초해서 현재보다 더 구체적으로 진술해야 한다.

7. 사회과 기능 및 사고 학습 기출 문제풀이

* 이 책의 9장 '사회과 기능 및 사고, 어떻게 가르칠까?: 일상적인 수업과 고차사고력 학습'을 참고하여 기출문제를 풀어보기 바란다.

• 2020 전공A-2일부(고차사고력, 비판적 사고)

- 추정 답안: ㉠-비판적 사고
- 해설: 평가기준표의 평가 항목에 있는 주장에 포함된 편견 찾기, 주장의 일관성과 모순성 확인하기, 숨겨진 가정이나 전제 확인하기, 타당하고 충분한 근거를 들어 주장 입증하기 등은 비판적 사고의 주요 특징이다.

• 2018 전공A-10(탐구학습)

- 추정 답안: 탐구학습(탐구수업), 가설 설정
- 해설: 탐구학습 모형과 단계는 종종 출제되는 경향이 있다. 단계 명칭도 알아야 하지만 각 단계의 내용과 사례를 진술할 수 있어야 한다.

• 2017 전공B-8일부(탐구 문제의 성격)

- 추정 답안: 일반적으로 사실과 관련된 것으로, 자신의 주장을 경험적 근거를 가지고 증명할(검증할) 수 있는 문제이다.
- 해설: 탐구 문제와 의사결정 문제의 차이점은 인식해야 한다. 탐구 문제는 사실과 관련되고 경험적 증명이 가능한 문제이고, 의사결정 문제는 사실과 가치와 관련되고 몇 개의 대안 중에서 선택을 해야 하는(해야 하고, 할 수 있는) 문제이다.

• 2014 전공B-서술1(고차사고력, 메타인지)

- 추정 답안: 메타인지, 사고의 과정과 그 결과로 생긴 행동을 검토하고, 현실(상황)에 맞게 실천할 수 있는 계획을 세운다.
- 해설: 고차사고력의 5가지 유형(양상)의 명칭과 의미는 잘 기억해야 한다. 탐구력과 의사결정력의 경우에는 교수학습모형(수업모형)인 탐구학습모형과 의사결정수업모형도 이해해야 한다.

• 2014 전공B-논술1일부(탐구학습)

- 추정 답안: ㉠-가설을 설정한다. ㉡-정당명부식 비례대표제가 소선거구단순다수제보다 민주적 대표성이 높다.
- 해설: 탐구학습은 기능 및 사고 학습에서 가장 자주 나오는 소재로 교과 내용학과 연계해서 출제하기 좋은 내용이다.

• 2012 전공1차-10(탐구학습)

- 정답: ③
- 해설: 일단 ③은 기본적으로 탐구학습보다는 개념학습과 관련된 것이다. 그리고 탐구학습은 일반적으로 보편성을 추구하기 때문에 속성모형에 기초하는 경우가 많다. 그래서 개념을 조작적으로 정의한다.

- 2011 전공1차-5(탐구학습과 의사결정수업)
  - 정답: ③
  - 해설: (가)는 탐구학습, (나)는 의사결정수업, ㉠은 자료 분석(혹은 가설 검증), ㉡은 문제제기, ㉢은 행동이다. ㉠은 자료 분석(혹은 가설 검증)으로 가치를 분석하고 가치를 위계를 설정하는 것과 무관하다. 가치를 분석하고 위계를 정하는 것은 의사결정수업에서 이루어진다.

- 2011 전공1차-6(연역과 귀납의 논리)
  - 정답: ①
  - 해설: (가)는 연역의 논리, (나)는 귀납의 논리이다. 그래서 옳은 것은 ㉠과 ㉡이다. 연역의 논리에서는 선행조직자, 학생의 인지구조와의 접촉이 중요하고, 귀납의 논리에서는 교사들은 학생들이 스스로 일반화를 찾을 수 있도록 조력해야 한다. ㉢은 (가)와 (나)의 설명이 반대로 되어 있고, ㉣은 연역, 귀납의 논리 모두 정의적 영역에서도 활용 가능하다는 점에서 옳지 않다.

- 2011 전공1차-9(블룸의 질문 유형)
  - 정답: ⑤
  - 해설: ㉠은 적용, ㉡은 확산적 사고이다. ①은 이해, ②는 이해, ③은 분석, ④는 분석, ⑤는 적용 및 확산적 사고로 보인다. 질문 유형과 구체적인 사례를 대응시키는 것은 생각보다 어려운 내용으로 출제를 자제하는 편이 낫다.

8. 사회과 가치 교육 기출 문제풀이

* 이 책의 10장 '사회과 가치 태도, 어떻게 가르칠까?: 사회과 가치교육의 방법과 전략'을 참고하여 기출문제를 풀어보기 바란다.

- 2021 전공B-4(가치교육 방법 비교)
  - 추정 답안: A는 가치명료화이고, C는 가치분석이다. B의 덕목 교육/언어적 교훈주의 입장에서 A의 가치명료화는 가치 교육에서 교사 역할

을 지나치게 소극적으로 한정(제한)한다고 본다. A의 가치명료화는 개인 및 집단 간에 서로 선호하는 가치가 다른 논쟁적인 상황에서는 사회의 기본 가치와 가치 위계 등을 통해 가치 갈등을 해결할 수 없다.

- 해설: A는 가치명료화, B는 크게는 덕목 교육, 구체적으로는 언어적 교훈주의, C는 가치분석이다. B의 덕목 교육/언어적 교훈주의는 올바른 가치가 있다고 생각하기 때문에 A의 가치명료화가 올바른 가치를 적극적으로 가르치지 않는 것에 대해서 우려한다. A의 가치명료화는 개인의 가치 혼란을 해소하는 데는 효과가 있지만 선호하는 가치가 다른 논쟁적인 상황에서 개인 및 집단 간 가치 갈등을 해결하는 데는 한계가 있다.

• 2020 전공B-5(가치명료화)

- 추정 답안: ㉠-사회의 기본가치(바람직한 가치), ㉡과 ㉠의 충돌 시 교사 역할 측면의 문제점 - 교사 역할을 지나치게 소극적으로 인정한다. ㉢의 학생 인권 측면의 문제점 - 개인의 자유(인권, 사상의 자유, 사생활)을 침해한다. ㉣-선택과 행동이 삶의 한 유형이 되도록 생활에서 계속 반복해야 한다.
- 해설: 가치 명료화와 의의와 한계, 단계와 교사 반응 등을 종합적으로 제시한 문항이다. 특히 가치명료화가 개인 내부의 가치 혼란과 갈등에 초점을 둔 모형이라는 점에서 사회의 기본 가치를 가르칠 때 어려움이 있으며, 특히 교사가 사회의 기본 가치를 학생들에게 적극적으로 가르칠 수 없다는 점과 개인 가치의 공표 과정에서 자유가 침해될 수 있다는 점은 유의해야 한다.

• 2017 전공B-1(가치교육 방법 비교)

- 추정 답안: ㉠은 언어적 교훈주의, (다)의 관점에서 본 (가), (나) 가치교육 접근법의 공통적인 한계점은 1) 인지 중심의 접근으로 논리적 사고만 강조하고 감정(정서)과 행동에 대한 고려가 부족하고, 2) 주체 중심의 접근으로 인간 존재의 상황성과 반응성, 타인과의 관계를 소홀히 한다.
- 해설: (가) 가치명료화, (나) 가치분석, (다) 배려와 감사의 윤리교육에

대한 설명으로, 문항의 주된 취지는 주류의(인지적) 가치교육 접근에 대한 대안적 접근의 비판 내용이다.

• 2016 전공A-10(가치교육 방법 비교)
- 추정 답안: (가)는 가치명료화, (나)는 가치분석이다. ㉠은 가치명료화이다. 왜냐하면 가치명료화는 자신의 가치를 분명히 하는 것에 그치고, 그 가치를 선택한 논리성과 이유(정당성)를 따지지 않는다.
- 해설: 가치명료화와 가치분석은 유사한 범주에 속하는 가치교육 방법이지만, 서로 차이점이 존재한다는 점에 유의해야 한다.

• 2015 전공B-서술1(가치교육 방법 비교)
- 추정 답안: A는 가치명료화이다. 이 교사의 입장에 본 가치 명료화의 문제점은 1) 사회적으로 바람직한 가치를 가르치기 어려워 가치 상대주의에 빠지기 쉽고, 2) 가치교육에 있어서 교사의 역할을 지나치게 소극적으로 제시한다.
- 해설: 김 교사는 가치 명료화의 문제점으로 가치의 정당성을 따지지 않는 점과 개인의 사생활 (자유) 침해를 언급한 반면에 이 교사는 언어적 교훈주의 입장에서 미성숙한 존재인 학생들을 가르쳐야 한다는 점을 언급하면서 가치명료화를 비판한다.

• 2012 전공1차-7(가치명료화)
- 정답: ⑤
- 해설: 자료에서 제시된 가치 교육 모형은 가치 명료화이고, 이에 대한 옳은 설명은 ㉢, ㉣, ㉤이고 ㉠, ㉡은 가치분석에 대한 설명이다.

• 2011 전공1차-7(가치교육 방법 비교)
- 정답: ②
- 해설: (가)는 발달단계 접근법, (나)는 가치분석, (다)는 가치명료화로 추정된다. ㉠은 (가)의 발달단계 접근법이 아니라 (다)의 가치명료화에 대한 설명으로 틀리다. ㉡은 (다)의 가치명료화에 대한 설명으로 옳다. ㉢은 앞부분에 (나)의 가치분석에 대한 설명은 옳고 뒷부분에 (가)의

발달단계 접근법에 대한 설명은 틀리다. (가) 발달단계 접근법도 논리성을 중시한다. ㉣은 (가), (나), (다) 모두 인지 중심, 주체 중심 접근법으로 상호 연관되므로 옳다. 따라서 옳은 설명은 ㉡, ㉣이다.

9. 사회과 논쟁문제수업 기출 문제풀이

* 이 책의 11장 '사회과 논쟁문제수업, 어떻게 할까?: 사회과 논쟁문제수업 개선을 위한 제언'을 참고하여 기출문제를 풀어보기 바란다.

• 2021 전공A–6(하버드모형)

- 추정 답안: ㉠은 윤리–법률 또는 법리이고 ㉠ 모형(윤리–법률 또는 법리 모형)이라고 명명한 이유는 가치갈등 해결의 기준으로서 윤리적·법률적 원칙과 가치를 기준으로 제시했기 때문이다. ㉢은 ㉡ 중 가치갈등의 차원이다. ㉣의 이유는 사회의 기본적 가치와 가치 위계 등을 전제하기 때문이다.
- 해설: 하버드 모형은 윤리적·법률적 원치과 가치를 가치갈등 해결의 기준으로 강조해서 윤리–법률 모형 혹은 법리 모형으로도 불린다. 올리버와 쉐이버는 논쟁문제에서 사실, 개념(용어), 가치(가치갈등)의 불일치가 있다고 보았다. 하버드 모형은 논쟁문제를 다룬다는 점에서 보수주의자들로부터 진보적이라 비판받고, 사회의 기본적 가치 등을 전제한다는 점에서 진보주의자들로부터 보수적이라고 비판받는다.

• 2020 전공B–4(켈리의 교사 역할 유형)

- 추정 답안: ㉠–중립적 공정형, 켈리가 비판한 ㉠ 유형의 가정–학생들이 교사의 영향에서 벗어날 수 없다. 또는 학생들이 미성숙해서 교사에게 의존할 것이다. ㉡–신념을 가지고 자신의 입장을 합리적으로 표명하면서 학생과 동등하게 논쟁에 참여한다. 또는 다양한 시각의 논쟁문제를 교수하되, 교사가 자신의 입장을 표명한다.
- 해설: 논쟁문제수업에서 교사 역할 유형은 수업 과정이나 단계보다 더 중요하다. 켈리의 네 가지 교사 역할 유형, 특히 중립적 공정형과 신념

을 가진 공정형의 명칭과 의미, 그리고 교사의 행동 방식을 제대로 파악하고 있어야 한다.

• 2019 전공B-5(하버드모형)

- 추정 답안: 논쟁문제수업의 의의에 비추어 볼 때 ㉠의 교사가 일방적으로 주도하는 설명 중심의 강의식 수업은 학생들의 비판적 사고 등 고차사고력을 기르는 데 한계가 있다. 논쟁문제수업(하버드모형)에서는 ㉡의 사실 확인과 경험적 검증(증명)이 필요한 사실 문제도 있는데, (가)에서 보면 우리나라의 선거권 부여 연령이 19세인지, 우리나라보다 선거권 연령이 높은 나라는 OECD 국가 중 1개뿐인지, 선거권 연령을 18세 이상으로 바꾸게 되면 투표율이 실제로 높아질 수 있는지 등이 그 구체적인 예시이다. 밑줄 친 ㉢에 해당하는 사회과 가치교육 방법은 가치분석이다.
- 해설: 논쟁문제수업, 특히 하버드 모형에 대한 내용은 자주 출제되고 있다. 논쟁문제수업의 의의, 수업모형(특히 하버드모형)의 단계(과정) 등에 대해서 내용, 명칭, 예시 등을 잘 제시할 수 있어야 한다.

• 2018 전공B-1(하버드모형)

- 추정 답안: ㉠은 정의와 개념의 명확화이다.
- 해설: 논쟁문제수업모형(단계)에서는 정의와 개념의 명확화, 사실 확인과 경험적 증명, 가치갈등의 해결에 대해서 자주 출제되는 경향이 있다.

• 2017 전공A-10(하버드모형)

- 추정 답안: ㉠은 가치갈등의 해결이다. 그리고 올리버와 쉐이버는 1) 인간의 존엄성과 민주주의적 가치 등 사회의 기본 가치와 2) 보편적, 사회적, 추상적 가치와 특수한 가치, 개인적 가치, 구체적 가치의 위계 등을 통해 갈등 해결 모색한다.
- 해설: 올리버와 쉐이버가 제시한 가치갈등의 해결 기준 혹은 준거는 교재에서는 3가지로 기술되어 있으나 전반적으로 봤을 때는 사회의 기본 가치를 전제하는 것과 가치의 위계를 인정하는 것 2가지로 귀결된다고 볼 수 있다.

• 2015 전공A-기입2(켈리의 교사 역할 유형)

- 추정 답안: 신념을 가진 공정형(committed impartiality)
- 해설: 논쟁문제수업에서 켈리가 선호하는 교사역할 유형은 잘 기억해 두어야 한다. 참고로 과거 교재에서는 공정성으로 번역했었는데, 최근 교재에서는 공정형으로 번역되어 있다.

• 2014 전공A-기입1(하버드모형)

- 추정 답안: 하버드 모형(법리 모형 혹은 윤리-법률 모형)
- 해설: 논쟁문제수업의 대표적인 모형으로 출제 빈도가 가장 많다.

• 2013 전공1차-4(하버드모형)

- 정답: ②
- 해설: (가)는 사실 확인과 경험적 증명이고, (나)는 대안 모색과 결과 예측이다. ㉠은 사실 확인과 경험적 증명에 대한 설명이고, ㉡은 가치 문제 확인에 대한 설명이고, ㉢은 대안 모색과 결과 예측에 대한 설명이고, ㉣은 가치갈등 해결에 대한 설명이다. (가)와 (나)에 대한 설명은 ㉠과 ㉢이다.

• 2012 전공1차-2(하버드모형)

- 정답: ②
- 해설: (가)는 가치갈등의 해결, (나)는 경험적 증거에 의한 사실 증명, (다)는 용어와 개념의 명확화, (라)는 경험적 증거에 의한 사실 증명, (마)는 가치갈등의 해결, (바)는 용어와 개념의 명확화이다. 서로 바뀌어야 할 사례는 (가)와 (바), (나)와 (다)이다.

• 2012 전공2차-1일부(켈리의 교사 역할 유형)

- 추정 답안: 신념을 가진 공정형을 선택하려고 한다. 위 수업은 인간 배아 복제 등과 관련된 논쟁문제를 다루기 때문에 교사는 인간 존중 및 민주주의적 가치 등에 대한 의견을 표현하는 것이 적절하다고 생각한다. 교사가 신념을 가지고 자신의 입장을 합리적으로 표명하면서 논쟁에 참여하는 것은 학생들에게 사고과정을 알려주는 모델의 역할을 하

게 된다. 교사는 자신의 입장을 정당화하기 위하여 근거를 제시하고, 자신의 의견이 정답이 아니라는 점을 명확하게 하기 때문에 학생들이 교사의 관점도 비판적으로 판단할 수 있다. 교사가 학생과 동등하게 논쟁에 참여한다는 점에서 민주적인 유형이라고 볼 수 있다. 그러나 사실상 교사 자신이 사회의 기본 가치를 전제하고 적극적으로 이를 표명하는 교사 역할 유형에 대해서 보수적이라는 비판과 더불어 이러한 사회적 기본 가치를 합의할 수 있는지에 대한 의문이 제기될 수 있다.

- 해설: 매우 어렵고 복잡한 문항으로 출제의도를 정확히 파악했다고 판단하기 어렵다. 그러므로 모범 답안의 완성도도 그리 높지 않다.

• 2011 전공1차-11(하버드모형)

- 정답: ⑤
- 해설: 자료는 하버드 모형의 가치갈등 해결 기준(준거)에 대한 설명이다. ㉠에서 대안 모색 및 결과 예측은 가치갈등의 해결로 바뀌야 한다. ㉡에서 보편적 가치는 특수한 가치보다 라고 해야 옳다. ㉢과 ㉣은 옳은 설명이다.

10. 사회과 협동학습 외 기출 문제풀이

* 이 책의 12장 '사회과에서 왜 협동학습이 필요한가?'를 참고하여 기출문제를 풀어보기 바란다.

• 2021 전공B-5일부(직소모형)

- 추정 답안: ㉠의 원모둠은 하위 주제가 5개이므로 5명으로 구성하는 것이 적절하다.
- 해설: 직소 모형에서 원모둠은 모든 구성원들이 1개의 하위 주제를 담당하도록 하여 무임승차가 없도록 한다.

• 2016 전공B-8일부(직소Ⅱ 모형)

- 추정 답안: 이질적 집단으로 원 모둠(집단)을 구성하고, 학습 주제(내용)별로 전문가 모둠(집단)을 구성한다. 그리고 개별(개인별) 평가 후 향상 점수를 합산하여 모둠(집단)별로 보상한다.

- 해설: 직소Ⅱ 모형의 특징을 모둠(집단) 조직 방식과 평가 및 보상 방식 측면에서 서술해야 한다.

• 2015 전공B-논술1일부(DME 모형/일화를 활용한 의사결정모형)
- 추정 답안: DME(Decision Making Episode) 모형(또는 일화를 활용한 의사결정 모형)이고, 이 모형의 정의적 효과는 만장일치를 통한 집단 의사결정과정에서 사회성과 집단 관계 능력을 기를 수 있고, 실제 상황에 대한 감정이입을 통해서 공감 능력을 향상시킬 수 있다.
- 해설: 이 모형의 정의적 효과는 다소 명확하지 않다. 좀 더 고민해보기를 권한다.

• 2013 전공1차-5(모의학습)
- 정답: ⑤
- 해설: 자료 내용은 모의학습에 대한 설명이고, 옳지 않은 설명은 ⑤로, 학생들이 단시간에 중요한 정보를 획득하여 체계적으로 정리하는 능력은 기르는 것은 전통적인 강의식 수업에 대한 설명으로 판단된다.

• 2013 전공1차-6(토의학습, 브레인스토밍)
- 정답: ①
- 해설: 자료 내용은 토의학습의 일종인 브레인스토밍에 대한 설명이고, 옳지 않은 것은 ①로, 브레인스토밍은 아이디어의 질적 측면보다 양적 측면을 강조한다.

• 2013 전공1차-9(협동학습의 특징/장점)
- 정답: ②
- 해설: 자료 내용은 협동학습에 대한 설명이고, 적절한 것은 ㄱ와 ㄷ, ㄴ의 경우 학업 성취가 가장 낮은 학생이 조립법을 가르치게 되므로 알 수 없고, ㄹ의 경우 자료 내용에도 나오지만 교사가 이질적으로 모둠을 구성한다.

• 2012 전공1차-1(직소Ⅱ 모형)

- 정답: ③
- 해설: 자료 내용은 직소Ⅱ모형에 따른 수업 계획이고, 옳은 것은 ③이다. ①은 동질성이 아니라 이질성이고, ②는 모둠 간에는 경쟁, 모둠 내에서는 협동이다. ④는 소주제가 내용 위주의 학습이지 기능 학습이 주가 아니고, ⑤는 보통 학생들이 관심을 갖는 주제를 선택하도록 하는 것이 일반적이다.

11. 사회과 평가 기출 문제풀이

* 이 책의 13장 '사회과 평가, 어떻게 할까? 사회과 평가 문항 개발의 기본 방향 탐색'을 참고하여 기출문제를 풀어보기 바란다.

• 2021 전공B-5일부(타당도)

- 추정 답안: (나)의 괄호 안에 들어갈 용어는 타당도이며, ㉡의 이유는 학습 목표와 수업 내용에서는 일탈행동의 의미, 이론, 대책을 배우고 평가문항에서는 자료 분석 능력만을 측정하고 있기 때문이다.
- 해설: 수업 목표 및 내용과 평가의 괴리가 나타나면 평가문항의 타당도가 낮다.

• 2020 전공A-2일부(수행평가, 신뢰도)

- 추정 답안: ㉡-신뢰도
- 해설: 수행평가는 채점 과정에서 평가자의 주관이 개입되기 쉬어 신뢰도 문제가 발생하므로 평가(채점) 기준의 공유와 평가자 간의 사전 협의나 연습이 필요하다.

• 2019 전공B-8일부(수행평가, 포트폴리오 장점과 동료평가)

- 추정 답안: 그리고 최 교사가 활용하고 있는 ㉡의 연구보고서법과 ㉢의 포트폴리오법을 포괄하는 평가방법은 수행평가이다. 이 평가방법은 학생들의 학습 정도를 질적으로 파악할 수 있는 평가로, 특히 포트폴리오는 학생들의 학습 과정과 결과물을 종합적으로 평가하여 학생들

의 특성, 성향, 학습 정도를 구체적으로 파악할 수 있는 타당도가 높은 평가방법이다. 한편 김 교사가 최 교사에게 제안한 평가 방향은 교사들의 동료 수업 장학(컨설팅)을 학생들에게도 경험하도록 해야 한다고 했기 때문에 '동료평가'이다. 동료평가와 ㉣의 자기평가는 모두 평가 대상인 학생들이 평가 주체가 된다는 점에서 학습자 주도적인 평가 방식이라 할 수 있다. 이처럼 교사뿐만 아니라 학생도 수업과 평가의 주체가 될 수 있도록 하는 노력이 필요하다.

- 해설: 평가방법에 대한 문항은 자주 출제되고 있다. 특히 수행평가에 대한 문항이 최근 들어 눈에 띈다. 한편 자기평가와 동료평가 등 학생들이 평가 주체가 되는 평가방법도 기억해야 한다. 참고로 이 모범 답안은 논술형의 후반부이므로 짜임새 있게 서술하기 위해서는 연결어와 더불어 마무리 문장을 배치하는 것이 좋겠다.

• 2018 전공A-10(평가방법 비교, 포트폴리오와 신뢰도)
- 추정 답안: ㉡의 수행평가방법은 '포트폴리오'이다. ㉡(포트폴리오)은 ㉠(선다형 평가)에 비해 사람의 주관이 개입되기 쉬워 평가 결과가 사람마다 혹은 시간적으로 다르게 나올 수 있다.
- 해설: 수행평가의 다양한 방법과 신뢰도 등 평가 관련 기본 개념의 용어와 정의는 최근 들어 출제되는 경향이 높다.

• 2017 전공A-10(타당도)
- 추정 답안: 타당도이며, 평가가 본래 목적하고 있는 것을 얼마나 충실하게 평가하고 있는지를 측정하느냐는 것이다.
- 해설: 타당도 등 평가 관련 기본 개념의 용어와 정의는 최근에 자주 출제되고 있다.

• 2016 전공B-8일부(자기평가, 동료평가)
- 추정 답안: 학생들이 스스로 하는 평가에는 자기평가와 동료평가가 있다.
- 해설: 학생이 주체가 되어서 하는 평가방법의 종류를 제시하면 된다.

- 2013 전공1차-8(평가계획표 분석)
  - 정답: ②
  - 해설: 지필평가보다 수행평가 비중을 높이고 출제범위를 자유롭게 하고 서술형 비중을 늘리고 보고서보다 종합적인 포트폴리오를 활용한다는 점에서 ㄱ, ㄷ에는 긍정적으로 작용하고, ㄴ에는 부정적으로 작용한다. ㄹ의 경우는 이미 기능과 태도를 측정하고 있다는 점에서 옳지 않거나 알 수 없다.

- 2012 전공1차-9(평가문항 분석)
  - 정답: ③
  - 해설: 수출액, 수입액 범례가 제시되어 있고, 답지 길이로 정답을 알 수 없어서 ㄱ와 ㄴ은 옳지 않다. 자료 문항의 답지 ⑤ 내용 중 '서서히'에 주관적 판단이 포함되어 있으며, 답지 ①의 경우 그래프만으로 진위를 파악할 수 없어서 ㄷ과 ㄹ은 옳다. 결과적으로 자료 문항의 답지 ①은 알 수 없고, 답지 ②, ③, ④는 틀렸고, 답지 ⑤는 판단하기 나름이다.

- 2012 전공1차-11(수행평가 방법)
  - 정답: ④
  - 해설: (나)에서 각 패널은 자신의 입장을 발표하는 것이므로 ㄴ은 옳지 않고, (라)에서 질문 받는 횟수로 신뢰도를 판단할 수 없으므로 ㄹ은 옳지 않다. (가)의 자료 준비 정도, (다)의 근거 제시 정도, (마)의 항목들은 적절한 평가방법이자 기준이므로, ㄱ, ㄷ, ㅁ은 옳다.

- 2011 전공1차-10(수행평가와 참평가)
  - 정답: ①
  - 해설: 자료는 구성주의와 질적 연구에 대한 것으로 수행평가 및 참평가와 관련된다. 수행평가는 신뢰도 확보가 어렵고, 참평가는 실제 문제 상황을 중시함으로 ㄱ, ㄴ은 옳다. 학생 분류(선발)과 성취 예측에 목적을 두는 것은 표준화된 지필평가이고, 수행평가/참평가에서는 비판적 사고를 특정 시점에 정확히 측정하기 어렵다.

- 2011 전공1차-12(평가문항계획표 분석)
  - 정답: ②
  - 해설: 지식과 기능은 모두 인지적 목표이어서 ㄷ은 옳지 않고, ㄹ의 문항은 일반화와 관련된 예이어서 ㄹ도 옳지 않다. 탐구학습은 지식과 기능(및 사고)에 초점을 두기 때문에 ㄱ은 적절한 설명이고, 또 지식을 사실, 개념, 일반화로, 기능을 해석, 분석, 종합으로 분류하고 있어서 ㄴ도 적절한 설명이다. 지식을 사실, 개념, 일반화 등 지식 형태와 주제 1, 2, 3 등 주제내용으로 분류하고, 기능을 해석, 분석, 종합 등의 수준과 그래표와 표 등의 매체로 분류하고 있어서 ㅁ도 적절한 설명이다.

12. 사회과 교사 전문성 기출 문제풀이

* 이 책의 14장 '사회과 교사 전문성은 무엇인가?: 사회과 교사의 전문성 발달 분석 연구'를 참고하여 기출문제를 풀어보기 바란다.

- 2021 전공B-3일부(교육과정과 교사의 관계, 교사의 역할)
  - 추정 답안: ㉡은 교육과정 전달자이고 ㉢의 교육과정 이론가에서 교사는 교육과정을 제정 및 개정하는 과정에 적극적으로 참여하고 교육과정을 새롭게 재구조화하는 개발자로서의 역할을 수행한다.
  - 해설: 로스는 교사 역할을 교육과정 전달자, 조정자, 이론가로 분류하였다. 교육과정 이론가는 교육과정을 실행하는 교사 역할 중에서 가장 능동적인 형태이다.

- 2017 전공B-8일부(교육과정과 교사의 관계, 교사의 역할)
  - 추정 답안: 교육과정 조정자는 교육과정을 재구성하는 능동적인 실행가이다. 또는 교육과정 조정자는 교육과정을 재조직하는 활동을 하는 능동적 실행가이다. 또는 교육과정 조정자는 자신의 가치관에 따라 수업목표를 설정하고 교수학습내용과 방법을 결정하여 교육과정을 새롭게 재조직하는 교사이다.
  - 해설: 교육과정 조정자 등 교육과정과 교사의 관계에 대한 용어와 정의는 출제 경향이 비교적 높다.

• 2017 전공B-8일부(반성적 실천가)

- 추정 답안: 박 교사는 자신의 실천 중 앎을 표면화하고 비판하며, 재구성하여 새로운 잠정적인 앎을 구성한 후 즉석에서 실천에 옮겨 검증하려고 노력하고 있다는 점에서 반성적 실천가의 자질을 가지고 있다.
- 해설: 박 교사의 반성적 실천가 자질을 실천 중 반성의 정의를 포함하여 평가한다.

• 2016 전공B-8일부(교육과정과 교사의 관계, 교사의 역할)

- 추정 답안: 김 교사는 교과서 내용을 있는 그대로 가르친다는 점에서 국가 교육과정에 제시된 내용을 수업을 통해 효율적으로 전달하는 교육과정 전달자이다.
- 해설: 김 교사의 말을 읽고 그의 교사 역할 유형을 파악한다.

• 2016 전공B-8일부(PCK)

- 추정 답안: PCK는 교과 내용 지식과 교육학적 지식을 조합(종합)한 형태로 교과 내용을 학생들에게 효과적으로 가르치기 위해 주제나 아이디어를 재구성하고 변환시키는 교사의 실천 지식이다.
- 해설: PCK는 의미는 교재와 기출 문제에서 확인해 보기를 권한다.

• 2013 전공1차-7(교육과정과 교사의 관계, 교사의 역할)

- 정답: ③
- 해설: 그림은 교육과정 전달자이다. 답지 ①, ②는 교육과정 이론가, ③은 교육과정 전달자, ④, ⑤는 교육과정 조정자이다.

• 2011 전공2차-1일부(PCK)

- 추정 답안: 인도의 카스트 제도의 과거와 현재, 우리나라의 과거와 현재 등 역사적 사례를 활용하여 폐쇄적인 계층 구조였던 신분 사회에서 경제적 성장과 더불어 계층 이동이 비교적 자유로운 개방적인 계층 구조를 띠고 있다가, 최근 들어 거대 및 독점 자본의 등장으로 다시 폐쇄적 계층 구조의 성격을 강해지고 있음을 설명한다.
- 해설: 폐쇄적, 개방적 계층 구조를 효과적으로 가르치기 위한 교사의

PCK 사례를 제시하는 것으로, 현재의 모범 답안보다 더 구체적으로 작성해야 한다.

13. 사회과 다문화교육 외 기출 문제풀이

• 2021 전공B-1일부(세계시민교육, 다중 시민성)
- 추정 답안: ㉠-다중 시민성
- 해설: 국민, 세계시민, 지역공동체 주민을 포괄하는 시민성 개념은 다중 시민성이다.

• 2021 전공B-1일부(다문화교육, 동화주의)
- 추정 답안: ㉡-동화주의
- 해설: 용광로 이데올로기라 불리며 주류 집단 문화를 중심으로 사회 통합을 추구하는 관점은 동화주의이다.

• 2013 전공1차-10(다문화교육과정 조직 관점)
- 정답: ③
- 해설: 자료의 (가)는 기여적 관점(접근법), (나)는 사회적 행동 관점(접근법)으로 (가) 다수 집단 관점에서 내용을 선택하는 것이고, (나)는 기존 교육과정을 변혁시키는 것이다. ㄱ은 (가)가 아니라 (나)에 대한 설명이므로 옳지 않고, ㄹ은 (나)의 경우 사회의 구조적 측면을 고려하기 때문에 옳지 않다. ㄴ과 ㄷ은 옳은 설명이다.

• 2012 전공1차-8(다문화 교사 유형)
- 정답: ②
- 해설: (가) 유형은 다양한 문화 이해 및 문화의 다양성을 인식시키는데 초점을 두고 있어서 ㉡에 해당되고, (나) 유형은 사회 정의에 관심을 갖고 불평등에 도전할 수 있도록 하고 있어서 ㉢에 해당된다.

저자소개

■ **강대현**

서울대학교 사범대학 사회교육과와 동 대학원을 졸업하여 교육학 박사학위를 받았다. 중등학교 교사와 한국교육과정평가원 연구원을 거쳐서, 현재 전북대학교 사범대학 일반사회교육과 교수로 재직 중이다.

주요 저서로는 한국 시민사회와 시민교육(한국학술정보, 2006), 시민교육과 사회과(한국학술정보, 2008), 한국교육을 말한다(교육과학사, 2013, 공저) 등이 있다.

사회과교육론

– 시민교육의 이상과 현실 –

초판 1쇄 인쇄 / 2021년 12월 15일
초판 1쇄 발행 / 2021년 12월 20일

저　자 / 강 대 현
발행인 / 이 중 수
발행처 / **동 문 사**

서울특별시 서대문구 홍제원 1길 12
(홍제동 137-8)
Tel: 02)736-3718(대), 736-3710, 3720
Fax: 02)736-3719
등록번호: 1974.04.27 제9-17호
가격: 25,000원

ISBN: 979-11-6328-300-3(93370)
E-mail: dong736@naver.com
www.dongmunsa.com